encuentros al

lucas leys

Especialidades Juveniles
Mejores Recursos para el Ministerio Juvenil

Vida

> La misión de EDITORIAL VIDA es proporcionar los
> recursos necesarios a fin de alcanzar a las personas
> para Jesucristo y ayudarlas a crecer en su fe.

ENCUENTROS AL LÍMITE
Publicado por Editorial Vida - 2007
Miami, Florida

© 2007 Lucas Ley

Edición: Silvia Himitian
Diseño interior: Matias Deluca
Diseño de cubierta: Matias Deluca

ISBN: 10 - 0-8297-4723-0
ISBN: 13 – 978- 0-8297-4723-2

Categoría: RELIGIÓN / Vida cristiana / Crecimiento espiritual

Impreso en Estados Unidos de América
Printed in the United States of America

09 10 11 12 13 14 • 12 11 10 9 8

A todos los jóvenes que no quieren conformarse ni al mundo ni a lo que ya conocen de la iglesia.

Al límite

Isaías 54:2-3

¡No te limites! Alarga tus cuerdas y refuerza tus estacas.
Porque a derecha y a izquierda te extenderás.

Comienza el año y no hay nada mejor que empezarlo de la mano de Dios. Él es mucho más grande de lo que imaginamos y tenerlo como Rey, Salvador y amigo es la posibilidad más increíble que se nos puede presentar. Él no tiene límites. Por eso, encontrarnos con Dios nos lleva a nosotros a una situación límite. Es un milagro. Una posibilidad fantástica de ir hasta al extremo de nuestras capacidades humanas y lanzarnos hacia lo inesperado, lo milagroso e impredecible. Encontrarnos con Dios es un salto sin paracaídas con la confianza de que siempre caeremos bien parados. Él es tan pero tan emocionante que ni siquiera existe. ¡Sí! ¿Este es un libro cristiano? Absolutamente. Dios no «existe» porque la existencia está delimitada por tiempo y espacio. Pero Dios es eterno y omnipresente. Él es el principio y el fin. Él es capaz de estar en todos lados y a la vez allí donde lo desea. Por eso no decimos que Dios existe sino que Dios **es**. Un viejo teólogo europeo llamado Kart Barth solía decir que *Dios es el totalmente otro*, y tenía razón. Nosotros existimos, pero Dios simplemente es, y él quiere lo mejor para nuestra vida. ¿No es sensacional? Dios quiere que algún día podamos descansar en la playa de muchos sueños cumplidos y en este libro vamos a encontrar muchísimas ideas que nos ayudarán a llegar a esa costa, pero hay una en la que tienen comienzo todas las otras. Tenemos que subirnos a la tabla de Dios si queremos surfear hasta la playa de nuestros sueños. Tenemos que estar bien cerquita de él para poder pensar como él, sentir como él y decidir de la manera más inteligente (que no es otra cosa que decidir como él). Por eso sería conveniente que usáramos este libro como una sala de CHAT que nos ayude a pasar tiempo navegando con Dios. En este año que comienza vayamos siempre hasta nuestros límites y corrámoslos un poco más allá. Sumémonos a la aventura de buscar a Dios cada día y veremos lo emocionante que resulta experimentar el milagro de sentirlo cada vez más cerca.

Al límite

¿Hasta qué punto es grande mi Dios? ¿Qué metas tengo para este año y qué tendrá Dios que ver con ellas?

Encuentro

Querido Dios, este año quiero seguirte de cerca. Deseo perseguirte y que me persigas. Anhelo disfrutar de tu amistad. Espero que me ayudes a desarrollar mi potencial. Tengo muchos sueños y sé que no hay mejor manera de cumplirlos que a tu lado. Yo me comprometo a buscarte cada día. En el nombre de Jesús. Amén.

La invitación

Sal y preséntate ante mí en la montaña, porque estoy a punto de pasar por allí.

Estaba en Washington predicando en una iglesia llena de funcionarios del gobierno. Al finalizar, se me acercó un hombre y me dijo: «Mi nombre es John Smith y soy jefe de seguridad del Servicio Secreto de la Casa Blanca. ¿Quisiera venir con su esposa mañana temprano a la Casa Blanca y conocer al presidente?» En el instante le dije que sí. Luego el hombre me explicó: «Puedo hacerlos entrar a las 7:30 de la mañana, pero tendremos que salir a las 8:15. A esa hora hay reunión de ministros y no creo que aprecien que permanezcamos allí durante toda la reunión. Debemos encontrarnos en la puerta oeste a las 7:20, a más tardar». Yo le expliqué que creía que mi hotel estaba muy alejado y él me dijo que al menos debía salir a las 6:30 para llegar a tiempo. Esa noche no lográbamos dormir. Habíamos puesto el despertador a las 5:30 de la mañana para alistarnos y salir a las 6:30. Pero era demasiada emoción. Luego de dar vueltas en la cama logramos dormirnos, pero aun en sueños no podíamos dar crédito al hecho de haber recibido tamaña invitación. Pasadas unas horas sonó el teléfono. Todavía dormido atendí y escuché la voz de John Smith: «¿Lucas, estás ahí?» «Si John, ¿qué sucede?, respondí. «Son las 7:30 y todavía no han llegado...» En ese momento sonó el despertador. Mi esposa se sentó en la cama y me miró preocupada. Dirigimos la mirada hacia el despertador e indicaba las 5:30, pero nuestro despertador marcaba el horario de nuestra ciudad... lo habíamos puesto mal y nos habíamos quedado dormidos. Traté de explicárselo a John pero me dijo con fastidio que habíamos echado a perder nuestra oportunidad. Al colgar me sentí como un completo idiota. Al darse cuenta de lo que había pasado, mi esposa me miró sorprendida. ¿Te imaginas la frustración? Había sido invitado a la Casa Blanca y yo me había quedado dormido... Bueno, ahora voy a contarles la verdad antes de que piensen que soy la persona más estúpida del planeta: esta historia la inventé hace tiempo para enseñar acerca de la oración. ¿Eh? Ja. ¿No te parece que eso es lo que hacemos a diario cuando nos perdemos la oportunidad de encontrarnos con Dios? Él es mucho más importante que el más destacado presidente y sin embargo, permanentemente nos quedamos dormidos sin ir a su presencia. Dios nos ofrece cada mañana la invitación de comenzar el día con él y es muy tonto desaprovecharla.

Al límite

¿Qué valor tiene el pasar tiempo con Dios? ¿Qué puedo hacer para estar más tiempo con él?

Encuentro

Señor, gracias por invitarme a pasar tiempo contigo. ¡Qué gran privilegio!, perdóname por quedarme dormido tan a menudo y no prepararme a tiempo para una cita tan importante como esta.

límitE

Alguien especial

Salmo 71:6
De ti he dependido desde que nací;
del vientre materno me hiciste nacer.
¡Por siempre te alabaré!

Cuando estaba en la escuela secundaria no me sentía para nada especial. Tenía problemas con mi nariz, mis orejas, mi estatura y hasta mi cola, sí, aunque te resulte difícil creerlo. Yo consideraba que todas estas partes de mi cuerpo tenían un serio problema de proporciones con respecto a las demás. Además, la situación económica de mi familia no era como la de mis compañeros. Me sentía un completo error. Como no me sentía especial creía que tenía que hacer todo lo que estuviera a mi alcance para ganar el favor de las personas. Sobre todo de mis amigos y ni hablar de la chica de turno que me gustara. No necesitaba pensar demasiado antes de decir que sí a todo aquello que fuera capaz de lograr que esas personas creyeran que yo era especial. Si tuviera que contar la cantidad de estupideces que hice en esa época necesitaría varios tomos. Claro está que todo eso me montaba en un sube y baja de emociones, pero por fuera yo trataba de mostrarme lo más seguro y convincente que podía.

Más allá de mi propia experiencia, he hablado con cantidades industriales de adolescentes que se han sentido del mismo modo y han actuado en forma similar en alguna circunstancia. Es obvio que debemos tomar conciencia de que verdaderamente somos especiales, más allá de lo que digan otras personas, que seguramente se sienten tan inseguras como nosotros.

Saber que somos especiales y tener una sana imagen de nosotros mismos, a la luz de lo que Dios, hizo por nosotros, nos lleva a actuar de una manera diferente y nos libera de la necesidad de aparentar. Si somos capaces de reconocer lo especiales somos en Dios vamos a sentirnos más seguros y no dependeremos tanto de lo que los otros piensan. Si dependemos de él vamos a ser más independientes ante las personas.

Al límite
¿De quién depende la manera en que me siento?
¿Qué tipo de cosas hago para ganarme el favor de la gente?
¿Qué cosas debería evitar hacer?

Encuentro
Tu amor me hace especial. Desde que nací tenías un propósito para mi vida y sé que puedo ser diferente. Dame seguridad con respecto a mí mismo para ser independiente de las opiniones de los demás.

Clave salvación

Juan 3:16

*Porque tanto amó Dios al mundo, que dio a su
Hijo unigénito, para que todo el que cree
en él no se pierda, sino que tenga vida eterna.*

Entender inteligentemente la salvación es una clave vital para comprender el plan de Dios para nuestra vida y para conocer quién es él en realidad. El hecho es que somos tan especiales para el Rey del universo que si nadie en la tierra hubiera necesitado de un Salvador y alguno de nosotros hubiese sido el único que precisara que Cristo muriese en la cruz del Calvario, Dios hubiera enviado a su Hijo a morir solo por uno de nosotros.

Si ninguna de las personas que conocemos o las que poblaron alguna vez la tierra hubiera necesitado el sacrificio de Cristo, y alguno de nosotros hubiera sido la única persona a la que le hiciera falta la muerte del Salvador, él lo hubiera hecho solo por esa vida. ¿Nos parece muy fuerte? ¿Nos suena muy loco? Fue el mismo Jesús el que dijo que el Padre no quiere que ni siquiera uno se pierda (Mateo 18:14, Juan 6:39).

Cada uno es una persona única, que piensa con su propia mente y siente con su propio corazón. Todos somos administradores de lo que nos ha dado el Creador y, tras él, nos convertimos en los principales responsables de crear nuestro futuro a través de nuestro presente. Nadie puede cambiar nuestro mundo sin nuestra ayuda. No es nuestra responsabilidad ser mejores que los otros, pero sí lo es superarnos para darle al mundo nuestra única y especial fragancia, esa que nadie más puede dar. Y la mejor noticia es que ¡Dios está muy cerca y pertenece a nuestro equipo! Él nos hizo y planeó salvarnos porque sabe que somos especiales.

Al límite

¿Cuál fue el precio de mi salvación?
¿Qué sentimientos me provoca el pensar que Jesús murió específicamente por mí?

Encuentro

Gracias por mi salvación. Quisiera alcanzar a comprender que fue solo por mí. Sé que es un milagro y ahora entiendo lo que me dices en Juan 3:16. Gracias.

Para ganar, primero hay que empezar

Proverbios 29:18
Donde no hay visión, el pueblo se extravía.

Es casi imposible armar un rompecabezas sin tener delante la imagen de lo que queremos armar. Los presidentes de las compañías multinacionales más conocidas sostienen que uno de los secretos del éxito es empezar teniendo un objetivo en mente. Lo que no saben muchos de estos grandes empresarios es que ese principio ya estaba declarado en el libro de Proverbios mucho antes de que ellos usaran pañales. Es cierto; si no sabemos a dónde nos dirigimos es probable que nunca lleguemos a ningún lado. Es por eso que nuestra visión tiene que estar bien definida. Como dice el proverbio, si no tenemos una visión clara de nuestra dirección y de lo que queremos lograr, tenemos asegurado el fracaso.

La falta de visión, la carencia de un objetivo nos impide empezar, y sin inicio no hay ganancia. A medida que vamos creciendo son mayores también las decisiones que debemos tomar. No perdamos el tiempo. Investiguemos, comencemos a pensar en cuáles son las cosas que más nos gusta hacer e intentemos dibujarlas en nuestra imaginación, fijémonos las metas que queremos alcanzar en los próximos años. Cuantos más detalles seamos capaces de dibujar, mejor resultará. Pongámosles sonido, llenémoslas de aromas y sabores. Muy bien, ahora hagámonos esta pregunta:

¿Qué pasos tengo que dar para llegar allí? Hagamos planes, consultémoslos con Dios y empecemos hoy a construir los logros y sueños que alcanzaremos mañana. Ojalá que este libro nos ayude a acercarnos más al impresionante Rey de las visiones y de los sueños cumplidos.

Al límite

¿Cuál será la visión que Dios quiere que tenga con respecto a mi futuro?
¿Cuáles son los pasos para lograr lo que sueño?

Encuentro

Señor, revélame tu voluntad. Permíteme ver claramente hacia qué valores, principios y medidas debo orientar mi vida. Gracias porque sé que cada día me darás mayor claridad y sobre todo gracias por darme la libertad de elegir también.

Regalos

Mateo 2:9-11

*Y sucedió que la estrella que habían visto levantarse iba delante de ellos
hasta que se detuvo sobre el lugar donde estaba el niño. Al ver la estrella, se
llenaron de alegría. Cuando llegaron a la casa, vieron al niño con María,
su madre; y postrándose lo adoraron. Abrieron sus cofres y le presentaron
como regalos oro, incienso y mirra.*

En muchas partes del mundo en esta fecha se celebra el día de Reyes.
Cuando era pequeño, a mí me entusiasmaba pensar en ellos. Habían
viajado muchos kilómetros siguiendo una estrella que los condujera
hasta el niño Jesús para llevarle regalos. Habían protagonizado una impresionante aventura para traer sus presentes a un bebé que todavía no
conocían. ¿Qué los motivaba? Seguro que era el misterio de saber que ese
niño constituía el cumplimiento de muchas profecías. También me imagino
que la intriga de saber cómo sería un niño al que sigue una estrella. Sus
regalos fueron pensados con cuidado. El oro significaba realeza. Al darle
ese regalo le estaban diciendo Rey. El incienso era normalmente asociado
con los cultos religiosos. Su fragancia estaba relacionada con la adoración.
Al darle incienso lo reconocían como Dios. Y por último el más misterioso
de los presentes era la mirra. Esa sustancia perfumada de color rojizo repre-
sentaba la sangre. ¿Por qué regalarle algo así a un niño? Da la impresión de
que los magos comprendían las profecías que el resto de los hebreos no
entendieron durante la vida de Jesús. Él era el Mesías, pero había venido a
sufrir; a ser bálsamo para el dolor de muchos.

Los sabios de oriente le llevaron a Jesús sus mejores regalos, pero sabemos que allí también estaban los pastores. Ellos no tenían bellos cofres
con oro y perfumes. Pero tenían la misma expectativa y estaban allí con el
corazón en sus manos.

Al límite
¿Qué clase de regalos puedo darle yo a Jesús?

Encuentro
*Querido Dios, me hubiera gustado estar allí y ver a Jesús nacer. Gracias
te doy por tu Hijo Jesús. Gracias porque siendo Rey y siendo Dios vino a
sufrir por amor a nosotros.*

Hablar a tiempo

Carlos Alba
Guatemala, Guatemala

Mateo 24:42
*Por lo tanto, manténganse despiertos,
porque no saben qué día vendrá su Señor.*

Cuando Dios permitió que mi hermano se me adelantara y fuera al cielo, yo no estaba preparado. Nunca le dije que lo amaba ni que apreciaba que él fuera el mayor. Nunca llegué a expresarle lo que sentía por él. ¿Nos hemos puesto a pensar alguna vez acerca de qué haríamos si tan solo nos quedarán siete días de vida? ¿Qué haríamos? ¿Qué dejaríamos de hacer? En lo personal, yo intentaría no olvidar decir muchas cosas y callar otras. Soñar y vivir el sueño de Dios cuando los demás duermen tiene que ver con administrar bien el tiempo. A veces pienso que mi corazón debería ser como la arena del mar, para que cuando hiciera falta una oleada fresca del Espíritu Santo se llevara las palabras que son solo momentáneas. Pero también me gustaría tener palabras firmes. Que no las borrara el tiempo. Palabras que fueran dadas en el momento justo y con la mejor intención.

No podemos olvidar que Dios nos puso en esta tierra como peregrinos y nuestro tiempo aquí es corto. Parece extraño decirlo cuando somos jóvenes. Pero yo aprendí con la muerte de mi hermano que esta puede llegar muy temprano. No dejemos que todo aquello que está alrededor de nosotros nos nuble la vista y no nos permita ver lo que debemos hacer y lo que tenemos que decir. Concentrémonos en lo importante y de ese modo siempre estaremos preparados para lo que pueda venir.

Al límite
¿Qué cosas tengo que procurar decir en el tiempo justo?

Encuentro
Querido Dios, dame más inteligencia para administrar bien mi tiempo y mis palabras. Hoy quiero comprometerme a hacer un mejor trabajo al intentar no callar las cosas que debo decir por amor.

Consagrados como Pablo

Filipenses 3:10

A fin de conocer a Cristo, experimentar el poder que se manifestó
en su resurrección, participar en sus sufrimientos
y llegar a ser semejante a él en su muerte.

Si existe alguien que supo lo que era consagrarse enteramente a Dios fue el loco de Pablo. A veces nos olvidamos que antes de convertirse en lo que llegó a ser, «San Pablo» fue un asesino de cristianos. Su trabajo era acusar falsamente a las familias cristianas y arrastrar a hombres y mujeres hacia la cárcel y la muerte. Los cristianos le tenían pánico. Pero Pablo, que en ese momento todavía se llamaba Saulo, tuvo un encuentro con Jesús y desde ese día comenzó a transitar el camino de una vida de consagración. Se transformó en un verdadero rebelde, pero ahora con una causa santa que lo consumía. Por eso Pablo podía decir con emoción: ¡Todo lo puedo en Cristo que me fortalece! Eso era real para él, porque le había entregado *todo* a su Señor. En la carta que envió a los filipenses, escribió lo que, a mi entender, es su oración más importante, y considero que debería ser la nuestra hoy.

Allí Pablo dice que tiene cuatro metas por las que entrega la vida:

1. Conocer a Jesucristo.
2. Experimentar el poder de su resurrección.
3. Participar en sus sufrimientos.
4. Ser semejante a él en su muerte.

Cuatro objetivos que yo también quisiera alcanzar. Conocer a Cristo nunca tiene fin. Experimentar su poder, siempre quiero más. Participar de sus padecimientos, es difícil pero puedo hacerlo sufriendo con los que sufren. Ser semejante a él en su muerte es darlo todo.

Al límite

¿Por qué Pablo anhelaba esas cuatro cosas?
¿De qué manera yo sería diferente si alcanzara esos anhelos en mi vida?

Encuentro

Querido Dios, gracias por todo lo que me has dado y gracias por lo que puedo darte. Yo quiero también como Pablo conocerte cada día más. Quiero experimentar el poder de tu vida. Quiero ayudar con los padecimientos de la gente que se encuentra a mi alrededor y deseo darte todo.

Imposible de clonar

Isaías 49:1
*El Señor me llamó antes de que yo naciera,
en el vientre de mi madre pronunció mi nombre.*

Hace muchos años cada uno de nosotros participaba de una carrera. Nos encontrábamos en medio de una competencia con otros tres millones de participantes. Sí, leíste bien. El desafío tenía lugar en unos canales movedizos. Íbamos a la par con otros miles y hasta millones. Un par de veces perdimos la primera posición. Pero llegado el momento crucial, cada uno de nosotros se acercó a la meta y logró adelantarse como ningún otro. Cruzamos la pared biológica del óvulo materno y ganamos la carrera. ¿Qué sucedió? ¡Fuimos concebidos!... Si el espermatozoide que logró atravesar el óvulo hubiese sido otro, la persona concebida también hubiera resultado otra. Tal vez hubiera sido un hermano nuestro u otra persona desconocida, pero no sucedió así, fuimos cada uno de nosotros. ¡Exitoso milagro! Quizás nuestro papá o mamá no nos esperaban, pero la buena noticia es que ¡Dios sí! Aun hoy, que se habla de clonación, nadie sería capaz de ocupar nuestro lugar. Podrán copiar nuestro cuerpo y nuestros genes, pero no nuestras experiencias y mucho menos nuestro espíritu. No hay ninguna duda de que solo Dios es capaz de darlos. Yo he oído variadas discusiones acerca de la moral de la clonación, pero siempre pienso: soy imposible de clonar, ningún experimento genético puede venir ni tener las experiencias que yo tuve; el mundo puede descansar en paz. Una de mis películas favoritas es «Corazón valiente». En una de las escenas William Wallace, protagonizado por Mel Gibson, mira a sus guerreros y les dice: «Todo hombre muere, pero no todo hombre vive realmente». Wallace tenía razón. Hay un propósito para nuestra existencia y Dios nos dio la vida para que cumplamos con esa misión. Nadie más puede hacerlo. Ni siquiera el clon más exacto podría realizar todo lo que cada uno de nosotros es capaz hacer porque Dios nos hizo únicos y precisos para que hagamos nuestro aporte. ¿Empezamos a sentirnos especiales? ¡Muy bien! «Somos seres especiales». Es hora de que nos lancemos a la preciosa aventura de llegar a ser todo lo que Dios quiere que seamos y de hacer todo lo que él desea que realicemos en este mundo.

Al límite

¿Por qué soy una persona única? ¿Cuál es la bendición de ser alguien único?

Encuentro

Señor, gracias porque tú sabes todas las cosas. Tú me conoces desde antes de la fundación del mundo y desde que nací pones atención a mi vida. Hoy quiero vivir mi vida al máximo como alguien que Dios planeó en su corazón.

Respirar

Génesis 2:7 (RVR60)

Entonces Jehová Dios formó al hombre del polvo de la tierra, y sopló en su nariz aliento de vida, y fue el hombre un ser viviente.

Inhalamos y exhalamos aire unas veintiséis mil veces por día, y algunos expertos sostienen que el 99% de nuestra energía proviene de nuestra respiración. Se sabe que el proceso respiratorio debería comenzar en el estómago, pero la agitación, el estrés y el no ser concientes de este proceso hacen que la mayoría de nosotros tome aire con el pecho en lugar de utilizar el diafragma.

Cuando Moisés se encontró en la zarza con Dios y le preguntó su nombre, Dios le dijo: «YO SOY EL QUE SOY» o más precisamente «YHWH» (Éxodo 3:14 y 15) Pero ¿qué clase de nombre es ese? ¿Qué quiso decir Dios? En el hebreo original la palabra que allí aparece en los manuscritos más antiguos es YHWH. Intentemos pronunciar eso. Imposible. A esa palabra se la ha traducido como Jehová, Yahvé y Señor según la versión de la Biblia que se utilice. El «YO SOY» tiene que ver con que se cree que la palabra YHVH proviene del verbo *hayah*, que se relaciona con el vocablo ser. Pero también se sabe que los hebreos antiguos tenían miedo de pronunciarlo. El nombre YHVH era tan sublime y tan digno de reverencia que tenía sentido el hecho de que fuera impronunciable. Los hebreos creían que este nombre era el sonido de la respiración. YHVH sonaba algo así como: Yod – he – vav – he. ¿Será el nombre de Dios el sonido de la respiración? ¿Será que al respirar la creación repite una y otra vez el nombre del Señor?

Jesús también dijo: Yo soy la vida (Juan 11:25). Y curiosamente no hay vida sin respiración. Cuando un bebé nace, lo primero que debe hacer es respirar y hasta era costumbre darle una palmadita para que lo hiciera de manera urgente. ¿Y cuando muere el ser humano? Cuando da su último respiro. Yo me pregunto: ¿Será que Dios estaba jugando con su nombre? Porque otra manera de decir lo que acabamos decir es que la primera palabra que debe pronunciar el ser humano para vivir es YHVH, y cuando ya es incapaz de decirla, muere.

Al límite
Lee y medita en Romanos 8:11.

Encuentro
Eres mi respirar. Mi aliento de vida. Tu nombre es misterio; tu vida, la mía. Eres Jehová de los ejércitos, mi Señor y mi Rey, renueva hoy mis pulmones en ti.

Enero 11

¡Nos ha llamado amigos!

Juan 15:15

Ya no los llamo siervos, porque el siervo no está al tanto
de lo que hace su amo; los he llamado amigos, porque todo
lo que a mi Padre le oí decir se lo he dado a conocer a ustedes.

Se abren los portales del palacio. La belleza del lugar es indescriptible. Haría falta un millón de libros para describir los detalles. La fuerza y la luz que se experimentan lo cambian todo. A medida que uno se adentra, una nueva visión de la realidad va invadiendo la mente. La sabiduría aumenta en proporción directa a la cercanía al gran trono. Primero se siente un poco de miedo. Por un lado sabemos que se trata de Dios. Sí... de Dios. El que todo lo sabe, todo lo ha creado, todo lo puede. Por otro lado nos viene el recuerdo de haber escuchado a muchos hablar de él como si estuviera enojado, esperando para señalarnos con su índice y declarar a gran voz que somos indignos. Pero a medida que nos acercamos a él, un calor comienza a invadirnos. Es su amor incondicional que echa fuera el temor. Pronto estamos ante el trono del regalo inmerecido. Allí está Dios y a su derecha Jesús. Dios nos observa y luego mira a Jesús. Con voz segura, que denota emoción, Jesús le dice: «Padre, aquí están mis amigos». ¡Tremendo! Jesús nos llama «amigos». Cada día podemos acercarnos a la increíble presencia de Dios para tener una audiencia privada y muy especial con el gran Soberano.

Todas las civilizaciones han servido a sus dioses. La idea de que fuera la que fuese la divinidad había que servirla, aparece en todas las religiones, grandes y pequeñas. Pero Cristo vino a enseñarnos algo diferente. Él no habló tanto de servirlo como de amarlo. Solo el cristianismo enseña acerca de un Dios que nos ama y al que podemos amar. Solo Jesús se refirió a establecer una amistad con Dios y nos invitó a vivir esa relación como una maravillosa aventura. Por eso nos reveló su voluntad. Nos dio a conocer sus deseos a través de su Palabra y nos invitó a ser grandes amigos. Por medio de este libro Dios nos invita a disfrutar de su maravillosa presencia. Jesús quiere vernos allí, delante del trono del regalo inmerecido para seguir revelándonos su voluntad, llenarnos de su amor, colmarnos de sabiduría y equiparnos con su fuerza.

Al límite

¿Qué voy a hacer este año para disfrutar más tiempo en su presencia?
¿Qué significa para mí tener una amistad con Jesús?

Encuentro

Querido Dios, gracias por el privilegio de poder acercarme a tu presencia
con libertad. Gracias por el regalo de tu amistad. Este año quiero que mi
amistad contigo crezca cada día.

Los sueños son cosas serias

Ezequiel 12:23
Ya vienen los días en que se cumplirán las visiones.

Es muy fácil minimizar nuestros sueños. Si no les damos importancia, perderán su poder y potencial. Muchas voces alrededor de nosotros nos van a sugerir que lo más acertado es prestar oídos a la gente realista y más pragmática. Los visionarios suelen ser personas que incomodan a los demás cuando deciden hablar de sus sueños y mucho más cuando esos sueños se cumplen. Es por eso que demasiadas personas prefieren anular las visiones de los soñadores. Todos los que cumplieron sus sueños debieron acallar las voces que los invitaban a pensar que no eran algo serio. Por eso, la clave para que los sueños no se deshagan es tomarlos muy en serio.

Un breve sueño bien concebido es capaz de desencadenar una potente fuerza creadora en otras personas y así, sueño a sueño, se pueden transformar mil realidades. De todas las características que poseemos, la que más se asemeja a una de las de Dios es la de soñar. No somos solo un cúmulo de moléculas ni de células; tampoco una suma de instintos innatos repetibles. Podemos soñar y eso es algo seriamente planeado por Dios. Él nos dio esa capacidad como rasgo fundamental de nuestra esencia. Soñar equivale a crecer, conquistar, crear, arreglar y mejorar. Los sueños son una energía necesaria para mantener y renovar la creación alrededor de nosotros. Ellos nos permiten ver lo invisible, creer lo increíble y lograr lo imposible. Por eso es que cuando soñamos podemos sentirnos completos en el Señor. Muchas veces los sueños son revelaciones de Dios, por eso hay que encararlos con pasión, compromiso y esfuerzo. Si así lo hacemos, vendrán los días en que se cumplirán estas visiones.

Al límite
Cuando sueñas despierto, ¿qué es lo que más anhelas?
¿Por qué a Dios le gusta que soñemos?

Encuentro
Querido Dios, gracias por darme la capacidad de soñar. Permíteme superar las voces que solo pretenden ahogar mis sueños. Necesito que me des fuerzas para persistir en alcanzar todo lo que tú pongas en mi corazón.

Lo vamos a lograr

Hebreos 10:36
Ustedes necesitan perseverar para que,
después de haber cumplido la voluntad de Dios,
reciban lo que él ha prometido.

Hay una frase que dice: «Los sueños extraordinarios se vuelven realidad cuando alguien ordinario tiene una extraordinaria cantidad de determinación». Muchos se quedan estancados sin alcanzar su potencial porque aun antes de empezar ya toman una decisión inconsciente de fracaso. En vez de pensar: «Lo voy a lograr», desarrollan una idea o un proyecto pensando: «Bueno, voy a ver que pasa, seguro que como siempre va a salir mal, pero de todas formas voy a intentarlo». Esa determinación inconsciente presagia en gran parte el resultado de su intento. Esas personas piensan una y otra vez en lo «ordinarias» que son. ¡Qué novedad! Todos somos igualmente ordinarios. ¡Somos pecadores, tenemos limitaciones, cometemos errores y vamos al baño! La clave no está en saber que somos ordinarios, sino en conocer cuál es el esfuerzo extra que debemos hacer para lograr lo extraordinario.

El escritor de Hebreos nos incita a la perseverancia. Él sabía de la necesidad de perseverar para llevar a cabo los sueños que Dios nos da para poder disfrutar al máximo de sus promesas. No vamos a perdurar demasiado si inicialmente tenemos una actitud negativa y fracasada. Hago una propuesta: al terminar esta devoción, hagamos un listado de diez cosas que deseamos y al lado de cada línea escribamos: «Lo voy a lograr». En este ejercicio no pongamos condiciones ni dudas, anotemos lo que está en nuestro corazón creyendo que lo vamos a lograr, pase lo que pase. Luego, antes de escribir nada más, tengamos nuestra audiencia con el Rey.

Al límite

¿Tengo una actitud positiva al comenzar a plasmar mis sueños y proyectos?
¿Qué significa para mí perseverar?

Encuentro

Querido Rey, quiero que me ayudes a tener una actitud positiva con respecto a los sueños. Gracias porque no quieres que seamos unos fracasados, sino que te alegras cuando tenemos sueños hermosos. Sigue dándome más determinación para hacer mi parte.

Disciplinópulos

Hebreos 12:11
*Ciertamente, ninguna disciplina, en el momento de recibirla,
parece agradable, sino más bien penosa; sin embargo, después produce
una cosecha de justicia y paz para quienes han sido entrenados por ella.*

El conocido pensador Henry Nouwen solía destacar que los términos discípulo y disciplina provienen de la misma palabra. Ser discípulos y amigos de Cristo significa que queremos vivir como él nos enseñó. Parte de esa enseñanza es amar al que es rechazado, resistir la tentación, ayudar al necesitado y llevar en alto nuestros valores.

Pero solo podremos vivir así si nos dedicamos a las mismas disciplinas que Jesús practicó. Muchos le tienen miedo a esta palabra porque la confunden con castigo. La diferencia entre una y otra es que el castigo consiste en una paga por el pasado, mientras que la disciplina es un esfuerzo dirigido al futuro. Entre las disciplinas que Jesús practicó podemos enumerar claramente estas: separar un tiempo para reflexionar y orar, meditar, adorar a Dios en la soledad, darse a otros sin esperar nada a cambio, contentarnos y ser agradecidos aunque no tengamos todo lo que queremos; además de otras a partir de las cuales él desarrolló su estilo de vida. Si el mismo Jesús necesitaba estar siempre en contacto con el Padre y meditar en su presencia cada decisión que debía tomar para mantenerse en firmeza espiritual, cuánto más nosotros. Si creemos en Cristo, tenemos que vivir como él.

Para eso nació este libro. Fue escrito para ayudarnos a entender que la reflexión y la oración deben convertirse en un hábito imposible de abandonar. En otras palabras: «deben ser la disciplina de un discípulo». En ocasiones resultará difícil, y muchas veces otras cosas van a tratar de distraernos. Pero persistamos. Tengamos este libro siempre al alcance y recordemos que las mismas disciplinas que Jesús practicó nos ayudarán a vivir como él.

Al límite
¿Qué disciplinas puedo añadir a mi vida?
¿Cómo puedo convertirlas en hábitos?

Encuentro
Señor, muchas veces oro y canto que quiero vivir como tú en la tierra. Hoy creo que para lograrlo tengo que sumar a mi vida los mismos hábitos que tú tenías.

Espejos

1 Corintios 13:12
Ahora vemos de manera indirecta y velada, como en un espejo;
pero entonces veremos cara a cara.

Mis padres solían llevarme con mis amigos a un parque de diversiones que tenía un salón de espejos. Se trataba de unos pasillos donde caminábamos entre espejos que nos devolvían una imagen deformada. En ellos podía verme más alto, más bajo, con la cabeza grande y las piernas cortas. Era muy divertido ver a mis amigos de una forma tan rara y exagerada, aunque cuando ellos se reían de mí, ya no me hacía gracia.

El último espejo del salón era normal. Allí volvíamos a vernos de nuestro tamaño y forma natural.

Durante la adolescencia nos gusta mirarnos al espejo. Algunos pasamos horas tratando de ocultar algún bultito que nos ha aparecido justo la noche equivocada o intentando lograr un mejor peinado. Es en la época de la adolescencia que vamos descubriendo quiénes y cómo somos, qué nos gusta y qué nos queda mejor. Por eso también nos miramos en el espejo de nuestros amigos, en el de la televisión, en el de la fantasía y en muchos otros.

Sin embargo, hay un solo espejo donde podemos mirarnos y vernos tal cual somos. Es en el espejo de Dios; en él nos vemos cara a cara. Allí podemos descubrir nuestra verdadera belleza y también ver claramente qué cosas podemos cambiar para ser mejores. Los otros espejos son imperfectos, quizás hasta deformen nuestra figura. Van a mostrarnos una imagen exagerada de nuestra persona, no porque el reflejo sea real sino porque algo hay en ellos que es imperfecto.

Muchas veces me dejé convencer por lo que decían de mí algunos en la escuela. Conocí a otros que siempre se miraron en el espejo de las palabras hirientes de sus padres. Tenía una amiga que vivía comparándose con lo que veía en las revistas. Mirarnos en espejos deformantes nos hace tener una imagen pobre y equivocada de nosotros mismos.

Al límite
¿De dónde tomo las ideas que tengo acerca de mí mismo?
¿Me dejo llevar por lo que otros dicen de mí?

Encuentro
Querido Dios, ayúdame a no dejarme engañar por espejos deformantes. Leo este libro para verme más en tu espejo. Ayúdame a conocerme y a tener una imagen sana y clara acerca de mí.

La mejor autoayuda

Filipenses 2:4
*Cada uno debe velar no sólo por sus propios
intereses sino también por los intereses de los demás.*

A primera vista este consejo bíblico parece enfocarse hacia el servicio a otras personas. Pero no es así del todo. Si uno mira a la gente egoísta se da cuenta de que tienen pocos amigos y que les cuesta conseguir ayuda cuando enfrentan problemas. En cambio, la persona que ayuda a otros es siempre la más querida y la que con facilidad encuentra colaboración.

Definitivamente la mejor manera de conseguir apoyo para nuestros problemas es ayudar a otros a solucionar los suyos. Si damos, recibiremos. Si somos personas que siempre piden, demandan, ruegan y solo se concentran en sus propios intereses, terminaremos cansando a los demás y poco a poco nos quedaremos solos. Por eso, según el consejo bíblico, creo que la mejor autoayuda es crecer de modo que seamos personas que den, inviertan, apoyen, escuchen y hagan todo lo necesario para ayudar a otros. De esa manera seremos amados y tendremos ayuda cuando nos encontremos en problemas. Es doblemente excelente cuando sentimos que verdaderamente somos de ayuda a otros no solo porque es bueno para ellos sino porque la ayuda vuelve como un boomerang hacia nosotros.

Al límite

¿Soy una persona que vela solo por sus propios intereses o me preocupo por ayudar a los demás?

Encuentro

Señor, líbrame del egoísmo que impera en nuestra época. Ayúdame a velar también por los intereses de los demás. Amén.

Nada grande surge de la noche a la mañana

Mateo 25:21

*Su Señor le respondió: «¡Hiciste bien, siervo bueno y fiel!
En lo poco has sido fiel; te pondré a cargo de mucho más!»*

Estamos estudiando y nos preguntamos qué tiene que ver esto con nuestro futuro. Voy a dar la respuesta: todo. Esa materia o esa actividad que tanto nos cuesta no será lo último que tengamos que enfrentar que no sea de nuestro agrado. Hoy mismo tendremos que ser fieles a algo que nos dará su recompensa en el futuro. Tenemos que sobreponernos y actuar con responsabilidad. Más allá del título de la asignatura o de la cara de monstruo que tenga la persona que atormenta nuestra mente, hay un desafío que debemos superar. Se trata del conocido juego: «¡Siempre tenemos que hacer algo que no nos agrada!» Las personas que viven escapando de este desafío y se quedan ancladas en la queja, pierden. El secreto está en ser fieles en lo poco para alcanzar mucho. Jesús lo afirmó en la parábola de las monedas de oro. A uno el Señor le dio cinco mil monedas y las multiplicó. A otro le encargó dos mil monedas y también las duplicó. Pero hubo uno que no supo ser fiel con lo que le había tocado y por eso perdió la oportunidad de tener más. No importa cuánto tengamos en nuestras manos hoy, demos lo mejor de nosotros. Si cultivamos esta actitud, veremos cómo el Señor nos encarga más y más cosas.

Muchos fracasan porque quieren empezar al revés. Dicen: «Voy a hacer las cosas bien cuando llegue mi verdadera oportunidad». O quieren figurar cuando hay luces, micrófonos y aplausos por delante, pero no saben poner el hombro cuando hay que hacer a diario cosas pequeñas e insignificantes. Eso es un error. El ser una persona responsable no se logra de la noche a la mañana.

Todos tenemos que aprender lo que es el trabajo arduo y la responsabilidad, especialmente cuando no nos gusta lo que hacemos ya que muchas veces es necesario pasar por circunstancias adversas para llegar a realizar algo realmente grande.

Al límite

*¿Cuáles son las cosas en las que necesito esforzarme más?
¿Qué puedo hacer al respecto?*

Encuentro

Querido Padre, quiero que un día me digas que soy un siervo bueno y fiel. Sé que debo trabajar con lo que tengo a la mano para aprender a lograr cada día más; te pido tu ayuda para hacerlo con fidelidad.

El plan especial

1 Corintios 12:7
*A cada uno se le da una manifestación especial
del Espíritu para el bien de los demás.*

Una persona capaz de reconocer que Dios tiene un plan especial para cada uno sabe que no hace falta tener una voz fuerte para lograr ser escuchado, sino decir algo que realmente merezca ser oído. Por eso no es necesario afirmar lo que otros ya dicen o lo que el resto ya sabe. Sabiendo que somos seres especiales, hablemos desde nuestro corazón y podremos comunicarnos con el corazón de los demás. Dejemos la superficie, sumerjámonos en las necesidades de los que se encuentran alrededor de nosotros y seguiremos descubriendo todas las cosas especiales que Dios quiere hacer con nuestra vida. Pensemos en estos otros argumentos: hay mucha gente que nunca va a sentir el abrazo de Dios a menos que encuentre nuestros brazos. Gente que nunca va a ver los ojos de Dios a menos que halle misericordia en los nuestros.

Uno de los jóvenes de mi grupo, llamado Henry, nos dijo cierta vez a mi esposa y a mí: *yo he aprendido muchas cosas de ustedes, pero algo que siempre me emociona es que me hacen sentir especial para Dios y eso provoca que yo me sienta mejor y sin duda, ha logrado que todo me vaya mejor*. Existe una verdad muy grande tras las palabras de Henry. Cuando sabemos lo especiales que somos para Dios, tenemos más confianza con respecto a nuestro futuro; eso nos ayuda tomar decisiones más sabias y por consecuencia ¡nos va mejor!

No hay por qué dudarlo: Somos tan especiales que nadie más en el mundo, de entre todos los seres vivientes, puede representar al Padre como cada uno de nosotros puede hacerlo.

Al límite
¿Cómo actúa alguien que sabe que es especial?
¿Cómo puedo diferenciarme de los demás en estos días?

Encuentro
Gracias por hacerme especial. Gracias porque no tengo que imitar a nadie. Puedo ser yo mismo y me amas así. Gracias por el bello plan que tienes: que sea una persona única.

Con seis no alcanza

SEBASTIÁN GALEANO
CHACO, ARGENTINA

Deuteronomio 28:13
El SEÑOR te pondrá a la cabeza, nunca en la cola.

El promedio es lo mejor de lo peor y lo peor de lo mejor. En mi país la calificación mínima para aprobar una materia en la escuela es seis, y muchos alumnos harían cualquier cosa con tal de llegar a tan ansiada meta: el seis. Qué alegría sentimos cuando en nuestras evaluaciones aparece ese número «mágico». ¡Bien, aprobé!, pensamos y festejamos.

Si nos comparamos con otros, hasta podríamos sentirnos orgullosos, porque tal vez ellos obtuvieron un 3, un 4 o un 5. Pero, ¿qué sucede si nos cotejamos con los que sacaron 9 o 10? Estamos muy lejos ¿verdad? Con una colección de seis nunca llegaremos a ser los mejores.

Lo mismo que sucede en la escuela, muchas veces ocurre en la vida: algunos vivimos en el intento de promediar la nota, y no nos esforzamos en ser excelentes. A lo largo de toda la vida Dios nos alienta a que seamos campeones, que luchemos para obtener el premio mayor. Pero para ser campeones hay que ir más allá de lo que nos dicen las ganas, de lo que nos susurra el sueño y la pereza y aun de lo que nos sugieren los demás.

¿Nos animamos a ir más allá? ¡Claro que sí! Podemos lograrlo, hoy somos capaces de luchar por un siete, mañana por un ocho y sin darnos cuenta un día obtendremos nuestro ansiado 10.

Al límite
¿Existen buenas razones para obtener buenas calificaciones? ¿Cuáles?
¿Qué significa no conformarme solo con promediar la nota?

Encuentro
Señor, no quiero ser mediocre, quiero ser alguien distinto, que se destaque.
Una persona que logre cumplir sus sueños; no para sentirme superior a otros
sino para decirle a mis amigos que tú eres mi ayudador y que contigo todo es
diferente. En el nombre de Jesús. Amén.

Raquelita

Jeremías 17:7
*Bendito el hombre que confía en el
Señor, y pone su confianza en él.*

R aquel Mairota es una dulce mujer de poco más de setenta años que nació
con acondroplasia (falta de desarrollo de los cartílagos de crecimiento
de los huesos largos, lo cual ocasiona una forma de enanismo). Mide
un metro veinte y tiene el ministerio de sembrar la Palabra de Dios.

Su infancia fue muy dura, y su padre, que tenía problemas mentales, hacía
que la casa se transformara en un infierno. Fue rechazada en varios colegios
por su problema de estatura y la discriminación que sufría la llevó a pensar en
el suicidio. Fue entonces cuando cierta joven, hija de un pastor, la invitó a su
iglesia. Allí encontró el amor y la aceptación de Jesús.

A partir de su conversión, Raquelita, como todos la llaman, se transformó en
un instrumento de bendición. Fue misionera en Alvear y luego en Bahía
Blanca, ambas ciudades de la provincia de Buenos Aires, Argentina, donde trabajó con personas muy humildes y necesitadas. Fue como misionera a Curuzú
Cuatiá, un lugar de temperaturas muy altas en la provincia de Corrientes, donde
permaneció por dieciséis años.

Raquel pensaba que tenía poco para ofrecerle a Dios, pero comprobó que
Dios toma lo que uno le da, aunque parezca poco, y lo multiplica. Estudió
teología, y hoy es pastora. Continúa evangelizando y sirviendo a los niños en
Buenos Aires. Raquel Mairota es un ejemplo de vida, y mucha gente ha tenido
la bendición de ser guiada a conocer el camino de Dios por medio de esta
maravillosa persona.

Al límite
¿Qué me enseña el ejemplo de Raquelita?

Encuentro
*Eres un Dios ilimitado y lleno de recursos. Gracias porque al poner nuestra
confianza en tus promesas podemos sorprendernos por los resultados que
vemos en nuestras vidas. Hoy quiero darte lo que tengo, confiando en que en
tus manos puede convertirse en mucho para otros.*

Enero 21

El amigo que hiere

Proverbios 27:6

Más confiable es el amigo que hiere que el enemigo que besa.

A nadie le causa gracia escuchar que está equivocado. La verdad a veces molesta y es incómoda. Cuando alguien intenta corregirnos solemos fastidiarnos. Lo sé porque a mí me pasa muy a menudo.

Hace algunos años, en un campamento cristiano, se me acercó una de mis amigas más cercanas para hablar en privado. Ambos estábamos allí en el liderazgo. Ella me miró directamente a los ojos y me señaló un par de errores que había cometido como líder de la actividad que estábamos realizando. Mi primera reacción fue de sorpresa y justificación. Me resultaba muy incomodo que fuera ella la que hubiese visto estos detalles. Luego comencé a enojarme. Parecía que mis justificativos no funcionaban. Ninguna de mis excusas la satisfacía, así que terminé hirviendo de rabia. A la mañana siguiente me crucé con otro líder del campamento; yo sabía que él no tenía buenas intenciones conmigo ni con mi ministerio. Le pregunté qué le había parecido lo que habíamos hecho y él me respondió que le había parecido de maravilla. Todas sus palabras fueron de halago y sus ojos chispeantes no paraban de saltar mientras me sonreía. Me quedé satisfecho. Ahora me sentía mejor con respecto a lo que me había dicho mi amiga. Evidentemente ella estaba equivocada.

Esa misma tarde tuve una reunión con mi supervisor y, no me debería haber sorprendido, él tampoco estaba feliz por lo que había ocurrido. Pero lo que sí me sorprendió fue que en sus reclamos citó lo que este otro líder, que tan solo unas horas antes me había halagado, había dicho en una reunión de evaluación general. No lo podía creer. Hacía un rato había ponderado mi desempeño en privado; sin embargo, al estar con otros fue el que más quejas con respecto a mis errores había presentado. Luego de escuchar a mi supervisor pude darme cuenta que lo que me había dicho mi amiga era verdad, ella tenía razón. Pero también aprendí otra lección. Es bueno escuchar a las personas que nos aman aun cuando nos digan cosas que no nos gusta escuchar; las personas que verdaderamente nos aman serán las que siempre nos digan la verdad.

Al límite

¿Cómo reacciono ante la crítica?
¿Cuál es mi criterio para decidir a quién escuchar?

Encuentro

Querido Dios, hoy te doy gracias por aquellas personas que están dispuestas a corregirme con amor. Gracias porque están dispuestas a decirme siempre la verdad. Dame sabiduría y humildad para aprender a escuchar el consejo de quienes me aman.

No te dejaré hasta que seas perfecto

Judas 1: 24

¡Al único Dios, nuestro Salvador, que puede guardarlos para que no caigan, y establecerlos sin tacha y con gran alegría ante su gloriosa presencia!

Dios insiste en trabajar en nuestras vidas. Él quiere mejorarnos. Pero es curioso, porque al mismo tiempo nos acepta tal cual somos. Cuando miramos las historias de los principales héroes de la Biblia nos damos cuenta que Dios los amó desde sus comienzos, pero insistió en darles oportunidades para que crecieran. Vemos a Moisés en sus principios tartamudeando de miedo y parece imposible que luego se convirtiera en un gran libertador. Vemos a Pedro, un pescador de carácter bastante impulsivo, convertirse en el gran predicador de Pentecostés.

Luis Palau escribe acerca de un principio: «Las puertas grandes giran sobre bisagras pequeñas». Los grandes cambios en nuestras vidas comienzan con los pequeños. Las reacciones que tenemos ante las distintas circunstancias por las que atravesamos determinan cuánto crecemos en cada paso que damos. A veces quisiéramos que Dios nos tocara de manera mágica en un solo evento. Pero Dios es un artista y, como a todo artista, se le nota la paciencia y el detallismo. Él sabe que si va a ayudarnos a ser mejores, debe darnos tiempo, y por eso en cada circunstancia nos da la posibilidad de mejorar.

Dios está haciendo su obra en nuestras vidas. Lo notemos o no, el prometió continuar perfeccionándonos y no es perezoso en cumplirlo. Quizás sea bueno prestar atención a cómo podemos facilitarle el trabajo y también ser agradecidos por las oportunidades y hasta por las pruebas que nos da para mejorar nuestro carácter, hacer crecer nuestra fe y ampliar nuestra compasión.

Al límite

Filipenses 1:6: Estoy convencido de esto: el que comenzó tan buena obra en ustedes la irá perfeccionando hasta el día de Cristo Jesús.

Encuentro

Gracias, Señor, por insistir en trabajar en mí. Gracias por amarme tal como soy, pero también gracias por todas las oportunidades que me das de mejorar y cambiar. Sigue haciendo tu obra en mi vida, yo prestaré más atención a cómo colaborar contigo.

El ADN de un revolucionario

Romanos 8:19
La creación aguarda con ansiedad la revelación de los hijos de Dios.

Las moléculas de ADN (acido desoxirribonucleico) son las unidades elementales a partir de las cuales se conforman los genes. Es por eso que el ADN determina las marcas individuales de una persona. Su identidad.

Cuando pensamos en la revolución que la nueva generación de jóvenes cristianos está llamada a producir en el mundo, hay que notar que los revolucionarios siempre tuvieron ciertas marcas que los acompañaron. Una especie de ADN que marcó su comportamiento.
Estos siempre fueron personas de:

Acción
Destino
Negación de sí mismos

Pensemos: Para hacer una diferencia hay que actuar. Cuando nuestro cristianismo se limita a creer o decir lo que es correcto pero a no hacer nada al respecto, terminamos sin dar un testimonio concreto y poderoso de quién es Cristo. Los revolucionarios siempre fueron personas de **acción**. También fueron hombres y mujeres que sabían que habían sido elegidos para llevar a cabo lo que anunciaban. Entendían que hacerlo era su **destino**, y por último estaban dispuestos a pagar el precio. Eligieron el camino de **negarse a ellos mismos**. Pasaron todo tipo de incomodidades, fueron más allá de sus posibilidades y estuvieron dispuestos a renunciar a ellos mismos en numerosas ocasiones para que otros pudieran obtener un beneficio.

Al límite
¿Cómo puedo ayudar a la iglesia a marcar una diferencia en este mundo?
¿Cómo puedo activar las tres características que poseen los revolucionarios en mi vida?

Encuentro
Querido Dios, me escogiste para hacer una diferencia en este mundo y quiero pedirte más fuerzas para lograrlo. Quiero ser una persona de acción y no alguien que solamente sepa qué es lo correcto. Deseo ser una persona que demuestre que tiene claro su destino, y por último, quiero estar dispuesto a negarme a mí mismo cuando sea necesario lograr un bien común.

Amigos del alma

Gisela Ramos
California, USA

Proverbios 17:17
*En todo tiempo ama el amigo; para ayudar
en la adversidad nació el hermano.*

El espectro de mis amigos abarca toda clase de géneros, tamaños, colores y edades. Toda mi vida viví en una pequeña ciudad del sur de Buenos Aires, Argentina, y tuve un montón de amistades de oro. Había llegado al punto perfecto (o así lo creía) de mi vida: tenía toda la diversión que quería a mi disposición. Pero entonces tuvimos que mudarnos a causa del trabajo de mi papá a un lugar bastante alejado. ¡A más de quince mil kilómetros! Un día nos dijo que debíamos radicarnos en los Estados Unidos. Pensé que mi mundo se derrumbaría y que no volvería a sonreír. Muchos me decían que Dios tenía un propósito para mi vida, pero no podía creer que él fuera capaz de permitir algo tan horrible como separarme de mis «hermanos del alma». Ahora, después de un año de estar en Estados Unidos, veo que hubo, al menos, tres motivos importantes:

Que yo aprendiera a poner a Dios en primer lugar, ya que muchas veces iba a la iglesia solo para ver a quién iba a encontrar. (¿Nos resulta familiar esta posición?)

Descubrir quiénes eran mis verdaderos amigos, aquellos con los que sigo en contacto por teléfono, e-mail, carta y en oración. Ellos siguen siendo mis amigos del alma.

Hacer más amigos de los que nunca soñé y bendecirlos con el amor de Dios.

Le doy gracias a Dios porque me permitió atravesar esta prueba y porque me acompañó a través de ella. También le agradezco por los amigos que me dio y que todavía me da. Y especialmente por la mejor amistad, la que tengo con él.

Al límite
¿Alguna vez tuviste que hacer algo que te diera miedo, pero que al final fuera de bendición?

Encuentro
Dios, infinitas gracias por todos los amigos y hermanos que me has regalado. Bendícelos con tu amor y permíteme ayudarlos a que su relación contigo siga creciendo. Amén.

El elefante

Adriana Rodríguez / Asunción, Paraguay

Mateo 24:13
El que se mantenga firme hasta el fin será salvo.

Había una vez un niño al que le encantaban los circos, y lo que más le gustaba de los circos eran los animales. Como a todo chico le llamaban la atención los animales grandes… él estaba enloquecido con el elefante. Durante la función, el enorme animal, vestido con trajes y brillos, dejaba ver con gran despliegue su inmenso tamaño, peso y fuerza. Pero lo más llamativo era que este animal, después de su increíble actuación y hasta su próxima presentación en público, permaneciera atado con una sola cadena que sujetaba una de sus patas a un pequeño tronco enterrado unos pocos centímetros.

Aunque la cadena era bastante gruesa, al niño le parecía obvio que el elefante era mil veces más fuerte y que sería muy fácil para el paquidermo arrancar el tronco y huir. El misterio estaba planteado: ¿Qué era lo que detenía al elefante? ¿Por qué no huía? El chico fue con estas preguntas a las personas que se suponía que eran más sabias, pero lo único que pudo rescatar fue: «El elefante está amaestrado». Pero esa respuesta no le sirvió de nada, solo lo condujo a otro interrogante: «Pero si está amaestrado, ¿por qué lo encadenan?» Esa era una pregunta sin respuestas obvias. Años después, el pequeño descubrió la verdad: el elefante del circo no se escapaba porque había estado atado a una estaca parecida desde muy, muy pequeño. En aquel momento, siendo elefantito habrá empujado, tirado y sudado para poder soltarse. Pero a pesar de todos sus esfuerzos, le había resultado imposible. En ese momento la cadena era demasiado fuerte para él. Probablemente el elefantito se había quedado dormido por el cansancio. Pero al día siguiente habrá vuelto a probar, y también al otro y al otro… Hasta que un día, un terrible día en la historia de su vida, el animal aceptó su impotencia y se resignó a su destino. Este elefante tan grande y poderoso, al que vemos en el circo cada vez que queremos disfrutar de un buen show, no se escapa porque *cree* que **no puede**. Él tiene clavada en su memoria la impotencia que sintió poco después de nacer. Y lo peor de todo es que jamás volvió a cuestionar ese recuerdo de su memoria… Jamás, jamás, intentó poner a prueba su fuerza otra vez...

Al límite
¿Existen cadenas que me atan? ¿Cuáles son?

Encuentro
Señor, ayúdame a no rendirme, cualquiera sea la situación por la que esté atravesando. Dame nuevas fuerzas, regálame un nuevo corazón y un nuevo espíritu para no cansarme de luchar jamás. Quiero que tu voluntad se haga en mi vida. Gracias por hacerme libre. En tu nombre, Jesús. Amén.

www.jesús.en.ti

Gálatas 2:20

*He sido crucificado con Cristo, y ya no vivo yo sino que
Cristo vive en mí. Lo que ahora vivo en el cuerpo, lo vivo
por la fe en el Hijo de Dios, quien me amó y dio su vida por mí.*

Es muy probable que no sepamos quién es Tim Berners-Lee, pero es casi seguro que usemos su invento. Berners-Lee fue el inventor de la World Wide Web (las palabras reales detrás de www que en español quiere decir algo así como red que cubre el mundo). Su idea básica inicial era que debía existir un sitio o memoria, así lo llamaba en un principio, donde albergar toda la información posible y al que todas las personas pudieran acceder con igualdad. Este debía ser un lugar que pudiera contener toda la sabiduría posible. Y no solo eso, además de contenerla, debía poder agrupar y ordenar los elementos comunes para que quien accediera allí pudiese encontrar aun más de lo que estaba buscando.

Algo así sucede cuando vamos a los pies de Jesús. Toda la sabiduría está contenida allí. La información necesaria y los pasos a seguir para una vida exitosa se encuentran ahí. A sus pies hay mucho más de lo que imaginamos y lo mejor es que se nos ha hecho accesible. En los tiempos del Antiguo Testamento resultaba claro que Dios estaba en todas partes. Los hebreos decían: «A las montañas levanto mis ojos; ¿de dónde ha de venir mi ayuda?» (Salmo 121:1), «La tierra, el estrado de mis pies» (Isaías 66:1). También siguieron a la nube de día y a la columna de fuego en la noche. Pero parece que poco a poco se nos fue enceguecido la vista. Luego, y también por eso, vino Jesús. Él no cambió al Padre, que es a la vez justo y amoroso. Pero Jesús introdujo una dimensión más palpable de Dios. Antes de Jesús, el pueblo de Dios hablaba de buscar a Dios; a partir de Jesús, se empieza a hablar de tener a Dios, y el Nuevo Testamento nos deja la idea clara de que ahora es tiempo del Espíritu Santo, que habita «en» nosotros.

Al límite

¿Puede existir algo más cercano?

Encuentro

Gracias por tu sabiduría, a veces me olvido de buscar lo que necesito a tus pies. También gracias por estar en mí. Soy templo de tu Espíritu, y estás conmigo a cada momento. ¡Qué privilegio!

Un ingrediente que no puede faltar

Hebreos 6:12

Imiten a quienes por su fe y paciencia heredan las promesas.

Es un ingrediente que no puede faltar en la receta del éxito. Fue la clave de todas las conquistas humanas y también estuvo presente en los hechos divinos. Sigue siendo un condimento que permite que Dios todavía nos hable, nos perdone y nos entienda. No puede estar ausente si queremos obtener victoria en cualquier área de la vida; sin embargo, en muchas personas escasea en proporciones alarmantes. Algunos que la han tenido no pueden estar seguros de mantenerla, siempre hay que buscarla como un tesoro preciado. Es… ¡la paciencia! Sin ella muy poco se puede lograr. El apóstol Santiago nos exhorta a tener por sumo gozo cuando tengamos que enfrentarnos con diversas pruebas, porque la prueba de nuestra fe produce paciencia. Él lo dice porque se trata de un ingrediente indispensable para el cristiano que quiere tener una vida victoriosa. Santiago entiende el valor de la paciencia y tiene en alta estima esta virtud ya que el resultado de la prueba en el cristiano es la paciencia. Esta nos permite que una obra, un trabajo o una vida lleguen a buen término. ¿Cómo hacemos para tener paciencia? La Biblia nos enseña que es fruto del Espíritu Santo (Gálatas 5:22). Por lo tanto, si estamos en comunión con el Señor, esta característica de su Espíritu va a empezar a nacer en nosotros.

Al límite
¿En qué nivel se encuentra mi tanque de paciencia?

Encuentro
Señor, hoy quiero pedirte que me ayudes a ser más paciente. A veces es difícil esperar sin enojarse o no cometer errores por el apuro, por eso te pido que tu Santo Espíritu produzca un precioso fruto de paciencia en mi vida.

El perdonar nos da libertad

Mateo 5:46
*Si ustedes aman solamente a quienes
los aman, ¿qué recompensa recibirán?*

Hay una nota común en las historias de aquellos que, en situaciones
extremas, decidieron perdonar. Siempre ellos fueron los principales
beneficiados.

Hay algo que se libera en nosotros cuando perdonamos, y en los últimos
años hasta se ha convertido en una prescripción médica. La ciencia descubrió
en el último tiempo que muchas enfermedades emocionales y hasta físicas
están originadas en la falta de perdón. El libro de Proverbios dice que así como
es el pensamiento de una persona, en eso se convierte (Proverbios 23:7,
RVR60), y así sucede. Las personas que albergan pensamientos de amargura se
convierten en personas amargas. Aquellos que guardan rencor se convierten en
personas rencorosas; y quienes no han perdonado se vuelven esclavos de las
personas a quienes no han perdonado.

Cuando alguien extiende su amor a otro que ha sido su agresor o su enemigo, el mundo lo nota. Es escandaloso. Es diferente. Es atractivo.

A. M. Hunter dijo: «Devolver mal por bien es la forma de actuar del diablo;
devolver bien por bien, la del hombre; devolver bien por mal es la de Dios».

Al límite

¿Hay alguien que despierte en mí sentimientos de enojo o amargura?
¿Qué puedo hacer en términos prácticos para mostrarle mi perdón?

Encuentro

*Señor, gracias porque tu me perdonaste primero. Dame fuerzas espirituales
para perdonar a quienes me tratan mal o a aquellos a los que me cuesta amar.
Quiero disfrutar siempre la libertad del perdón.*

Caprichos

Viannelys Román / Santo Domingo, República Dominicana

Romanos 8:26
*Así mismo, en nuestra debilidad el Espíritu acude
a ayudarnos. No sabemos qué pedir, pero el Espíritu mismo intercede
por nosotros con gemidos que no pueden expresarse con palabras.*

Muchas veces me he comportado como una nena «caprichosa». No era una conducta constante en mi niñez, pero me ejercité bastante en esa característica. Esto puede ser tanto malo como bueno. Hoy no actúo como cuando era niña, no vayan a creer eso; sino más bien me he graduado y he hecho una maestría en insistencia; y eso es más que solo capricho. Recuerdo una frase que mi padre decía siempre para referirse a mí (él ya no está conmigo, pero me ha dejado un baúl de recuerdos invalorables). Su frase típica era: «Viannelys, ¡esa muchachita! ¡Es mejor que me caiga un panal de avispas y no ella, porque lo que quiere lo consigue!» Y en esencia era cierto. Le pedía tan insistentemente lo que deseaba que me comprara que lograba que me lo diera. Créanme, tal vez no suene como algo positivo, pero en mí, eso era tan común que podía sentarme a rogarle a papi hasta obtenerlo. Ciertamente, en nuestras vidas tenemos la oportunidad de estar delante de nuestro Padre celestial para pedirle lo que queremos, anhelamos o necesitamos. Yo he experimentado el privilegio de pedirle a Dios cosas con tanta pasión e insistencia que me las ha dado. Si estamos pasando por cualquier necesidad, vayamos delante de nuestro Padre, pidámosle con fe, y no dudemos ni un segundo. Hagamos de cuenta que estamos delante de nuestro padre terrenal. Hay cosas en nuestra vida que sabemos que son mucho más que simples caprichos. Son una necesidad, y si permanecemos sin desmayar delante de la presencia del que es Justo, tengo la certeza de que él concederá nuestra petición. El versículo de hoy nos recuerda que el Espíritu Santo, que conoce mejor que nosotros cuáles son nuestras necesidades, es el que se comunica con nuestro Padre del cielo. Así que confiemos, no dejemos de orar, no desmayemos, porque Dios es fiel a sus promesas.

Al límite
¿Cuál ha sido mi expectativa al orar?
¿Cuán persistente soy en la oración?

Encuentro
Padre Celestial, estoy delante de tu presencia para presentarte esta petición. Sabes cuánto lo anhelo. Te pido que por tus promesas me concedas este deseo que proviene de mi corazón. En el nombre de Jesús. Amén.

De corazón salvaje

2 Crónicas 9:7 (RVR60)

*Bienaventurados tus hombres, y dichosos estos siervos
tuyos que están siempre delante de ti, y oyen tu sabiduría.*

E s fundamental que hombres y mujeres entendamos nuestras diferencias.
La mujer tiende a tomar cuidado de los detalles, de lo bello, de las relaciones. Los hombres en cambio tendemos a inclinarnos por lo práctico,
lo mecánico, la obtención de resultados. Por supuesto que estas son tendencias,
pero al observarnos unos a otros es notable lo marcadas que son. El hombre
nació para lo salvaje. A los hombres nos atrae la conquista, desde niños nos
causa gracia la violencia, nos seduce la aventura y nos enciende el heroísmo.
Las mujeres suelen soñar con ser rescatadas de la torre de un castillo. Los hombres con rescatarlas. Eva fue creada en el huerto del Edén, pero Adán fue creado antes de que hubiese huerto. En su libro *Salvaje de Corazón* (Caribe, 2003),
John Eldredge escribe que: «En el corazón de todo hombre hay un anhelo
desesperado por una batalla que pelear, una aventura que vivir y una bella que
rescatar», y cuando miro mi infancia y la de mis amigos puedo notar que es
cierto. Nos gustan los deportes en el barro, salir golpeados y sentirnos
poderosos, y lo mejor de todo es que Dios nos diseñó así. En la sociedad de
hoy el hombre esta perdiendo su masculinidad, y eso es triste para todos. Es
una lástima para las mujeres porque ya no encuentran quién las rescate y es
una pena para los hombres porque algo de sus anhelos más profundos se apaga.
Thomas A. Kempis escribió: «Si nos esforzamos, como hombres de valor, para
estar firmes en la lucha, seguramente sentiremos la ayuda favorable del Dios
del cielo. Porque él, que nos ha dado la ocasión de luchar y nos puede dar la
victoria final, esta listo para socorrer a aquellos que batallan valientemente y
confían en su gracia». Pero si no estamos en la lucha, si nos terminamos alejando de las aventuras y no perseguimos una causa loable por la que pelear, de a
poco iremos desconociendo el favor de Dios.

Al límite

*Para las chicas: ¿Qué espero de un hombre? ¿Cómo puedo ayudar a mis seres
queridos varones a desarrollar su lado salvaje?*
Para los chicos: ¿Qué anhelos de mi infancia sigo persiguiendo?
¿Cómo puedo desarrollar mi masculinidad de una manera santa y positiva?

Encuentro

*Querido Dios, gracias por hacer al hombre y a la mujer diferentes. Gracias
porque cada uno trae a la vida regalos que el otro no puede traer. Que todo
hombre tuyo sea un ejemplo de masculinidad. En cristo Jesús. Amén.*

Un minuto más

ROSANA PEREYRA
CHACO, ARGENTINA

Hebreos 12:1

Por tanto, también nosotros, que estamos rodeados de una multitud tan grande de testigos, despojémonos del lastre que nos estorba, en especial del pecado que nos asedia, y corramos con perseverancia la carrera que tenemos por delante.

Si a alguno le gusta el fútbol, como a mí, habrá escuchado más de una vez esta frase: ¡Si hubiéramos aguantado un minuto más...! Se dice que los campeones son aquellos que tienen la capacidad de resistir un minuto más.

Todos los campeones tienen algo en común, y eso es la persistencia. Caen, pero se levantan. Fracasan una vez, pero lo vuelven a intentar. Les hacen un gol, pero ellos se esfuerzan por hacer dos.

El texto que leímos compara la vida con una carrera, y al pecado con un estorbo para correr esa carrera. Por eso nos aconseja que quitemos el pecado de nuestras vidas y que corramos con paciencia la carrera, poniendo los ojos en Jesús. Sin rendirnos ni desanimarnos. Minuto a minuto, dando lo mejor.

Hay una gran «hinchada» (como les decimos a los simpatizantes de un equipo en mi país) a nuestro lado. Eso nos dice Hebreos 12. En esta tribuna están Abraham, Moisés y un montón de otros personajes, alentándonos, y diciéndonos: «Yo lo logré; tú también puedes hacerlo. ¡No te rindas, persiste!»

Nunca abandonemos nuestros sueños. Siempre hay un minuto más para realizar el mejor de nuestros esfuerzos.

Al límite

¿Alguna vez te caíste y pensaste que no podrías levantarte más?
¿De qué maneras te entrenas para «correr la carrera de la vida»?

Encuentro

Gracias, Señor, porque cada día me das aliento; cuando estoy cansado tú me haces descansar; cuando más te necesito allí estás. Gracias por ser mi «hincha» número uno. Te amo. En tu nombre, Jesús. Amén.

Living la vida loca

1 Corintios 2:14

El que no tiene el Espíritu no acepta lo que procede
del Espíritu de Dios, pues para él es locura.

¿Qué pensaríamos si alguien se pusiera a construir un trasatlántico en el desierto de Bolivia? ¿Qué pensaríamos si un israelita fuera a la capital de un país árabe a decirles a sus habitantes que se arrepientan de sus ataques terroristas a Jerusalén? ¡Ellos sí que cantarían: *Living* la vida loca! Sin embargo, hubo casos en que ciertas personas hicieron algo similar en obediencia a una orden de Dios. Noé construyó un barco en medio del desierto y Jonás fue a predicarles arrepentimiento a los enemigos de su pueblo.

Nuestro grandioso Dios, al que en algunas oportunidades tratamos de encerrar en el frasco de lo posible o en el envase de lo lógico, muchas veces nos pide que hagamos cosas que se oponen totalmente a nuestras expectativas y a las que los demás tienen de nosotros. Él tiene planes maravillosos para nuestras vidas, pero muchas veces somos nosotros los que le cortamos la inspiración porque nos parecen demasiado locos.

Pensar que nuestros amigos se pueden convertir, creer que las cosas en casa van a cambiar, ver que se produzcan ciertos logros que anhelamos en nuestra iglesia, parece una locura. Es entonces cuando preferimos pisar el seguro, aunque también mediocre, terreno de la lógica. Cuando nos vienen ideas maravillosas que no sabemos cómo surgieron, lamentablemente muchos de nosotros empezamos a analizar si son convenientes, si «sentimos» llevarlas adelante, si son posibles de realizar, si esto, si lo otro… Ser cristianos es para aquellos que están locos por Dios. Ninguno de los hombres y mujeres de Dios que marcaron la historia cuestionó si era lógico lo que se les pedía. Ellos solo tuvieron una determinación: «Heme aquí, envíame a mí».

Al límite

¿Qué significa estar loco por Dios? ¿Te animaste a hacer algo que Dios te pidió aunque pareciera una locura?

Encuentro

Querido Señor, muchas veces servirte ha sido una locura a los ojos del mundo y aun de muchos de nuestros hermanos, pero yo quiero seguir sirviéndote.

Febrero 02

Rescate completo

Marcos 10:45

Porque ni aun el Hijo del hombre vino para que le sirvan,
sino para servir y para dar su vida en rescate por muchos.

Era un 6 de julio, las olas se veían suaves y Jessie Arbogast estaba frente a un inigualable momento *kodak* en Pensacola, Florida. Su hermana se había metido más hondo, pero para un chico de ocho años ya era suficiente. De repente algo enorme le dio un fuertísimo tirón en su brazo y Jessie empezó a gritar: En la playa estaba su tío Vance Flosenzier, que viendo la sangre alrededor de su sobrino no dudó que algo terrible estuviera sucediendo. Él y otro hombre corrieron hasta el muchacho cuando notaron a un tiburón. Viendo a Jessie y sabiendo que a unos metros estaba su hermana, el tío tomó fuertemente al tiburón por la cola y empezó a luchar para sacarlo del agua. Los gritos de ¡Tiburón! ¡Tiburón!, se escucharon por toda la playa. La tía del niño lo tomó en sus brazos y lo sentó en la orilla para descubrir que le faltaba un brazo desde la coyuntura del hombro. Unos turistas llamaron al número de emergencia y a los pocos minutos un helicóptero del Hospital Bautista llegó en auxilio. El tiburón luchaba por sobrevivir fuera del agua. Los paramédicos y la familia buscaban desesperadamente el brazo de Jessie. Uno de los paramédicos sugirió que podría estar todavía dentro del tiburón. Trataron de abrirle las mandíbulas con un bastón y efectivamente allí estaba. Jessie estaba quedándose sin sangre por lo que decidieron llevarlo antes de sacar el brazo del animal. Jared Klein, de la guardia de parques nacionales, decidió dar cuatro disparos al tiburón para sacar el brazo de su interior. Para ese momento, Jessie ya estaba en el hospital. Mientras lo bajaban por el elevador, los doctores y enfermeras le inyectaban sangre del tipo «O negativo». La ambulancia con el brazo llegó minutos después. Los doctores tomaron el brazo inmóvil, pero dieron gracias a Dios de que estaba intacto. Huesos, nervios, arterias, músculos y venas tuvieron que ser entrelazadas nuevamente. Doce horas trascurrieron en la sala de cirugía hasta que Jessie fue llevado a un cuarto de recuperación. Si no hubiera sido por su tío Vance, Jessie habría perdido su brazo y quizás hasta hubiese muerto. Asir a un tiburón por la cola y sacarlo del agua no es un acto común. Sin duda que ese día dividió la historia de Jessie y su familia en un antes y un después. Los hechos fueron relatados en los principales medios de comunicación y Vance fue elogiado como un héroe nacional. Algo así nos ha sucedido a nosotros. Estábamos atrapados en las mandíbulas del diablo, pero Cristo se lanzó a la playa de la muerte para rescatarnos. Satanás nos ha lastimado. Cristo no descansa hasta que podamos estar completos en él.

Al límite

¿En qué se parece lo que hizo Vance por Jessie a lo que Cristo hizo por ti?
Si estuvieras en el lugar de Jessie, ¿cómo le agradecerías al tío Vance?

Encuentro

Gracias, Jesús, por tu rescate. Gracias por morir en la cruz para rescatarme
del pecado, de la soledad y del vivir solo por las apariencias. Ahora quiero
ser alguien valiente que esté a tu lado para salvar a otras personas.

Derrumbar muros

Hebreos 11:30
Por la fe cayeron las murallas...

Daban vuelta en silencio. El surco de las pisadas en el barro se hacía cada vez más profundo. Era duro no poder hablar y más difícil no estar seguro de cuál era la táctica que su comandante Josué estaba siguiendo. Hacía seis días que daban vueltas alrededor de los muros de Jericó y ahora en el séptimo tenían que dar siete más. Los días anteriores habían sido diferentes. Mientras daban la vuelta se podían escuchar las trompetas de los sacerdotes, pero esta vez todo tenía que permanecer en absoluto silencio hasta completar la sexta vuelta. En la séptima vuelta, tal como Josué lo había ordenado, sonaron las trompetas y todo el ejército de Israel empezó a gritar a gran voz. En instantes los gritos, los cuernos y las trompetas se mezclaron con el estruendo de los muros de la ciudad que comenzaron a derrumbarse. Fue todo un desconcierto para Jericó, las tropas israelitas entraron con el mismo estrépito y pronto la cuidad estaba arrasada.

Ni siquiera los propios hebreos entendían lo que había sucedido. Era evidente que la estrategia no era humana. Dar vueltas durante siete días y en la última vuelta armar un alboroto para que se cayeran los muros de una de las ciudades más grandes de Canaán no estaba en los cálculos de nadie. Estaba fuera de duda que la táctica no había sido una iniciativa de Josué sino que provenía del Comandante de los cielos. Todos sabemos que a él le gusta mostrarnos que no son las estrategias ni las habilidades humanas las que pueden ganar las batallas del pueblo de Dios. Él sigue insistiendo que es por medio de la fe y la obediencia que somos capaces de alcanzar la verdadera victoria. Eso fue lo que tuvo Josué para darle la orden al pueblo. Fe y obediencia fueros las armas que empuñó el pueblo al marchar en silencio; y eso es lo que debemos portar nosotros si queremos que a nuestro paso caigan los muros de Satanás. Alguien me dijo: «Arroja el corazón del otro lado de la pared y el resto irá tras él». El corazón de Josué ya había visto caer las paredes. No dudó de lo locas que, aparentemente, eran las estrategias de Dios y puso su corazón del otro lado del muro. Pronto todo el pueblo lo siguió.

Al límite
¿Cuáles son las murallas que hoy se interponen para que conquistes lo que Dios quiere de ti? ¿Qué te dice el espíritu hoy?

Encuentro
Querido Señor, quiero tener fe y ser obediente, deseo arrojar mi corazón del otro lado de las murallas. Hoy voy a tener presente esta enseñanza.

Febrero 04

Sparky, un perdedor

Romanos 8:37
Somos más que vencedores por medio de aquel que nos amó.

Había un muchacho al que sus compañeros de escuela le decían Sparky porque se parecía a un famoso personaje de historietas en Estados Unidos. El joven odiaba ese nombre, pero se lo dijeron tanto que al cabo del tiempo se acostumbró.

A «Sparky» no le iba nada bien en la escuela. Todas las materias le parecían muy difíciles, en especial física. También le iba mal en los deportes, por lo que sus compañeros lo consideraban un increíble caso perdido y no le prestaban mucha atención.

Socialmente Sparky parecía ser un perdedor profesional. No tenía amigos fuera del horario escolar, y ni hablar de invitar a salir una chica, pues tenía miedo de ser rechazado. Pero Sparky tenía un hobby que siempre llamaba la atención: le gustaba dibujar caricaturas y tiras cómicas.

Cuando estaba terminando la secundaria trató de que algunos de sus dibujos fueran publicados en el anuario de la escuela, pero fueron rechazados. Pese a todo eso siguió dibujando. Su sueño era trabajar para Walt Disney, así que cuando se graduó les envió una carta con muestras de sus trabajos. Esperó por largo tiempo la respuesta hasta que un día llegó una carta diciendo que no tenían trabajo para él. Se entristeció, aunque no se sorprendió; de modo que decidió crear un personaje propio y empezar a vender sus tiras de dibujos cómicos.

Sus personajes fueron nada más ni nada menos que Snoopy y Charlie Brown. «Sparky» era el apodo de Charles Monroe Schultz, que llegó a ser uno de los caricaturistas más respetados del mundo. Con los protagonistas de sus caricaturas se creó un parque llamado «Knotts Berry Farm», que en el sur de California es una de las máximas competidoras de Disneylandia, y que reciben a millones de visitantes por año. En la ciudad donde nació, hoy Sparky es considerado una celebridad.

Al límite
Señor, a mí tampoco me gustan los sobrenombres que me han puesto ni las burlas que me lastiman. Pero no voy a hacerles caso nunca y voy a considerarme siempre una persona ganadora porque te tengo a ti. Ayúdame a salir adelante como lo hizo Schultz.

Encuentro
A pesar de tener todo en contra, muchas personas se esforzaron y contra todo pronóstico lograron lo que se proponían. ¿Cuánto más nosotros por medio de aquel que nos amó eternamente? Con él siempre seremos ganadores.

Hago lo que no quiero: necesito tu gracia

Martín Menescaldi
Buenos Aires, Argentina

Romanos 7:15

No entiendo lo que me pasa, pues no hago lo que quiero, sino lo que aborrezco.

Cómo no sentirme identificado con este versículo. El hecho de que Pablo haga tal afirmación parecería ser algo negativo, pero luego de pensarlo he descubierto que me anima. San Pablo demuestra que a pasar de todo lo que ya ha logrado se siente disconforme con su realidad actual. Tiene conciencia de su debilidad y encuentra placer en la limpieza de la gracia. Peor sería no tener ni noticia de que se están haciendo las cosas mal. Es algo así como tener una lechuga entre los dientes y nunca enterarse. Todo el mundo se reiría de nosotros y no sabríamos por qué. Pero Pablo lo sabe. *Reconocerse es curarse un poco* decía una canción de Los Cafres (Reggae argentino). Conocerse es el paso esencial. John Newton vio el alto contraste que se daba entre el antes y el después de la intervención de la gracia y no pudo hacer otra cosa que componer *Sublime Gracia*, himno muy conocido. Es impresionante la cantidad de veces que los malos pensamientos se apoderan de nuestra mente. Yo por eso he aprendido a conocer y ser conciente de que necesito abrazarme a Dios a diario. Me doy cuenta de la polución que tantas veces hay en mi cabeza y me hace bien recordar que fui alcanzado por la gracia de Dios. Un profesor al que estimo mucho no solo por su pasión a la filosofía, sino por el brillo que tiene en los ojos al hablar de Dios y sus atributos, suele quedarse sentado en su banco luego de clase, por si alguien desea consultarle algo. Hace poco escuché que alguien le preguntó: ¿Por qué necesitamos un Salvador y no podemos salvarnos a nosotros mismos? Su respuesta tuvo que ver con el versículo de Romanos que leímos hoy. Yo no puedo salvarme porque hago tantas veces lo que no quiero. Solo Cristo es perfecto y capaz de hacer siempre lo que desea. Por eso es que necesitamos su gracia.

Al límite

¿Por qué hago cosas que no quiero? ¿Cuál es la gran solución a mi pecado?

Encuentro

Señor Dios, quiero expresarte que estoy agradecido eternamente por lo que haces en la vida de la gente. Gracias porque si te busco puedo encontrarte. Gracias porque en la (falta texto) podemos ver en la historia gente que te amó que nos sirve de ejemplo para vivir. A veces hago lo que no quiero y no lo que deseo, pero tu gracia me sigue dando oportunidades. Gracias.

No tengas miedo... ¡Atrévete!

Romanos 10:14-15

Ahora bien, ¿cómo invocarán a aquel en quien no han creído?
¿Y cómo creerán en aquel de quien no han oído? ¿Y cómo oirán si no hay
quien les predique? ¿Y quién predicará sin ser enviado? Así está escrito:
«¡Qué hermoso es recibir al mensajero que trae buenas nuevas!»

Pasamos bastantes horas disfrutando de diversas actividades con nuestros amigos, y hablamos de muchas cosas diferentes. Sin embargo, ¿cuánto tiempo dedicamos para hablarles a otros de nuestro Salvador? En mi caso, no siempre tanto como debería. Esto no tendría que ser así porque estamos llamados a dar testimonio de nuestra fe para que otros puedan ser salvos al igual que nosotros. Si nosotros afirmamos que tenemos muchos amigos y que los amamos, o al menos los apreciamos. Una parte fundamental de la amistad es preocuparnos por ellos, y aun más, saber que va a pasar con ellos después de la muerte. Es bonito tener amigos en esta vida porque ellos son personas que siempre están ahí cuando los necesitamos; una buena forma de retribuirles lo que nos han brindado es dándoles las buenas nuevas, la salvación y la paz que tanto buscan en medio de los problemas. Una pregunta tan sencilla como: «¿Qué crees que va a pasar después de la muerte?», nos puede dar una idea de qué es lo que piensa esa persona a la que le estamos hablando; podemos partir de ahí para contarle acerca de lo que nosotros creemos. Es cierto que muchas veces sentimos vergüenza, pero nosotros no estamos en este mundo para agradar a los hombres, sino para servir a Dios (Gálatas 1:10), y cuando predicamos el evangelio estamos sirviendo a nuestro Señor. Si tenemos miedo de que nuestros amigos nos rechacen, debemos olvidar ese temor porque, en primer lugar, si nos rechazan o nos hacen a un lado por hablarles de Cristo no son verdaderamente nuestros amigos; y en segundo lugar, debemos estar felices porque aunque seamos rechazados aquí en la tierra, nos «espera una gran recompensa en el cielo» (Lucas 6:22-23). Somos los encargados de llevar el evangelio a las personas que nos rodean para que ellos así puedan oír y estar con nosotros allá en la eternidad.

Al límite

¿Somos buenos amigos? ¿Amamos a nuestros amigos lo suficiente como
para presentarles un futuro eterno con Dios?

Encuentro

Me has dado tantas bendiciones. También me diste la tarea de llevar el evangelio
a las personas que me rodean. Padre, esto a veces no me resulta fácil, pero te pido
auxilio y fuerzas para poder hacerlo. Ayúdame a ser un hijo que te obedece sin
importar lo que otros digan y que siempre confía en ti. Gracias por amarme tanto
y por darme el privilegio de ser llamado hijo tuyo. En el nombre de Jesús. Amén.

Las verdaderas convicciones nacen de las dudas

Juan 8:32
*Y conocerán la verdad,
y la verdad los hará libres.*

¿Cómo nacen las convicciones? Algunos creen que a partir de la repetición. Piensan de la siguiente manera: «Si repito una verdad hasta aprendérmela de memoria entonces esa verdad se convertirá en mi convicción». No todos lo dirían de ese modo, pero este concepto, a veces se nota en el sistema educativo de hoy y también en la iglesia. Existe la creencia de que el aprendizaje tiene que ver con repetir verdades. Hace un tiempo comencé a analizar esta idea a la luz de mi propia experiencia, y descubrí que mis convicciones más profundas no tienen que ver con verdades que he repetido sino con verdades que he puesto en duda y acerca de las que he discutido. Aquellas cosas que no me he tragado por la mera repetición y que he tratado de entender en serio a través de mi pensamiento crítico son las cosas que verdaderamente comprendo y creo. El problema no es tener dudas. El problema es conformarse con ellas. Estancarse allí y no intentar descubrir la verdad es lo que ha hecho que muchos vean a los cristianos como una tribu de ignorantes. Dios no tiene ningún problema con que nos hagamos preguntas difíciles, con que nos cuestionemos y usemos nuestro sentido crítico en búsqueda de la verdad. Si queremos tener verdaderas convicciones debemos entender y no solamente repetir, así que la duda es un buen comienzo. El problema constituye solo quedarse en ella.

Al límite
¿Cuáles son mis dudas?
¿Qué debo hacer con ellas?

Encuentro
Querido Dios, gracias por darme la oportunidad de pensar. De evaluar y de cuestionar para tener verdaderamente convicciones firmes. No quiero ser como algunos que solo repiten como loros. Hoy quiero asegurarme de entender lo que creo.

Febrero 08

Amistad extrema

Juan 15:13

Nadie tiene amor más grande que el dar la vida por sus amigos.

Kay Poe y Esther Kim crecieron juntas como muy buenas amigas pero también como excelentes competidoras. Desde muy pequeñas su deporte había sido el Tae Kwon Do y no podían ocultar su alegría cuando recibieron la noticia de que en las Olimpiadas de Sydney, en el año del cambio del milenio, este deporte iba a ser al fin considerado como una disciplina olímpica. Sin embargo, existía un problema. Estados Unidos solo iba a enviar a un representante del peso y categoría de las dos amigas. Promediando las competencias de clasificación se notaba que las dos amigas eran las mejores, y nadie podía decir con certeza cuál de ellas era la mejor. Pero algo ocurrió. Kay se dislocó la rodilla en los últimos segundos de la semifinal que estaba ganando. A pesar del dolor aguantó esos segundos que faltaban ganando su match, pero no podía ocultar su dolor mientras su entrenador la sacaba hacia los vestuarios. Esther no pudo hacer nada porque ya comenzaba su semifinal. Comenzó un poco distraída pero luego de una fuerte caída volvió su cabeza al juego y doblegó completamente a su contrincante. Ahora quería escuchar lo que sucedería con su amiga. Era el sueño que siempre habían tenido: Una final entre ambas en el nivel más alto de su deporte en los Estados Unidos. El entrenador de Kay salió muy serio del vestuario para anunciar lo que sucedería. Pero ya su rostro decía lo que había pasado. Con solo poner un pie en el sector de juego, Esther podría ir a las olimpiadas. Kay no estaba en condiciones de hacerle frente. Pero algo todavía más sorprendente ocurrió. Esther se acercó al estrado de los jueces y anunció que le concedería la victoria a su amiga herida. Ella estaba dispuesta a sacrificar su propio sueño con tal de que su amiga pudiera cumplir el suyo. Mediando el murmullo general y la confusión de unos y otros, Kay salió dolorida del vestuario a protestar la decisión. Pero con el público enmudecido Esther le replicó: *«No te atrevas a discutirme esto. No creas que estoy tirando mis sueños al mar. No estoy haciendo eso. Estoy poniendo mis sueños en ti».* De más está decir que ellas, y pronto los testigos de semejante acto, se encontraban llorando. Esther firmó oficialmente su renuncia y le dijo a los asombrados reporteros de la televisión nacional: *«Hay más de una manera de salir campeón».*

Al límite

¿Qué cosas estaría dispuesto a hacer por mis amigos? ¿Qué habrá querido decir Esther al declarar: «Hay más de una manera de salir campeón»?

Encuentro

Querido Dios, dame amigos como Esther pero sobre todo, hazme alguien como ella. Libérame del egoísmo y dame un corazón generoso. En Cristo Jesús. Amén.

Dos niños y las misiones

Hechos 1:8

Pero cuando venga el Espíritu Santo sobre ustedes, recibirán poder y serán mis testigos tanto en Jerusalén como en toda Judea y Samaria, y hasta los confines de la tierra.

Eran más de cien niños amontonados portándose mal los que escuchaban a aquel misionero. Aunque a decir verdad, usar la palabra «escuchaban» podría resultar demasiado optimista. No sé a quien se le habría ocurrido la idea de traer a ese misionero de palabras lentas para hablar ante un grupo de niños de nueve a once años acerca de estar dispuestos a ir a las naciones. Es cierto que todo lo que tenga olor a aventura, a sitios lejanos puede ser atractivo para los niños de esta edad. Pero en esta ocasión el ambiente era caótico. No se podía divisar a nadie que prestara atención. Ni siquiera los líderes podían seguir al misionero mientras hablaba, en su intento de interrumpir las distracciones y las conversaciones que continuaban mientras entre los chicos. Por fin llegó el final de la predicación y el misionero no tuvo mejor idea que hacer «un llamado». Ni más ni menos que un llamado a los niños que estuvieran dispuestos a ir por las naciones predicando acerca de Jesús como él. El hombre hizo un silencio, abrió sus manos y simplemente explicó: el que está dispuesto que venga al frente. Por supuesto que nadie pareció escuchar puesto que el ruido ambiental no había disminuido. Pero pronto dos niños comenzaron a caminar hacia el frente. Una era una niña llamada Adriana Benítez y el otro era el niño que peor se había portado en todo el campamento. Su prima que estaba a su lado trató de detenerlo pensando que tan solo se trataba de otra de sus bromas. Ella consideraba que como chiste era demasiado, así que trató de sentarlo a la fuerza pero él insistió. Me acuerdo de la escena a la perfección porque ese niño era yo. Cuando el resto de los niños nos vieron a Adriana y a mí en el frente, todos se llenaron de asombro y por primera vez se escuchó un silencio y la voz del misionero. El hombre oró por nosotros y luego nos hizo repetir una oración para dedicar, con sencillez, nuestra vida a ir a dónde el Señor nos llamara. Desde aquella experiencia muchas cosas han pasado, pero de tanto en tanto me veo obligado a recordarla porque me vuelvo a encontrar con Adriana en algún país diferente. Hace un tiempo fue de misionera a Bolivia y allí nos encontramos. Luego estuvo en Colombia y allí hicimos los mismos amigos. Luego nos vimos en Costa Rica y ahora ella está en África desde donde me sigue invitando a predicar. Ambos viajamos por el mundo enseñando acerca de Cristo y todo comenzó aquel día en que en medio del caos de un montón de niños, escuchamos un suave susurro divino que nos llamaba a pasar al frente.

Al límite

¿Cuál es la edad o la forma ideal en que Dios llama a una persona?
¿Qué tipo de susurro he estado escuchando?

Encuentro

Querido Dios, tus planes son increíbles. Gracias por estar siempre ahí, atento aun cuando no me doy cuenta. Dame la capacidad de escucharte en medio del caos que tantas veces me rodea. Quiero pasar al frente siempre que me lo pidas.

De más valor que el dinero

Efesios 5:16

Aprovechando al máximo cada momento oportuno, porque los días son malos.

El tiempo es más valioso que el dinero porque esencialmente es irreemplazable. Nuestra generación tiene quizás más ocupaciones de lo que tuvo ninguna otra a nuestra edad. Clases, deberes, gimnasio, iglesia, piano, Nintendo, maratones de fin de semana, sueños, etc. ¡Y solo disponemos de veinticuatro horas cada día! En mi adolescencia iba a muchos campamentos y, aunque produzca risa, mi mamá me hacía el equipaje. Me llevaba un bolso muy ordenado con todas las cosas que necesitaba. Cuando terminaba el campamento y tenía que armar el bolso para volver a casa, nunca cabían las cosas. Me preguntaba: «¿Por qué todo entraba cuando mi mamá lo arregló y ahora no?» La diferencia estaba en que ella organizaba y doblaba cada prenda con cuidado y yo metía todo hecho un desorden. Lo mismo sucede con el tiempo. Cuanto más organizado lo tengamos, de más espacio dispondremos para hacer cosas. La organización del tiempo tiene que ver con seleccionar prioridades. ¿Qué es lo más importante? ¿Qué me ayudará a llegar más lejos? ¿Cuál actividad tendrá un mejor resultado a largo plazo? Uno de los hábitos más notables de las personas sobresalientes es que saben organizar sus prioridades. Muchas veces sacrificamos lo importante por hacer cosas que aparentan ser urgentes pero que en realidad no son nada relevantes. La mejor forma de organizar nuestros días es con una agenda en la que podamos definir las prioridades. Hagamos una lista y puntuemos, de uno a diez, las cosas más importantes que debemos realizar; luego volquemos eso de manera visible en la agenda. Si le otorgamos más tiempo a la prioridad número nueve que a la número uno, algo estará fallando. Si crecer espiritualmente es lo más importante en nuestra vida, pero solo le dedicamos a Dios los domingos a la mañana, no vamos a crecer como deseamos. Si es importante terminar nuestros estudios cuanto antes, mirar la televisión toda la noche no nos va a ayudar. La tierra está llena de jóvenes, adolescentes y adultos que se quedaron atrapados en la mediocridad por no aprender a usar bien el tiempo. Notemos que el tiempo es algo que a todos se nos ha dado por igual. Todos tenemos veinticuatro horas al día, pero unos saben administrar esas horas y otros solo las desperdician.

Al límite

¿Cómo administro mi tiempo y qué puedo hacer al respecto? ¿Cómo se refleja mi orden de prioridades en el tiempo que le asigno a cada cosa?

Encuentro

Señor, ayúdame a administrar mejor el tiempo que tengo. Quiero ser una persona que tenga bien organizadas sus prioridades para sobresalir.

El valor del tiempo

Víctor Guevara
Puebla, México

Eclesiastés 3:1
*Todo tiene su momento oportuno; hay un
tiempo para todo lo que se hace bajo el cielo.*

Para darte cuenta del valor de un año,
pregúntale a alguien que reprobó su año escolar.
Para darte cuenta el valor de un mes,
pregúntale a una madre que dio a luz a un bebé prematuro.

Para darte cuenta del valor de una semana,
pregúntale al editor de una revista semanal.
Para darte cuenta del valor de un día,
pregúntale a un obrero que tiene seis hijos que alimentar.

Para darte cuenta del valor de una hora,
pregúntales a dos enamorados que esperan por verse.
Para darte cuenta del valor de un minuto,
pregúntale a alguien que acaba de perder el tren.

Para darte cuenta del valor de un segundo,
pregúntale a uno que haya sobrevivido a un accidente automovilístico.
Para darte cuenta del valor de un milisegundo,
pregúntale a alguien que haya ganado la medalla de plata en los cien metros.

Anónimo.

Al límite
¿Estoy valorando bien el tiempo?
¿Cómo querrá Dios que use mi tiempo?

Encuentro
Querido Rey, gracias por cada día y cada momento que me permites vivir.
Quiero aprender a valorar bien el tiempo y a partir de hoy usarlo con
inteligencia.

Una sola vida

Colosenses 1:10

Para que vivan de manera digna del Señor, agradándole en todo. Esto implica dar fruto en toda buena obra.

Con demasiada frecuencia los cristianos ven su trabajo como un modo de ganar dinero, y consideran que su servicio a Dios es la tarea voluntaria que realizan en la iglesia por las noches o durante los fines de semana. Imaginemos lo distinta que podría ser nuestra sociedad si, de a poquito, esos mismos cristianos se dieran cuenta de que el llamado que Dios les hace es a transformar los lugares donde trabajan o estudian, y a realizar sus tareas de una manera que agrade a Dios. Imaginemos lo que sería nuestra sociedad si descubriéramos esta visión. Por eso es necesario que comencemos ya mismo a considerar a la escuela como una oportunidad de prepararnos para todo lo impresionante que se viene. Tenemos una sola vida y debemos hacer algo con ella.

Gabriela Sabatini, que llegó a ser una de las tenistas más admiradas de todos los tiempos, es un gran ejemplo en cuanto a la perseverancia desde una edad temprana. En su autobiografía cuenta que desde los seis a los ocho años jugó cada minuto libre que tuvo, lanzando pelotas con la raqueta contra cualquier pared que le ofreciera resistencia. A sus ojos cada pared se convertía en una oportunidad de practicar en lo que soñaba convertirse. De la misma manera, la escuela o la posibilidad que tengamos entre manos, ahora podría transformarse en la pared con la que necesitamos practicar. Por supuesto, si somos lo suficientemente inteligentes como para usarla a nuestro favor y hacer que nuestra vida cuente.

Al límite

¿Servir a Dios tiene solo que ver con actividades llevadas a cabo en el templo? ¿Qué oportunidades tengo ahora para servir a Dios fuera de los templos?

Encuentro

Hoy quiero aprender a descubrir esas paredes con las que puedo practicar para convertirme en quien deseo. Quiero servirte más allá de las actividades del templo. Quiero amarte con todo lo que soy, porque tú me amaste primero a mí.

La audacia de Pedro

JESSICA ROMÁN
CHACO, ARGENTINA

Mateo 14:28-29

Señor, si eres tú —respondió Pedro—, mándame que vaya a ti sobre el agua. —Ven —dijo Jesús. Pedro bajó de la barca y caminó sobre el agua en dirección a Jesús.

Hace un tiempo estaba estudiando algunos de los personajes más conocidos de la Biblia cuando me encontré con Pedro como nunca lo había conocido. Este hombre era muy especial porque un día se atrevió a pedirle a Jesús algo totalmente audaz. Ningún otro lo hubiera pensado, ningún otro se hubiera atrevido a solicitar lo que a él se le ocurrió.

Era una locura. Pedro le pidió a Jesús ni más ni menos que caminar sobre el agua. ¿Podemos imaginarlo? ¿Qué habríamos pensado si hubiéramos estado en el barquito a punto de hundirse, y escucháramos a Pedro pedir semejante locura?

Posiblemente le diríamos: «Pedro siéntate en tu lugar y deja de pedir cosas descabelladas. Pedro, quédate callado, Jesús no te va a conceder semejante requerimiento. Eso que quieres es imposible».

Pero lo cierto es que Jesús premió la audacia de Pedro y para el asombro mío y supongo que también para el asombro de los demás discípulos, Jesús le dijo: «Ven». Y sabemos lo que pasó luego. Pedro salió del barco y caminó sobre el agua.

Al límite
¿Cómo puedo hacer para dar un salto de fe?
¿Cuáles serían algunos pedidos audaces que yo quisiera hacer?

Encuentro
Señor, te pido que aumentes mi fe, quiero soñar grandes sueños, quiero caminar sobre las aguas. Mi Dios, quiero conocerte más. Sigue hablándome cada día. Amén.

Génesis 29:20
Así que Jacob trabajó siete años para poder casarse con Raquel,
pero como estaba muy enamorado de ella le pareció poco tiempo.

En muchas partes del mundo hoy se celebra el día de los enamorados, o para algunos: el día de San Valentín. Pero ¿quién era este personaje? Según dice una tradición, San Valentín era un líder cristiano que arriesgaba su vida para casar cristianamente a las parejas durante el tiempo de persecución de la iglesia primitiva hasta que por fin entregó su vida en el martirio. El amor que este líder de la iglesia tenía por Jesucristo y por defender el vínculo del matrimonio lo llevó a la muerte y más tarde a ser canonizado por la iglesia católica. Valentín estuvo dispuesto a morir por defender el amor y podríamos decir que ni siquiera el suyo propio.

Cuando estamos enamorados estamos dispuestos a hacer lo que sea. En el versículo que hoy leímos, vemos que Jacob trabajó siete años por Raquel y que aun le pareció poco tiempo. Si continuamos leyendo la historia veremos lo que ocurrió después. ¡No fueron solo siete años sino catorce! Estar enamorados es fenomenal. Hay una energía extra, estamos más pendientes y los sacrificios nos parecen poca cosa, y eso es genial. Pero la gente que permanece enamorada por más tiempo y que más está dispuesta a dar por amor ha aprendido que el verdadero amor es algo que se trabaja con inteligencia. El amor es algo que hay que cuidar y algo que hay que alimentar.

Si aún no estamos enamorados, muy pronto nos sucederá y quizás nuestro corazón pase a ocupar el lugar de nuestra cabeza. Pero si queremos amar de verdad debemos tener una idea clara del tipo de persona al que quisiéramos darle nuestro amor y también qué tipo de amor quisiéramos darle a esa persona. Y una vez comprometidos, sería bueno que aprendiéramos de Valentín, que dio su vida por amor.

Al límite

¿Cuál seria la diferencia entre estar enamorados y amar?
¿Por qué el amor se trabaja?

Encuentro

Querido Dios, gracias por el amor. Gracias por la posibilidad de enamorarnos. Yo quiero ser alguien dispuesto a dar todo por la persona que amo y quisiera alguien que se encontrara igual de predispuesta que yo. Dame inteligencia para decidir a quién amar por el resto de mi vida.

Todo por Cristo

Gálatas 2:20

He sido crucificado con Cristo, ya no vivo yo, sino que Cristo vive en mí.

Cristo nos da todo de sí, pero también quiere todo de nosotros. Pablo sabía que la manera de responder ante la muerte de Cristo era morir a su voluntad personal, renunciar a hacer lo que se le diese la gana. Ser un rebelde a su viejo estilo de vida significaba entregarse a su Señor por completo.

«Dijo Jesús a sus discípulos: —Si alguien quiere ser mi discípulo, tiene que negarse a sí mismo, tomar su cruz y seguirme. Porque el que quiera salvar su vida, la perderá; pero el que pierda su vida por mi causa, la encontrará. ¿De qué sirve ganar el mundo entero si se pierde la vida? ¿O qué se puede dar a cambio de la vida? Porque el Hijo del hombre ha de venir en la gloria de su Padre con sus ángeles, y entonces recompensará a cada persona según lo que haya hecho» (Mateo 16:24-27).

Este mundo quiere lo contrario, por eso el llamado que se hace en muchos de los pensamientos de este libro es a rebelarnos por causa de Cristo. Su llamado es a que nos entreguemos enteramente a él cada día, sin reservas, sin peros.

El impacto del cristianismo depende de cómo se lo recibe. Muchos eligen diluirlo y convertirlo en algo que simplemente nos haga sentir mejor. Pero ese tipo de cristianismo no produce el efecto deseado. Pablo conocía el otro efecto, el que transformaba a la persona en alguien completamente nuevo, en un verdadero rebelde con una causa que lo llevaba a comprometerse desde los pies hasta la cabeza.

Consagrarse no es sentir algo lindo en la última noche de un congreso o un campamento. Tiene que ver con morir. El evangelio no puede entrarnos solo como palabras. Significa dar la vida entera a Cristo.

Al límite

¿Qué representa para mí tomar mi cruz hoy?

Encuentro

Cristo, quiero darte todo. Mi vida te pertenece y no hay nada mejor que entregarte todo. Gracias por los momentos en los que seguirte me hace sentir bien, pero también gracias por esos momentos en que me resulta difícil, porque al pasar por ellos puedo sentir lo que tú sentiste cuando te sacrificaste por mi.

Febrero 16

Tener el móvil con señal

Esdras Oller
Santo Domingo, República Dominicana

Marcos 3:13 (RVR60)

Después subió al monte, y llamó a sí a los que él quiso, y vinieron a él.

Si nos metemos dentro de un túnel o nos encontramos fuera del área de cobertura de una antena, lo más probable es que perdamos la señal de nuestro teléfono móvil. Para atender al llamado de Dios es imprescindible que estemos conectados con él. Que nos encontremos bajo su cobertura. Eso se logra alineando nuestras fuerzas con el norte de cumplir los propósitos del Rey para nuestra vida. En muchas ocasiones pasamos por túneles oscuros, momentos de soledad, y probablemente la vida nos resulte muy cuesta arriba. Cosas así suelen acabar con nuestra relación constante con Dios. Otras veces esto no sucede en los momentos en los que nos sentimos mal, sino cuando nos sentimos bien, según la mirada ingenua de nuestros amigos. Hoy día existen diferentes planes con los que podemos tener activado nuestro móvil:

Fines de Semana Dobles: Creyentes que solo buscan a Dios los fines de semana. *De tarjeta:* Aquellos a los que se les acaban rápido los minutos cuando oran. *Con mini mensajitos gratis:* Los que oran poco. O varias veces bien cortito y mecánico.

Si alguna de estas representa la situación en la que nos encontramos, ni siquiera podemos mencionar la palabra «**llamado**» porque es posible que no lo recibamos. Llamado es ese que nos hace el Señor para que estemos constantemente comunicados con él y no solo de manera casual. Pero tenemos que tener un plan de **señal constante**. Al mantener nuestro teléfono móvil con señal, vamos a ser capaces de escuchar la voz de Dios más seguido y podremos apreciar mejor sus instrucciones para una vida feliz. El plan Señal Constante ofrece: **Activación** gratis, minutos gratis, conexión permanente, garantía de vida eterna, uso múltiple, juegos, señal parabólica para que otros puedan tener las ondas a través de nosotros y hasta protección antirrobo.

Al límite

¿Tiene señal tu móvil?
¿Tu plan de activación se parece al de señal constante?

Encuentro

Señor, ayúdame a mantener siempre mi móvil con señal
para estar preparado donde sea que me llames.

El cielo es más que una ilusión

Mateo 24:30-31

Verán al Hijo del hombre venir sobre las nubes del cielo con poder y gran gloria. Y al sonido de la gran trompeta mandará a sus ángeles, y reunirán de los cuatro vientos a los elegidos, de un extremo al otro del cielo.

C. S. Lewis cierta vez escribió: «Hay veces en que me doy cuenta de que no pensamos demasiado en el cielo, pero en otras tantas me encuentro preguntándome si en lo profundo de nuestros corazones hemos pensando en algo más». Desde nuestra niñez la idea del cielo nos maravilla y quizás hasta nos asusta. Luego en la vida, cuando vamos sabiendo más cosas acerca de la muerte, el cielo se convierte en una poderosa esperanza. La Biblia habla mucho acerca del cielo, y en especial Jesús tuvo mucho que decir de él. Lee con cuidado los primeros versículos de Juan 14: *No se angustien. Confíen en Dios, y confíen también en mí. En el hogar de mi Padre hay muchas viviendas; si no fuera así, ya se lo habría dicho a ustedes. Voy a prepararles un lugar. Y si me voy y se lo preparo, vendré para llevármelos conmigo. Así ustedes estarán donde yo esté. Ustedes ya conocen el camino para ir a donde yo voy.*

Dijo entonces Tomás: —Señor, no sabemos a dónde vas, así que ¿cómo podemos conocer el camino?

—Yo soy el camino, la verdad y la vida —le contestó Jesús—. Nadie llega al Padre sino por mí.

El cielo no es una ilusión. Es una promesa descrita claramente por Jesús en la Biblia. Si no existiese el cielo, todo lo que Jesús dijo no tendría sentido. Al llamarlo el Salvador de nuestra vida, estamos señalando que tenemos la esperanza de verlo en el cielo. Todavía no entendemos en detalle cómo va a ser y qué es exactamente lo que va a suceder, pero sabemos que Jesús va a estar ahí, que muchas preguntas van a encontrar respuesta y que nosotros mismos anhelamos estar allí también.

El tener esto claro marca una diferencia enorme cuando la muerte husmea en nuestra existencia.

Al límite

¿Cuál es mi creencia con respecto al cielo? ¿Estoy seguro de quiénes van a estar allí y quiénes no?

Encuentro

Señor, gracias por esta esperanza que conocemos como el cielo. Gracias por haber vencido a la muerte y darnos la seguridad de que podemos vencerla nosotros también.

Febrero 18

Caras

Salmos 12:2
No hacen sino mentirse unos a otros;
sus labios lisonjeros hablan con doblez.

Nathaniel Hawthorne escribió: «Ningún hombre puede durante demasiado tiempo tener una cara para la gente y otra para sí mismo, sin pronto confundir cuál es cuál».

Hace unos años conocí a una joven que era tan mentirosa que hasta engañaba cuando no tenía ninguna necesidad. Recuerdo que cierta vez siendo su pastor de jóvenes la estaba llevando con su prima y su hermana menor a su casa luego de la reunión, cuando su mamá la llamó al celular.

Como estaba sentada a mi lado, yo podía escuchar la voz de su madre en el teléfono y oí que le preguntaba dónde estaba. Esta joven con descaro le dijo que habíamos tenido un problema con el automóvil de su otro primo y que había tenido que volver a la iglesia después de salir porque se había olvidado la cartera y entonces se había retrasado… Recuerdo que contó esta historia en clave con el propósito de que yo no entendiese porque nada de lo que había dicho era verdad. Cuando terminó la llamada le pregunté por qué había inventado todo aquello y me dijo sorprendida que lo había hecho simplemente porque era un poco tarde y no quería «preocupar» a su mamá. Yo me reí y le hice ver que con decir que la reunión había terminado más tarde y que yo las estaba llevando a su casa sería suficiente para que su mamá se quedara tranquila. Ella miró para arriba como pensando y simplemente me dijo menando su cabeza: es cierto… Esta chica no se había dado cuenta que en esa situación era mas fácil decir la verdad, pero estaba tan acostumbrada, que el engaño le había salido «automáticamente».

Así ocurre cuando el ser humano deja ver una cara diferente según con quién esté. Tarde o temprano su doblez es descubierto y las mentiras salen a la luz.

Al límite
¿Qué relación guardo con las mentiras? ¿Qué querrá decir tener una sola cara para todas las personas?

Encuentro
Querido Dios, quiero alejarme de la mentira. Hoy quiero comportarme como una persona sin doblez. Que mi sí sea sí y mi no, no.

La extraña roca

Mateo 4:20

Al instante dejaron las redes y lo siguieron.

S e cuenta que un adolescente del norte de Colombia estaba caminado en la selva con dos amigos cuando encontró a un viejo anciano a punto de morir arriba de un montón de extrañas rocas. El jovencito se acercó al hombre con desconfianza preocupado por lo que estaba sucediendo, pero sus amigos le dijeron riéndose que no valía la pena acercase al viejo. Cuando estaba por alejarse, el anciano lo llamó y le dijo: «Yo ya estoy demasiado cansado pero ayúdame a llevar estas rocas hasta el siguiente pueblo y yo te daré algunas». El joven miró las rocas y se preguntó cuál sería el motivo por el que ese viejo querría aquellas rocas que evidentemente lo tenían tan cansado. Sus amigos se volvieron a reír y le dijeron que ya no perdiera tiempo con el viejo porque estaban muy lejos y ya era hora de volver. En eso el hombre levantó su brazo y dándole una pequeña piedra al joven le insistió: «ayúdame y te daré algunas de estas rocas». El joven le respondió: «¿Pero para que quiero yo esas rocas?» «Te aseguro que estarás muy feliz de hacerme caso y ayudarme», le dijo el hombre. Pero por la insistencia de sus amigos el joven finalmente se alejó. Al lavar su ropa al día siguiente, su mamá encontró la pequeña roca que el viejo le había dado al joven y le preguntó de dónde la había sacado. Entonces el adolescente le comenzó a contar la historia mientras ella seguía mirando la roca. Antes de que pudiera terminar, la mamá lo interrumpió gritando: ¡Esto es un diamante en bruto! ¿Dónde fue que viste al viejo? El joven y su mamá hicieron un largo camino para encontrarlo, pero nunca pudieron dar con él. Así nos sucede muchas veces con las bendiciones que Dios quiere darnos. Dejamos que otros nos distraigan impidiéndonos obedecer el consejo de Dios y en el proceso nos perdemos los tesoros de la obediencia. En la vida cristiana hay que estar dispuestos a dejar todo para obedecer a Jesús, y aun a soportar las risas y el qué dirán de la gente.

Al límite

¿Por qué el adolescente no le hizo caso al anciano?
¿Alguna vez supiste que tenías que hacer algo pero no lo hiciste por la presión de otros?

Encuentro

Querido Dios, quiero ser una persona sabia, que sepa administrar las oportunidades que me das. No quiero perder los diamantes por estar pendiente del qué dirán. Quiero siempre obedecerte aun cuando no entienda todas las consecuencias que eso pueda acarrear.

Brújulas

Salmos 119:105
Tu palabra es una lámpara a mis pies;
es una luz en mi sendero.

Fernando Magallanes fue uno de los marinos más respetados de la historia. Este hombre lideró la primera circunnavegación del globo terráqueo en un tiempo en el que los barcos no eran como los de ahora. Se dice que para aquella travesía con cinco pequeños barcos (comparados con los estándares actuales), Magallanes se aseguró de llevar treinta y cinco brújulas. El sabía que a pesar de ser un instrumento muy pequeño, una brújula podía constituir la diferencia entra la vida y la muerte, el éxito y el fracaso.

Dios nos ha dado una brújula también. Se trata de la Biblia. Las Sagradas Escrituras siempre nos indican dónde está el norte de Dios. Nos guían hacia Cristo y nos permiten discernir el camino hacia él. No son Cristo ni nuestro objeto de adoración, pero son una brújula que nos permite ubicarnos.

La brújula de las Sagradas Escrituras es un instrumento clave para cualquier estudiante del Espíritu. Se sabe que los marinos, cuando había tormenta, se ataban la brújula a sus cuerpos, de modo que si ocurría un accidente y eran lanzados al agua, pudieran de todos modos ver las estrellas.

En la vida siempre hay tiempos de oscuridad en los que es casi imposible ver las estrellas. Por eso debemos tener bien atada la brújula de las Sagradas Escrituras para asegurarnos de encontrar dirección.

Al límite

¿Qué relación tengo con la Biblia?
¿Cómo puedo asegurarme de tenerla bien atada en caso de tormenta?

Encuentro

Gracias por tu Palabra. La revelación de tu voluntad está allí. Ella marca el norte de la vida cristiana. Hoy quiero volver a comprometerme con ella. Atarla a mi vida para cuando lleguen los tiempos de tormenta.

¿Quién dijo algo acerca de estar seguros?

Apocalipsis 5:5

Uno de los ancianos me dijo: «¡Deja de llorar,
que ya el León de la tribu de Judá, la Raíz de David, ha vencido!»

Durante cincuenta años más de sesenta millones de personas han comprado los libros de las Crónicas de Narnia. Uno de los personajes principales de esta serie de novelas de C. S. Lewis es el león Aslan. En un momento culminante de la primera parte de la novela, dos de sus personajes, Lucy y Edmund, tienen una conversación respecto a Aslan. En ella Lucy dice: *«¿Seguros? ¿Quién dijo algo de estar seguros? Por su puesto que él no es seguro, pero es bueno»*.

C. S. Lewis creó a Aslan como una figura que representara a Jesús. Muchos elementos en estas novelas son analogías de la salvación, la redención y el camino del cristiano. En *El león, la bruja y el ropero*, el primer libro de la novela que fue producido como película por Disney, podemos encontrar este diálogo, en el que queda claro que Aslan es bueno, pero no es seguro. Es un león y es un guerrero. ¿Cómo va a ser seguro? Lo mismo ocurre con Jesús. Él es bueno, pero es también peligroso. A veces me da la impresión de que, a través de la historia, hemos tratado de domesticar a Jesús. Lo hemos considerado como un personaje romántico, y muchas veces lo hemos hecho ver como un muchacho débil y raro.

Pero Aslan es una buena representación de Jesús. Cuando él ruge nadie queda en pie. Cuando Cristo entra en una vida nada permanece en el lugar en el que se encontraba. Jesús es impredecible y majestuoso, y a la vez es humilde y tierno. Jesús es bueno, pero debemos saber que cuando él aparece no es seguro que todo quede igual y eso es también bueno.

Al límite
¿Qué tipo de Jesús me imagino cuando pienso en él?

Encuentro
Jesús, León de Judá, Guerrero de salvación, Príncipe de Paz. Gracias por ser mi Dios y mi Rey. Perdóname porque a veces pierdo de vista quién eres en el universo y quién debes ser en mi vida. Gracias por ser bueno y gracias también por lo inesperado e inseguro que es seguirte.

La mujer de mis sueños

Proverbios 31:10

Mujer ejemplar, ¿dónde se hallará? ¡Es más valiosa que las piedras preciosas!

Conocí a Valeria cuando ella tenía doce años y yo dieciséis. Como era la hermana menor de uno de mis amigos la vi crecer durante prácticamente toda su adolescencia. Pero por la diferencia de edad, nunca me había fijado en ella durante esa etapa. Eso cambió varios años después, cierto día en que estábamos con su hermano en la ciudad de Campana, a unos pocos kilómetros de Buenos Aires. En una conversación, él dijo algo acerca de ella que me llamó mucho la atención. Esteban dijo que su hermana se quería casar con un hombre de Dios que sirviera al Señor alrededor del mundo. Esas palabras fueron como un flechazo que se me clavó entre ceja y ceja porque eso era lo que yo anhelaba ser. En ese preciso momento pensé: Yo necesito una mujer que sueñe con eso. No fue que instantáneamente me enamoré de ella. Y, claro, tampoco significó que ella se enamorara de mí. Pero definitivamente comencé a verla con otros ojos. Como siempre había sido para mí la «hermanita» de mi amigo casi no me había dado cuenta de lo bella que era, pero al irla conociendo también me di cuenta de que era increíblemente hermosa por dentro. Fui descubriendo que Valeria tenía todos los condimentos que yo soñaba y, al parecer, ella fue descubriendo que yo tenía aquellos con los que ella soñaba. Así que pronto nos fuimos enamorando. Hoy estamos casados desde hace años, y miro hacia atrás y pienso en lo afortunado que fui al saber lo que buscaba y al haberme casado con una mujer que también sabía lo que buscaba. En estos años he visto sufrir a muchas parejas por no tener una idea clara y madura de qué es lo que buscan en la otra persona. Muchos piensan en cualidades físicas pero no de carácter, y tampoco analizan qué es lo que le están ofreciendo al otro. ¿A qué me refiero? Recordemos siempre que el tipo de persona que uno tiene al lado está en relación directa con lo que uno mismo ofrece, así que cada uno debe trabajar en ello. Si solo ofrecemos belleza, terminaremos con alguien que nos quiera únicamente por nuestra belleza. Si solo ofrecemos dinero, hallaremos a alguien que nos valorará por nuestro dinero. Si solo brindamos diversión, nos encontraremos al lado de alguien que busca diversión. Pero si ofrecemos carácter, firmeza, integridad, seguridad, amor y los demás frutos del Espíritu Santo, atraeremos a alguien interesado en esas cosas.

Al límite

¿Cómo es la pareja de tus sueños? ¿Qué tipo de persona atraes ahora?

Encuentro

Querido Dios, quiero convertirme en la persona con la que sueña la persona de mis sueños. Ayúdame a ser alguien que atraiga a aquella persona que necesito para ser completamente feliz. Dame inteligencia espiritual para elegir bien y también firmeza para seguir trabajando en las áreas de mi vida que deben seguir mejorando.

Un joven es aquello que sueña ser

SEBASTIAN GALEANO
CHACO, ARGENTINA

Hebreos 11:1
*Ahora bien, la fe es la garantía de lo
que se espera, la certeza de lo que no se ve.*

R eza un viejo dicho: cuéntame tu sueño y te diré tu futuro. El texto que terminamos de leer nos dice que la fe es ver por anticipado. Es creer que lo puedo lograr, es tener un proyecto de vida. Hace unos años hice un ejercicio que me sirvió mucho. Escribí en un papel cómo imaginaba que sería mi primer día en la universidad. Cada uno de nosotros puede intentar el mismo ejercicio.

Luego me proyecté en mi mente hacia el día de mi graduación. ¿Somos capaces de hacerlo? ¡Qué bueno! También comencé a imaginar el tipo de familia que tendría y así fue como empecé a fortalecer el músculo de los sueños. A la larga, aquello que soñamos despiertos se convierte en nuestro «proyecto de vida», por eso es importantísimo desarrollar la fe. ¡Hay que proponerse metas llenas de fe! Tener expectativas claras y también ambiciosas para llegar lo más alto que podamos.

Hay un dicho que sostiene que una persona es lo que es, más lo que sueña ser, y la experiencia de muchos confirma que es así.

Al límite
¿Cuáles son las cosas que mas disfruto hacer?
¿Cómo planifico mi vida de aquí a diez años?
¿Qué pasos tengo que dar para lograrlo?

Encuentro
*Padre Dios, gracias por darme oportunidades para armar un proyecto de
vida. Ayúdame a que mi proyecto esté siempre inundado de fe. Dame
sabiduría para tomar decisiones correctas y para soñar tomado de tu
mano. Te amo Señor.*

Febrero 24

Mi padre el Creador

Génesis 2:1
*Así quedaron terminados los cielos y la tierra,
y todo lo que hay en ellos. Al llegar el séptimo día,
Dios descansó porque había terminado
la obra que había emprendido.*

Nuestro Dios es **El** creador del universo. No un creador más, o el creador de algo en particular. Sino el Creador de todo. De lo que vemos y lo que no vemos. De lo enorme y de lo diminuto. De lo que habita los mares, de lo que está en la tierra y de lo que existe en el cielo, pero no solo de lo que vemos. Él es el Creador de las galaxias y las megagalaxias. Es el Creador de este universo que hoy sabemos que se sigue expandiendo… Por eso estoy convencido de que una de las notas sobresalientes del hecho de ser hijos de Dios debería ser que nuestra creatividad sea algo perceptible.

La creatividad es vital para el progreso. Para encontrar soluciones. Para ser diferentes. Para ser exitosos. Para ser divertidos.

Todos conocemos el dicho que afirma: «Dime con quién andas y te diré quién eres». Bueno, yo creo que si pasamos la suficiente cantidad de tiempo con Dios se nos pega esta poderosa característica. Yo estoy convencido que una persona espiritual es definitivamente una persona creativa. Lo pienso porque una persona espiritual pasa mucho tiempo con el Creador del universo y... *dime con quién andas...*

Al límite
*¿Qué posibilidades tengo de ser alguien creativo?
¿Por qué es importante la creatividad?*

Encuentro
Dios, Creador del universo. ¡Qué fantástico es todo lo que has creado y qué grandioso es que seas mi papá! Quiero pasar más tiempo contigo también para que me contagies de tu creatividad.

Libertad creativa ayer y hoy

Génesis 2:19

Entonces Dios el SEÑOR formó de la tierra toda ave del cielo y todo animal del campo, y se los llevó al hombre para ver qué nombre les pondría. El hombre les puso nombre a todos los seres vivos, y con ese nombre se les conoce.

D ios no solo es el Creador sino que desde el comienzo nos dio libertad creativa. ¿Qué fue lo primero que Dios esperó de Adán? Fácil, lo acabamos de leer. Que fuera y les pusiera nombre a los animales. ¿Curioso no? Parece que la primera orden que Dios le dio al ser humano fue que usara su creatividad. De su propia imaginación Adán nombró a cada uno de los animales salvajes y domésticos, y Dios le permitió que diera libre curso a su imaginación.

Saltamos las páginas de la revelación escrita y encontramos a Jesús haciendo algo parecido. Cuando nos dijo que nuestra tarea es hacer discípulos, no explicó exactamente el *cómo*. Eso me entusiasma. Yo me imagino a los discípulos discutiendo acerca de cómo iban a implementar este asunto de la iglesia (la comunidad de discípulos). ¿A qué hora sería la reunión? ¿Cuánto tendría que durar? ¿Cómo habría que sentarse? ¿Cuánto debería durar el sermón? ¿Cuántas personas tendrían que hablar? Jesús no les dio ninguna instrucción en cuanto a eso. ¿Por qué? Porque él nos dio libertad creativa. Nos dijo que hagamos discípulos, pero nos dio libertad para hacerlo de mil maneras distintas.

Vayamos al día de hoy. Dejemos algo en claro: El formato que usamos en nuestros cultos no está en la Biblia. Lo inventamos nosotros. Con esto no quiero decir que esté mal, pero sí quiero señalar que no es sagrado. Si la duración del culto, la manera en que debemos sentarnos, el tiempo de dura el sermón y los demás detalles fueran sagrados, estarían en la Biblia. Pero no están. ¿Por qué? Porque Dios nos dio libertad creativa. ¡Y esto si hablamos solamente de lo que se refiere a los cultos! ¡Hay tantas otras áreas de la vida en las que podemos usar la creatividad…!

Al límite

¿Qué quiere decir para mí que Dios me dio libertad creativa?
¿Cómo puedo ayudar a la iglesia a ser más creativa?

Encuentro

Tu sabiduría es increíble y tu gracia, a veces incomprensible. Te animaste a darnos libertad creativa y nos diste imaginación. Gracias, Papá del cielo, por estos regalos. Quiero usarlos para tu gloria.

Febrero 26
Yo confío

Salmos 62:5
Sólo en Dios halla descanso mi alma;
de él viene mi esperanza.

En su producción titulada *Sígueme*, Danilo Montero tiene una canción escrita por Luís Fernando Solares que dice:

He aprendido a verte en los detalles
Y en cada milagro que tú haces
Tu facilidad con lo imposible
Ha erradicado mi temor

Yo confió solo en ti Jesús
Mi esperanza eres tú
Yo descanso en tu fidelidad
Y no habrá nadie que separe nuestro amor

Desde el principio demostraste
Que a los tuyos nunca abandonaste
Y en tu Palabra nos dejaste
Las promesas que no fallarán

Sin lugar a dudas, al observar la forma en que Dios está presente en las principales circunstancias de nuestra vida y también en los detalles, no podemos más que estar agradecidos. Meditar en esa realidad nos llena de confianza y hace que nos aseguremos de estar siempre en sus caminos.

Al límite
¿En qué detalles de mi vida puedo notar a Dios?
¿Cuáles promesas de Dios son importantes para mí?

Encuentro
Querido Dios, muchas gracias por estar en los detalles. Quiero ser sensible a tu voz y notar tu mano hasta en las cosas más pequeñas.

Los planes de Dios

Carlos Alba
Guatemala, Guatemala

Jeremías 29:11
*Por que yo sé muy bien los planes que tengo
para ustedes —afirma el Señor— planes de bienestar
y no de calamidad, a fin de darles un futuro y una esperanza.*

L a estatura completa del plan que Dios tiene para nuestras vidas es tal que nuestra mente es demasiado corta como para poder percibirla de una sola vez, y mucho menos como para poder describirla. Por eso creo que un personaje confiable para describir la forma en la que, humildemente, percibo el sueño de Dios, sería José; un hombre que logró tener en su mente una micropercepción de lo que algún día sucedería. El no sabía ni cuándo ni cómo, pero sabía que ocurriría. Me atrevo a afirmar que seguramente el día en que sus hermanos lo vendieron no estaba pensando en su sueño, ni en el sol o la luna inclinándose ante él. ¿Quién piensa en grande en medio de los problemas? ¿Ante cuántos esclavos se inclinan el sol y la luna? O, ¿qué preso llega a tener autoridad sobre sus hermanos libres?

Ante situaciones como esas, creo que muy pocos nos atreveríamos a soñar. Pero José fue distinto. Fue más fuerte su sueño que las rejas de la cárcel; era más grande la verdad de lo que Dios le había prometido que su realidad. ¿Es que acaso las rejas de esa cárcel le quitaban autoridad a Dios? ¿Dios depende de lo que sucede a nuestro alrededor?

En segunda de Crónicas 7:14 dice: «Si mi pueblo, que lleva mi nombre, se humilla y ora, y me busca y abandona su mala conducta, yo lo escucharé desde el cielo, perdonaré su pecado y restauraré su tierra». Dios siempre hace su parte en cumplir sus planes. A nosotros nos toca hacer la nuestra y eso siempre comienza con la fe.

Al límite
¿Conoces el sueño de Dios para tu vida? ¿Qué haces o dejas de hacer para conocerlo? ¿Qué haces o dejas de hacer para cumplirlo?

Encuentro
Querido Dios, enséñame a caminar por los caminos que ya me has mostrado, y a ser capaz de vivir y experimentar la maravillosa experiencia de ser tu hijo. También déjame ver nuevos sueños y andar con ellos con la seguridad de que vienes conmigo.

Las peores ideas del siglo

Proverbios 3:1-2
Hijo mío, no te olvides de mis enseñanzas; más bien,
guarda en tu corazón mis mandamientos. Porque
prologarán tu vida muchos años y te traerán prosperidad.

A fines de 1999, la renombrada revista *Time* preparó varios números especiales resumiendo los eventos y detalles más destacados del siglo pasado. En una de estas ediciones publicó una lista de las peores cien ideas del siglo XX, según ellos. En ella figuraban:

El queso en aerosol
Los e-mails en cadena
El muñeco Barney
La Pepsi crystal y la nueva Coke
Rocky 5
Las líneas telefónicas síquicas
Los implantes de senos
Los bikinis para hombres
El tele marketing

La Biblia también tiene su lista. Se trata de las peores ideas del universo. En esta figuran:
Desobedecer a Dios
Considerarnos sabios en nuestra propia opinión
El amor al dinero
El sexo sin el compromiso matrimonial
Las mentiras
Amar las cosas del mundo
La venganza
El chisme disfrazado de pedido de oración
Y la pereza

Al límite
¿Alguna de las ideas peores del universo andan dando vuelta por mi vida?

Encuentro
Querido Rey, gracias porque al seguir tus estatutos podemos ser personas sabias y entendidas. Hoy quiero comportarme como alguien inteligente que no da lugar a ninguna idea con la que no estés de acuerdo.

Termómetros y termostatos

Romanos 12:21
No te dejes vencer por el mal;
al contrario, vence el mal con el bien.

Los termómetros sirven para medir la temperatura. Dondequiera que los pongamos no tardarán en realizar su función. En cambio los termostatos son diferentes. Son dispositivos que se usan para modificar la temperatura. Si hace frío, regulando el termostato el ambiente se calienta. Si hace calor, el termostato hace que la temperatura baje.

Mucha gente es como los termómetros. Se adecuan al ambiente. Si todos están animados, ellos lo están. Si los demás se quejan o son mediocres, ellos asumen la misma postura. Dios nos exhorta a ser termostatos. Nos llama a que seamos capaces de cambiar el ambiente de forma positiva. Si el ambiente no es adecuado, los termostatos lo regularizan. Si solo hay tristeza, ellos ponen alegría. Si hay desconsuelo, aportan esperanza. Si hay rencor y envidia en el ambiente, ellos lo cambian por amor y estímulo.

Los jóvenes termómetros se dejan influenciar de tal manera por el ambiente que su manera de actuar, pensar y sentir solo depende de las personas con las que se relacionen y del ambiente en que se encuentren.

Los termostatos toman la iniciativa. Empiezan por cosas simples, como por ejemplo no esperar a que los saluden, ellos lo hacen primero. No dependen del ambiente para hacer lo correcto, simplemente lo hacen. Si sienten que la atmósfera no es la correcta, no se quejan ni se desaniman sino que inician acciones para modificarla.

Muchas veces escuché a algunos decir: «Nadie me quiere». Los que hacían semejante afirmación siempre eran termómetros. Los termostatos dan amor a los demás y por eso es que también lo reciben. Ayudan a otros cuando lo necesitan y por eso es que reciben ayuda cuando son ellos los que necesitan algún favor.

Al límite

En términos generales, ¿soy termómetro o termostato?
¿Cómo puedo cambiar el ambiente que me rodea?

Encuentro

Querido Dios, quiero vencer con el bien el mal. Ayúdame a ser como un termostato, para que pueda modificar el ambiente a mi alrededor.

Recibirán poder

Hechos 1:8
*Pero cuando venga el Espíritu Santo sobre
ustedes, recibirán poder y serán mis testigos.*

Las últimas palabras de Jesús antes de ascender a los cielos nos
dejaron la mayor de las promesas: El cumplimiento de la venida del
Espíritu Santo para que arraigara en nuestros corazones aquellas
convicciones, sentimientos y decisiones necesarias para hacer la voluntad
de Dios.

Ya habíamos probado como raza caída que el hacer la voluntad de Dios
era imposible para nosotros. Es que cumplir con la ley del Señor sin la
ayuda del Espíritu Santo es una tarea irrealizable. Si no contamos con su
poder estamos destinados a tratar de vivir la vida cristiana con nuestras
propias fuerzas. Muchas veces lo hacemos. Quizás no intencionalmente,
pero cuando descuidamos el hecho de estar en conexión con el Señor cada
día y cuando no tenemos una relación íntima con él, interrumpimos el
poder del Espíritu Santo que fluye en nuestras vidas.

Un niño jugaba en la arena haciendo un gran castillo. En uno de los
lados del pozo donde hacía su obra encontró una gran roca. Trató de
moverla pero era demasiado grande. Trató de hacer otro pozo para sacarla
pero fue en vano. No solo usaba sus manos sino también sus pies, pero
todo fue inútil. Lleno de frustración el niño comenzó a llorar. Su padre lo
vio y se acercó a preguntarle qué le pasaba. El niño le explicó lo que
sucedía. El papá hizo un silencio y luego le preguntó: «Querido, ¿usaste
toda tu fuerza?» El niño confundido le aseguró que sí. El padre lo abrazó
con cariño y le dijo: «No querido, no usaste toda tu fuerza porque no me
pediste ayuda».

Así actuamos cuando no recurrimos al Espíritu Santo para que nos dé
las fuerzas necesarias para hacer lo que sabemos y lo que nos conviene.

Al límite
*¿Creo verdaderamente que Jesús puede darme poder a través del Espíritu
Santo? ¿Qué piedras voy a mover con el poder del Espíritu Santo?*

Encuentro
*Querido Rey, quiero contar siempre con tu poder para vivir mi vida
cristiana. Sé que tengo que estar cerca de ti y alimentarme de tus fuerzas.
Quiero que el poder del Espíritu Santo inunde mi vida.*

Que las dudas se mueran de hambre

Hebreos 10:39
*Pero nosotros no somos de los que se vuelven atrás y acaban
por perderse, sino de los que tienen fe y preservan su vida.*

Si alimentamos nuestra fe, las dudas que tengamos empezarán a pasar hambre hasta que se mueran. Se dice que había un hombre que tenía dos perros que daban miedo de solo mirarlos. Uno era un doberman y el otro un «manto negro», como los de la policía. El doberman era atlético y rápido mientras que el manto negro era grande como un burro. El hombre tenía un perro en cada extremo de la casa para que no se pelearan. En cierta oportunidad, un vecino le preguntó qué sucedería si ambos perros se enfrentaran. ¿Cuál de los dos ganaría la contienda a su entender? El hombre sin dudarlo respondió: «El que esté mejor alimentado».

Así nos ocurre a nosotros. Tenemos la opción de darle de comer a la fe o a las dudas. Alimentamos la fe cuando vamos a la iglesia, nos unimos a amigos cristianos, hacemos preguntas en la congregación, leemos la Biblia y otros buenos libros. Alimentamos las dudas cuando andamos con quien no debemos, faltamos a la iglesia, escuchamos demasiado a los personajes de los medios, nos rebelamos para ganar popularidad y no separamos un tiempo para tener intimidad con el Señor. El problema es que siempre llega la pelea de los perros y en esa ocasión ganará el que esté mejor alimentado.

Al límite
¿A quién estoy alimentando?
¿Qué puedo hacer para alimentar la fe?

Encuentro
*Querido Rey, hoy quiero comprometerme a alimentar la fe y no
a las dudas. Ayúdame a afianzarme en mis convicciones y en mi
identidad cristiana.*

Marzo 04
Superación

Hebreos 6:1
*Por eso, dejando a un lado las enseñanzas
elementales acerca de Cristo, avancemos hacia la madurez.*

El esfuerzo que realizo en esta vida, los desvelos y las tareas que me gustan y las que no, traerán su recompensa. Lo que hago siempre puede verse como una rutina. Pero cuando lo hago con con un propósito claro, la rutina se transforma en disciplina de crecimiento. Mi vida se supera. Me alegra ver a las personas que me acompañan en el camino de la vida y doy gracias a Dios por toda esa gente. Son como voces del cielo que me dicen ¡Bien hecho! ¡Vamos por más!

Otras voces parecen venir de abajo. O por lo menos abajo me quieren. Parecería que les molestara mi éxito y no quieren que me supere. Yo decido no escucharlas. Si solo me señalan aquello que creen que es imposible o me juzgan de manera terminante sin tener toda la información, prefiero no perder el tiempo con ellos. Claro que si alguien se me acerca con amor y me señala un error, eso también me impulsa a superarme. Aunque puede ser incomodo que me señalen una falla, agradezco ese esfuerzo de venir a mostrarme algo en lo que puedo crecer.

Sé que al mejorar incomodo a otros que no mejoran. Pero prefiero no dejarme contagiar por la mediocridad de los demás. Al final, no podré ayudarlos si estoy en el mismo nivel que ellos. Así que aunque momentáneamente parezca que los estoy abandonando, lo hago pensando en beneficiarlos más tarde y en cumplir con lo que Dios me ha llamado a hacer. Siempre existirán obstáculos, pero la verdadera superación consiste en enfrentarlos y cobrar ante ellos nuevos bríos. En esta vida nada bueno es fácil. Todo lo que vale la pena requiere perseverancia y paciencia hasta ser alcanzado; es entonces cuando la superación se hace sublime, se aleja de toda vanidad y soberbia, y nos produce el gozo interior de acercarnos cada vez más a la cima que venimos persiguiendo.

Al límite
¿En qué áreas puedo y debo superarme? ¿Qué pasos puntuales puedo dar ya mismo para superarme en alguna de esas áreas?

Encuentro
Señor, quiero seguir teniendo hambre de superación. Gracias por las oportunidades que me das de crecer. Quiero aprovecharlas todas y cada día ser mejor para tu gloria.

Aptos para entrar al palacio del Rey

SEBASTIAN GALEANO
CHACO, ARGENTINA

Daniel 1:15

Al cumplirse el plazo, estos jóvenes se veían más sanos y mejor alimentados que cualquiera de los que participaban de la comida real.

A quién no le gustaría ganar un poco más de dinero, tener una mejor casa, comprarse un mejor auto o poder entrar en esos lugares reservados exclusivamente para personas VIP, siempre que valga la pena. ¿Cómo lograrlo? El ejemplo de Daniel nos muestra algunas cosas. Daniel fue considerado: Sin tacha alguna, eso, aplicado a nosotros, quiere decir que nadie tenga nada que reprocharnos. Sé buen ejemplo, es el consejo que Pablo le da a Timoteo, «en la manera de hablar, en la conducta, y en amor, fe y pureza». De buen parecer: Esto se pone difícil, pero creo que todos podríamos vernos mejor si aprendiéramos a cuidar nuestros cuerpos con una comida saludable, en una medida justa, sin excesos y tampoco sin hacer dietas extremas que luego nos llevan a enfermarnos. Practicando deportes, durmiendo la cantidad necesaria, manteniéndonos limpios y perfumados. No podemos hacer demasiado para ser más lindos, pero sí podemos estar más limpios y más sanos, y eso siempre resulta atractivo. Enseñado en toda sabiduría: ¿Cómo te está yendo en los estudios? ¿Eres de los mejores o estás aprobando con lo justo? Sabio en ciencias: ¿Estudias algo extra, por ejemplo algún idioma, computación, música? Eso es importante para tu futuro. De buen entendimiento: ¿Cómo es tu carácter? ¿Reaccionas estrepitosamente o cuentas hasta diez antes de reaccionar por impulso? Nuestro mundo necesita una nueva generación que realmente marque una diferencia. Dispongamos hoy nuestro corazón y Dios nos llevará al lugar justo cuando fuere tiempo.

Al límite
¿Quiero cambiar las cosas que no están bien en mi vida? ¿Cómo puedo hacer para parecerme más a Cristo y ser un digno hijo del Rey?

Encuentro
Señor, mi Dios, quiero estar preparado para marcar una diferencia en la sociedad, quiero que me uses como instrumento de tu amor, deseo ser tu brazo de amor extendido a los que me rodean. Padre, perfeccióname cada día, que tu Espíritu Santo moldee mi ser y que se vea tu luz en mi vida. Amén.

Marzo 06

El tesoro de la intimidad

1 Juan 4:20-21

El que no ama a su hermano, a quien ha visto, no puede amar a Dios, a quien no ha visto.
Y él nos ha dado este mandamiento: el que ama a Dios, ame también a su hermano.

La intimidad es un regalo valioso y tenemos que aprender a cuidarla. Cuando estamos con un amigo, con uno de nuestros padres, con un líder, con la persona por la que morimos de amor o con Dios, debemos aprender a disfrutar de la intimidad. Lo primero para ser capaces de manejarla con cuidado es crearla. El pasar tiempo a solas con alguien que creemos importante no siempre se da de manera espontánea. Pensar en pasar un tiempo a solas con la persona por la que morimos de amor nos resulta fácil, pero compartir un tiempo positivo a solas con la persona que amamos se hace difícil cuando no estamos acostumbrados a estar en privado con nadie. El crear un tiempo a solas para estar con amigos, con alguno de nuestros líderes o con uno de nuestros padres es una excelente práctica para aprender a conversar y a escuchar. Quizás consideremos que no tiene onda pasar un rato con uno de nuestros padres, pero yo no estoy hablando de dormir en la misma habitación, sino de crear un momento de intimidad. Un instante donde seamos capaces de comunicarnos de manera más profunda. Donde escuchemos y hablemos desde el corazón. Esto es importante para desarrollar nuestras relaciones interpersonales. Cuanta más intimidad, más confianza; y en el caso de que se dé con uno de nuestros padres, sepamos que la confianza es la base de muchos permisos… La intimidad también tiene que ver con Dios. Si no podemos tener intimidad con nadie humano, es muy difícil que seamos capaces de tenerla con Dios. Un tiempo de intimidad es un tiempo de hablar sin interrupciones. Por eso hay que crearlo. Podemos invitar a la otra persona a caminar, a comer un postre, a practicar algún deporte, pero solo de a dos. El apóstol Juan nos dice en los versículos que leímos que no podemos decir que amamos a Dios si tenemos contiendas con nuestros hermanos, y yo creo que de esto se desprende que no podemos tener intimidad con Dios si no sabemos practicarla con nadie más. A veces parece que en la adolescencia tuviéramos que hacer todo en grupos grandes. Pero ser una persona madura tiene que ver con disfrutar del tesoro de la intimidad en todos los sentidos.

Al límite

¿Con quién debería comenzar a tener más intimidad? ¿Cómo puedo crear momentos de intimidad con las personas que amo?

Encuentro

Querido Dios, gracias por estar ahí aun cuando no te presto atención. Gracias por invitarme a hablar en serio y en confianza contigo. Quiero aprender a escucharte como tú me escuchas. Ayúdame a desarrollar intimidad en mi vida para tener mejores relaciones interpersonales.

Carácter y reputación

Proverbios 4:23
*Por sobre todas las cosas cuida tu
corazón, porque de él mana la vida.*

La reputación se puede construir, destruir y volver a levantar en un
momento. En cambio el carácter es una obra de arte que lleva su
tiempo. Si le ponemos cuidado a nuestro carácter, este se va a
encargar de nuestra reputación. El carácter tiene que ver con el corazón,
las intenciones y las motivaciones. La reputación tiene que ver más con
las opiniones de otros. Si nuestro corazón es limpio, a pesar de que a
veces hagamos cosas erróneas, la limpieza del corazón no va a tardar en
salir a la luz. Pero si nuestro corazón está sucio, aunque hagamos cosas
correctas durante un tiempo, la suciedad no va a tardar en mostrarse. Si
uno tiene sanas motivaciones posee el margen necesario para equivocarse, pero si nuestras motivaciones son malas cualquier error puede lastimarnos y lastimar a otros seriamente. Una y otra vez tenemos que llevar
nuestras motivaciones, por malas que sean, delante del Señor y pedirle
que las cambie y que limpie nuestro corazón. De eso se trata la confesión.
La confesión es una rápida avenida para cuidar nuestro carácter y echar
fuera el engaño. Si dejamos a Dios moldear nuestro carácter, él se va a
ocupar de nuestra reputación.

Al límite
¿Qué diferencia hay entre el carácter y la reputación?
¿Cómo puedo trabajar y cuidar mi carácter?

Encuentro
*Querido Rey, quiero tener una buena reputación pero entiendo que al fin
de cuentas ella depende de lo que soy en mi interior. Hoy quiero pedirte
que sigas trabajando en mi carácter para que pueda ser una persona
fuerte y segura.*

Sobrevivir al Tour de France

1 Corintios 9:26

Así que yo no corro como quien no tiene meta; no lucho como quien da golpes al aire.

El Tour de France es la carrera ciclística más importante del mundo. Los competidores hacen un trayecto de 3630 kilómetros (2287 millas) saliendo de París y terminando en los Campos Elíseos luego de veintiuna etapas y casi un mes de competencia. El Tour de France es una carrera de extrema exigencia y demanda un excelente estado físico. Por eso fue que todo el mundo se sorprendió cuando Lance Amstrong aseguró que iba a participar. Aunque ya era considerado uno de los mejores ciclistas del mundo, a Amstrong se le había diagnosticado cáncer. La enfermedad le había tomado todo el abdomen, los pulmones y el cerebro. Mientras atravesaba por todos los tratamientos, y sin saber si algún día iba a lograr competir, estudió por separado cada tramo de la carrera y se entrenó como un desesperado tras lograr salir de esa etapa del infierno llamado cáncer. Tenía la meta clara. Ya había triunfado en importantes carreras, pero el Tour de France era la más importante de todas y debía ganarla. Sus médicos y su familia lo ayudaron a luchar contra la enfermedad y luego de una temporada de dudas, trabajo, miedo y esfuerzo, Amstrong fue dado de alta para seguir compitiendo. Contra todas las apuestas y pronósticos, Lance Amstrong se presentó y ganó el rally de los ciclistas y dejó al mundo de los deportes anonadado por su logro. Esos días de quimioterapia y miedo debieron haber sido terribles. Ver las carreras por televisión o leer alguna revista especializada sin que estuviera su nombre entre los favoritos no le hacía ninguna gracia. Pero Amstrong no perdió las esperanzas y, a pesar de que la posibilidad de alcanzar su meta no se veía con mucha claridad, se entrenó seguro de poder participar en la carrera de sus sueños. Estudió cada parte del trayecto desde su cama y se ejercitó en la casa con una bicicleta fija. Cuando los médicos le dieron la noticia de que el cáncer se había detenido y que estaba en condiciones de competir, Lance ya estaba listo para hacerlo. Ganó en el año 1999, y en el 2000 lo volvió a conseguir. Luego lo hizo en el 2001, en el 2002, 2003, 2004 y en el 2005, obteniendo un total de siete años de victorias consecutivas.

Al límite

¿Qué puedo aprender para mi vida espiritual del ejemplo de Amstrong?
¿Cómo puedo «entrenarme» hoy aun cuando las metas parezcan lejanas?

Encuentro

Querido Señor, quiero considerarme un sobreviviente y no una víctima, ante las dificultades que me toque atravesar. Te pido que me ayudes a no perder de vista mis metas y a usar cada circunstancia con la esperanza de lograrlas.

Tazas de café

Juan 15:13
Nadie tiene amor más grande
que el dar la vida por sus amigos.

Después de mucho pensar, Ana decidió que ese sería el último día de su vida. Mientras vaciaba su casillero reflexionaba acerca de su decisión. Su familia estaba sumida en una crisis económica y sus padres peleaban todo el día. Sus calificaciones no eran las más satisfactorias. Y esa semana el muchacho que le gustaba y con el que mantenía una relación de casi un año, decidió terminar con ella, sin ninguna explicación.

Sin amigos, Ana quedó sola. Se sentía destruida y se convenció de que la vida ya no tenía sentido para ella. Mientras caminaba por los pasillos silenciosos y solitarios del colegio, meditaba acerca de la forma más rápida y menos dolorosa de terminar con sus penas cuando chocó con María. Ambas terminaron en el suelo con los libros de Ana esparcidos por todos lados. María se disculpó mil veces mientras ayudaba a Ana a recoger sus cosas. Luego, la invitó a tomar un café. Ana se disponía a rechazar la proposición pero la cordialidad de María la convenció. Está bien, dijo en un tono seco y cortante, pero solo un rato. «Ese rato» se prolongó por tres horas. Hablaron hasta el cansancio.

Cuando Ana llegó a su casa algo había cambiado en ella. Los problemas seguían ahí, pero ella ya no era la misma. María se convirtió en la mejor amiga de Ana y sus tazas de café se hicieron más frecuentes. Terminaron el colegio y gracias a la ayuda de María, Ana obtuvo uno de los mejores promedios de su clase, lo cual le permitió ganar una beca para estudiar en el extranjero. El día de su graduación, Ana le contó esta historia a María. Y le agradeció no solo por su apoyo incondicional sino también por salvarle la vida.

Al límite
¿Conozco a alguien que puede estar desesperado alrededor de mí?
¿Cómo puedo ayudar?

Encuentro
Señor, gracias porque estás conmigo en mi desesperación. Dame ojos atentos y un corazón sensible para notar los pequeños detalles con los que puedo animar a otros para que sientan una diferencia en su interior.

Marzo 10
Acciones

Adriana Polanco
Guatemala, Guatemala

1 Corintios 4:20
*Porque el reino de Dios no es
cuestión de palabras sino de poder.*

¿Alguna vez hemos imaginado lo que sucedería si Superman se pusiera a dialogar con los villanos que tratan de destruirlo? «¿Por favor podrías no utilizar la criptonita?» «¿Serías tan amable de considerar tus intenciones para no destruir al mundo?»

Las palabras son importantes, somos seres sociales y necesitamos interactuar con los demás. Necesitamos expresarnos, hacernos escuchar y dialogar. Pero muchas veces olvidamos que la acción también es algo importante. Como cristianos tenemos el privilegio de ser parte del reino de Dios. Pero el reino de Dios no se limita al templo o hacer nuestro devocional diario. No tiene que ver solo con decir palabras que suenen religiosas y saludar al hermano el domingo a la mañana. El reino de Dios no es pasivo. Estamos en una constante batalla. No podemos quedarnos parados y pretender vivir la vida sin hacer uso del poder que Dios nos da. ¡Qué desperdicio!

No hay tiempo para dialogar con el enemigo. El reino de Dios tiene que ver con jóvenes que rompen los paradigmas que dicen que los cristianos son hipócritas, y empiezan a vivir a través del poder de Dios para dar un testimonio creíble de que Jesús es el Señor de sus vidas. Dejemos de jugar a ser cristianos con palabras y empecemos a demostrarlo con nuestras acciones.

Al límite
¿Mis palabras son respaldadas por mis acciones? ¿Cómo puede reflejar mi vida que estoy viviendo acorde al poder de Dios?

Encuentro
Padre, gracias por que me ofreces tu poder a través del Espíritu Santo. Perdóname por que muchas veces llevo una vida normal. Una vida que no refleja que tengo a un Dios poderoso como tú que todo lo puede. Ayúdame a amarte obedeciendo tus mandamientos y amando a los demás como tú los amas.

Buenas noticias

Lucas 2:10

Pero el ángel les dijo: «No tengan miedo. Miren que les traigo buenas noticias que serán motivo de mucha alegría para todo el pueblo.»

Evangelio quiere decir «buenas noticias» y Jesús quiere decir «Salvador». Parece que se olvidan de eso los que viven predicando destrucción y castigo eternos. Es cierto que aquel que no se rinde al señorío de Cristo sufrirá las consecuencias actuales y eternas del pecado. Pero justamente, predicar el evangelio se trata de contarle al mundo que hay una solución para nuestra naturaleza imperfecta, para nuestras dudas existenciales y para la soledad, y que es posible encontrarle un propósito a la vida. Cristo es la mejor noticia del universo. Dios vino al mundo a identificarse con nosotros y eso es motivo de fiesta y asombro como lo fue la llegada de Jesús para los ángeles y los pastores. Cuando tenía unos seis años, en mi iglesia dieron una película aterradora acerca de la Segunda Venida de Cristo. Entendí lo suficiente como para irme a casa temblando de miedo. Al día siguiente, al despertarme, noté que mi papá y mi mamá no estaban. Corriendo salté de la cama y comencé a revisar hasta el último rincón de la casa para ver dónde se habían metido. ¡No estaban! Me asusté y empecé a llorar. Corrí a la puerta de la calle y después de verificar que el auto estaba, fui a golpearles la puerta a los vecinos. Lloraba a gritos y no los oía hablar: «¿Qué pasa Luquitas?», me preguntaban. «Mi papá y mi mamá se fueron al cielo con Jesús y ustedes y yo nos quedamos y nos vamos al infierno». En ese momento aparecieron papá y mamá; estaban hablando con el vecino del otro lado de mi casa. Las personas no van a acercarse al Señor con amenazas. Lo que Dios está buscando no es gente que le tenga terror y quiera escapar del infierno. Lo que desea son personas que lo amen y experimenten su salvación y poder. Verdaderos adoradores que tengan una relación cercana con él. Es cierto que hay un juicio, pero Dios no quiere que ninguno tenga que sufrir las consecuencias de la caída. Por eso envió un Salvador. Esa es la mejor noticia que podamos llevarle al mundo.

Al límite

Compartir el evangelio siempre es dar esperanza y buenas nuevas.

Encuentro

Muchas gracias por el don de la salvación. Gracias porque es tu amor lo que nos atrae a ti y no el temor. Que podamos predicar esta noticia al mundo en el nombre de Jesús. Amén.

Marzo 12

Cuento con ellos

Mateo 28:19
*Por tanto, vayan y hagan
discípulos de todas las naciones…*

Cuenta una historia que, al poco tiempo de que Jesús ascendiera a los cielos, el ángel Gabriel se acercó a preguntarle acerca de su experiencia en la tierra y de su plan de salvación.

—Mi Señor, habrás sufrido un terrible dolor por la gente de la tierra.

—Verdaderamente —respondió Jesús.

—¿Pero se enteraron de tu amor? ¿Saben por qué te dejaste crucificar? —le preguntó el ángel.

—Oh, no, todavía falta que mucha gente lo sepa, pero tengo un grupo de amigos que se van a ocupar de que ellos se enteren —le respondió Jesús. Gabriel quedó perplejo, los rumores del cielo eran ciertos.

—¿Cuál es el plan, entonces? —le insistió Gabriel.

—Bueno, le pedí a Pedro, a Santiago, a Juan y al resto de mis amigos que le cuenten a la gente y que los hagan mis discípulos. Aquellos que reciban el mensaje irán y les dirán a otros, y así sucesivamente hasta que todos lo sepan y puedan aceptar mi regalo.

Gabriel lo miró con escepticismo. Sabía que los seres humanos no eran tan confiables como para dejar todo en sus manos, por lo que replicó:

—¿Y qué sucedería si Pedro, Juan y los demás se olvidaran o se cansaran, y en varios siglos la gente estuviera tan ocupada en otras cosas que perdiera el interés en hablarle a otros? ¿Tienes algún otro plan?

—No Gabriel —respondió Jesús—, cuento con ellos.

Al límite

*¿Cuál es la mejor manera de que nuestros conocidos más cercanos
se enteren del amor de Dios? ¿Qué voy a hacer al respecto?*

Encuentro

*Señor, perdóname porque muchas veces me olvido de que cuentas conmigo
para contarle al mundo acerca de tu amor. Dame más celo para acercar tu
salvación a las personas que me rodean. Gracias por contar conmigo.*

Un iglesia al ataque

Efesios 5:26-27
Él la purificó, lavándola con agua mediante la palabra, para presentársela a sí mismo como una iglesia radiante, sin mancha ni arruga ni ninguna otra imperfección, sino santa e intachable.

La iglesia estuvo demasiado tiempo preocupada solamente por subsistir. Por muchas décadas la consigna fue defenderse de un mundo que la tenía rodeada por todos lados y para eso había que cerrar las puertas del castillo y ocuparse de los que estaban adentro. Parecerse en cualquier aspecto a los que estaban afuera se consideraba un acto de insubordinación o carnalidad. Ser santo era tener un vocabulario y una vestimenta distinta; eran pocos los que entendían la santidad como un estar separados con el propósito de extender el reino de Dios, transformando la sociedad y tomando una presencia activa en la cultura. ¿Quién pensaba en estrategias, guerra espiritual, adoración contemporánea o en tomar ciudades hace apenas unas décadas? El interés principal era protegerse y mantener al «pequeño pueblo muy feliz».

Hace algún tiempo estaba leyendo Mateo 16:18 en la versión antigua, donde dice de la iglesia que «las puertas del Hades no prevalecerán contra ella». Mientras leía me imaginaba a Satanás golpeando con unas enormes puertas a una pobre iglesita blanca, como las que aparecen en las películas, que usaba toda su fuerza para tratar de mantenerse erguida. Recuerdo que estaba orando cuando una nueva imagen se dibujó en mi mente. Era Jesús, que tomaba a la iglesia en sus manos y golpeaba con violencia las puertas del infierno para liberar a los millones que estaban detrás de ellas. Esa es una iglesia radiante.

Al límite
Cuando pienso en la iglesia, ¿me la imagino al ataque o a la defensiva? ¿Qué aporte puedo hacer yo para que mi congregación quiera salir de las cuatro paredes del templo?

Encuentro
Querido Dios, gracias por tu iglesia y gracias por las oportunidades que me das de ser una parte activa de ella. Te pido por mis líderes, dales sabiduría y también dales audacia para que salgamos a atacar las obras de Satanás.

límitE

Candil de la calle, oscuridad de la casa

Adriana Polanco
Guatemala, Guatemala

1 Timoteo 5:8 (BLS)
*Pues quien no cuida de sus parientes, y especialmente
de su familia, no se porta como un cristiano; es más, tal
persona es peor que quien nunca ha creído en Dios.*

Es muy fácil caer en una vida rutinaria, con el horario lleno y con muchas cosas en las que pensar. Tenemos que asistir a clases, trabajar, no faltar a la iglesia, visitar a los amigos, ir de compras... Hay tantas cosas por hacer que muchas veces olvidamos una de las más importantes: nuestra familia.

Dios tiene en alta estima a la familia, él nos conocía antes de crearnos y por eso decidió colocarnos en las familias de las que ahora somos parte. Nuestro enemigo es muy sutil al hacernos creer que la familia puede quedar en segundo plano.

Recuerdo una de las frases de mis padres que más me ha impactado: «No hay que ser candil en la calle y oscuridad en la casa». Es muy fácil servir fuera de casa, ya sea en la iglesia, en el trabajo, o en cualquier otro lugar; pero es en la familia donde se pone a prueba cuanto amamos a Dios. En la familia nos conocen como somos, sin máscaras o apariencias. Es en la familia donde deberíamos empezar a mostrar el amor de Dios. Ser amables y comprensivos con nuestras madres, apoyar y escuchar a nuestros padres, ser ejemplo para nuestros hermanos; eso es lo que debería caracterizar a un cristiano.

Debemos ser cristianos intachables y no dar lugar a que la gente tenga algo malo que decir con respecto a nosotros. Estoy segura de que esto debe empezar por uno mismo, dando cada uno de nosotros el primer paso.

Al límite
¿Estoy sirviendo a mi familia tanto como a las personas de afuera? ¿Cómo puedo ser de bendición para mi familia? ¿Qué cosas prácticas haré esta semana para mostrar amor a mi familia?

Encuentro
Padre, gracias por la familia que me has dado. Gracias por que en tu sabiduría decidiste que yo formara parte de ella. Ayúdame a serte fiel sirviéndoles. Hazme una persona íntegra que te glorifique donde quiera que se encuentre.

límite

A una generación de morir

Lucas 24:47
*Y en su nombre se predicarán el
arrepentimiento y el perdón de pecados…*

Se dice que la fe cristiana siempre está a una generación de la extinción. Es que cada generación tiene que renovar su responsabilidad de llevar las buenas nuevas del evangelio a su mundo en su tiempo. Les digo siempre a los jóvenes de nuestra iglesia: «Yo no conozco a tus compañeros de escuela, de trabajo, o a tus vecinos; yo puedo trabajar para que la iglesia sea atractiva, pero al fin de cuentas, si tú no les hablas del Señor, nunca van a recibirlo como el Salvador de sus vidas». Nuestros padres hicieron su parte, los pastores hacen la suya, pero el hecho de que un joven se acerque al Señor depende en mucho de que otro le muestre el camino. Los líderes adultos son poco creíbles para la mayoría de los adolescentes no cristianos. Hoy por hoy nadie confía en los líderes políticos ni tampoco en los religiosos. Es por eso que para que esta generación reciba el evangelio es indispensable que cada uno sea el que comunique esta gran verdad no solo con palabras sino con su estilo de vida. Ellos tienen que ver que el cristianismo es posible y que les conviene vivirlo. A veces dependemos demasiado de los grandes predicadores cuando la mejor manera de salvar una generación es que los cristianos de esa misma generación levanten la voz y proclamen el evangelio con seguridad y pasión. Si nuestra generación no toma en sus manos el liderazgo de la iglesia es probable que nuestra iglesia se muera cuando muera el último viejo. Me da mucha pena ver iglesias locales que solo crecen gracias al índice de natalidad. El llamado a la evangelización es urgente y prioritario. Si respondemos a este llamado, cambiaremos la historia de una generación y también la de las que le siguen.

Al límite
¿Cuál es la mejor manera de evangelizar a mi generación?
¿Quién es verdaderamente el mejor instrumento para hacerlo?

Encuentro
*Querido Rey, gracias por las posibilidades que me das de ser útil
en tus manos. Quiero pedirte por mi generación. Ayúdame a sentirme
responsable por ellos y ser un agente de cambio para los de mi edad.*

Doblarse sin quebrarse

Romanos 8:28

Ahora bien, sabemos que Dios dispone todas las cosas para el bien de quienes lo aman, los que han sido llamados de acuerdo con su propósito.

¿Por qué algunos se amargan y se sienten derrotados mientras que otros salen airosos de las peores dificultades? ¿Por qué parecería que algunos siempre son víctimas de todo lo que les sucede mientras que otros viven constantemente en días soleados?

Hace unos años que resido en el sur del estado de la Florida. Una zona conocida por sus anuales huracanes. En toda la zona de Miami uno de los árboles más populares es la palmera. En una región como esta, al igual que en otras áreas del Caribe, las palmeras son la vegetación natural por varias razones. Pero una de ellas es su facilidad para soportar el poder de los huracanes. Cuando estos llegan con vientos de más de cien kilómetros por hora, las palmeras se doblan pero al terminar las ráfagas vuelven a su posición normal. Ellas se doblan sin quebrarse. Son suficientemente elásticas como para soportar los embates de la tormenta sin salirse de su lugar y eso se debe a su flexibilidad. Según el diccionario, la cualidad de ser flexible tiene que ver con soportar cambios o variaciones según las circunstancias o necesidades; y creo que aquí está la respuesta de por qué algunas personas son más fácilmente derrotadas que otras. Hay seres humanos que no resisten los cambios. Quieren que todo sea como siempre lo fue y cuando algo cambia entonces se sienten víctimas de las circunstancias. Sin embargo existe otro tipo de personas que ven los cambios como algo necesario y como una invitación al crecimiento. *«Para crecer hay que cambiar»*, piensan. Eso no significa que sonrían ante cualquier tormenta, sino que están dispuestas a doblarse y cambiar de dirección y de posición para acomodarse a las circunstancias. No resisten el cambio sino que lo acompañan y entonces no se quiebran con la fuerza de los huracanes.

Al límite

¿Cómo reacciono ante los cambios? ¿En qué circunstancias tengo que aprender a ser más flexible?

Encuentro

Señor, enséñame a doblarme sin quebrarme. No quiero ser alguien que no pueda soportar las tormentas de la vida. Dame entereza y también flexibilidad para acomodarme a los distintos vientos que me toque enfrentar. Gracias por que en ti siempre puedo ver una oportunidad en lo que es aparentemente negativo.

No seamos como Van Gogh

1 Juan 5:4

Porque todo el que ha nacido de Dios vence al mundo.
*Ésta es la **victoria** que vence al mundo: nuestra fe.*

Hoy los cuadros Vincent Van Gogh cuestan estrepitosos millones. Sin embargo, muchos no saben que Vincentico se sentía un fabuloso fracaso. Este holandés pasó sus últimos días pensando que su vida no había tenido sentido. Miraba sus cuadros y estaba seguro de que eran un fracaso porque no le era fácil venderlos. Siendo incapaz de soportar la depresión de sentirse así, pidió prestada un arma de fuego y se disparó un tiro. Pero, ¿qué ocurrió? ¡Sobrevivió! ¿Crees que termina bien la historia? Al día siguiente del episodio le dijo a su hermano Theo: *«Soy un fracaso hasta para quitarme la vida»*. Ni por el hecho de sobrevivir se sintió afortunado y a los pocos días murió. Vincent Willem Van Gogh murió deprimido por prestarle demasiada atención al rechazo de la gente. Él había tratado de vender sus cuadros a gente que no terminaba de apreciar su arte porque era demasiado novedoso para su época. No supo esperar. También había tenido una relación amorosa que no había funcionado y eso lo había marcado. En ambos casos sus sentimientos de rechazo se habían convertido en algo demasiado fuerte y eso lo había estancado en la autocompasión. Ser rechazados es algo que todo enfrentamos. No conozco a nadie que no haya tenido algún amor no correspondido o que no haya pasado por alguna situación en la que otros no le dieran una opinión favorable. Pero algunos tienen en demasiada estima la opinión de la gente, lo que los hace muy vulnerables al dolor. Los triunfadores han sabido pasar por el rechazo sin quedarse estancados en las palabras hirientes. En el caso de Van Gogh, se hace evidente que la causa del fracaso no estaba en sus cuadros sino en prestarle demasiada atención a la reacción inicial de la gente. La razón se encontraba en su corazón. Él había decidido inconscientemente verse como un fracasado y aun en una circunstancia favorable como la de haber sobrevivido a un balazo, estaba programado para rechazarse a sí mismo.

Al límite

¿Cómo se relaciona con tu propia vida la historia de Van Gogh?

Encuentro

Querido Dios, gracias por las oportunidades que me das, y aun gracias por las personas que me rechazan. Tu mismo Hijo Jesús fue rechazado, así que ¡cómo no lo voy a ser yo! Dame sabiduría para reaccionar positivamente ante las opiniones. Que tu Espíritu Santo limpie mi conciencia de pensamientos negativos y de rechazo, y que ponga en su lugar pensamientos de esperanza y fe.

Creemos memorias

Mateo 8:27

Los discípulos no salían de su asombro, y decían: «¿Qué clase de hombre es éste, que hasta los vientos y las olas le obedecen?»

Tener memorias en común nos acerca y nos une. La memoria también nos puede traer consuelo, sonrisas y hasta la palabra de Dios en el momento en que más la necesitamos. Por eso es bueno crear momentos memorables con nuestros amigos. Eventos que recordemos durante toda la adolescencia y por qué no, el resto de nuestra vida. Lo monótono se olvida fácilmente y por eso también termina siendo aburrido.

¿Por qué Jesús caminó sobre el agua o acalló la tormenta? ¿Por qué mandó una legión de demonios a los cerdos? Quién se olvidaría de eso. Si lo que él quería era enseñar algo, supo como captar la atención de todos.

Hoy, mañana, pasado o el próximo fin de semana sorprendamos a alguien. Hagamos una broma memorable. Podemos hacerlo. Usemos la imaginación y seamos audaces. No pongamos en peligro a nadie ni avergoncemos a alguien que sea demasiado sensible. Pero todos aprecian unas buenas risotadas. Démosle una serenata a alguien. Festejemos un cumpleaños de manera alocada. Aparezcámonos en algún lugar inesperado. Enviemos un regalo creativo. Asustemos a alguien. Planeémoslo y busquemos cómplices. Salgamos de lo monótono y creemos un recuerdo memorable para nuestros seres queridos. Nuestra vida y la de ellos será mejor. Jesús hizo eso con sus discípulos y hay miles de testimonios de que lo sigue haciendo hoy.

Al límite

¿Cómo puedo crear memorias con mis amigos?
¿Qué evento puedo crear para mi familia que, en unos años,
me guste contarles a mis nietos?

Encuentro

Señor, en estos días dame ideas locas para crear memorias junto con mis seres queridos. Dame la oportunidad de llenarlos de alegría y de sorprenderlos. Quiero ser un instrumento de tu gozo en esta tierra. En el nombre de Jesús. Amén.

Gracias

1 Tesalonicenses 5:18
Den gracias a Dios en toda situación,
porque esta es su voluntad para ustedes en Cristo Jesús.

Practicar el agradecimiento debe ser un hábito. Poner en movimiento la gratitud aceita nuestro corazón y nos libra del óxido del egoísmo.
Cuando nos concentramos en ver por qué cosa deberíamos estar agradeciendo, comenzamos a darnos cuenta de que poseemos cosas o posibilidades que otros no tienen, y eso nos ayuda ser personas más generosas.

La versión de la Biblia que utilizamos en este versículo es la Nueva Versión Internacional. Ahora volvamos a leer el versículo de hoy pero en otras traducciones de la Biblia:

Dad gracias en todo, porque ésta es la voluntad de Dios para con vosotros en Cristo Jesús. **Reina-Valera 1960**

Den gracias a Dios en cualquier circunstancia. Esto es lo que Dios espera de ustedes como cristianos que son. **Biblia en Lenguaje Sencillo**

Dad gracias a Dios por todo, porque esto es lo que él quiere de ustedes como creyentes en Cristo Jesús. **Dios habla hoy**

¿Qué te parece lo siguiente? Haz una lista de al menos 10 personas (no menos) a las que les debas mostrar agradecimiento

Haz una lista de al menos 20 cosas (no menos) por las que debas ser agradecido.

Ve y agradece a quien corresponda.

Al límite
¿Por dónde y con quién debería empezar a practicar el agradecimiento?

Encuentro
Señor, muchas gracias por todas tu provisiones. Gracias por la gente que hay en mi vida y la que va a haber. Gracias por lo que me das y hasta por lo que no me das. Tu amor es grande y tu misericordia nueva cada día. Enséñame a practicar el agradecimiento.

Marzo 20

Pelotas de goma

1 Pedro 3:13
*Y a ustedes, ¿quién les va a hacer daño
si se esfuerzan por hacer el bien?*

Frank Dietz es un ex capitán del Barco Doulos, embarcación que navega haciendo campañas evangelísticas en cada puerto al que arriba. Cierta vez le escuché decir que los cristianos debemos ser como pelotas de goma: «Cuánto más nos tiran contra el piso más alto debemos rebotar». Y es cierto. Con Cristo podemos superar cualquier interferencia de circunstancias o personas que traten de detener nuestro paso.

Hace poco estaba haciendo un ejercicio curioso: me puse a pensar cuántos «enemigos» había tenido en la vida. No encontré muchos de los que realmente pudiera decir que habían sido mis enemigos. Pero sí hallé varios que, con buenas o malas motivaciones, trataron de hacerme algún mal o de interrumpir un bien que iba a sucederme. Digo buenas o malas motivaciones porque varias veces me di cuenta de que la otra persona no tenía una mala intención hacia mí, sino que era sincera en su error. Tenía un juicio equivocado de lo que yo era o quería hacer y por eso se oponía aunque creía que estaba haciendo lo correcto. En otros casos hubo personas que, no me cabe duda, tuvieron malas intenciones. Al pensar en lo uno y lo otro, lo que más me sorprendió es que en todos los casos esas personas terminaron mal y sin mi ayuda.

Cuando estamos en Cristo, y haciendo su voluntad, por más que tengamos oposición en un primer momento, siempre terminamos en victoria y nuestros enemigos en derrota. Puede que suframos por un poco de tiempo, pero al final seremos más fuertes. Cuando hacemos el bien, cuanto más fuerte nos tiren contra el piso más alto vamos a rebotar.

Al límite
*¿Por qué puedo tener esperanza de rebotar alto cuando me tiren
contra el piso?*

Encuentro
*Tú me acompañas en el sufrimiento y en la victoria. Gracias por la
oposición porque me ayuda a crecer. Yo sé que si hago tu voluntad tus
promesas se van a cumplir en mi vida sin importar quién se me oponga
ni cómo lo haga. Quiero que me hagas como una pelota de goma.*

El escarabajo del reloj de la muerte

Cantares 2:15
Atrapen a las zorras, a esas zorras pequeñas que arruinan nuestros viñedos, nuestros viñedos en flor.

Casi el noventa por ciento de los árboles destruidos por insectos son victimas del ataque del escarabajo del reloj de la muerte, también conocido como el escarabajo del abeto. El propio nombre da miedo. ¿Pero qué hace ese insecto? Ese insignificante príncipe de las tinieblas, que mide entre cinco y diez milímetros, se mete bajo la corteza de los árboles haciendo largos túneles y dejando huevos en las intersecciones. Cuando las larvas nacen, el árbol queda expuesto a un ejército de estos pequeños personajes que lo atacan por toda su superficie y tarde o temprano, por más grande que el árbol sea, si la peste no es erradicada completamente, muere. Cada año miles de gigantes del bosque sucumben al ataque sigiloso de estos insectos.

Casi todos los pecados que dejamos entrar a nuestras vidas no llegan en la forma de un gran mamut. Entran como el escarabajo del reloj de la muerte. Parecen insignificantes, pero si les permitimos que se metan bajo nuestra corteza, pronto comienzan a poner sus huevos y tarde o temprano terminaremos infectados. En Cantar de los Cantares, Salomón habla de pequeñas zorras que arruinan los viñedos y ese es un ejemplo similar al del escarabajo de abeto. Dejar pasar algo tan pequeño como un escarabajo o una zorra en nuestras vidas puede terminar arruinando nuestra alegría.

Al límite
¿Qué pequeños escarabajos no debo dejar entrar en mi vida?

Encuentro
Señor, dame una conciencia clara con respecto al pecado. Proporcióname astucia divina para que ninguna peste, por pequeña que sea, comience a hacer nido en mis pensamientos o en mis acciones. En el nombre de Jesús. Amén.

Conocido en el infierno

1 Corintios 10:13

Ustedes no han sufrido ninguna tentación que no sea común al género humano. Pero Dios es fiel, y no permitirá que ustedes sean tentados más allá de lo que puedan aguantar. Más bien, cuando llegue la tentación, él les dará también una salida a fin de que puedan resistir.

Junior Zapata escribió hace unos años un libro titulado *Conocido en el infierno* en el que habla sobre varios temas relacionados con la juventud. Una nota recurrente en el libro de este gracioso y a la vez inteligente guatemalteco, del que soy muy amigo, tiene que ver con cómo decirles no a las tentaciones. Es que lo más común en el mundo de hoy es justamente ceder cuando somos tentados. Eso es lo que hace un porcentaje muy alto de personas, incluso creyentes. Pero una alarma suena en el infierno cuando notan que alguien sabe decir que no a la tentación. El que es capaz de decir que no, es alguien diferente. Tiene dominio propio. Es inteligente. Considera las consecuencias de sus acciones. No reacciona como un autómata.

El apóstol Pablo nos dice que no sufrimos ninguna tentación que no sea común para nuestra raza. Que Dios conoce nuestros límites y siempre nos provee alguna salida para escapar de la tentación. Miro mi vida y me doy cuenta de que, en mi caso, siempre es así. En todas las situaciones de tentación por las que he pasado tuve la posibilidad de decir que no. Algunas veces lo hice y otras no quise, pero siempre tuve la posibilidad de elegir y esquivar la tentación.

Si somos fuertes, el infierno registrará nuestros nombres. Seremos peligrosos para el reino de las tinieblas, y en el camino evitaremos que otros caigan también.

Al límite

¿Qué pensarán en el infierno de mí?
¿Cómo puedo prepararme mejor para decir que no a las tentaciones?

Encuentro

Señor, gracias porque en toda tentación tú me das una salida. Hazme inteligente para saber siempre cómo esquivar la tentación antes de que sea demasiado tarde.

Amistades estratégicas

Mariana Pineda
Asunción, Paraguay

Proverbios 17:17
En todo tiempo ama el amigo.

Como hijos de Dios, tenemos que ser los mejores amigos de nuestros amigos no creyentes, o «pre-creyentes» como los llama Junior Zapata. Pero creo que yo nunca podría tener como mejor amigo a alguien que no tuviera a Jesús en su corazón. Esta fue una de las mayores verdades que Dios me ha enseñado. Su palabra dice que «las malas compañías corrompen las buenas costumbres». En pocas palabras, pasar tiempo junto a personas que tienen principios de vida distintos a los nuestros, tarde o temprano terminara influyendo sobre nosotros mismos. Eso no quiere decir que no debamos cultivar amistades con personas no cristianas o que no tengamos que pasar tiempo con ellos. Al contrario, debemos ser parte de su mundo para poder ganar su corazón y hablarles del amor de Dios que nosotros conocemos. Pero ellos no deben influir sobre nuestra vida, nosotros deberíamos influenciar la de ellos. «Conviértanse ellos a ti, y tú no te conviertas a ellos». En Marcos 2, la Biblia nos cuenta la historia de cuatro increíbles amigos que hicieron por su amigo lo mejor que nadie jamás podría haber hecho por él: lo llevaron hasta Jesús, y él lo sanó. Es lo mismo que nuestros amigos están esperando hoy de nosotros. Quizás no nos lo digan ni nos lo pidan, pero ellos están esperando que los llevemos junto al maestro para que él sane sus corazones y puedan ser libres. Ellos tienen que saber que pueden recurrir a nosotros cuando necesiten apoyo, un consejo o simplemente una buena compañía. Debemos hacerles saber que poseemos la verdad que ellos necesitan. Muchos cristianos terminan alejándose de Dios por no haber elegido amigos que los ayuden en su relación con él. Proverbios 4:23 nos dice que debemos guardar nuestro corazón y esto implica también guardarlo de los que ejercen una influencia negativa sobre él.

Al límite
¿Estoy siendo realmente cuidadoso al elegir mis amigos y las personas con las que paso tiempo? ¿A quién recurro cuando tengo una duda o un problema? ¿Cuáles son los criterios que tengo en cuenta al elegir un amigo?

Encuentro
Dios, ayúdame a elegir bien mis amistades y a encontrar buenos amigos que te amen y me motiven a amarte más cada día. Ayúdame a identificar a las personas que hoy están ejerciendo una influencia negativa sobre mi vida y a alejarme de ellas. Enséñame a ser una buena influencia para mis amigos y guiarlos hasta ti. Amén.

Quemar las naves

Génesis 19:26
Pero la esposa de Lot miró hacia atrás,
y se quedó convertida en estatua de sal.

Cuando el conquistador Hernán Cortés desembarcó en Veracruz en 1519 para encaminar la posesión de México con una pequeña banda de setecientos hombres, decidió que su manera de dejar bien claro que no había vuelta atrás era quemar sus naves. Y eso hizo. Sus hombres vieron como los once barcos que los habían traído de Europa se quemaban en las playas donde estaban anclados. La imagen debe haber sido poderosa y sin lugar a dudas dejó viva las llamas en la mente de estos conquistadores. Cortés y sus hombres avanzaron sobre el imperio azteca con una proporción numérica muy inferior, pero hoy conocemos acerca de su éxito desde un sentido militar.

Muchas veces en la vida es necesario que quememos nuestras naves. Que dejemos atrás lo que nos proporcionaba seguridad y que dirijamos nuestros ojos hacia adelante, a la misión que tenemos por conquistar. El mirar atrás raramente nos permite avanzar con velocidad y seguridad.

Algunos jóvenes quieren crecer en su relación con el Señor, pero pasan el tiempo mirando los placeres del mundo o su propia vida antes que entregarse a Jesús, y eso los retrasa. Les sucede lo que le ocurrió a la esposa de Lot que había recibido la orden de no mirar hacia una ciudad que simbolizaba el pecado, pero como lo hizo de todos modos, quedó inmovilizada y convertida en estatua de sal.

Las naves de nuestra vida pasada pueden representar el mantener relaciones sentimentales con personas que no van en la misma dirección en la que nos conducimos, pueden simbolizar el ir a lugares que antes frecuentábamos o hacer cosas que antes considerábamos inofensivas, pero que sabemos que no lo son. Debemos quemar esos barcos y ayudar a otros a hacer lo mismo.

Al límite
¿Tengo naves que me pueden llevar de regreso a donde estaba?
¿Cuáles son?

Encuentro
Señor, hoy quiero quemar cualquier barco que me haga mirar hacia atrás.
Quiero seguirte hasta el fin y dar testimonio de que contigo lograré lo
imposible.

Terminar

Mareyli Soto Arocho
Puerto Rico

Filipenses 1:6
*Estoy convencido de esto: el que
comenzó tan buena obra en ustedes la irá
perfeccionando hasta el día de Cristo Jesús.*

Nos sucede muchas veces que dejamos trabajos sin concluir. Sencillamente por que no nos da la gana terminarlos. También creemos que todo el mundo padece de este síndrome de no terminar las cosas. Por lo tanto nos preguntamos cómo haremos para alcanzar la perfección. La realidad es que no existe ningún ser humano perfecto. Pero Dios es perfecto. Él nos promete completar la buena obra en nosotros. Aunque digamos que no somos santos, la santidad es el camino que tenemos que vivir día a día. Es vivir separados para lo que Dios tiene para nuestras vidas. Podemos tropezar y tal vez caer. Pero el Señor nos irá perfeccionando durante el resto de nuestros días en la tierra. Creemos que la santidad está muy lejos, pero tenemos que permitir que Dios nos moldee. Debemos estar dispuestos a hacer la voluntad de Dios y no la nuestra. Él nunca deja una obra sin terminar. Solo confiemos en Dios y démosle la oportunidad de que comience en nosotros la buena obra que quiere realizar en nuestras vidas.

Al límite
¿Qué significa esta promesa de Filipenses para mí?
¿Cuál es la manera de ir alcanzando la perfección?

Encuentro
*Señor, quiero serte fiel, seguir tus caminos. Te pido que me dejes ver
los avances de la obra que una vez comenzaste en mi vida ¡Te necesito!
Amén.*

Reaccionar ante una necesidad: Una puerta al futuro

2 Corintios 9:12

Esta ayuda que es un servicio sagrado no solo suple las necesidades de los santos sino que también redunda en abundantes acciones de gracias a Dios.

En 1956 se desató la más severa epidemia de parálisis infantil que jamás se haya registrado en Argentina. Como triste legado, dejó más de seis mil ochocientos niños y jóvenes lisiados; decenas de ellos con secuelas severísimas en el aparato respiratorio, condenados a vivir en pulmotor por el resto de la vida.

Gwendolyn Shepherd había estudiado medicina y durante esos terribles años dio inicio a unos encuentros entre estudiantes para leer la Biblia con este pensamiento: «Dios ama a esos niños y yo tengo una respuesta para su necesidad».

Con un espíritu de servicio incansable, la doctora Shepherd impulsó la creación del Centro de Rehabilitación María Ferrer, en Buenos Aires, donde trasladaron a los niños desde las salas de poliomielitis del hospital hasta el nuevo instituto especialmente equipado, haciéndolos respirar con aparatos manuales. Luego Gewndolyn gestionó la apertura de un Hogar Respiratorio, que hoy se conoce como VITRA (Vivienda y Trabajo para el Lisiado Grave), y que continúa dando cuidados, vivienda y trabajo no solo a aquellas personas alcanzadas por la epidemia de 1956, sino a muchos otros niños y jóvenes afectados por dificultades respiratorias graves.

Gwendolyn comprobó que los sueños que Dios le había dado en medio de la epidemia se proyectaban hacia adelante. Más tarde los grupos iniciados por esta médica dieron origen a lo que hoy es la Asociación Bíblica Universitaria Argentina. Sin embargo, todo comenzó cuando ella reaccionó ante una necesidad con lo que tenía a la mano.

Al límite
¿Qué oportunidades tengo de dar respuesta a las necesidades que veo a mi alrededor? ¿Por qué pueden convertirse en puertas al futuro?

Encuentro
Querido Dios, gracias por personas como la doctora Shepherd, que saben hacer algo concreto para dar respuesta a las necesidades de su tiempo. Yo quiero tener una vida significativa y que marque una diferencia. Dame astucia y sensibilidad para responder a las necesidades que hay a mi alrededor hoy.

¿Podremos?

Jueces 6:14

El Señor lo encaró y le dijo: —Ve con la fuerza que tienes, y salvarás a Israel del poder de Madián. Yo soy quien te envía.

Todo buen fanático del básquetbol ha escuchado hablar de Larry Bird. Ese hombre rubio de más de dos metros de alto ha sido, sin lugar a duda, uno de los mejores jugadores de básquetbol de la historia del baloncesto. Sin embargo, muy pocos conocen cómo comenzó la historia de Larry Bird con el básquetbol.

Cuando Bird llegó a la universidad de Indiana y vio la magnitud que poseía esa casa de estudios de más de veinte mil alumnos se asustó tanto que a los pocos días se volvió a su casa. Larry vivía en un pequeño pueblo y trabajaba recogiendo basura, pero su miedo a ese mundo desconocido y demasiado grande le había hecho regresar. Sin duda Larry se había preguntado si sería capaz de afrontar todo ese nuevo mundo, y probablemente la respuesta que resonaba en sus oídos era simplemente *no*. Pero el entrenador de la universidad de Indiana, que sabía de las condiciones que Larry poseía, hizo el viaje hasta el pueblo para convencerlo y al final, Larry aceptó volver, aunque según se cuenta, todavía con mucho miedo.

Hoy parece increíble que Larry Bird haya dudado de su capacidad para continuar en la universidad y con el básquet. Este impresionante rubio llegó a ser campeón y el mejor jugador de la liga de los Estados Unidos en varias ocasiones, pero comenzó dudando.

Así también le pasó varias veces al pueblo de Israel. Dios le ordenaba avanzar, pero la respuesta a la pregunta «¿podremos?» parecía resultar siempre negativa. Lo curioso es que en las historias de las mayores victorias, el protagonista siempre se preguntaba si sería capaz de lograrlo y siempre existió cierto miedo. Pero en todas las ocasiones, la victoria y el éxito fueron alcanzados por saber sobreponerse al miedo y al final decir: «Sí, podré».

Al límite

¿Qué situaciones me asustan?
¿Qué puedo aprender del ejemplo de Larry Bird?

Encuentro

Señor, dame valentía por medio de tu Espíritu. Quiero creer que en tus manos puedo hacer cosas que me dan miedo pero que son necesarias para avanzar hacia el futuro que sueño. En el nombre de Cristo Jesús. Amén.

Marzo 28

Dios es Dios

Isaías 8:13

Sólo al Señor Todopoderoso tendrán ustedes por santo,
sólo a él deben honrarlo, sólo a él han de temerlo.

¿Hemos notado que muchas veces al tomar el avión en un aeropuerto, o al visitar a una persona importante en su oficina, tenemos que presentar nuestra identificación? Imaginemos lo genial que sería que todos nos conocieran y nos dieran libre entrada. Que bueno sería si al ir a la biblioteca solo tuviéramos que decir: «Hola, soy yo, me llevaré este libro el día de hoy, lo regreso en seis semanas». ¡Qué poder nos daría eso! Que bastara con decir: «Soy yo» para que todo mundo nos respetara.

La Biblia nos cuenta de un personaje que no tenía ni siquiera que mencionar su nombre para que los demás lo reconocieran, le bastaba con decir: «Yo Soy». Él no necesita presentar sus credenciales ante nosotros. No tiene que darnos una explicación de quién es él para que confiemos en su palabra. No tiene por qué presentar una imagen ante la sociedad para que sepamos que existe. Dios es Dios y por eso debemos respetarlo. Muchas veces olvidamos este hecho; nos conviene mas recordar solamente a un Dios lejano, un Dios sufrido, un Dios tan amoroso que aguanta todo lo que hagamos. No debemos olvidar que todo tiene un balance.

Dios es amor, pero también es un Dios que no tolera el pecado. Para vivir una vida cristiana agradable recordemos para quién estamos viviendo. Comportémonos de una manera digna de un hijo del Dios al que solo le basta con decir: «Yo Soy». Vivamos para honrarlo y hagámoslo sentirse orgulloso de tenernos como hijos.

Al límite

¿Estoy respetando a Dios con mi manera de vivir?
¿Cómo puedo ser cada vez más excelente en todo lo que hago?

Encuentro

Padre, perdóname porque muchas veces mis pensamientos, palabras y acciones no reflejan que te conozco. Ayúdame a conocer al Dios poderoso que se muestra en la Biblia. Enséñame a respetarte viviendo en santidad. Y provéeme oportunidades para compartir el amor con que me has amado.

Dos campeones

Filipenses 2:13
*Pues Dios es quien produce en ustedes tanto el querer
como el hacer para que se cumpla su buena voluntad.*

George Eyser había soñado toda su niñez con participar en los juegos olímpicos y en 1904, su sueño se hizo realidad cuando compitió en las olimpiadas de St. Louis. George no solo tomó parte, sino que ganó una medalla de oro, dos de plata y otra de bronce. Él había soñado con participar en el nivel más alto del mundo y lo había logrado. No había resultado fácil pero ahí estaba. Al ganar pudo disfrutar de una gloria que el dinero jamás otorga: la gloria de ir tras de los sueños y triunfar por el propio esfuerzo. Pero hay algo más que debemos destacar de George. El joven Eyser tenía una pierna de madera. Su pierna izquierda le había sido amputada tras haber sido arrollado por un tren en su niñez, así que todos habían pensando que su sueño sería imposible de cumplir.

En las olimpiadas de México, en 1968, John Akhawari, de Tanzania, fue el último en llegar en la maratón. Él llegó casi dos horas después del ganador. Durante el camino había dado un mal paso y se le había lesionado la rodilla produciéndole mucho dolor. Solo un periodista permaneció en el lugar hasta que John logró cruzar la meta, intrigado por el hecho de que este corredor no había abandonado la carrera, pese a que ya se sabía por los reportes que venía avanzando con mucha dificultad. Al trasponer la meta el periodista le preguntó: «¿Por qué no has abandonado? ¿No sabías que no iba a haber nadie en el estadio y nadie iba a ver tu llegada?» Ya casi sin aliento como para pronunciar palabras, John susurró: «Mi país no me envió a doce mil kilómetros de distancia para comenzar una carrera sino para terminarla».

Al límite
¿Han dejado otros de creer en ti alguna vez?
¿Qué pensaste hacer al respecto?
¿Has dejado de creer en ti mismo alguna vez?

Encuentro
Querido Dios, gracias porque tú nunca dejas de creer en mí. Dame fe y una correcta idea de mí mismo para que yo nunca deje de creer en lo que puedes hacer conmigo. Muchas gracias por estar allí para darme fuerzas cuando otros no creen que puedo hacerlo.

Por un cabezazo

Proverbios 16:32
*Más vale ser paciente que valiente; más vale
dominarse a sí mismo que conquistar ciudades.*

Zinedine Zidane ha sido uno de los mejores jugadores profesionales de fútbol en los últimos años. Fue campeón del mundo con la selección nacional de su país en Francia en 1998 y en el año 2006 tuvo la posibilidad de repetir la proeza. Pero Zidane puso punto final a su carrera de la manera más triste, tras ser expulsado en la final de la copa del mundo por darle un cabezazo a un jugador de la selección de Italia.

Un ataque de ira, de esos que ya había mostrado en otras ocasiones, lo privó de terminar de manera gloriosa, y además perjudicó a su equipo cuando más lo necesitaba. El triste adiós de Zinedine Zidane acaparó todas las portadas de los diarios internacionales. Por ejemplo, la prensa sueca calificó de «traidor» al francés por su agresión a Materazzi.

En América Latina la reacción de la opinión pública fue un tanto más calmada, ya que se pensó que el jugador reaccionó así porque el italiano le había dicho algo. ¡Claro que le dijo algo! Pero eso no justificaba la reacción de Zidane. Francia se presentaba como el equipo favorito. Había eliminado a Brasil. Estaba jugando un fútbol con belleza, y en ese partido aún quedaba tiempo para ganar. Pero Zidane no pudo dominarse a sí mismo y tiró la concentración de su equipo al pozo.

Lo mismo puede suceder en nuestras vidas. Un momento de falta de dominio propio puede arruinar nuestra reputación y nuestras posibilidades de éxito ante los ojos de Dios. Por un absurdo cabezazo en reacción a una circunstancia que se nos presenta, podemos tirar por la borda nuestros sueños y perjudicar a otros en el camino.

Al límite
¿Cómo puedo desarrollar mi dominio propio?
¿Por qué es importante pensar antes de reaccionar?

Encuentro
Querido Dios, a veces me cuesta dominarme y mis reacciones no siempre son las mejores. Pero te amo y te pido que me des más de tu sabiduría y el domino propio de tu Espíritu para no perjudicarme a mí ni a los demás al reaccionar mal en alguna situación.

Decisión ya tomada, decisiones por tomar

2 Corintios 8:5
Incluso hicieron más de lo que esperábamos, ya que se entregaron a sí mismos, primeramente al Señor y después a nosotros, conforme a la voluntad de Dios.

Esta edad en la que estás es sensacional. Hay una cantidad de decisiones por tomar, personas por conocer, saltos por dar. Hoy estás decidiendo el tipo de persona que serás mañana.

Es mi oración que cada uno pueda identificarse con las palabras que escribió poco antes de ser asesinado por su fe, un líder juvenil de Zimbabwe respecto de una decisión tomada previamente:

Soy parte del equipo de los que no se avergüenzan. Tengo el poder del Espíritu Santo. La muerte ha sido sepultada. Me he parado más allá del límite. La decisión ha sido tomada. No miraré atrás, no me rendiré, no disminuiré mi velocidad ni me quedaré quieto. Mi pasado ha sido redimido, mi presente tiene sentido y mi futuro está seguro. No quiero saber nada con una vida por debajo de mi potencial, nada de rodillas flojas, de sueños descoloridos, de palabras sin sentido, de ofrendas baratas o de metas mediocres.

Mis ojos están definidos, mi pulso es rápido, mi meta es el cielo, mi camino es angosto, mis compañeros pocos y mi misión clara. No puedo ser comprado, comprometido, descarriado o retrasado. No voy a pestañar ante el sacrificio, ni temer ante el enemigo ni a deambular por los campos del conformismo.

No me rendiré ni me callaré hasta que logre avanzar y conquistar por la causa de Cristo. Soy un discípulo de Jesús.

Si podemos hacer nuestras estas palabras, entonces habremos tomado la mejor decisión de nuestras vidas.

Al límite
¿Qué me hace sentir lo escrito por este líder juvenil?

Encuentro
Querido Dios, gracias por la decisión que ya he tomado de seguirte hasta las últimas consecuencias. Gracias por este libro que me ayuda a pasar tiempo contigo. Quiero cada día volver a darte mi vida al máximo para que me uses con poder.

Edison, el fracasado

Gálatas 6:9
*A su debido tiempo cosecharemos
si no nos damos por vencidos.*

Peor que muchos fracasos son pocos intentos. Así dijo Thomas Alva Edison, el inventor de la lámpara eléctrica, luego de mil doscientos experimentos fallidos. Corría el año 1879 y Thomas ya había invertido cuarenta mil dólares (una cifra impresionante para aquel entonces). Había probado más de seis mil filamentos vegetales, enviados desde países lejanos, tratando de encontrar un conductor de energía, y todavía todo parecía ser un fracaso. Hasta ese entonces las ciudades, las casas, las calles y las noches eran densamente oscuras. Resultaba evidente que la gente que escuchaba acerca del proyecto, e incluso sus amigos, pensaran que era imposible de realizar. Hacía cincuenta años que otros científicos le daban vueltas al experimento pero todos terminaban abandonando la idea. Varias veces Edison había reunido a algunos personajes importantes para presenciar el gran acontecimiento, y cada una de esas veces terminó avergonzado. Sin embargo Edison continuó con la idea fija. Un día, decidió que el filamento apropiado tenía que ser de algodón carbonizado y arregló todo para probarlo el 21 de octubre de 1879. El voltaje fue aplicado a las terminales y de a poquito una tenue luz naranja fue emergiendo del frasco de vidrio. Trece horas duró la luz de esa primera lámpara eléctrica. Para cuando Thomas Alva Edison murió, el mundo entero sabía acerca de la luz eléctrica y miles de ciudades ya estaban completamente iluminadas de noche. En una ocasión se le preguntó acerca del secreto de su éxito. Edison respondió: «Tenemos que aprender que es bueno fracasar. El genio es 1 % inspiración y 99% transpiración». Bajo el nombre de Thomas Alva Edison fueron patentados mil noventa y tres inventos; la mayoría siguen siendo usados en la actualidad o sirvieron de base para crear otros avances tecnológicos.

Al límite

*El genio es uno por ciento inspiración, noventa y nueve
por ciento transpiración.*
¿Cómo reacciono yo ante los fracasos?

Encuentro

*Señor, quiero mantener una actitud positiva pese a los aparentes fracasos.
Dame la fuerza para no rendirme y la convicción para buscar mi futuro
con mucha transpiración.*

Terminar la carrera

Mateo 28:20
*Y les aseguro que estaré con
ustedes siempre, hasta el fin.*

Las olimpiadas de Barcelona en 1992 le brindaron al mundo de los deportes uno de los momentos más inolvidables en materia de carreras de atletismo.

El británico Derek Redmond había soñado toda su vida con ganar la medalla de oro en la carrera de cuatrocientos metros. Su sueño estaba más cerca de ser alcanzado que nunca cuando se anunció la partida en las semifinales de Barcelona. Se encontraba corriendo la carrera de su vida, pero al entrar en la recta final empezó a sentir un dolor punzante en una pierna. Al instante cayó al piso a causa del dolor.

Sports Illustrated recuerda los dramáticos eventos que tuvieron lugar: «Mientras los médicos se acercaban, Redmond trató de ponerse en pie. Fue como un instinto animal, dijo después. Ya de pie deseó con locura pasar la línea final y terminar la carrera. Al verlo intentar moverse con frustración, un hombre grande corrió desde las gradas esquivando a un guardia de seguridad. Era Jim Redmond, el padre de Derek. Enseguida le dijo que no tenía que hacer tal esfuerzo, pero Derek llorando le respondió que sí. Entonces, el padre añadió: "tendremos que terminar esto juntos"».

Así lo hicieron. Los agentes de seguridad y los médicos primero trataron de frenarlos pero viendo que no podían y escuchando el aliento del público que bajaba de las gradas se apartaron de su paso. Con dolor, hidalguía y bañados en lágrimas, Derek y Jim cruzaron la línea de llegada mientras el estadio estallaba en gritos como si se hubiera marcado el más difícil récord.

Derek Redmond no habrá logrado la medalla dorada, pero terminó su carrera con la increíble memoria de un padre que venció todos los obstáculos con tal de ayudar a su hijo a terminar lo que había empezado.

Al límite
Tú tienes un padre que vence obstáculos para verte terminar la carrera de la vida.

Encuentro
Gracias Padre del cielo por acompañarme fielmente cuando caigo y estoy lastimado. Te amo. En el nombre de Jesús. Amén.

Moisés y el arbusto que hablaba

Éxodo 3:5-6

—No te acerques más —le dijo Dios—. Quítate las sandalias, porque estás pisando tierra santa. Yo soy el Dios de tu padre. Soy el Dios de Abraham, de Isaac y de Jacob. Al oír esto, Moisés se cubrió el rostro, pues tuvo miedo de mirar a Dios.

Era un día común, como tantos, para Moisés. Se despertó. Se vistió. Tomó su desayuno de leche de cabra y huevos revueltos (sin tocino), besó a su esposa, miró de reojo a sus hijos y se fue a buscar las ovejas. Su trabajo era encontrar pastos verdes, así que guió a su rebaño cerca de una montaña (una montaña que luego escalaría para recibir los diez mandamientos). Apenas apoyado contra una roca, vigilaba a sus corderos con la mirada perdida, cuando este pastor hebreo vio algo que capturó su atención: *Estando allí, el ángel del SEÑOR se le apareció entre las llamas de una zarza ardiente. Moisés notó que la zarza estaba envuelta en llamas, pero que no se consumía, así que pensó: «¡Qué increíble! Voy a ver por qué no se consume la zarza.» Cuando el SEÑOR vio que Moisés se acercaba a mirar, lo llamó desde la zarza: —¡Moisés, Moisés! —Aquí me tienes —respondió.* Éxodo 3:2-4 Imagínate. Un arbusto que se quema no es algo demasiado extraño en el desierto. ¡Pero uno que no se consume sí! Luego el arbusto habla… Obviamente, algo muy extraño está ocurriendo. La voz proveniente de la zarza repite su nombre dos veces. Moisés mira a uno y otro lado como buscando a ver si hay una oveja que se llame así. Pero no. Es a él al que se dirige Dios. Moisés queda asombrado y con la barba de punta. La voz le dice que se saque las sandalias porque está pisando tierra santa… Lo primero que debe averiguar es quién le habla. Dios revela su identidad y luego va al punto, señalando lo que desea. La misión es ir a rescatar a Israel de las manos de Egipto. «¿Eh? », piensa Moisés. «Pero si yo salí de allí y me están buscando por asesinato. Si yo conozco al faraón y me fui sin saludarlo. Pero si yo no puedo hablar en público…» Las excusas comienzan a brotar de su boca. Pero Dios insiste y no se puede discutir demasiado con un arbusto incendiado que habla cuando estás descalzo. Además hay algo maravilloso en el ambiente. De todas maneras Moisés se queda pensando: ¿Por qué yo? ¿No es esa la pregunta que tantas veces nos hacemos? En el caso de Moisés, da la impresión de que Dios eligiera a la gente que pone demasiadas excusas para hacer lo que él le pide. *Mr. Moses* podía haberse creído un don nadie, pero Dios muchas veces necesita un don nadie para sus misiones más especiales.

Al límite

¿Qué excusas suelo poner cuando sé que Dios me indica algo? ¿Qué me dice el hecho de que Dios haya elegido a alguien como Moisés?

Encuentro

Querido Dios, gracias por actuar de maneras tan asombrosas. Gracias por Moisés y gracias por tu llamado para su vida. Gracias porque puedes hacer cosas increíbles con mi vida si decido obedecerte a pesar de mis limitaciones.

Convencido

Romanos 14:5
Cada uno debe estar firme en sus propias opiniones.

Un nuevo león era coronado rey de la selva así que decidió mostrarle a todas las leonas su poderío preguntándole a sus súbditos quién era el rey. Fue directo a los monos, rugió y les preguntó: «¿Quién es el rey de la selva?» Los monos enseguida respondieron: «Tú eres el rey poderoso». Luego vio que se aproximaba una cebra, así que se acercó sigilosamente y de repente le preguntó: «¿Quién es el rey de la selva?» La cebra, muy asustada, le respondió: «Tú mi querido rey». El león vio venir al tigre y pensó que era una oportunidad perfecta para quedar bien y con su mejor rugido le preguntó: «¿Quién es el rey de la selva?» El tigre, que no quería problemas, le respondió cortésmente que el león era el único rey. En eso apareció el elefante y sin pensarlo el león se le acercó y le preguntó: «¿Quién es el rey de la selva?» El elefante lo miró con incredulidad, lo tomó de la cabeza con su trompa y lo estampó con violencia contra el pasto. Lo volvió a asir de la cabeza, lo arrojó contra un árbol y tomando carrera se tiró de cola encima de él. Estropeado y todo magullado el león le alcanzó a decir antes de desmayarse por completo: «Si no sabías la respuesta no tenías por qué enojarte».

Al límite
¿De qué cosas tengo pleno convencimiento y pase lo que pase y digan lo que digan seguiré firme?

Encuentro
Gracias, Señor, por todo lo que haces para convencerme de tu amor y de los planes que tienes para mi vida. Yo quiero ser alguien que está firme en sus opiniones y valores. Ayúdame a que nada ni nadie me haga cambiar mis convicciones acerca de ti. Amén.

Para vivir la aventura

2 Pedro 1:5-6

Esfuércense por añadir a su fe, virtud; a su virtud, entendimiento;
al entendimiento, dominio propio; al dominio propio, constancia;
a la constancia, devoción a Dios.

Ser amigos de Dios es una aventura. Él es el creador del universo. En su imaginación nació lo visible y lo invisible, lo alto y lo bajo, lo enorme y lo microscópico. Por su voluntad fueron diseñados los planetas, las galaxias y las megasgalaxias. En su mente creó el mar y todo lo que existe en sus profundidades. Ideó la complejidad de un organismo animal y la belleza del mundo vegetal. ¡Él es Dios, el Rey sobre todas las cosas! Es un placer decir que el Rey es nuestro amigo. Ser amigos de Dios no puede ser de ninguna manera aburrido, monótono y previsible. Dios tiene sorpresas, regalos, peligros y desafíos. La posibilidad de relacionarnos con él cada día es tener un encuentro con lo sobrenatural. Él va a contarnos secretos que nadie más puede creer, nos va a encargar misiones que parecen imposibles, nos va a pedir cosas difíciles que pocos se atreven a hacer y nos va llevar por caminos que muchos pensarán que son locura. Lo que tienes que hacer es creer en el Dios que cree en ti. Tener una constante seguridad de que él quiere relacionarse contigo y llevarte hacia grandes conquistas.

Este año tiene que ser diferente. No importa la edad que tengas, si tienes vida, tienes que crecer. Vas a tener nuevas experiencias y nuevas oportunidades. Vas a tener en tus manos la posibilidad de vivir excitantes aventuras junto al Dios que quiere ser tu amigo y te ama con un amor entrañable. Vas a conocer nuevas personas y tocarás la vida de muchos en estos meses. Podrás ser una influencia extremadamente positiva, dar consuelo, consejos, guiar a los demás, llevar a otros a Cristo, servir en la iglesia, alcanzar sueños, lograr cosas que nadie en tu familia ha logrado y aun más. Dios tiene un enorme deseo de que eso ocurra, pero recuerda, para vivir la aventura tienes que estar cerca de tu amigo Dios. Tu amigo al que un día todos le dirán: «Rey de reyes».

Al límite
¿Cómo voy a hacer para estar siempre cerca de mi amigo Jesús?

Encuentro
Querido Rey, ¡qué honor poder decir que eres mi amigo! Este año quiero vivir mi relación contigo como una gran aventura y alcanzar muchas conquistas de tu mano.

De pruebas y problemas

María Eugenia Campos
Tandil, Argentina

Salmos 119:140

Tus promesas han superado muchas pruebas, por eso tu siervo las ama.

Los problemas son inevitables. En la vida todos los tenemos. Aparecen todos los días. Nunca nos avisan y son de lo más inesperados. Solo los necios pueden decir que no tienen problemas. Entonces, si todos pasamos por problemas: ¿qué debemos hacer cuando estamos en apuros?

Hace un año y medio pasé por esos tiempos en los que parece que todo lo que hiciste en tu vida de pronto se derrumba en un segundo, todo mal, todo negro, todo un bajón. Pero gracias a la misericordia de Dios, a través de la ayuda del Espíritu Santo, las cosas fueron más fáciles. En ese tiempo aprendí a aferrarme y experimentar más a Dios. Porque en momentos así es cuando podemos maravillarnos de conocer que Dios tiene las llaves para abrir cualquier puerta y hacer de algo aparentemente negativo, algo excelente.

En un mensaje que dio mi pastor acerca de las pruebas aprendí estas cuatro claves que quiero que analices hoy conmigo:

Las pruebas de Dios tienen el propósito de fortificarnos y moldear nuestro carácter.

Los problemas pueden ser consecuencia del pecado. A veces los provocamos nosotros mismos, ¿o no? No necesariamente son pruebas que provienen de Dios, pero con su ayuda pueden funcionar como pruebas que vienen de él.

La disciplina de Dios se debe a su amor por nosotros y por eso mismo él nos permite atravesar por ellas.

Las pruebas producen paciencia.

Debemos aprender de las pruebas, son una oportunidad de crecer.

Al límite
¿Qué pruebas estoy pasando últimamente?
¿Cuál es mi reacción a ellas?

Encuentro
Señor, te doy gracias por cada prueba, y gracias porque tú me mostrarás la salida, gracias porque contigo soy más que vencedor. Gracias porque a través de las pruebas puedo conocerte más.

El perfume que uso

Pamela Canela
Santo Domingo, Republica Dominicana

Cantares 1:3
*Grata es también, de tus perfumes,
la fragancia; tú mismo eres bálsamo fragante.*

¡Vaya que no soy nada romántica! Siendo mujer algunas amigas me han dicho que me ha faltado desarrollar ese componente en mi personalidad. La parte de la sensibilidad. ¡Pero no crean que eso modifica lo enamorado que mi novio está de mí! Cantar de los cantares es un libro hermosísimo de la Biblia. Es superpoético y detallista, como Dios. Muy bien, este versículo de hoy puede parecer muy *cursi* a primera lectura. Pero entonces me puse leer entre líneas y descubrí algo que no había visto de entrada. Aquí me dicen que debo ser un perfume agradable para que los demás sean atraídos a mí por el olor que transmito, el olor del nombre de Cristo. ¡Qué forma tan romántica y de buen gusto que tuvo Dios para decirme que debo ser de testimonio a los que me rodean! Que cuando hable, simplemente se sienta que la luz que emana de mí es totalmente diferente y resplandeciente. Que se sientan atraídos hacia mí, y que cuando me pregunten qué perfume es el que estoy usando, pueda decir que es el aroma de Cristo en mi vida.

Al límite
¿Cuál es la ventaja de oler rico?
¿Cómo puedo hacer que se sienta la fragancia de Cristo en mi vida?

Encuentro
*Señor, quita de mi lo que no te agrada y báñame con tu fresca fragancia.
Quiero ser agradable para ti y para los demás, y que así se enamoren de
tu perfume, emanado por medio de tu siervo. Amén..*

Sueño de morir

Isaías 53:3-5
*Despreciado y rechazado por los hombres, varón de dolores,
hecho para el sufrimiento. Todos evitaban mirarlo; fue despreciado,
y no lo estimamos. Ciertamente él cargó con nuestras enfermedades
y soportó nuestros dolores, pero nosotros lo consideramos herido,
golpeado por Dios, y humillado. Él fue traspasado por nuestras
rebeliones, y molido por nuestras iniquidades; sobre él recayó el castigo,
precio de nuestra paz, y gracias a sus heridas fuimos sanados.*

Alex Campos suele cantar una canción acerca de la muerte de Jesús
que siempre me emociona. Su letra dice así:

Estando cerca del momento allí te conocí.
Miro tu rostro y tu silencio, sabré aprender de ti.
Tu cuerpo lento y maltratado, el mundo te golpeó.
Sangre y lágrimas mezcladas fue tu sueño de morir.
El cielo anuncia el momento que marcará allí el fin.
La lluvia moja el sufrimiento, el cielo llora el gemir.
El Padre ve morir su Hijo, ver su niño allí partir.
El día se convierte en luto; fue tu sueño de morir.
Sangre y silencio fue el precio,
Fue el costo de mí vivir.
No sabré cómo agradecerte, yo mi vida daré a ti.
En todo tiempo seré tuyo, una ofrenda, me entrego a ti.
Tu sueño hoy se hizo vida,
Tu sueño de morir.

Al límite
*¿Qué me hace sentir el hecho de que Cristo muriera por mí de manera
personal?*

Encuentro
*Tu muerte fue mi vida. Tu dolor, mi libertad. Gracias por el sacrificio
de la cruz. Hoy te vuelvo dar mi vida como tú me la diste a mí.
Por tu misericordia. Amén.*

Abril 09
Hablar con él

Antonella Panero
Buenos Aires, Argentina

Efesios 3:12
En él, mediante la fe, disfrutamos de libertad
y confianza para acercarnos a Dios.

Hace poco me imaginaba cómo sería si cada vez que quisiera hablar con un amigo o una amiga tuviera que ponerme en una posición específica. Raro, ¿no? Pero, hagan el intento ustedes también. ¿No sería horriblemente incómodo? Creo que a veces evitaría el conversar con alguien solo por eso.

Una de las cosas que más me gustan de nuestro Dios, es que a pesar de que él es tan importante, no existe forma, ni posición, ni una manera especial predeterminada para comunicarme con él. Es mi amigo, y puedo hablarle como y cuando quiero, ya sea para agradecerle o para pedirle algo.

Si bien resulta importante tener un momento muy a solas con Dios cada día, considero más importante aun el intentar cumplir con 1 Tesalonicenses 5:17, que dice: «Oren sin cesar». Está bueno, y me gusta cada día levantarme y comprometerme con eso. Dedicarle mis actos, mis palabras; hablar con él mientras camino por la calle, en el transporte público, en el colegio; sea donde sea. Y no necesariamente cumplir con la típica oración de decirle «perdón, gracias y te pido por esto o aquello... », sino hablarle, como si estuviera sentado al lado mío, comentarle: «¡Señor, mira que caros estos precios!», y tantas otras expresiones, que quizás le diríamos a un amigo.

Te animo a que me acompañes en este compromiso de tener una comunicación permanente con Dios, dejando de pensar en nuestro papá como un Dios aburrido, con el que conversar es una pesadilla, y tomarlo como un verdadero amigo para todo tipo de momentos y charlas.

Al límite
Como resultado de una conversación constante con Dios salimos
enormemente bendecidos, y hasta nos acercamos mucho más a él.

Encuentro
Señor, gracias porque no hay una sola manera de acercarme a ti;
ayúdame a tenerte en cuenta todo el tiempo, entregándote toda mi
vida. En el nombre de Jesús. Amén.

Humor

Proverbios 17:22
Gran remedio es el corazón alegre.

Mark Twain decía que la mayor bendición dada al hombre es el sentido del humor. A todos nos encanta estar cerca de una persona que posee sentido del humor. Esas personas que son el alma de la fiesta, que siempre tienen un chiste guardado, y que con solo contar algo muy simple por la manera de hacerlo ya nos hacen reír.

Si nos ponemos a pensar, el sentido del humor no tiene otro origen que el haber sido creados a imagen y semejanza de Dios. Lo que nos lleva a la conclusión de que esta es una de las características divinas del Dios altísimo. Me imagino al Señor riendo a carcajadas al momento de la creación. Una alegría desbordante emergiendo de alguien sin pecado fue lo que produjo la energía necesaria para hacer andar las estrellas. Estuvo su humor chispeante detrás de cada flor, de cada ave y cada pez. Es que el buen humor puede hacer milagros y Dios puso ese poder en nuestras manos como un regalo. Es una bendición que nos ha sido concedida para bendecir a otros. Y como dice el proverbio, para curar como un «gran remedio».

Sin embargo hay algunos que enseguida callan al que hace reír; no lo hagamos. Ayudémoslo a usar ese don para bendición. Yo estoy convencido de que todos debemos desarrollar el sentido del humor. Debemos desarrollarlo y explotarlo hasta que podamos usarlo cuando escasee. Recordemos siempre que la risa es una excelente medicina y hoy podemos usarla con alguien que la necesite con desesperación.

Al límite

¿Me imagino a Dios demasiado serio?
¿Cómo puedo usar el sentido del humor para bendecir?

Encuentro

Gracias porque el humor viene de ti. Ayúdame a ser una persona que alegre a los demás y gracias por las personas que me alegran la vida. En el nombre de Jesús. Amén.

Abril 11

Creer para ver

Juan 20:29

Dichosos los que no han visto y sin embargo creen.

Muchos dicen que necesitan ver para creer. Una señora dice: «¡Ah! Si no lo veo con mis propios ojos, no lo creo». Un adolescente dice: «Hasta que no esté ahí y pueda vivirlo yo mismo, no creeré que es así». Por un lado parece muy lógico. Si uno ve algo con sus propios ojos, no tiene dudas de que así ocurrió, o de que determinada realidad es así. Por otro lado, en el momento en que vemos con los ojos físicos dejamos de tener «fe». Hebreos 11:1 nos dice que «fe» es tener certeza de que algo que no vemos es así. Por eso Jesús dijo que son bienaventurados los que creen sin haber visto. Es que creer sin haber visto es sinónimo de tener fe y todos sabemos que es por la fe que podemos relacionarnos con Dios y vivir la aventura del cristianismo. La lógica, lo seguro y lo concreto no siempre son garantía de sabiduría. Fue la fe de algunos que creyeron sin ver la que dio origen a inventos que cambiaron la historia de las posibilidades humanas, o formuló teorías que cambiaron el rumbo de la ciencia. Leonardo da Vinci tuvo fe de que se podía volar. Graham Bell tuvo fe de que podíamos comunicarnos a kilómetros de distancia con un aparato de por medio. Edison tuvo fe de que podía haber ciudades iluminadas por una luz artificial. Albert Einstein tuvo fe de que la luz se mueve en una línea derecha en un espacio vacío, sin importar cual sea la perspectiva desde donde lo miremos. Cuando primero lo escribió, pocos lo entendieron y muchos físicos dudaron de ello. Años después, la teoría primero se comprobó con unos espejos en un tren y luego le dieron el premio Nobel de física al descubrir que la llamada teoría de la relatividad de la luz y el movimiento era cierta. Como lo comprueban tantos ejemplos, es evidente que muchas veces tenemos primero que creer para después ver. Eso mismo sucede con Dios. Cuando le creemos, empezamos a ver su mano actuar en nosotros. Cuando confiamos en él, empezamos a experimentar su dirección. Cuando le entregamos nuestra vida, aunque no entendamos todo y todavía tengamos preguntas, es que comenzamos a vivir la vida cristiana en el nivel de la experiencia y no solo en el de la teoría. La medida de nuestra fe determina nuestra capacidad de ver a Dios actuando en nuestras vidas. Pongámoslo así: «Cuanto más le creemos a Dios, más lo vemos actuar».

Al límite

¿Cómo puedo aplicar a mi vida la frase «creer para ver»?
¿Hace cuánto que no le pido más fe a Dios?

Encuentro

Querido Rey, hoy quiero pedirte que me des fe. Necesito que me enseñes a confiar en ti y a creer para poder ver tus milagros aconteciendo en mi vida y en la de los que me rodean. En el nombre de Jesús. Amén

Nenes y nenas

Génesis 1:26
Y dijo: «Hagamos al ser humano a nuestra imagen y semejanza».

Hombres y mujeres somos diferentes y no es solamente una cuestión física. En recientes años se ha descubierto que hasta nuestros cerebros funcionan de manera muy distintiva. Unos expertos señalan que los hombres tienden a usar el lado mecánico del cerebro mientras que las mujeres tienen más desarrollado el lado verbal… (No te rías si eres hombre). Otros neurólogos destacan que la mujer es capaz de usar ambos lados del cerebro prácticamente en la misma proporción, mientras que los hombres pueden utilizar solo un lado a la vez… (No te rías si eres mujer)

Desde que somos pequeños la sociedad nos hace funcionar de manera distinta. Yo me acuerdo que en mis primeros años de escuela, un niño mayor preguntó por qué en el baño de varones no había espejo, a lo que el profesor de educación física respondió: «¿Para qué necesitan espejo en el baño si son varones?» Recuerdo que me llamó la atención. Yo pensé: ¿No se supone que nos peinemos, que nos arreglemos los pantalones y que nos lavemos las manos? ¡Bueno, nunca quise hacer nada de eso! Pero las chicas de mi escuela evidentemente sí querían verse bien a esa edad.

Dios hizo al hombre, hombre y a la mujer, mujer; y aunque hoy ambas identidades sean menos evidentes, existen detalles en nuestros rasgos constitutivos que nos gritan que los roles son distintos. Nuestras diferencias son diseño de Dios y déjame decirte que si aprendes a entenderlas y respetarlas te va a ir mucho mejor con el otro sexo y también vas a saber ocupar mejor tu lugar.

Al límite
¿Qué debo hacer para llevarme mejor con el sexo opuesto?
¿Qué ideas en la sociedad son solo prejuicios con respecto al rol del hombre y la mujer, y cuales tienen que ver con el diseño de Dios?

Encuentro
Querido Dios, gracias por haberme hecho del sexo que me hiciste. Enséñame a ocupar mi lugar y también entender mejor al sexo opuesto. Dame sabiduría para ser paciente cuando sea necesario y respetuoso con nuestras diferencias.

Impureza insensata

Marco Salazar
Costa Rica

Romanos 6:13

No ofrezcan los miembros de su cuerpo al pecado como instrumentos de injusticia; al contrario, ofrézcanse más bien a Dios ... presentando los miembros de su cuerpo como instrumentos de justicia.

Dios nos ama tanto que cuando comprendemos su amor no hay otra consecuencia posible que amarlo a él y entregarle nuestro cuerpo, alma, espíritu y tiempo con todas nuestras ganas. Ahora, te confieso que me he dado cuenta de algo: algunas veces pensamos en entregarle todo a Dios, pero se nos olvida que ese «todo» incluye nuestra sexualidad. Pensamos en nuestro cuerpo y nos acordamos, por ejemplo de los brazos, de los pies, de la cabeza, pero a veces nos olvidamos de los genitales. «Todo menos eso», dicen algunos. Quizás nos suene extraño porque indirectamente se nos ha enseñado que nuestros órganos genitales son sucios y entonces nos suena mal decir que debemos dedicarle a Dios nuestros genitales.

Dios nos hizo seres sexuales, para tener sexo dentro de un marco llamado matrimonio. El área sexual debe ser parte de nuestro estilo de vida y de nuestra adoración a Dios. De modo que surge la pregunta: ¿cómo puedo hacerlo? Una de las formas es entregando nuestros pensamientos y nuestra virginidad a Dios; que la razón de llegar castos al matrimonio sea solo para alabar su santo nombre. Debemos decir: «Yo alabo al Señor con mi integridad y pureza sexual».

Además, la pureza siempre es inteligente y la impureza constantemente insensata. No es cuestión de obedecer a Dios solo por amor (aunque esa debería ser la motivación). Podemos tener la convicción de que si él nos pide algo es porque definitivamente nos conviene.

Al límite
¿Te has puesto a pensar cuánta bendición trae dedicarle tu vida sexual a Dios? ¿Qué pensamientos y momentos debo continuamente entregarle a Dios?

Encuentro
Padre, gracias por crearnos tal como somos, gracias por hacernos seres sexuales. Gracias por ponernos retos por delante, como dedicarte nuestra vida sexual. Gracias por darnos la opción de que nuestra vida sexual sea una bendición y no una maldición como suele ser para muchos. Te entrego hoy mi cuerpo y mi sexualidad.

Alivio

Mateo 18:27
*El señor se compadeció de su siervo,
le perdonó la deuda y lo dejó en libertad.*

¿Alguna vez, de paseo por el centro comercial, has tropezado con alguien al que habías tratado mal? Alguien como esa amiga de la que te deshiciste solo porque las otras chicas pensaban que era realmente una perdedora. Entonces, para salvar las apariencias, la dejaste de lado, y ahora es imposible evitar encontrarte directamente con ella. Lo único que se te ocurre es entrar al negocio de al lado, ¡hasta que te das cuenta de que es una tienda para futuras mamás! Te sientes incómoda al hablar con ella. ¿Qué puedes decir? ¿Qué puedes hacer? Pero sucede algo inesperado. Ella se acerca con alegría como si nada hubiera pasado.

¿Haz leído la historia de Jacob y Esaú alguna vez? ¿Recuerdas a los hermanos de la primogenitura robada? ¿Sabías que después Jacob se tropezó con su hermano Esaú en el medio de la nada? A ese tipo grande, fuerte, fornido, le gustaba ir a cazar y probablemente también se dedicara a ser un luchador de la antigüedad, ¡con todas las glorias! Jacob pensó que lo iba a hacer polvo, pero en lugar de eso, Esaú lo abrazó; fue perdonar y olvidar. En ese momento, Jacob experimentó la maravilla del perdón.

Si leemos el pasaje completo en el que se encuentra el versículo de hoy, la historia que relata Jesús sobre el siervo que perdonó, encontraremos algunas palabras que nos hablan directamente acerca de perdonar a otras personas. Se supone que debemos perdonar a los demás una y otra vez. ¿Alguna vez alguien te perdonó por algo que hiciste?

Al límite
¿Cómo te sentirías si esa amiga en el centro comercial te mirara con ojos llenos de perdón en lugar de venganza?
¿A quiénes debo perdonar esta semana?

Encuentro
Querido Dios, tú eres como ese Señor que se compadeció de su siervo. Tú me perdonas continuamente y me toca a mí perdonar a otros. Llena mi corazón de misericordia para que en esta semana pueda perdonar y sentirme perdonado.

Saber escuchar

Proverbios 18:13
Es necio y vergonzoso responder antes de escuchar.

¿Sabemos escuchar? Un buen día decimos nuestras primeras palabras y al tiempo ya estamos bla, bla, bla, bla, y nadie tiene duda de que sabemos hablar. Pero generalmente damos por sentada nuestra capacidad de escuchar. Yo creía que, salvo los sordos, era algo obvio que todos sabíamos escuchar. Pero con el correr del tiempo me di cuenta de que algunas personas nunca aprendieron a hacerlo. Es evidente que hay gente que no sabe escuchar en lo más mínimo. Solo tienen dos orejas y sé que oyen, pero no escuchan. Para responder a la primera pregunta recomiendo pensar en las siguientes ideas y responder con honestidad:

¿Planeo la repuesta mientras la otra persona todavía está hablando? Si lo hago, es porque ¡no estoy escuchando!

¿Interrumpo? Quizás porque supongo que ya sé lo que me van a decir. El caso es que puedo estar equivocado.

¿Estoy juzgando a la otra persona mientras habla? Debo rechazar esos pensamientos y concentrarme en lo que dice.

Asegúrate de que entendiste repitiendo lo más importante de lo que se dijo. Eso le mostrará a la otra persona que estabas prestando atención.

Alguien que sabe escuchar se enfoca 100% en la persona que habla y no en sí mismo.

Alguien que escucha no cataloga a las personas bajo el rubro: «Este no tiene nada importante que decirme» (papá y mamá por ejemplo).

Ser escuchados es una necesidad de todos y los cristianos deberíamos ser personas capaces de dar respuesta a esta necesidad con amabilidad y amor.

Al límite
¿Qué tal te fue con las preguntas?
¿Qué puedes hacer para mejorar?

Encuentro
Señor, tú siempre me escuchas. Es cierto que muchas veces no presto atención a lo que otros me dicen y actúo como si no tuvieran nada para decirme. Dame paciencia, sensibilidad y sabiduría para poder escuchar en serio a las otras personas y en especial a mis padres.

Sin vergüenzas

Romanos 1:16
*A la verdad, no me avergüenzo del evangelio, pues es
poder de Dios para la salvación de todos los que creen.*

Muchos jóvenes tienen la capacidad de mimetizarse según las circunstancias para nunca quedar mal con nadie. Muchos adolescentes usan esta «capacidad» y, de acuerdo con el lugar en que se encuentren, se acomodan para ser iguales al resto. Si están en la iglesia se convierten en cristianos almidonados, si están afuera, en playboys y mujeres fatales. A veces logran que papá y mamá hablen con orgullo de ellos y por otro lado quedan bien con sus amigos no interesados en Jesús porque se les parecen.

Pero es imposible quedar bien con el cielo y con el infierno. Dios quiere que nos juguemos por él y que aprendamos a mostrarnos sin vergüenzas por su causa.

El poder de Dios es para salvación y a nuestros seres queridos les haría bien ver ese poder en nosotros. Para que esto sea evidente habrá momentos en los que nos toque ser descarados y sin vergüenzas. Audaces y auténticos discípulos de Jesús que no tienen temor de mostrar el evangelio en acción.

Al límite

¿Qué características tiene un sin vergüenza de Jesús?
¿Cómo convertirme en una persona auténtica?

Encuentro

*Querido Dios, quiero ser una persona auténtica y real. No quiero ser
alguien que se avergüenza de tu causa según la situación. Quiero vivir
en la verdad y demostrando cada día que me puedo jugar la vida por ti.*

Un excelente predador

Ademar Ayala
Cochabamba, Bolivia.

Efesios 6:11
*Pónganse toda la armadura de Dios para que
puedan hacer frente a las artimañas del diablo.*

Los osos polares nunca tienen que preocuparse de que se les dañe la comida, ¡las focas viven en un frigorífico natural! Además, tienen varios trucos. Una de las técnicas de caza favoritas que posee este inteligente animal consiste en esperar pacientemente sobre el hielo junto al agujero de la foca, hasta que ella salga a respirar. En ese momento, el oso se lanza sobre ella para voltearla de un zarpazo y darse el gran festín. Otro de los trucos que utiliza, si la foca tarda demasiado en salir del agujero, es zambullirse deslizándose bajo el agua sigilosamente hasta donde la foca está escondida y sorprenderla de repente. Otra de las artimañas funciona desde abajo del agua. Arañando muy suavemente la capa interior de hielo, el oso imita el ruido que hace un pez al rozar la capa de hielo. Cuando la foca, desprevenida, se sumerge lo más rápido posible segura de pescar su cena, se encuentra atrapada entre las garras del enorme y hambriento predador.

De la misma manera el diablo tiene varios trucos para engañarnos. Muchas veces somos seducidos por el detestable predador Satanás. Él nos hace oír ruido a pescado con algún placer aparentemente atractivo, y disfraza la fealdad del pecado con algo que suena o se ve bonito. Luego cuando mordemos el anzuelo, nos encontramos en sus garras y estamos en serios problemas.

Él es inteligente y astuto, y por eso debemos estar prevenidos y atentos. Pongámonos la armadura de Dios y usemos el escudo de la fe (Efesios 6:16). No caigamos en las trampas de nuestro enemigo que se disfraza de ángel de luz (2 Corintios 11:14) y hagamos lo posible para mantenernos lejos del oso de nuestras almas.

Al límite
*La próxima vez que venga una tentación: ¿Seré como una foca
desprevenida? ¿Cómo puedo protegerme de las tentaciones a la luz
de la palabra de Dios?*

Encuentro
*Querido Dios, ayúdame a estar atento cuando paso por tentaciones
y así tomar la decisión que tú tomarías. Pero sobre todo, ayúdame
a prepararme y fortalecerme antes de que la tentación llegue.*

Drogas

1 Corintios 10:23
«Todo está permitido», pero no todo es provechoso.
«Todo está permitido», pero no todo es constructivo.

Cada vez que tengo la oportunidad de hablar con jóvenes de alguna escuela puedo notar en sus creencias algunos mitos populares con respecto a las drogas. Hago una lista de algunos mitos famosos:

Mito 1: *No hay riesgo en probarlas porque a mí no me producen adicción.*
Realidad: Eso pensaron varios jóvenes hasta que se dieron cuenta de que ya no podían estar tranquilos sin determinadas sustancias Aun la marihuana produce mayor adicción que el tabaco.

Mito 2: *La marihuana no es una droga porque viene de una planta y es 100% natural.*
Realidad: La marihuana es más cancerígena que el tabaco y su uso ocasional es más adictivo que el cigarrillo.

Mito 3: *Aspirar un poco de coca o heroína no tiene riesgos porque no es necesario inyectarse.*
Realidad: Sus efectos son peligrosos no importa como se dé la ingestión. Estas son drogas que producen alta adicción y cuyos efectos secundarios alteran el funcionamiento normal de la persona.

Mito 4: *Todo el mundo lo hace.*
Realidad: Las recientes estadísticas internacionales demuestran que el uso de drogas se mantiene estable gracias a las campañas de enseñanza. Eso quiere decir que aunque en determinadas zonas el uso esté en aumento, las nuevas generaciones son más conscientes del problema.

Las drogas son un mal de nuestro tiempo y es bueno que sepas estas verdades para ayudar a otros que, equivocados, ceden a la presión de consumirlas.

Al límite
¿Qué creo yo de las drogas?
¿A quién puedo ayudar con este tema?

Encuentro
Querido Dios, gracias por tu misericordia. Hoy te pido por aquellos jóvenes que luchan contra las drogas. Moviliza a tu iglesia para luchar contra este flagelo, y darnos compasión y tacto para tratar con aquellos jóvenes que enfrentan este desafío. En el nombre de Jesús. Amén.

Sacando la banderita blanca

Santiago 4:5

¿O creen que la Escritura dice en vano que Dios ama celosamente al espíritu que hizo morar en nosotros?

Durante la juventud de un cristiano convergen dos factores: uno es la búsqueda natural de la identidad, y el otro es la obra transformadora del Espíritu Santo. Puede que no entendamos lo que sucede, que veamos que todos están en contra nuestra. En casa, nuestros padres se oponen a nuestros deseos. En el colegio, los profesores siempre buscan «calmarnos». Buscamos refugio en la iglesia, y nos encontramos que la cosa allí también es inflexible. Es entonces cuando queremos desaparecer o rebelarnos contra todo el mundo. ¿Qué hacer? Lo mejor es sacar la banderita blanca y decirle a Dios: *¡Me rindo!*

Si hemos nacido en la iglesia, el Espíritu Santo va a usar todo lo que aprendimos para perseguirnos porque él anhela cumplir el propósito divino en cada uno. Dios también usa nuestra conciencia para hablarnos y mostrarnos el verdadero camino. Vamos a querer quedar bien con los que nos rodean, pero dentro de nosotros algo no va a encajar. A partir de ahí podemos tomar dos actitudes: obedecer o «seguir en la nuestra», y dejar que el tiempo muestre las consecuencias de una u otra decisión.

Desde la caída de Adán y Eva, el hombre se ha dado cuenta de su debilidad, de su «desnudez» y quiso taparse, esconderse, aparentar. Asimismo, la humanidad muchas veces tapa su personalidad, su nivel social, sus creencias, sus necesidades o sus errores para que los demás no sepan lo pobre que es.

No fue la intención de Dios que naciéramos hombres y mujeres y que muriéramos solamente como obreros, empresarios, médicos o amas de casa. Dios nos creó con una misión mucho más sublime. Puso todo debajo de nuestros pies. Enfoquemos la visión, rindámonos a Dios y miremos el emocionante reino por el que podemos luchar siendo nosotros mismos.

Al límite

¿Cuál es el resultado de seguir al mundo mientras somos perseguidos por el Espíritu Santo?

Encuentro

Gracias por llamarme a una misión grande y gracias porque puedo consagrar mi vocación y mis anhelos a ti para cumplir esa misión en mi vida.

La cabeza hinchada

Romanos 12:3

Nadie tenga un concepto de sí más alto que el que debe tener, sino más bien piense de sí mismo con moderación, según la medida de fe que Dios le haya dado.

Cuentan que cierta vez el gran boxeador Muhammad Alí iba en un avión cuando la azafata notó que no tenía puesto el cinturón de seguridad. Sin dudarlo, la azafata se acercó y le pidió cortésmente que por favor se lo colocara. El entonces indiscutido campeón de peso pesado le respondió riéndose: «Superman no necesita cinturón de seguridad». La azafata pronto le replicó: «Pero Superman tampoco necesita un avión, así que abróchese el cinturón». Obviamente Alí se lo puso.

No sé si esta historia es cierta o no, pero ilustra lo que sucede cuando alguien tiene más alto concepto de sí que el que debe tener. Cuando eso sucede es muy fácil ser avergonzados. Cuando a alguien se le hincha la cabeza con pensamientos de grandeza y superioridad es muy probable que la gente empiece a despreciarlo y a tratar de evitarlo. También es más factible que otros intenten demostrarle a esa persona que no es tan buena como ella cree.

Tampoco es cuestión de sentirse menos que otros. No es eso lo que significa la humildad. Ser humilde, es tener un sano concepto de uno mismo. Se deben conocer las virtudes y también los defectos. Ambos deben ser reconocidos y aceptados para que seamos capaces de conocer nuestras limitaciones y posibilidades sin levantarnos por encima de los demás ni arrojarnos a sus pies. El Señor nos hizo diferentes y todos nos alegramos por eso, pero también todos nos necesitamos unos a otros y siempre debemos reconocerlo.

Ten mucho cuidado si últimamente andas con la cabeza hinchada. Si estás tratando de mostrar tu «superioridad», instantáneamente estarás mostrando lo contrario. Proverbios 18:12 dice: «Al fracaso lo precede la soberbia humana».

Al límite

¿Por qué razón algunos tratan de mostrar que son superiores a los demás? ¿Cómo ando yo con este tema?

Encuentro

Señor, gracias por amarme tal cual soy, ayúdame a tener una idea sensata de mi persona y líbrame de la necesidad de tener que estar mostrándome superior a los demás.

Categorías

Romanos 3:22-24

Esta justicia de Dios llega, mediante la fe en Jesucristo, a todos los que creen. De hecho, no hay distinción, pues todos han pecado y están privados de la gloria de Dios, pero por su gracia son justificados gratuitamente mediante la redención que Cristo Jesús efectuó.

Me he encontrado con mucha gente cristiana de años que todavía no tiene luz con respecto a que verdaderamente no existen algunos pecados más condenables que otros. No hay distintas categorías de ofensas contra Dios. Según lo que nos enseña la Biblia, para Dios no existe el pecado grande y el chico, la mentira blanca o de otro color. Pecado es pecado y hay que morir para poder vivir esa vida plena de la que hablaba Jesús. La muerte es la separación total de todo lo que es pecado, y no solo de aquellos demasiado groseros que todos condenan. Luego viene la vida, la que Dios quiere que disfrutemos. No una lista de cosas que se deben hacer y otra de cosas que no hay que hacer. Sino una vida llena de desafíos, de metas, y de rebeldía contra la mediocridad, contra la doble vida y la falsedad.

Dios quiere que disfrutemos la vida a plenitud y eso solo puede llevarse a cabo reconociendo que somos pecadores, rebelándonos contra el pecado y haciendo la voluntad perfecta de Dios. Esa vida no tiene ni un segundo de aburrimiento y todo comienza por la justificación gratuita que recibimos por medio de Cristo.

Al límite

¿Qué creo verdaderamente acerca del pecado?

Encuentro

Querido Dios, gracias por la justificación que me diste por tu gracia. Entiendo que por mi condición no quedaba para mí otra cosa que la condenación, pero gracias por la vida en Cristo y lo emocionante que es vivir en tu amor.

Yo confío

Mareyli Soto Arocho
Puerto Rico

1 Timoteo 4:12

Que nadie te menosprecie por ser joven. Al contrario, que los creyentes vean en ti un ejemplo a seguir en la manera de hablar, en la conducta, y en amor, fe y pureza.

Tal vez Timoteo creyó que era demasiado joven para la tarea que se le encargaba. Supongo que fue por eso que Pablo lo animó a seguir adelante en su juventud. Muchas veces nosotros mismos nos ponemos obstáculos que tienen que ver con el número de serie de nuestros documentos de identidad. Consideramos que debido a nuestra edad no podremos lograr aquello que Dios nos ha llamado a hacer. Creemos que somos muy jóvenes y que no seremos capaces de hacer las mismas cosas que una persona mayor. Nos conformamos con creer que la madurez espiritual vendrá con la edad. Pero la realidad posee otra dimensión. Dios quiere usarnos a ti y a mí. Nuestra juventud es una herramienta muy poderosa. No tenemos que temer ni siquiera cuando alguien ponga en duda nuestro accionar a causa de nuestra juventud. Algunas personas con pocas luces en su cerebro creen que ser un joven cristiano es lo más aburrido que puede haber. Pero la realidad es que nuestra juventud es algo muy valioso y debemos dedicársela completamente a Dios sin que nos importe lo que digan los demás acerca de nosotros. Porque nosotros sabemos que ser cristiano es una decisión que cambió toda nuestra vida. Tenemos que ser jóvenes de acción y decisión para que seamos un ejemplo en donde quiera que estemos. Recordemos que nuestra juventud es una gran etapa para dedicársela al Señor para conquistar a nuestros amigos y familia. Ser joven significa que en nuestra vida tomemos decisiones por Cristo y que lo hagamos vivo en nuestra vida cada día.

Al límite

¿Cuáles son las ventajas que nos da el ser jóvenes en el servicio al Señor? ¿De qué manera práctica podemos servir al Señor?

Encuentro

Señor y Dios, gracias por regalarme este tiempo de juventud, que pueda ser buen administrador del tiempo y servirte con toda mi energía. Te amo mi Dios. Amén.

Ejemplos pero no en todo

Tito 2:7
Con tus buenas obras, dales tú mismo ejemplo en todo.

Shaquille O' Neal es admirado por millones de fanáticos del basquet. Es difícil contar la cantidad de adolescentes que sueñan con tener, algún día, tal dominio en algún deporte, como lo posee el gigante que salió campeón con los Ángeles Lakers y luego con los Miami Heat. Después de resultar campeón de la NBA, los directivos de su equipo le extendieron un contrato millonario para que se quedara durante otros cinco años con los Lakers, y lo mismo ocurrió más tarde con los Heat.

A veces pienso lo desproporcionado que es que un deportista gane tantos millones mientras tanta gente sabia que ha dado su vida estudiando y trabajando duro tenga que luchar tanto para sobrevivir. Shaquille gana miles de dólares cada vez que pisa un estadio de basquet mientras que existen educadores, médicos, pastores y otras personas que hacen tanto más por la vida, y que muchas veces no reciben lo suficiente. Vivimos en una sociedad que da más valor al entretenimiento que a lo verdaderamente importante. No digo que no sea admirable lo que hace Shaquille y otros deportistas. La verdad es que disfruto mucho viéndolos competir, pero el peligro que se corre es hacer de estos atletas ejemplos a seguir en todas las demás áreas de la vida. Nosotros debemos intentar ser ejemplo en todo y considerar la sabiduría por encima de la fama. En una reciente visita que había hecho a Grecia, le preguntaron a Shaquille si había visitado el conocido edificio «Partenón». La respuesta de Shaq fue la siguiente: «Lo lamento, no recuerdo el nombre de todos los centros nocturnos que visitamos en Atenas».

Al límite
¿Cuál es el peligro de tener a alguien famoso como ejemplo de vida? ¿Por qué el mundo aprecia más el entretenimiento que aquellas cosas de mayor envergadura?

Encuentro
Querido Rey, gracias por el ejemplo de Cristo. Permíteme ser una persona que tiene las cosas en su lugar y que no estima la fama por encima de la sabiduría.

Para hablar en paz con nuestros padres

Deuteronomio 5:16
*Honra a tu padre y a tu madre, como el SEÑOR tu Dios
te lo ha ordenado, para que disfrutes de una larga vida
y te vaya bien en la tierra que te da el SEÑOR tu Dios.*

A continuación encontrarás siete consejos útiles para establecer un diálogo efectivo con los patrones de la casa:

Cuando tengas algún pedido, problema o queja, no dejes pasar la oportunidad de expresarla en la ocasión apropiada. De lo contrario podrías estar alimentando resentimientos.

Habla de la situación en privado, de manera que papá o mamá no se sientan atacados ni obligados a cuidar las apariencias.

Después de dejar en claro tu cariño, usa el «yo» y no solo el «tú» en las afirmaciones, porque de lo contrario sonarán como acusaciones, que solo conducen a la defensa y a contra acusaciones.

Ve al grano. Sacar a la luz cosas del pasado que no tienen relación con el punto que se está abordando solo sirve para hacer sentir peor a la otra persona, o para acumular argumentos, lo que nunca ayuda.

Escúchalos con atención. No «adivines» lo que van a decir. Puedes equivocarte.

Habla de una cosa a la vez. No acumules reclamos.

No compares a tus padres con nadie más. Ellos son los mejores del mundo porque son los únicos que tienes.

Es todo un arte que dos generaciones, con tantos cambios culturales, tecnológicos y sociales, puedan establecer un diálogo real. Que haya paz en casa requiere esfuerzo, sensibilidad y obediencia al Señor. Tienes la promesa del Rey de que te irá mejor si tú haces la parte que te corresponde.

Al límite
¿Cómo puedo aplicar estos consejos útiles para llevarme mejor con mis padres?

Encuentro
Querido Rey, te doy gracias por mis padres. Bendícelos con sabiduría e inteligencia. Provee para sus necesidades y ayúdame a mí a establecer un diálogo real con ellos.

No es como yo

Lamentaciones 3:22-26

El gran amor del SEÑOR nunca se acaba, y su compasión jamás se agota.
Cada mañana se renuevan sus bondades; ¡muy grande es su fidelidad!
Por tanto, digo: «El SEÑOR es todo lo que tengo. ¡En él esperaré!» Bueno
es el SEÑOR con quienes en él confían, con todos los que lo buscan. Bueno
es esperar calladamente a que el SEÑOR venga a salvarnos.

Si Dios fuera uno de nosotros podría cambiar de humor muy seguido. Para mí resultaría toda una tentación lanzar un par de rayos a aquellos que no hacen lo que yo les recomiendo y mucho más cuando sé que es por su bien que les pido que lo hagan. La verdad es que si fuera Dios, jugaría con mi lupa cósmica para quemar a algunos como hormigas desprevenidas. Pero Dios es diferente.

Sus misericordias se renuevan día a día. No cambia de humor y nos tiene paciencia. Sigue reaccionando de manera amorosa aunque algunas cosas que hagamos sean como para adelantar la segunda venida y patearnos la retaguardia.

A veces no terminamos de entender la voluntad de Dios y queremos discutirle. Él nos escucha. Pero a medida que vamos creciendo aprendemos a callarnos. Comenzamos a entender que su fidelidad es la mejor promesa del universo y es bueno esperar en silencio a que se cumplan sus planes.

Al límite
¿Qué me dice a mí personalmente el versículo de hoy?

Encuentro
Gracias, Dios, porque eres bueno y para siempre es tu misericordia.
Gracias por no cambiar de humor y reaccionar como un ser humano.
Gracias por tu Palabra y la esperanza que me dan tus promesas.

Los dos árboles

2 Samuel 7:28
*Señor mi Dios, tú que le has prometido tanta bondad
a tu siervo, ¡tú eres Dios, y tus promesas son fieles!*

En la cumbre de una montaña crecían dos pequeños árboles. Ambos acariciaban sueños diferentes. El primero pensaba: «Yo quisiera guardar majestuosas riquezas, estar siempre lleno de oro; que mi madera sea labrada en delicadas formas y que me acariciaran siempre manos poderosas. Yo seré el hermoso baúl de un rey».

El segundo, contemplando un valle dijo para sí: «Yo quisiera crecer tan alto que al mirarme, la gente del pueblo, elevara su mirada al cielo y se acordara de Dios. Yo seré el árbol más alto del mundo».

Pasaron los años y los árboles crecieron en belleza y tamaño. Un día, un grupo de leñadores escaló la imponente montaña y uno de ellos miró al *primer árbol* y dijo: «Qué árbol tan hermoso», y con la fuerza de su hacha lo derribó. Otro de los leñadores, observando al *segundo árbol*, pensó: «Cualquier árbol es bueno para la leña», y lo derribó.

La emoción del *primero* se desvaneció al notar que en lugar de estar en un taller de ebanistas y orfebres, se encontraba en manos de un carpintero, que hizo de él una caja para depositar el alimento de los animales. No fue cubierto de oro, ni colmado de tesoros. El *segundo* árbol lleno de confusión, se encontraba abandonado en un almacén de maderos pensando: «Todo lo que deseaba era permanecer en la cumbre de la montaña y apuntar hacia Dios... y ahora...»

Cuando ya casi habían olvidado sus sueños, una luminosa estrella alumbró al primer árbol mientras una mujer acostaba a un recién nacido en la caja de alimentos del ganado. De humilde cuna había servido e ignorante estaba aún de ello. Un día viernes, el segundo árbol fue tomado para que un maltrecho hombre coronado de espinas, lo cargara por las calles, entre una multitud que, ingrata, le gritaba y lo ofendía.

Al límite
*No siempre nuestros sueños ocurrirán como los imaginamos. Pero con
Dios de nuestro lado pueden ser todavía mejor de lo que planeamos.*

Encuentro
*Querido Dios, gracias porque estás escribiendo el mejor final para cada
una de nuestras historias. Hoy quiero que mi anhelo más profundo sea
siempre serte útil para lo que desees.*

Pulpo azul

Santiago 3:5
*Así también la lengua es un miembro muy pequeño del cuerpo,
pero hace alarde de grandes hazañas. ¡Imagínense
qué gran bosque se incendia con tan pequeña chispa!*

El pulpo azul vive en los mares de Australia y mide solo diez centímetros de diámetro. Poco más que el tamaño de una pelota de tenis. Este pulpo es uno de los más pequeños de los animales del mar, sin embargo lleva un veneno altamente mortífero. Al ser atacado por este pulpo, la víctima pierde la vista en cuestión de segundos. Después de unos tres minutos queda paralizada y luego ya no puede respirar. La muerte viene rápidamente, y todavía no existe antídoto alguno contra él.

El pulpo azul se encuentra en los rebalses por la orilla del mar cazando los cangrejos. Parece una criatura tan inofensiva que dan ganas de tomarlo entre las manos, pero la ponzoña es tan potente que puede dar muerte a veintiséis adultos en pocos minutos.

Lo mismo puede suceder con la lengua. Dice Santiago que la lengua «es un miembro pequeño», pero está «llena de veneno mortal» (Santiago 3:8, RVR60). Unas palabras hirientes o llenas de falsedad pueden «dar muerte» a muchas personas en la iglesia en poco tiempo, y dime si no conoces gente que parece tener el pulpo azul adentro de su boca. Pero el apóstol Santiago dice que todos debemos tener cuidado con ella. Sin lugar a dudas a la mayoría de nosotros nos cuesta dominarla a veces, pero justamente hacerlo puede ser el mejor antídoto para la vida de los que se encuentran a nuestro alrededor.

Al límite
¿Qué tipo de control ejerzo sobre mi lengua?
¿Qué cosas que no debería decir usualmente digo?

Encuentro
Querido Dios, no quiero tener a un pulpo azul en mi boca. Quiero ser alguien que anime y hable la verdad pero sin herir. Dame inteligencia y dominio propio en estos días para usar mi lengua con sabiduría.

Compartir lágrimas

Viviana Santa
Bogotá, Colombia

Romanos 12:15

Alégrense con los que están alegres; lloren con los que lloran.

Nada más saludable para el alma que unas lágrimas bien lloradas. Lo digo por experiencia. Pues siempre después de derramar hasta la última lágrima me siento más fresca para seguir. Especialmente cuando vertimos esas lágrimas por otros. ¿Cuántas veces no encontramos las palabras adecuadas para consolar? Esto es muy frecuente. Aunque las palabras dicen mucho, algunas veces encontramos un sentimiento más elocuente que las palabras y más eficaz que las acciones, y este sentimiento se expresa con lágrimas. Recuerdo un día en el hospital cuando mi papá estaba muriendo. No podía entrar a la habitación por lo que había decidido irme al baño. Estaba bañada en lágrimas al punto de no darme cuenta de lo que pasaba a mi alrededor en ese momento. Pero de repente escuché un llanto que sobrepasaba el mío.

Era un llanto desesperado y desconsolado. Con todo el dolor que yo estaba sintiendo, me llené de valor y me acerque a esa mujer. Yo no sabía si hablarle; quizás era mejor regresar por donde había llegado. Pero me acuerdo como si fuera ayer, que cuando la vi llorando con tanto dolor, mi sentimiento más espontáneo fue llorar con ella. En ese momento no sabía cómo podía consolar a otra persona. Yo la abracé, y ella se sorprendió tanto que calmo un poco su llanto. Pasando unos segundos ella habló y me dijo: «Mi mamá está muriéndose. La vida es muy injusta». Entonces comprendí la razón por la que tuve el valor de acercarme. Entendí que Dios me había dado esa sensibilidad y ese valor para llorar junto a esta joven que lloraba sin ninguna esperanza. Era una muchacha de mi edad y necesitaba más consuelo que yo. Pues dentro de mí, sabía que Dios estaba conmigo. Pero ella no encontraba explicación alguna. Aunque mis palabras fueron muy pocas, sé que Dios quería que a través de mis lágrimas le transmitiera consuelo, y sé que el propósito de Dios se cumplió.

El mismo Jesús lloró por otros. Asimismo él quiere que nosotros lloremos por el dolor de los demás.

Al límite

¿Qué puedo hacer para consolar al que llora? ¿Lloraría el dolor de otros?

Encuentro

Padre celestial, cuando lloro, tú me consuelas. Eres mi mejor refugio en todo llanto. Te pido que me hagas más sensible al sufrimiento de los demás y a las necesidades de este mundo.

Adorador

Juan 4:23

Pero se acerca la hora, y ha llegado ya, en que los verdaderos adoradores rendirán culto al Padre en espíritu y en verdad, porque así quiere el Padre que sean los que le adoren.

En el libro *Generación de Adoradores*, Emmanuel Espinosa de Rojo escribe: *Lo sepa o no, cada persona en el mundo es un adorador. Conciente o inconsciente, en acto ceremonioso o informal, con música o sin música; todos adoramos todo el tiempo, aun «sin querer queriendo» como dice el Chavo del 8. Ricos, pobres, religiosos, ateos, músicos, empresarios, líderes, artistas; el flojo, el trabajador, el introvertido, el extrovertido, todos somos adoradores constantes de algo o de alguien, porque la adoración no es un «acto» que dura cierto tiempo (como cantar treinta minutos cada domingo), sino «la decisión que hacemos de escoger quién o qué será nuestro Señor y el foco de nuestra atención, y cómo nos entregamos a esa decisión con devoción y servicio.*

Desde chico era para mí una gran incógnita cuando cantábamos «Ven y toma el trono de mi corazón» porque sinceramente, en la iglesia me daban muchas ganas de poner a Dios en el trono de mi corazón; sobre todo si ponía mi puño derecho en el pecho, pero en la escuela o cuando enfrentaba mis tentaciones no tenía las mismas ganas, o incluso, ni pensaba en Dios, sino hasta la hora de pedirle perdón o que me dejara de crecer la nariz.

Entonces, ¿cómo le hago para no poner en el trono de mi corazón mis egoísmos, mis capacidades, mi trabajo, alguna chica, mis sueños, mis talentos, mis planes o mi llamado? La pregunta que nos ayuda a revisar esto es «¿Para qué hago lo que hago?» y «¿Cuál es mi motivación?» Descubrir qué es lo que nos mueve es vital para luego entrar en acción. Esa acción nos debe llevar más allá de hacer una lista de prioridades, nos debe llevar a ese encuentro con Dios en donde sabemos que si él no está en el centro de nuestra vida, vamos a fracasar en todo lo que emprendamos que pretendamos que produzca un fruto espiritual».

Al límite

¿Cuáles con los verdaderos motivos de mi adoración?

Encuentro

Quiero adorarte por lo que eres y lo que haces en mi vida. Tú eres mi Dios y yo tu siervo y tu hijo. Eres el centro de mi universo y quiero siempre tenerte en el trono de mi corazón.

Siempre he sabido de tus grietas

2 Corintios 12:9

Pero él me dijo: «Te basta con mi gracia, pues mi poder se perfecciona en la debilidad.» Por lo tanto, gustosamente haré más bien alarde de mis debilidades, para que permanezca sobre mí el poder de Cristo.

Un cargador de agua en la India tenía dos grandes vasijas que colgaban a los extremos de un palo que llevaba encima de los hombros. Una de las vasijas poseía varias grietas, mientras que la otra era perfecta y conservaba toda el agua. Cuando llegaba al final del largo camino, la vasija rota solo conservaba la mitad del agua. Durante dos años, esto sucedió diariamente. Desde luego, la vasija perfecta estaba muy orgullosa de sus logros, pero la pobre vasija agrietada se sentía miserable y estaba muy avergonzada de su propia imperfección.

Después de dos años, la tinaja quebrada le habló al aguatero diciéndole: «Estoy avergonzada y me quiero disculpar, porque debido a mis grietas solo puedo entregar la mitad de mi carga». El aguatero le dijo compasivamente: «Cuando regresemos a casa, quiero que notes las bellísimas flores que crecen a lo largo del camino».

Así lo hizo la tinaja. El aguatero dijo entonces: «¿Te diste cuenta de que las flores solo crecen en tu lado del camino? Siempre he sabido de tus grietas. Sembré semillas de flores a todo lo largo del camino por donde vas y todos los días las has regado. Si no fueras exactamente como eres, no hubiera sido posible crear esta belleza».

Todos somos como esa vasija y debemos saber que Dios puede aprovechar nuestras grietas para obtener maravillosos resultados.

Al límite

¿Qué grietas debo darle al Señor para que él use?

Encuentro

Gracias por ser como el aguatero. Aun mis imperfecciones pueden ser usadas para embellecer la vida de otros. Te amo Señor. En el nombre de Jesús. Amén.

¿Dónde está Dios cuando lo necesito?

Hebreos 4:15-16

Porque no tenemos un sumo sacerdote incapaz de compadecerse de nuestras debilidades, sino uno que ha sido tentado en todo de la misma manera que nosotros, aunque sin pecado. Así que acerquémonos confiadamente al trono de la gracia para recibir misericordia y hallar la gracia que nos ayude en el momento que más la necesitemos.

Gloria Vázquez y su esposo Erick, que pastorearon jóvenes durante varios años en México y ahora sirven al Señor en California, pasaron la terrible prueba de ver morir a su hijita. Paola era víctima de una enfermedad incurable llamada lipidosis, y solo alcanzó a vivir tres años. Pero la historia de Gloria y Erick no termina ahí, ellos tuvieron una segunda hija llamada Ericka y ella también murió de la misma enfermedad a los tres años y medio.

Sin lugar a dudas dos historias devastadoras. Pero Gloria escribe en su libro *Los Caminos Altos,* Editorial Vida, 1995: *a pesar de su mortal enfermedad, Dios se glorificó en varias formas aunque no sanó a nuestra hija. No significa que ahora dejé de creer en la sanidad divina, por el contrario, creo con todo mi corazón en un Dios bueno, poderoso y que está sentado en el trono y que uno de sus nombres es: EL SANADOR. Precisamente de eso quise escribir, de no ver solamente la tragedia sino estar pendientes de lo que Dios sí hace a pesar de las situaciones difíciles que pasamos.*

Gloria se hizo la pregunta del título, y encontró la respuesta al ver que a pesar de una situación tan difícil, el propósito divino se hizo notar. En su siguiente libro llamado *¿Dónde está Dios cuando más lo necesito?,* Editorial Vida, 1999, ella cuenta cómo Dios utilizó esas experiencias para bendecir a miles de personas, y que proveyeron consuelo, esperanza, desafío y dirección para aquellos que escucharon y leyeron acerca de ellas, conmovidos por las pruebas por las que Gloria y su esposo atravesaron. Como dice la autora al final de su libro: «*A él sea la gloria, la honra y la alabanza*».

Al límite

¿Dónde creo que está Dios cuando lo necesitamos?
¿Qué me dice el ejemplo de Gloria y Erick?

Encuentro

Querido Dios, dame más fe. Ayúdame a verte aun en medio de las dificultades más difíciles. Sé que cada cosa que me ocurre puede encerrar un propósito divino y te doy gracias por eso.

Super Ezequiel

Ezequiel 37:1-3

La mano del Señor vino sobre mí, y su Espíritu me llevó y me colocó en medio de un valle que estaba lleno de huesos. Me hizo pasearme entre ellos, y pude observar que había muchísimos huesos en el valle, huesos que estaban completamente secos. Y me dijo: «Hijo de hombre, ¿podrán revivir estos huesos?» Y yo le contesté: «Señor omnipotente, tú lo sabes.»

La Biblia nos presenta algunos superhéroes espirituales que marcaron una diferencia para Dios. Pero no siempre es fácil reconocer el mérito personal que tuvieron, a menos que el éxito consistiese, simplemente, en ser sensibles a la realidad que los rodeaba y en haber obedecido la voz del Señor.

El tiempo en el que vivió Ezequiel era parecido al nuestro. Había muchos jóvenes desesperanzados y la gente solo estaba pendiente de salvar su propio pellejo. Pero el Espíritu de Dios hizo que el profeta Ezequiel tomara conciencia de la realidad que lo rodeaba. Si leemos enterito el capítulo 37 del profeta Ezequiel, veremos que todo era un valle de esqueletos. El lugar de desesperanza por excelencia. Ezequiel lo vio y lo sintió en su corazón. De su respuesta dependía la iniciativa divina de hacer algo al respecto. Ezequiel vio que el cuadro era desesperante pero se dio cuenta de que quien se lo estaba mostrando era Dios y sospechó que él estaba por hacer algún milagro.

Ezequiel no era un superhombre. Solo supo ver con los ojos de Dios y tener fe en que Dios quería y podía hacer algo poderoso. Luego habló en nombre del Señor y lo imposible comenzó a suceder. El Espíritu volvió a esos esqueletos, se pusieron de pie y vivieron. ¡Ni Superman podría haber hecho algo así! De la misma manera es necesario que hoy nos demos cuenta de la realidad que nos rodea y que respondamos en obediencia al Señor. Dondequiera que haya desesperanza, nosotros podemos llevar esperanza.

Al límite

¿Cómo verá Dios el mundo que me rodea?
¿Qué querrá hacer al respecto?
¿Qué me toca a mí?

Encuentro

Querido Dios, ayúdame a ver la realidad con tus ojos.
Quiero marcar una diferencia al ver la realidad como tú,
y al obedecer lo que me pides que haga.

La dirección

Mareyli Soto Arocho
Puerto Rico

Salmo 32:8
*Yo te instruiré, yo te mostraré el camino que
debes seguir; yo te daré consejos y velaré por ti.*

Hay momentos en nuestra vida en los que no estamos seguros a dónde vamos. Son instantes en los que, por ejemplo, no creemos en lo que Dios ya ha declarado sobre nuestras vidas. Perdemos la fe y como consecuencia, la dirección.

Hace no mucho tiempo me sentía perdida, como cuando vamos por una carretera y de repente no sabemos a dónde ir, ni a quién seguir, o cómo ubicarnos. Estaba en un momento en el que le preguntaba a Dios: ¿Cuándo será?, preocupándome demasiado por lo que Dios había dicho sobre mi vida. Sentía una voz como esas que anuncian otro capítulo de una serie: «¿Qué pasará con...?» Encontré la respuesta en el versículo que hoy leímos. Cuántas veces queremos trazar nuestro propio mapa. Sabemos que Dios ha declarado varias cosas acerca de nuestra vida, pero nos dejamos llevar por las dudas y terminamos sintiéndonos perdidos. Creemos que tenemos el timón del barco cuando en realidad el que se supone que lo tenga es Dios.

En este mundo hay millones de personas, y es normal que a veces nos sintamos casi inexistentes; que pasemos desapercibidos, que nadie nos vea, ni nos salude, ni nos pregunte cómo nos encontramos. A mí me ha pasado. Por eso me hace bien este versículo. Me recuerda que Dios sí me está mirando y tiene cuidado de mí. Cuando recuerdo eso, encuentro dirección.

Al límite
¿En qué dirección creo que va mi vida?
¿Cuán frecuentemente medito con el Señor sobre los planes que tengo?

Encuentro
Mi Dios, necesito tu dirección en mi vida. Preciso que me marques el camino que debo seguir. Quiero escuchar tu voz con mayor claridad. Aumenta mi fe, quiero confiar plenamente en ti, Señor, sabiendo que todo lo que permites en mi vida es lo mejor. Amén.

Préstamo

Proverbios 19:17
*Servir al pobre es hacerle un préstamo
al SEÑOR; Dios pagará esas buenas acciones.*

Qué fácil es hacerle favores al rico, al poderoso y al atractivo. Naturalmente, entendemos que hacerlo nos conviene. Pero a veces resulta muy difícil hacerlo con los pobres y los constantemente rechazados, ya que inicialmente pensamos que no vamos a recibir nada a cambio. Sin embargo, es en esta circunstancia cuando se demuestra si el amor de Cristo verdaderamente está en nosotros. Hasta la persona más atea es capaz de dar a los demás por interés.

Mi mamá era una médica muy reconocida en su especialidad y también lo era como maestra de la Palabra de Dios. Pero más orgullo que eso me proporciona el recordar las ocasiones en las que ella regalaba su tiempo y sus talentos a los pobres y marginados que llegaban a su consultorio, a la iglesia o a los que ella atendía en la misma calle. Cuando era chico, de vez en cuando me llevaba al hospital donde ella tenía su consultorio. Íbamos y volvíamos en la línea de tren Roca, que es el que va desde la capital de Buenos Aires hasta la zona sur, del conurbano de la ciudad. *Constitución* es el nombre de la estación principal, y siempre teníamos que pasar por allí. Muchísimas veces mi mamá hacía un alto para comprarle algún chocolate o un sándwich a alguien que pedía limosna, en la estación y en más de una ocasión vi como ella se sentaba en el piso al lado de esa persona. Mi mamá, la doctora, se sentaba allí a compartir un pedazo de algo con una ancianita o con un niño mientras le preguntaba por su salud.

Yo estoy seguro de que esas personas y yo no fuimos los únicos que notaron lo que hacía mi mamá. Creo que el notario de los cielos estuvo registrándolo todo.

Al límite
¿Acostumbro a ayudar sin recibir nada a cambio?
¿Por qué?

Encuentro
Señor, hazme más sensible a las necesidades de los demás.
Quiero ser una persona que pueda ayudar desinteresadamente.

La prueba de amor

Mateo 25:40

El Rey les responderá: «Les aseguro que todo lo que hicieron por uno de mis hermanos, aun por el más pequeño, lo hicieron por mí».

John Blanchard se acomodó el uniforme del ejército mientras observaba con atención a la gente que se encontraba en la estación; buscaba a la chica que conocía en su corazón, pero que nunca había visto. Todo había comenzado cuando compró un libro usado que tenía anotaciones personales en casi todas las páginas. Esas suaves notas en lápiz denunciaban un espíritu sensible, una mente abierta y una fe inquebrantable. En la primera hoja estaba el nombre de quien había hecho las notas con su dirección, por lo que había decidido escribirle una carta y así comenzó a crecer su interés, solo que después de la tercera o cuarta carta tuvo que partir hacia la segunda guerra mundial. Durante esos años se escribieron todo lo seguido que la distancia lo permitía. Él había insistido en que Hollis Maynell le enviara su foto pero ella le había respondido que no. Le dijo que si él estaba verdaderamente interesado en ella no necesitaba su foto. Cuando se acercaba el día que John volvería de Europa arreglaron una cita en la estación para, al fin, verse. Ella le había escrito: «me reconocerás por una gran rosa roja que tendré entre mis manos». Pero ahora dejo que sea John el que nos cuente lo que ocurrió: «Mientas esperaba nervioso, una joven rubia comenzó a caminar hacia mí. Era exageradamente bella. Tenía grandes ojos azules, labios rojos, un cuerpo bien formado y venía caminando en dirección a mí, mirándome fijamente. Olvidé por completo mirar si traía la rosa… Cuando ya estaba frente a mí, me sonrió con ojos insinuantes y me dijo: "¿está interesado en mí, soldado?" En ese preciso momento vi una joven algo mayor justo detrás de ella con una gran rosa roja en la mano. Llevaba un sombrero gris y su rostro era pálido. Vestía ropa pasada de moda y era algo bajita para mí. Dudé por unos segundos. Mi corazón se acababa de dividir. ¿Seguía a la hermosa rubia o descubría mi identidad con Hollis Maynell? Pero mi amistad con Hollis ya era demasiado profunda. Ignoré a la rubia, saqué el libro culpable de todo y me acerqué a ella. "Soy John Blanchard y es un placer conocerte." Ella hizo una mueca gentil y me dijo: "No sé de qué se trata esto, pero la joven rubia que acaba de pasar a su lado y está cruzando la calle me suplicó que sostuviera esta rosa entre mis manos y me dijo que le dijera que lo espera en el restaurante de en frente y que había pasado la prueba».» Hay ocasiones en que la mejor manera de probar nuestro amor por Jesús tiene que ver con la forma en que tratamos a otras personas.

Al límite

¿En qué me hace pensar esta historia? ¿Cómo actuaría en el lugar de John?

Encuentro

Querido Dios, gracias por tu amor incondicional. Gracias porque tú no me amas superficialmente. Quiero que me enseñes a amar como me amas a mí y quiero tratar a la gente como si estuviera tratando a Jesús.

Pensar para ganar la batalla

GUIDO SCAIRETH
COSTA RICA

1 Corintios 10:23 (BLS)
*Algunos de ustedes dicen: «Soy libre de hacer lo que quiera»
¡Claro que sí! Pero no todo lo que uno quiere conviene,
ni todo fortalece la vida cristiana.*

C uando llegamos a cierta edad, los adolescentes debemos decidir qué haremos y qué no. En mi caso, es muy común encontrar a alguna persona fumando en donde estudio, pues muchos de mis compañeros lo hacen. Por eso, una decisión que he debido tomar es si fumar o no. En el momento en que mis amigos fuman a mi alrededor y me ofrecen un cigarrillo sonriendo tengo un remolino de emociones. Siento la presión del grupo que me motiva a fumar, la de mis padres que me lo prohíben y la de mi interior que se hace preguntas y siente curiosidad por hacerlo. Pero también tengo cerebro. A mi mente vienen preguntas sobre lo que debo hacer, e inevitablemente tengo que meditar en las consecuencias y en la imagen que estoy vendiendo y dando a entender al hacerlo. Al igual que todos los jóvenes del mundo, yo también tengo tentaciones y problemas, pero pienso: *¿Será que ceder a la presión de fumar porque mis compañeros lo hacen me ayudará a vencer otras tentaciones y me aliviará de problemas o me causará otros mayores?* Pienso también: *¿Qué crees que piensa Dios de esto?* Sin lugar a dudas la Biblia no prohíbe abiertamente fumar. Pero ¿me conviene? Es curioso como las personas maduras ya no buscan que otro les diga si algo esta mal o no, piensan con claridad si algo les conviene o no.

Al límite
¿Qué pienso de los vicios?
¿Cómo puedo evitar presiones en este sentido?

Encuentro
Gracias Papá, por darme una cabeza para pensar y no tener que dejarme llevar solamente por mis emociones. Dame de tu sabiduría para siempre decidir lo más conveniente para mí y para tu iglesia. Te pido por aquellos jóvenes que están presos de los vicios: dame astucia para ayudarlos.

La historia sin fin

Ezequiel 37:5
Así dice el SEÑOR omnipotente a estos huesos:
«Yo les daré aliento de vida, y ustedes volverán a vivir».

Hace varios años se hizo muy popular una película titulada *La historia sin fin*. En ella se contaba la historia de una plaga que destruía todo a su paso. Esta plaga se llamaba la nada. Uno de sus instrumentos de mal era un lobo, que viéndolo con ojos cristianos, podía representar a Satanás. Pero el héroe de la película era un niño al que las autoridades le habían dado la misión de encontrar una solución.

Buscando el consejo de otras personas, el niño descubrió que la solución era ponerle otro nombre a la reina. En su búsqueda de la reina, el niño se encontró con el lobo y comenzó una lucha que ocupó el centro de la escena. Llegado el momento más emocionante de la apasionada pelea, el niño le preguntó al lobo: «¿Y tú por qué haces esto?» El lobo le contestó: «Yo soy solo un súbdito de la nada». «¿Pero qué los lleva a destruir todo?», insistió el niño, a lo que el lobo respondió con una verdad muy profunda: «Es que este pueblo ya no tiene esperanza y un pueblo sin esperanza es fácilmente manipulable».

Cuando hay esperanza hay posibilidad de cambiar el resultado; en cambio cuando la esperanza decae, es muy poco lo que se puede hacer. Así sucede en los deportes, en la vida de muchos animales y también en la vida diaria de las personas. Cuando no hay esperanza, «la nada» nos ataca porque bajamos los brazos.

En esos momentos es bueno recordar que tenemos un Dios especialista en lo imposible. Un tremendo soberano que puede hacer un gran todo a partir de una gran nada.

Al límite
¿En quién tengo puestas mis esperanzas para la vida?
¿Qué aspectos de mi presente y futuro debo entregarle a Dios?

Encuentro
Señor, lléname de tu esperanza. Quiero creerte y confiar en que lo aparentemente imposible es posible para ti.

Su mirada

Salmos 139:5-8

Tu protección me envuelve por completo; me cubres con la palma de tu mano. Conocimiento tan maravilloso rebasa mi comprensión; tan sublime es que no puedo entenderlo. ¿A dónde podría alejarme de tu Espíritu? ¿A dónde podría huir de tu presencia? Si subiera al cielo, allí estás tú; si tendiera mi lecho en el fondo del abismo, también estás allí.

Muy probablemente conozcamos la canción *Tu mirada* que popularizó el reconocido Marcos Witt. La estrofa comienza diciéndole al Señor: «Tus ojos revelan que yo nada puedo esconder», y es muy posible que la hayamos cantado alguna vez. ¿Pero has pensado en esa frase? Los ojos de Dios están posados sobre cada uno de nosotros. El nos mira en todo momento. Sabe lo que hacemos y lo que deseamos hacer. ¿Es eso bueno? Seamos sinceros: para muchos no resulta una gran noticia saber que Dios los está mirando continuamente. ¿Alguien santo que sabe todo lo que hacemos y deseamos...? No parece tan bueno.

Por eso, para cantar esta canción de corazón, tenemos que estar bien seguros de quién es el Dios de la Biblia. Si él fuera un viejo policía cósmico esperando atraparnos en pecado, no sería una buena noticia. Pero si él es un padre amoroso que hasta sueña con bendecirnos… Eso es otra historia.

Muchas veces buscamos alejarnos de Dios por distintas situaciones. Pero Dios todo lo ve y todo lo sabe. Él quiere lo mejor para nosotros, es un Padre bueno y cuida de cada uno de sus hijos. Diversas situaciones nos avergüenzan, nos molestan, nos dan miedo. En esos momentos preferimos ocultarlas de Dios. Pero nos olvidamos que Dios todo lo sabe. Aunque él es muy respetuoso. Prefiere que le contemos lo que nos sucede para que él intervenga y nos ayude.

La protección de Dios nos envuelve por completo. No podemos alejarnos de él, y esa es una gran noticia.

Al límite
¿A dónde huiré de la presencia del Señor?

Encuentro
Señor, tú me conoces, entiendes mi pensar. Sabes mi andar y mi reposo. Tú me rodeas. Pones en mí tu amor, que es muy grande y no lo puedo comprender. ¿A dónde me iré sin tu Espíritu? Gracias por tu mirada puesta en mi vida.

Chicas malas

Sahily Reyes
Caguas, Puerto Rico

Filipenses 2:14-15

Háganlo todo sin quejas ni contiendas, para que sean intachables y puros, hijos de Dios sin culpa en medio de una generación torcida y depravada. En ella ustedes brillan como estrellas en el firmamento…

Hace un tiempo salió una película llamada *Mean Girls* [Chicas Malas], protagonizada por la famosa actriz Lindsay Lohan. En la película, se forma tremendo lío en una escuela superior cuando un grupo de chicas comienza a regar rumores acerca de otras chicas.

Entre tanta murmuración y bochinche, se rompen amistades y se acaba la confianza entre ellas. Es interesante observar cómo lo que empezó como una simple murmuración se tornó en un asunto muy serio que fue tomando proporciones gigantescas.

La palabra de Dios nos anima a vivir libres de toda queja y contienda. Todos hemos sido víctimas de alguien que ha hablado mal de nosotros. Conocemos lo doloroso que es saber que alguien anda diciendo cosas negativas y muchas veces falacias acerca de nosotros. Ahora viremos el espejo. Cada vez que hablamos mal de otra persona (incluso cuando prestamos oído a estos comentarios), nos convertimos nosotros en los causantes de más dolor y desconfianza. En el pasaje de hoy, Pablo nos invita a vivir libres de toda contienda y toda queja, de modo que podamos brillar como estrellas en medio de un mundo torcido y muy confuso.

Si alguna vez se nos escapa y hablamos mal de otro, debemos acércanos al Señor y reconocer nuestro error. De ahora en adelante, busquemos la paz. Si procuramos bendecir a quienes nos rodean, seguramente notaremos la diferencia.

Al límite

¿He estado hablando mal de otros? ¿Estoy participando de conversaciones negativas acerca de otras personas?

Encuentro

Amado Señor, te pido que de ahora en adelante me ayudes a evitar conversaciones negativas sobre los demás. Yo quiero bendecir a quienes me rodean, en lugar de hablar mal de ellos. Dependo de tu ayuda, Señor. Gracias porque con paciencia me estás enseñando a vivir como tú deseas que viva. En el nombre de Jesús. Amén.

Supervivencia

Juan 10:10

El ladrón no viene más que a robar, matar y destruir;
yo he venido para que tengan vida, y la tengan en abundancia.

Hace unos sesenta y cinco millones de años que los dinosaurios dejaron de existir. Algunos científicos dicen que su vida fue desapareciendo debido a los efectos del impacto de un asteroide en la península de Yucatán, México. La caída del inmenso asteroide habría causado cambios químicos en la atmósfera de la tierra, lo que habría ocasionado un sin número de tormentas, lluvias ácidas, fuegos y vientos extremos que resultaron demasiado fuertes y difíciles como para que los dinosaurios pudieran sobrevivir.

Lo cierto es que aunque la comunidad científica no se pone de acuerdo acerca de si en verdad existió un superasteroide o no, casi todos coinciden en que los dinosaurios no supieron adaptarse al cambio de circunstancias que se dieron en el desarrollo de su vida. La fuerte actividad volcánica, los aluviones de lodo y las increíbles lluvias sulfúricas que quemaban la vegetación se hicieron cosa de todos los días, y por ende, fueron arruinando la base de la cadena alimenticia de aquel entonces por lo que los dinosaurios empezaron a morir de hambre. Algunos dicen que al ir envejeciendo, los dinosaurios se hacían demasiado pesados para escapar del fuego o de las inundaciones de lava, que requerían demasiado alimento en medio de tanta escasez o que eran demasiado torpes para cazar animales más pequeños. Por todo esto fueron otras especies las que sobrevivieron a esta crisis del planeta y no los dinosaurios. Los científicos explican que todavía hoy la vida animal y vegetal en el mundo está sujeta a una regla que se llama «la supervivencia del más apto». Esta ley establece que aquel que mejor se va adaptando al desarrollo de las circunstancias a su alrededor es el que sobrevive y el que no es capaz de adaptarse empieza a correr peligro de extinción. Lo mismo ocurre con la vida espiritual. Jesús vino a darnos vida, pero el ladrón de nuestra espiritualidad nos quiere destruir. Los más aptos son los que no se encuentran desprevenidos ante los peligros y que están lo suficientemente fuertes como para resistir ciertas circunstancias amenazantes.

Al límite

¿Qué circunstancias pueden extinguir mi vida espiritual?
¿Cómo me puedo adaptar para sobrevivir a esos ataques?

Encuentro

Señor, no quiero que mi vida espiritual se extinga. Cuando vengan pruebas
y tentaciones quiero sobrevivir. Hazme una persona apta para tu reino.

Adultosaurios

Apocalipsis 2:4

Sin embargo, tengo en tu contra que has abandonado tu primer amor.

Cuando tenía unos dieciséis años empecé a pedirle al Señor que al llegar a la adultez no me permitiera ser como algunos cristianos que conocía. Pensaba en adultos de caras largas, amargados, siempre buscándole la cana al gato negro. Estos mayores me miraban con caras fruncidas y parecía que al entrar a la iglesia se ponían la careta del buey aburrido. Era evidente que ellos iban a la iglesia por obligación o porque sentían que estaban en deuda con la conciencia, una de esas que se paga en módicas cuotas, con ofrendas semanales. Quizás simplemente se tratara de una costumbre de la que ya no podían liberarse porque allí en el templo estaban sus familiares y amigos, y no querían que nadie hablara mal de ellos. ¿Pero, y la vida espiritual? ¿Y el gozo del Señor? ¿Y la aventura de la fe? Con escuchar hablar de eso en el púlpito ya se sentían satisfechos. Ahora te cuento lo más triste: yo no era el único que pensaba así. Junto a mí había varios más que le reclamaban aventura y propósito a la vida cristiana.

Hoy tengo bastante más de dieciséis y también mis amigos. Lo que da pena es que muchos de ellos se están convirtiendo en esa clase de adultos. De alguna manera la chispa de sus sueños se fue apagando. La vida espiritual se fue extinguiendo y hoy pueden muy bien entrar a la galería de los restos fósiles de la iglesia. Es lamentable que algunas iglesias parezcan *parques jurásicos* llenas de adultosaurios con vidas espirituales en extinción.

Tanto la vida eterna como la vida abundante tienen un precio. El de la vida eterna lo pagó Cristo. Es por gracia que somos salvos (Hechos 15:11, Romanos 3:24; 4:16). No hay nada que podamos hacer para ganarnos la salvación. Pero sí podemos trabajar para disfrutar una vida abundante y eso se logra cuidando la vida de oración, manteniéndonos en la lectura de la Biblia y otros libros cristianos, aprendiendo, y participando de grupos de discipulado.

Al límite

¿Cómo puedo evitar convertirme en un adultosaurio? ¿Cómo cuidar nuestro ser interior para proteger la vitalidad de Cristo en nosotros?

Encuentro

Querido Dios, quisiera conservar un espíritu joven durante el resto de mi vida. Lléname de la vitalidad de Cristo y no me permitas convertirme en una persona aburrida que no refleje el gozo de tenerte en el corazón.

Entender la Biblia

Mateo 13:23
*Pero el que recibió la semilla que cayó en buen
terreno es el que oye la palabra y la entiende.*

La Biblia es el libro más leído del mundo, sin embargo, desde hace unos años tengo la sospecha de que es también el libro *peor* leído del mundo. ¿A qué me refiero? Solemos tratar de leerla tomando versículos sueltos. Saltamos de uno al otro intentando buscar su significado o comenzamos desde el Génesis pretendiendo llegar hasta el Apocalipsis solo para decir que ya la leímos. También nos quedamos con traducciones que usan palabras antiguas o raras que nos hacen parecer más religiosos.

La Biblia es una biblioteca de sesenta y seis libros escritos por distintos autores, en un tiempo particular, dirigidos a un público especial y con un propósito puntual. Sin tener en claro estos detalles es muy difícil que nos resulte plenamente entendible. Antes de embarcarnos en la lectura de cualquier libro prestamos atención a si se trata de una novela, un tratado de ciencia o un libro de historia; y lo mismo debemos hacer con los libros de la Biblia. Debemos escoger alguno y comenzar desde el capítulo primero hasta el último. Algunos de los libros son cartas. ¿Se nos ocurriría leer una carta por partecitas o de atrás para adelante? Los numeritos que dividen los libros en capítulos y versículos fueron agregados mucho después de que fuera escrita la Biblia. Están ahí para que podamos encontrar frases o historias pero no para complicarnos la lectura.

El propósito de Dios al darnos la Biblia fue revelarnos verdades que no podíamos descubrir por la observación o la experimentación. En ella se deben basar nuestras creencias y también nuestras prácticas. Es una colección de libros milagrosa. Fue un milagro cómo y por quiénes fue escrita y también cómo ha llegado a nosotros. Descubrir los significados de lo que ella nos está diciendo es como tomar una bebida energizante que no se acaba y nos llena de ganas de vivir.

Al límite
¿Cómo son mis hábitos de lectura de la Biblia?

Encuentro
*Gracias por la Biblia. Entiendo que allí nos podemos encontrar.
Quiero aprender a leerla con inteligencia. Que tu Espíritu me
ilumine mientras paseo por sus páginas. En el nombre de Jesús. Amén.*

El lugar solitario

Marcos 1:35
*Muy de madrugada, cuando todavía estaba
oscuro, Jesús se levantó, salió de la casa y se fue
a un lugar solitario, donde se puso a orar.*

El mismo Jesús acostumbraba a separarse de los demás para orar. Seguramente dialogaba con su padre continuamente y, de hecho, en numerosas ocasiones lo vemos levantando los ojos al cielo para hablar con él en una diversidad de circunstancias. Pero Jesús también sabía y deseaba enseñarnos que si queremos tener una buena conversación con alguien puede ayudarnos mucho tener privacidad. De eso se trata el lugar solitario. Un lugar donde no hay interrupciones. Podemos escuchar y ser escuchados. Y todos necesitamos eso.

Vivimos en un mundo en el que hay mucho ruido. Nos levantamos a la mañana y muy probablemente la televisión o la radio ya estén encendidas. Si tenemos cerca la computadora, eso se convierte en otra distracción bien de mañana. Luego hay que bañarse, desayunar, preparar las cosas para salir... ¡uf!, ya estamos cansados y ni siquiera hemos salido de casa. Así transcurre el día y el tiempo se va volando sin tener un tiempo de privacidad con Dios.

Por eso es conveniente de tanto en tanto irse a un lugar solitario. Puede ser una plaza o simplemente salir a caminar sin un rumbo determinado. Si vivimos cerca de la playa, el río o la montaña, tener un lugarcito preferido para conversar con el Señor puede ayudarnos mucho.

Al límite

¿Separo un tiempo de privacidad para estar con Dios?
¿Cuál puede ser mi lugar solitario para estar con el Señor?

Encuentro

*Padre eterno, quiero separar tiempo para tener privacidad contigo.
Muéstrame lugares y ocasiones que puedo separar para crear un
ambiente solitario. Te amo. En el nombre de Jesús. Amén.*

Puede salir algo bueno de Nazareth

Juan 1:46

¡De Nazaret! ... ¿Acaso de allí puede salir algo bueno?

En la meditación del 9 de febrero mencionamos a Adriana Benítez. Hace varios años Adriana fue al África durante la tremenda crisis que tuvo lugar en Rwanda en los '90. Allí, en la ciudad de Goma, conoció a un adolescente que parecía no tener esperanza. Hace un tiempo ella recibió esta carta de parte de él: *No sé como escribir este mensaje. Muchas gracias a Rubén por ponerme en contacto contigo. No sé nada acerca de Paluku y Kamate. La última vez que los vi fue en el campo. Después de la destrucción de los campos, toda la región de Goma ha recibido muchos momentos de inseguridad y sigue viviendo una situación difícil. Yo ahora escribo desde China. Soy Ingeniero en Sistemas y todo lo que hoy vivo es también testimonio del trabajo de ustedes en África. Hay mucho que contar, pero todo no se puede decir ahora. Recuerdo tu eterna sonrisa en el campo de Kibumba y esas canciones que amábamos cantar. Dios ha hecho muchos milagros. Hay muchas personas que fallecieron en las selvas ecuatoriales de Zaire. Al igual, muchas familias desparecieron completamente durante la destrucción de los campos. En mi familia he perdido solamente a mi hermanito cuando estábamos de regreso, pero ellos están bien ahora en Rwanda. He escuchado que mi hermano ha renacido en Jesús. Gracias a Dios. Estoy haciendo un plan para ir a verlos a comienzos del próximo año. Te escribo en español porque he aprendido cinco idiomas. Me va muy bien en todo lo que hago, no sé si me quedaré en China mucho tiempo porque quiero servir a Dios dónde él me lleve.*

Alexis Munyandekwe. Alexis salió de una aldea insignificante en un momento de crisis política inigualable. No nació en Londres ni en Nueva York y sus posibilidades de salir adelante eran poquísimas. ¿Alguien podría pensar que un exitoso ingeniero que habla cinco idiomas pueda provenir de una ciudad como Goma? Es lo mismo que ocurrió con Jesús. La gente de su tiempo no esperaba que nada bueno saliera de su región. He conocido jóvenes que han escuchado desde niños que de donde provienen no ha salido nunca nada bueno, y se lo creen. Si alguna vez te ocurre o conoces a alguien que piense así, recuerda a Alexis y a Jesús.

Al límite

¿De dónde proviene la gente exitosa?

Encuentro

Querido Dios, gracias porque no es tan importante de dónde venimos sino a dónde vamos y con quién. De tu mano podemos alcanzar aquello que parece imposible, y ya no importa cuál sea nuestro origen.

El color de sus ojos

Isaías 55:8-9

«Porque mis pensamientos no son los de ustedes, ni sus caminos son los míos —afirma el Señor—. Mis caminos y mis pensamientos son más altos que los de ustedes; ¡más altos que los cielos sobre la tierra!»

Annette Gulick, una divertida misionera que junto con su esposo, Tim, viaja por América Latina entrenando líderes juveniles, escribió en la Biblia G3 la siguiente historia: *Cuando era niña, quedé impactada con la historia de Amy Carmichael, la gran misionera inglesa en la India. Su madre le enseñó que Dios siempre contesta nuestras oraciones, así que cuando Amy tenía solo tres años, una noche antes de dormir, le pidió a Dios que cambiara el color de sus ojos de café a azul. Estaba tan segura de que Dios escucharía su oración, que a la mañana siguiente saltó de la cama y corrió al espejo para admirar sus ojos azules. Pero para su horror, sus ojos seguían siendo café. Se encontró desanimada y temporalmente desilusionada de Dios. Muchos años después, se dedicó a rescatar niñas que vivían como esclavas y prostitutas en los templos hindúes en la India. Debido a que los extranjeros estaban prohibidos en los templos, antes de entrar para tratar de comprar algunas chicas de los sacerdotes del templo, Amy se vestía con el sari tradicional y pintaba su piel con café para pasar por una mujer de la India. Un día, mirándose al espejo mientras se pintaba la cara con café espeso, recordó su oración infantil acerca de los ojos azules. Con un sobresalto, se dio cuenta de que si Dios hubiera contestado aquella oración, nunca hubiera podido entrar a los templos a rescatar a las chicas que tanto amaba. (¡Eso sucedió mucho antes de que hubiera lentes de contacto de colores!) Dios sabía que ella necesitaría ojos color café para poder cumplir la misión que ahora significaba mucho más para ella que el color de sus ojos. Esta historia siempre me ha recordado que Dios tiene un buen plan para mí, que excede con mucho lo que yo quiera en un momento específico.*

Esto es lo que Dios nos recuerda en el versículo de hoy.

Al límite
¿Qué me hace sentir la historia de Amy Carmichael? ¿Por qué?

Encuentro
Querido Dios, gracias por hacer las cosas bien aun cuando no las entiendo. Reconozco que tus planes son mejores que los míos.

Condenados a ser amados

Romanos 8:1
*Por lo tanto, ya no hay ninguna condenación
para los que están unidos a Cristo Jesús.*

El martillo del juez supremo dio un golpe seco sobre el estrado. Un gran silencio se apoderó de la escena mientras los millares de seres vivientes que se hallan del otro lado de la existencia esperaban para conocer el veredicto. En sus almas angelicales debatían acerca de lo que el gran Señor iba a anunciar. Por un lado sabían de la culpabilidad de los enjuiciados, pero por el otro, conocían el corazón del Juez.

Dios, el juez, se levantó del estrado sabiendo que lo que iba a salir de sus labios determinaría el curso de la historia. Cambiar la historia de un solo humano es igual a cambiar la vida de decenas, cientos, miles y hasta millones de otras personas. Por eso el veredicto tenía que estar bien pensado. Dios había escuchado a la defensa. Cristo Jesús, el abogado defensor de los cielos, había firmado su informe con sangre y el Espíritu Santo había sellado los testimonios. Creció la atención, Dios hablaba y todos debían escuchar. Él dijo: ¡Por gracia ustedes han sido salvados! (Efesios 2:5). El caso estaba cerrado. El abogado defensor, el Espíritu Santo y los ángeles saltaron de alegría. Lágrimas de compasión y gritos de júbilo llenaron el ambiente. Miles de millones de personas culpables fuimos destinados a experimentar el más increíble amor del universo.

Dios nos ama con amor eterno y el mantener una relación con el Hijo nos hace herederos de toda la misericordia del Padre. Nada de lo que hagamos puede lograr que Dios nos ame menos. Es que el amor es parte de su misma naturaleza. Grábatelo, recuérdalo y vive con mucho agradecimiento.

Al límite

¿Qué significa que Dios nos haya salvado por gracia?
Nadie «merece» ser salvo. Solo podemos serlo por su gracia.

Encuentro

Gracias por tu gracia. Tú eres un Rey rico en misericordia. A veces cuesta entenderlo, pero yo quiero disfrutar cada día más de haber sido escogido.

Mayo 17

El escritor

2 Tesalonicenses 2:16-17

*Que nuestro Señor Jesucristo mismo y Dios nuestro Padre,
que nos amó y por su gracia nos dio consuelo eterno y una buena
esperanza, los anime y les fortalezca el corazón, para que tanto
en palabra como en obra hagan todo lo que sea bueno.*

Quizás hayamos visto la película que salió hace un tiempo o leído sus libros. C. S. Lewis fue el autor de *Las Crónicas de Narnia*, pero también fue el autor de *Los cuatro amores*, *Cartas del diablo a su sobrino*, *El problema del dolor*, *Mero Cristianismo* y *La Trilogía de Ransom*, por nombrar algunos de sus libros. La obra de C. S. Lewis fue inteligente y diversa. Su fertilidad creativa lo llevó a mezclar estilos tan dispares como los cuentos de ficción y la poesía. En todos ellos, sin embargo, se encuentra ese sello personal de su autor, su frescura, astucia y sensibilidad. Pero, más allá de su genialidad literaria, en lo que verdaderamente puso todo su empeño fue en la difusión de la fe cristiana. Ahí se destacó como el defensor del cristianismo en los estratos intelectuales más importantes del siglo pasado en Europa.

Hace poco un joven en la ciudad de México, al que le gustan muchos los libros, me dijo: «Sueño con escribir novelas de ciencia ficción cristianas. Eso sería algo nuevo… lo único que existe es *Dejados atrás*». Me reí y le respondí: «Deberías saber quién es C. S. Lewis». En sus novelas se plasman las siguientes ideas: la existencia de un Dios personal, la centralidad de Cristo en la creación, la historia de la salvación del hombre. Aun con ese contenido de fe, sus escritos han llegado hasta las mentes no cristianas más ilustradas. Cuando no era común que los cristianos se codearan con los cerebros brillantes de su época, Lewis lograba que sus libros volaran de las estanterías de las bibliotecas y las universidades del mundo. No tuvo solo un par de éxitos en el mercado cristiano. Más bien, sus obras son respetadas por los más brillantes escritores contemporáneos de cualquier religión.

Lewis usó su tiempo para señalar una diferencia en la literatura y pasó horas leyendo y escribiendo para cambiar el mundo de las universidades en el nombre de Jesús.

Al límite

¿Cómo podré producir una diferencia a favor de Jesús en lo que voy a hacer con mi futuro?

Encuentro

Querido Dios, hazme un instrumento tuyo. Dame oportunidades de influir sobre otros en lo que haga. En el poderoso nombre de Jesús. Amén.

El lado bello del dolor

1 Pedro 5:10

Y después de que ustedes hayan sufrido un poco de tiempo, Dios mismo, el Dios de toda gracia que los llamó a su gloria eterna en Cristo, los restaurará y los hará fuertes, firmes y estables.

Phillip Yancey cuenta la historia del doctor Paul Brand. Este cirujano de fama mundial era especialista en lepra. En su experiencia médica aprendió que el peor enemigo de quienes padecen lepra es la ausencia de dolor. Brand pasó casi treinta años en la India, y luego trabajó en los Estados Unidos enseñando acerca de considerar al dolor como un amigo.

El mismo Brand relata: *En la India nos dimos cuenta de que todas las deformaciones que experimentaban nuestros pacientes de lepra tenían que ver con la falta de dolor. Al no sentir nada, se quemaban, se quebraban, se tiraban la piel, se marcaban, se infectaban y no se daban cuenta.*

Hoy vemos cantidad de comerciales acerca de cómo evitar el dolor. Pero aunque nunca se lo promocione como algo positivo, el dolor es un fiel mensajero. Nos dice que algo está mal. Si me duele la cabeza quiero tomar aspirina porque quiero evitar el dolor. Pero si le presto atención, mientras tomo la aspirina puedo pensar: ¿Qué es lo que me está produciendo este dolor de cabeza? ¿Estoy durmiendo muy poco, me di un golpe, estoy demasiado estresado? Tener respuestas claras me ayuda a evitar el dolor la próxima vez y a prevenir que el mal sea peor. Hay mucha gente que ha tardado demasiado en hacerse tratar una enfermedad por no hacerle caso al dolor, y cuando finalmente lo hace, descubre con desesperación que es demasiado tarde. El haber evitado el dolor con aspirinas les ha hecho peor.

Pero hay algo más que nos regala el dolor. Compasión. Cuando personalmente experimentamos dolor, entendemos mejor el dolor de otros.

Aun el dolor es un regalo de Dios, y aunque la primera impresión sea algo negativa, también tiene un lado bello. Como todo lo que ha hecho Dios.

Al límite

¿Por qué es posible estar agradecidos por el dolor?
¿Cómo puedo ayudar a alguien que está experimentando dolor?

Encuentro

Querido Dios, no es frecuente que te agradezca por el dolor. Pero gracias por el mensaje que me trae. Gracias por este sistema que has creado que me ayuda a prevenir heridas peores en mi vida.

Mayo 19

Sampras y los mayores

1 Tesalonicenses 1:6

Ustedes se hicieron imitadores nuestros y del Señor cuando, a pesar de mucho sufrimiento, recibieron el mensaje con la alegría que infunde el Espíritu Santo.

El ganador más joven en la historia del abierto de tenis de los Estados Unidos fue Pete Sampras. Pete tenía solo diecinueve años cuando se alzó con el campeonato de este torneo de Gran Slam (así se le dice a los principales torneos). Cuando le preguntaron en la conferencia de prensa posterior al juego cuál era secreto de su logro, Pete respondió con seguridad: *«Siempre he admirado a las viejas glorias del tenis. Los he estudiado y siempre he intentado aprender de ellos».*

La admiración es uno de los primeros pasos del aprendizaje. Si queremos convertirnos en hombres y mujeres de Dios o en excelentes deportistas, es bueno mirar a las glorias que nos precedieron. En el caso de la vida espiritual, debemos buscar hombres de Dios para admirar. Pero no solamente para ser sus *fans*. Debemos estudiarlos. ¿Qué hicieron para llegar ahí? ¿Qué hábitos tienen hoy?

Si tenemos acceso directo a alguno, hablemos con él. Muy probablemente exista alguien en nuestra congregación. También podemos elegir alguno de la historia y estudiar su biografía a través de libros. Los mayores pasaron por muchísimas experiencias que pueden repetirse en nuestras vidas, por eso nos conviene observarlos con cuidado y elegir modelos a seguir. Algunos van a estar bien dispuestos a que nos acerquemos para aprender de ellos en un nivel personal como lo estuvo el apóstol Pablo en su tiempo.

Al límite

¿A quién puedo admirar por su vida espiritual?
¿A quién admiro en otras áreas? ¿Qué me enseñan?

Encuentro

Querido Dios, hazme una persona sensata. Que no necesite siempre equivocarse para aprender las lecciones de la vida. Gracias por las personas que puedo admirar a mi alrededor y aun aprender de sus errores y de los obstáculos por los que pasaron.

Confesar

Salmos 38:18
Voy a confesar mi iniquidad, pues mi pecado me angustia.

Para ser cristianos en crecimiento tenemos que abandonar la capa del superman o de la superchica espiritual. Dios tiene el deseo de perdonarnos y de ver que superemos los obstáculos de la vida. Por eso, no solo nos ofreció la cruz para solucionar nuestra culpa, sino que nos regaló la disciplina de la confesión para que seamos capaces de sobreponernos al pecado. A lo largo de la historia, la iglesia ha ido relegando algunas de las más sanas enseñanzas del Nuevo Testamento. Por el abuso de la Iglesia Católica, que redujo la confesión a un rito de contarle a alguien sin cara todo lo que hicimos mal para después tener que ir y repetir un montón de oraciones viejas; otras iglesias limitaron el uso de la confesión a tal punto que ya no se enseña de qué se trata, y ni siquiera se nombra como una de las prácticas cristianas. La confesión no es un castigo para los niños que se portan mal. Es un paso de fe que damos diciéndole a Dios lo que hicimos mal. En el origen de la palabra, confesión significa «decir lo mismo que». Esto quiere decir que si la Biblia dice que algo está mal, yo me confieso cuando, habiendo hecho eso, admito que lo que hice es pecado. **No** porque yo sienta o piense que es pecado sino porque lo dice la Biblia. Dios quiere limpiarnos y animarnos, desea restaurarnos y volver a poner las cosas en su lugar. Ese es el propósito de la confesión. Si no confesamos nuestros pecados, estamos albergando cosas sucias dentro de nuestro ser. No confesar es como nunca sacar la basura de la casa. Pronto se acumula el mal olor y nuestra conciencia empieza a molestarnos cada vez más. Uno de los problemas con los que se topa la confesión es que pensamos en la iglesia como si fuera una comunidad de santos al estilo medieval, cuando en realidad deberíamos considerarla un hospital de pecadores redimidos. Yo he confesado varios pecados a mis amigos justamente para que me ayudaran a solucionarlos. El conocido Agustín de Hipona decía siglos atrás que la confesión de las obras malas es el comienzo de las obras buenas.

Al límite
¿Cuál es el beneficio de la confesión?
¿Cómo, con quién y cuándo puedo empezar con esta práctica en mi vida?

Encuentro
Querido Dios, te confieso mis pecados. Soy débil y no siempre utilizo el dominio propio. Gracias por dejarnos instrucciones en tu Palabra acerca de la confesión. Quiero ser una persona íntegra y que viva con honestidad. Dame valor para buscar ayuda con respecto a mis debilidades.

Mayo 21

Critibanza y quejabanza

Colosenses 3:12-13

Por lo tanto, como escogidos de Dios, santos y amados, revístanse de afecto entrañable y de bondad, humildad, amabilidad y paciencia, de modo que se toleren unos a otros y se perdonen si alguno tiene queja contra otro. Así como el Señor los perdonó, perdonen también ustedes.

Uno de los rasgos sobresalientes de aquellos que entienden de qué se trata la adoración es que son personas con una actitud positiva y eso se suele reflejar en su lenguaje y su carácter. Ser líderes significa modelar en las pasarelas de la vida. Antes de escuchar lo que tenemos para decir, los demás observan cómo vivimos lo que pretendemos enseñar. Ellos notan si tenemos la boca llena de: «sí, dale», «podemos», «¡qué lindo!» Y no de: «no se puede», «¿y ese quién se cree que es?» o «así es imposible». Jesús dijo que el Padre buscaba que lo adoraran en serio y los adoradores auténticos tienen la boca llena de alabanzas y no de critibanza o de quejabanza. ¿A qué me refiero? La critibanza es el idioma de los que viven criticando. A mí me cansa escuchar a algunos adultos que constantemente indican los errores en los demás como si eso los hiciera más justos a ellos. Recuerdo haberme criado con varias señoras de la congregación que siempre miraban a aquellos que pasaban por una situación fea para comentar acerca de ello. Si alguien estaba en problemas, luchando contra alguna debilidad o había tomado una decisión equivocada, en vez de entristecerse parecían disfrutar destacando lo mal que esa persona había actuado. Esto, además de ser chisme y habladuría, muchas veces tira abajo los sueños. En demasiadas ocasiones los errores son parte del proceso de crecer y aun parte del plan de Dios, y muchas veces esas habladurías logran que algunos conformen su comportamiento al qué dirán de la gente y dejen de ser genuinos con respecto a aquello que hay en su corazón.

La quejabanza se relaciona con ver siempre las cosas en términos negativos. Ante cualquier cosa que nos piden, surge la queja. Al encontrarnos con algún error ajeno, una queja. Esto termina desanimando a todos, comenzando por el que se queja.

Al límite

¿Tengo el hábito de quejarme o criticar innecesariamente? ¿Cuál es la actitud de un verdadero adorador con respecto a los demás?

Encuentro

Señor, perdóname cuando utilizo el lenguaje de la critibanza y la quejabanza. Hoy quiero ser alguien que estimule a otras personas y que crea en ti. Pon en mis labios un genuino espíritu de alabanza.

Pregunta

Lucas 2:52
Jesús siguió creciendo en sabiduría y estatura, y cada vez más gozaba del favor de Dios y de toda la gente.

Los cristianos siempre tratamos de responder a las preguntas que nos hacen nuestros amigos no cristianos. Pero nosotros también tenemos preguntas. ¿Está bien hacernos preguntas con respecto a nuestra fe? Grábate esto en tu disco rígido y nunca lo borres: ¡por supuesto que sí! En la etapa de la juventud es el momento justo de hacernos preguntas: Además, lo más probable es que ya las tengamos. ¿Cuáles son? Hazlas. Tu cerebro hoy tiene una capacidad de memoria que no volverá a tener, y además, acabas de desarrollar tu sentido crítico. La mayor parte de los chicos cristianos entran a la adolescencia con una fe (creencia en Dios y en las cosas de Dios) que está bastante cerca de lo que sus padres creen. Pero luego deben comenzar a formar sus propias creencias acerca de todo, inclusive de Dios, y para eso es indispensable hacer preguntas.

Así que, ¡adelante, formula esas preguntas difíciles! Pregúntales a tus padres. Pregúntales a tus líderes. Pregúntale a tu pastor. Averigua en los libros. Y, definitivamente, pregúntale a Dios. Él, y su gente, te ayudarán a entender y desarrollar tu propia fe personal. El mismo Jesús a sus doce años se encontraba discutiendo temas de la fe con los sabios de su tiempo. ¡Eso es algo bueno! Lo tonto es no hacer preguntas y quedarse en la ignorancia.

Al límite

¿Cuáles son algunas de mis más grandes preguntas sobre Dios, la Biblia y el cristianismo? Elige una de esas preguntas y no pares de hacérsela a otros hasta que encuentres respuesta.

Encuentro

Querido Dios, gracias porque podemos hacer preguntas difíciles y gracias porque podemos encontrar respuestas. Gracias por darnos una fe que nos da la posibilidad de razonar y una libertad que nos permite cuestionar.

Mayo 23

¡Aviva tu fuego!

Hebreos 1:7
Él hace de los vientos sus ángeles,
y de las llamas de fuego sus servidores.

Si separamos una brasa del resto del fuego, no tardará en apagarse. Por eso es vital estar cerca de Jesús y de su iglesia. Nadie se levanta un día y dice: «Hoy voy a empezar a enfriarme: ¡me voy a convertir en una brasa apagada!»

No. El proceso es lento, sigiloso y sostenido primero, y en picada después... Por eso hay que poner buena leña y estar en el centro del calor. Las disciplinas espirituales como la oración, el ayuno, la adoración y el tiempo separado para la meditación constituyen la leña. Tenemos que hacerlas un hábito en nuestra vida ahora mismo, antes de que seamos más difíciles de cambiar y moldear. Eso es lo maravilloso de ser jóvenes. Hoy podemos cambiar drásticamente nuestro estilo de vida. Somos capaces de probar nuevos roles. Es factible encontrar al amor de nuestra vida al dar vuelta a la equina, y está en nosotros decidir qué clase de adulto queremos ser. Es más: ¡ya lo estamos decidiendo! Yo siempre le digo a aquellos jóvenes que discipulo de cerca: Ahora es tiempo de luchar contra los malos hábitos que existen en nuestras vidas y suplantarlos por los buenos. Si no lo hacemos ahora, cuando seamos adultos va a resultar mucho más difícil. Cuando seamos adultos van a haber pasado muchos años de vivir lo mismo, al punto que esos hábitos se habrán vuelto nuestra rutina de vida, nuestra forma de ser. Si desde ahora hacemos de cada disciplina un hábito, seremos capaces de mantener el fuego en su punto máximo. Así aguantaremos los tiempos de fríos intensos y hasta sobreviviremos a los vientos que intenten apagarnos. En la vida espiritual hay que saber mantener el fuego encendido, y nadie puede hacer eso por nosotros.

No permitas por nada del mundo que tu vida espiritual se extinga. Cuídala con las disciplinas espirituales y estará segura a pesar de las crisis. Aviva tu fuego.

Al límite

¿Cómo puedo mantener mi fuego encendido?
¿Estoy haciendo algo que puede apagarlo?

Encuentro

Aviva hoy mi fuego, Señor. Gracias por darme cada día oportunidades de acercarme a tu calor. En Cristo Jesús. Amén.

Lo que yo busco
en un líder

Mateo 20:25-28

*Jesús los llamó y les dijo: —Como ustedes saben, los gobernantes
de las naciones oprimen a los súbditos, y los altos oficiales abusan
de su autoridad. Pero entre ustedes no debe ser así. Al contrario,
el que quiera hacerse grande entre ustedes deberá ser su servidor,
y el que quiera ser el primero deberá ser esclavo de los demás;
así como el Hijo del hombre no vino para que le sirvan,
sino para servir y para dar su vida en rescate por muchos.*

Hoy te hago una confesión personal. El señor me ha permitido ser
pastor en distintos países y también liderar una organización que
tiene oficinas en diversas ciudades. Considero un privilegio el
hecho de que hoy algunas personas me escriban ofreciéndose a trabajar
con Especialidades Juveniles. Pero una de las maneras que utilizo para
encontrar líderes potenciales es «mirar desde arriba, mirar hacia las
esquinas y mirar por los alrededores».

El *mirar desde arriba* es ver quién está haciendo el trabajo que otra persona cree que es inferior como recoger la basura, apilar las sillas y limpiar.
Cuando miro *hacia las esquinas*, espero ver jóvenes alcanzando a los que
no se relacionan con nosotros o a los estudiantes tímidos, los que están en
las esquinas y se mantienen apartados de la multitud. Y cuando todo
parece encajar, *miro por los alrededores* para ver quién se ha quedado por
detrás buscando una oportunidad que nadie le ha dado.

Si nos basamos en el modelo de Jesús, liderar debe incluir servir todo el
tiempo. El servicio es una característica no negociable del liderazgo cristiano. Por eso, cuando elijo jóvenes con los que trabajar, antes que buscar
las cualidades que el mundo siempre festeja, como la simpatía o la habilidad para manejar un micrófono, busco una actitud de servicio.

Al límite

*¿Por qué una actitud de servicio es una cualidad del líder cristiano?
¿A qué tipo de tareas le huyo en la iglesia?*

Encuentro

*Señor, quiero darte la gloria en todo lo que hago. Ayúdame a ser la clase
de líder que tú deseas para así poder influenciar en otros como lo hubiera
hecho Jesús.*

Grito de libertad

límitE

1 Corintios 7:21

¿Eras esclavo cuando fuiste llamado? No te preocupes, aunque si tienes la oportunidad de conseguir tu libertad, aprovéchala.

Napoleón estaba invadiendo España y al rey Fernando VII se le venía la noche. Las colonias no estaban con muchas ganas de pelear a su lado y de repente en toda la América latina, casi simultáneamente, comenzaron a proclamarse gritos de libertad. Uno de los primeros ocurrió el 25 de mayo de 1810 en Argentina.

En 1808, en Chile ya se quería tener un gobierno propio, aunque la intención no duró mucho; y para 1809, en Perú también surgieron movimientos emancipadores aunque no lo suficientemente fuertes. Pero en 1810, con los barcos ingleses, llegó a Buenos Aires la noticia de que el rey Fernando VII había caído en desgracia y Cisneros, el virrey del Río de la Plata, tembló. Rápido como era, intentó asegurarse el dominio de la situación, tratando de convencer a Saavedra, un militar que mandaba sobre las tropas de Buenos Aires, que lo protegiera. Pero él le aclaró que las tropas no iban a mover un solo dedo para mantener con vida al virreinato, sino todo lo contrario. Fue así como se convocaron a reuniones en un lugar llamado el Cabildo y en el amanecer nublado y lluvioso de un 25 de Mayo (como casi todos los 25 de mayo en Argentina), se derrocó al virrey y se dio el primer grito de libertad con relación a España.

Algo similar puede ocurrir hoy con nosotros. Jesucristo ha derrotado al príncipe de este mundo, y nosotros tenemos la posibilidad de apoderarnos de nuestra libertad. Podemos derrocar a los virreyes del pecado y dar un grito de libertad que ocasione una oleada de otros gritos emancipadores a nuestro alrededor.

Al límite

¿Sobre qué virreyes necesito libertad?
¿Cómo puedo beneficiarme con la victoria de Cristo sobre Satanás?

Encuentro

Querido Dios, gracias por la victoria de Cristo en la cruz del Calvario. Gracias porque en tu poder encuentro la capacidad de vencer aquellos poderes que me quieren oprimir. Me revisto ahora de la victoria de tu Hijo sobre el pecado para vencer los míos propios.

Voces

2 Timoteo 2:15

Esfuérzate por presentarte a Dios aprobado, como obrero que no tiene de qué avergonzarse y que interpreta rectamente la palabra de verdad.

S e dice que un intrépido explorador se encontraba en lo más denso de la selva del Amazonas cuando se encontró rodeado de unos fieros caníbales. Así que pensó para sí mismo: *«Estoy frito»*. De repente, y de la nada, escuchó una voz que decía: *«No, hijo mío, no estás frito. Toma esa roca que está a tus pies y golpea al jefe caníbal que viene al frente del grupo»*.

El explorador tomó la piedra y atacó al jefe. Luego del segundo golpe el jefe cayó al suelo inmóvil, obviamente muerto, mientras el resto de los caníbales formaban un círculo alrededor del explorador.

Cuando este los miró se oyó nuevamente la voz que ahora decía: *«Muy bien, hijo mío. Ahora sí definitivamente estás frito…»*

Ja, ja, cuando buscamos consejo ante situaciones difíciles, no todas las voces que aparentemente vienen del cielo son la voz de Dios. Hoy se escuchan muchas voces que aparentemente hablan de parte de Dios, y entonces se hace difícil diferenciar cuando Dios nos está hablando o cuando se trata de que el predicador está emocionado y habla por decir algo en público.

La mejor manera de estar seguros de escuchar a Dios es constatar esas voces a la luz de lo que ya sabemos que es Palabra de Dios. Dios nos reveló su voluntad en la Biblia y nada de lo que hoy escuchemos debe contradecir lo que ya fue escrito allí.

Al límite

¿Cómo evalúo las distintas voces que escucho?
¿Qué necesito conocer para interpretar rectamente la verdad?

Encuentro

Querido Dios, gracias por las revelaciones y gracias porque nunca te contradices. Gracias por la Biblia y tu Santo Espíritu que siempre quieren guiarme a lo mejor. Dame la capacidad de escuchar tu voz en medio de otras voces.

La mochila del oro

Mateo 6:20

*Más bien, acumulen para sí tesoros en el cielo,
donde ni la polilla ni el óxido carcomen,
ni los ladrones se meten a robar.*

Se dice que sabiendo que pronto iba a morir, un hombre muy rico convirtió todos sus bienes en lingotes de oro, los puso en una mochila, se los amarró al cuerpo y esperó su último suspiro.

Cuando se despertó estaba en los portales del cielo. San Pedro lo recibió en la puerta y con una mirada curiosa le preguntó que traía pegado a su cuerpo.

Antes de que el hombre atinase a responder, San Pedro continuó:

—No se puede traer nada de la tierra al cielo.

—Por favor, señor —le suplicó el hombre angustiado—. Estos son todos mis bienes y significan mucho para mí.

—Lo siento amigo —dijo Pedro—. Si quieres apegarte a tus pertenencias tendrás que ir al otro lado. Pero créeme que no desearías ir ahí.

—Bueno, pero no dejaré esta mochila —replicó el hombre ya enojado.

—Entiendo. Haz como quieras —le contestó entonces Pedro— Tu decisión ya ha sido tomada. Ahora déjame por curiosidad ver lo que tienes ahí.

El hombre, ahora feliz, dejó que Pedro mirase dentro de su mochila.

—¿Me entiendes ahora? —replicó el hombre.

Pedro con cara de confusión le contestó: —¿Estás dispuesto a cambiar el cielo por un poco de pavimento? De oro son las calles de este lugar.

Al límite

¿Cuán apegado estoy a los bienes materiales?

Encuentro

Querido Dios, quiero acumular tesoros en el cielo, donde estás haciendo morada para mí. Enséñame a administrar mis bienes como tú lo harías.

La cerca

Romanos 5:1-2

En consecuencia, ya que hemos sido justificados mediante la fe, tenemos paz con Dios por medio de nuestro Señor Jesucristo. También por medio de él, y mediante la fe, tenemos acceso a esta gracia en la cual nos mantenemos firmes. Así que nos regocijamos en la esperanza de alcanzar la gloria de Dios.

William Barclay escribió acerca de un grupo de soldados que había perdido a un amigo en una emboscada durante la segunda guerra mundial. Luego de la batalla buscaron un lugar para enterrar a su colega y encontraron un cementerio en una pequeña iglesia que estaba protegida por una cerca blanca.

Cuando se acercaron al sacerdote, él les preguntó si su amigo muerto era católico. *«No, no lo era»*, respondió uno de los soldados. *«Lo siento»*, dijo entonces el sacerdote. *«Nuestro cementerio está reservado para miembros de la santa iglesia católica. Si quieren pueden enterrarlo en la parte de atrás del otro lado de la cerca»*. *«Gracias padre»*, dijo por respeto otro de los soldados y fueron a enterrarlo.

Cuando la guerra terminó, varios de esos soldados quisieron despedirse de su amigo caído. Se acordaban de la ubicación de la iglesia y de la tumba que habían cavado del otro lado de la cerca, pero no podían encontrar el lugar exacto. Finalmente fueron al sacerdote y le preguntaron si sabía donde estaba la tumba en la que habían enterrado a su amigo. Él les explicó: *«Cuando ustedes partieron me remordió la conciencia por lo que había pasado»*. *«¿Movió usted la tuba?»*, le preguntó uno de los soldados. *«No, moví la cerca»*.

¿No es eso exactamente lo que Dios hizo por nosotros? No merecíamos ir al cielo después de la muerte. Pero Dios decidió correr la cerca y dejarnos pasar la vida eterna en el lugar de mayor privilegio.

Al límite

¿Cómo puedo estar seguro de tener acceso a la vida eterna?

Encuentro

Querido Dios, gracias por perdonar mis pecados y librarme del juicio eterno. Gracias por la vida después de la muerte y la seguridad que podemos tener de ir al cielo. Gracias por haber corrido la cerca por mí.

Familias no tan ideales pero especiales

Efesios 6:1-4

Hijos, obedezcan en el Señor a sus padres, porque esto es justo.
«Honra a tu padre y a tu madre —que es el primer mandamiento con
promesa— para que te vaya bien y disfrutes de larga vida en la tierra».
Y ustedes, padres, no hagan enojar a sus hijos, sino críenlos
según la disciplina e instrucción del Señor.

La lectura de Génesis prueba que aun en tiempos bíblicos la gente luchaba por llevarse bien con sus familias. La cosa no ha cambiado mucho en unos pocos miles de años, ¿no te parece? Y pensabas que eras la única persona frustrada con su hermanito…

Algunas veces parecería que en casa no hay esperanza, pero Dios nos dio familia para que pudiéramos cuidarnos unos a otros. Tal vez muchos han luchado con sus hermanos y hermanas, pero luego se dieron cuenta de que los amaban. Quizás algún otro les mintió a sus padres y tenía temor de su reacción, solo para descubrir lo mucho que se preocupaban por él.

Vivir en familia demanda algo de entrega de parte de todos, incluso de la nuestra. «Honra a tu padre y a tu madre...», dice Efesios. También señala: «Y ustedes, padres, no hagan enojar a sus hijos...» ¡Apuesto a que tus padres nunca mencionan eso! «Honrar» puede resultar difícil, especialmente si tu mamá y tu papá no son perfectos, y por supuesto no lo son. Pero tú tampoco. Así que, hónralos de todos modos. Piensa en algo por lo cual tus padres deben ser honrados. ¿Trabajan duro para poner comida sobre la mesa? ¿Hacen lo mejor que pueden para proveerte ropa? Tal vez tengas que pensarlo por un rato. Quizás lo hayan hecho hace un tiempo. Pero tus padres merecen algún tipo de honor y respeto de tu parte. Recuerda que la Biblia nos dice que tenemos que hacerlo, y nos hace una hermosa promesa para el futuro si seguimos las instrucciones.

Al límite
¿De qué manera mis padres me han mostrado su cariño?
¿Qué puedo hacer el próximo fin de semana para ayudarlos?

Encuentro
Querido Dios, gracias porque aunque mi familia no es la ideal,
es especial para ti y para mí. Enséñame a tener más respeto por
mis padres, a mostrarles mi agradecimiento por lo que han hecho
y a honrarlos cuando fuere justo.

Dejar todo y usar la fe

Eduardo Lebron
Santo Domingo, Republica Dominicana

Génesis 12:1
El Señor le dijo a Abram:
«Deja tu tierra, tus parientes y la casa de tu padre,
y vete a la tierra que te mostraré.

uando termines de leer esta meditación de hoy, prepara una maleta con tus cosas, deja los estudios, el trabajo y cualquier otra cosa que estés haciendo, toma tu mascota y vete de tu casa. Olvídate de tus padres, hermanos y amigos y sal a solas. Toma un taxi tan pronto termines de leer y deja todo atrás. Luego veremos a dónde vas.

¿Harías eso por mí? ¿Por qué no? Eso fue lo que hizo Abraham ¿Por qué tú no? A veces pienso que Dios me dice: «Tengo cosas increíblemente grandes preparadas para ti. Tengo ministerios, te doy oportunidades, te abro puertas y no las tomas por tu falta de fe». Así de clarito siento su voz. Nuestra falta de fe puede impedir que pasemos a otro nivel, al que Dios quiere llevarnos. Tal como hizo con Abram.

¿Estamos preparados para retos más grandes o solo los anhelamos en un momento de emoción pero no pensamos en el costo que ellos implican? Yo me pregunto: ¿obedecería a Dios en algo como esto? ¿O me falta fe? Si le creemos a Dios, veremos cosas grandes en nuestra vida, tal y como sucedió con Abram. Luego de dejar todo fue llamado *el padre de la fe* puesto que le creyó a Dios y eso le fue contado por justicia.

Al límite

¿Qué cosas le creo a Dios y cuáles me cuesta creerle?
¿Estaría dispuesto a dejarlo todo por él?
¿Qué esta impidiendo que mi fe se desarrolle?

Encuentro

Amado Señor, agradezco que te hayas fijado en mí y que me tomes en cuenta para cosas grandes. Ayúdame a creer en ti cada día más, aumenta mi fe para alcanzar aquellas cosas para las que me creaste. Que otros puedan ver en mí una persona que se mueve en fe.

Un milagro llamado Joel

Salmos 16:10-11

No dejarás que mi vida termine en el sepulcro; no permitirás que sufra corrupción tu siervo fiel. Me has dado a conocer la senda de la vida; me llenarás de alegría en tu presencia, y de dicha eterna a tu derecha.

Joel Sonnenberg tenía solamente veintidós meses cuando un camión se estrelló contra el automóvil de su familia causando una explosión que dejó su cuerpo casi completamente quemado. En el accidente perdió sus orejas, su mano izquierda, los dedos de la derecha y piel de su cráneo. Además de habérsele deformado completamente el rostro.

Hace un tiempo tuve el gusto de conocer personalmente a Joel y hablamos acerca de la oración. Él me contó que en los días siguientes al accidente, como había quedado tan quemado, algunos de sus seres queridos oraban para que él viviera y otros para que muriera. Puede parecer muy cruel, pero la oración de quienes pedían por su muerte estaba llena de compasión.

Joel no se acuerda nada del accidente pero vive las consecuencias a diario. Las pericias que se hicieron del accidente, confirmaron que Reginal Dort chocó el automóvil de Joel y su familia a propósito. Lo hizo queriendo lastimar al conductor del automóvil que estaba en frente de ellos parado en el puesto de peaje. Dort escapó de la búsqueda de la policía y fue encontrado recién, dieciocho años después.

Todo en la historia de Joel parece increíblemente trágico. Sin embargo, Joel fue un estudiante estrella y hasta un deportista destacado. Cuando supo que atraparon a quien causó el accidente no pudo más que volver a sentir el perdón que había decidido darle hacía tiempo. Hoy ha terminado un master en la Columbia International University y cuenta su testimonio por el mundo bendiciendo a miles con el amor de Jesucristo.

Al límite

¿Qué «tragedias» de mi familia o mi pasado suelen detenerme?
¿Qué me hace sentir el testimonio de Joel?

Encuentro

Querido Dios, gracias porque contigo hasta la peor tragedia puede convertirse en un testimonio de tu misericordia. Gracias por personas como Joel, que teniendo tantas desventajas, han decidido perdonar y destacarse de todos modos.

Nuevos comienzos

Salmos 118:24

Éste es el día en que el Señor actuó;
regocijémonos y alegrémonos en él.

C ada día es un nuevo comienzo. No sé cuánto falta para tu próximo cumpleaños, pero lo cierto es que este día nunca más volverá a repetirse.

Eso es lo que hace que cada uno resulte vital para el futuro del resto de nuestros días. Hay que aprovecharlo y para eso tenemos que cobrar fuerza y volver a proponernos sueños y logros por alcanzar. También tenemos que renovar el compromiso y trabajar hoy de la manera más inteligente posible para que el mañana se presente más prometedor. Todos los días se abre una flor, nace una mascota y un cantor. Podemos hacer que algo nazca hoy, que haya un nuevo comienzo y una nueva experiencia. Es posible que hoy empiece una amistad y hasta hoy puede ser el día en que encontremos al amor de nuestra vida al dar vuelta a la esquina.

Alguien me dijo que los compromisos más fuertes en la vida de las personas son aquellos que se hacen día tras día, una y otra vez. A cada momento estamos poniendo nuestros compromisos en juego y nuevamente tenemos que decidir si hacer lo que sabemos que es correcto o inclinarnos a lo contrario. Una y otra vez tendremos que acercarnos al Señor y depositar nuevamente nuestra confianza en él. Pensemos en las decisiones que tomamos en este año sin importar si hasta ahora hemos hecho algo al respecto; revisemos cada buena decisión que recordemos haber tomado y elijámosla nuevamente.

Al límite

Toda gran decisión es una suma de pequeñas decisiones que tomamos una y otra vez. ¿Con cuáles de mis decisiones y proyectos para este año tengo que comprometerme de nuevo?

Encuentro

Gracias, Señor, por cada nuevo día. Gracias por la infinidad de posibilidades que cada día trae consigo. Dame fuerza para seguir cumpliendo los proyectos que me has dado.

Ella lo tenía todo

Lucas 8:17

*No hay nada escondido que no llegue a descubrirse,
ni nada oculto que no llegue a conocerse públicamente.*

Se han escrito más de trescientas biografías y una infinidad de documentales acerca de ella. Su verdadero nombre era Norma Jeane Baker y nació el primero de Junio de 1927 en la ciudad de Los Ángeles. En 1946 decidió cambiarse el nombre por Marilyn Monroe. Marilyn, aparentemente, llegó a tenerlo todo. Era la mujer más admirada de su tiempo. Tenía belleza, fama, dinero y todo lo que humanamente podría haber deseado. Firmaba fuertes contratos con los estudios cinematográficos más grandes y se relacionaba personalmente con los personajes más poderosos de su época. Sin embargo, el 5 de agosto de 1962, ocurrió lo que solo sus allegados más íntimos hubieran podido imaginar: Marilyn fue encontrada muerta en la habitación de un hotel a causa de una sobredosis de calmantes. Evidentemente, la que sentía que no tenía nada era Norma. Marilyn había sido una figura, un personaje creado con mucho esmero. Constituía solo la antesala de Norma en la realidad. Mientras Marilyn sonreía para los flashes de las fotos que aparecerían en las revistas, Norma se miraba al espejo, avergonzada por su vida. Cuando Marilyn subía a los grandes escenarios, Norma bajaba a las profundidades de la depresión porque, evidentemente, se sentía vacía en su interior. A muchos artistas les gusta crear una Marilyn. Una imagen ficticia, mejor y más feliz de lo que ellos mismos son en la realidad. La mayoría de las veces no es solo culpa de ellos. Hay toda una sociedad y una industria que necesita de estos personajes para hacer dinero o proyectar en ellos todo lo que la gente ansía vivir. En muchas ocasiones nosotros también caemos en el engaño de tratar de parecer lo que no somos. Conozco muchos adolescentes que cambian de máscara según la persona con la que se encuentren. Lamentablemente, Norma no pudo esconderse detrás de la máscara de Marilyn y tampoco lo lograremos nosotros. La gran noticia que tengo para darte es que no hace falta crear una Marilyn para ser feliz. Dios te ama así, tal cual eres, y de su mano puedes ser una persona real sin necesidad de crear imágenes ficticias. No vivas de las apariencias. Solo Dios llena el vacío más grande que hay en el corazón.

Al límite

*¿Por qué a veces pretendemos ser alguien que no somos?
¿Qué es lo que verdaderamente puede llenarnos de vida?*

Encuentro

Querido Señor, quiero ser una persona sincera y real. No es necesario crear una falsa imagen de lo que soy. Gracias porque puedo entregarte todo y tú siempre me recibes como soy.

La meta

Filipenses 3:14
*Sigo avanzando hacia la meta para ganar el premio que Dios
ofrece mediante su llamamiento celestial en Cristo Jesús.*

Delante de nosotros existe una meta que es también un premio: imitar a Jesús. Cada cristiano tiene la misión de vivir con los valores que Cristo enseñó. Tenemos la meta de hacer lo que él hubiera hecho en las situaciones que nos toca vivir. La cuestión del premio es doble. Por un lado hay un premio instantáneo. Parecernos a Jesús significa ser del tipo de gente que ama desinteresadamente y vive la vida según el propósito de Dios. En otras palabras, podemos decir lisa y llanamente que nos convertiremos en personas exitosas. Cuando nos parecemos a Jesús somos diferentes de la mayoría. Nos destacamos y somos altamente apreciados por el resto de las personas. Piénsalo por un momento: Alguien que se detiene a curar al que está dolido, que se sacrifica por otros, que vela por sus amigos, es sin duda alguien muy amado. Claro que no siempre la gente actúa como lo esperamos. Eso también le pasó a Jesús. Pero al menos experimentamos el éxito interior de tener la conciencia tranquila y vivir con sumo gozo. También existe un premio que tenemos que esperar. Se trata de una corona diseñada en el taller de los cielos (1 Pedro 5:4). ¡Sí! Cuando hacemos la meta de nuestra vida el parecernos a Jesús, seremos premiados por Dios al llegar a la morada celestial.

Al límite

¿Es mi meta ser como Jesús?
¿Qué puedo hacer al respecto?

Encuentro

Querido Rey, quiero cada día ser más como Cristo. Quiero apuntar mi vida a esa meta y poder disfrutar de todos los premios.

Denominación gatuna

1 Corintios 1:10
Les suplico, hermanos, en el nombre de nuestro Señor Jesucristo, que todos vivan en armonía y que no haya divisiones entre ustedes.

El diácono de una iglesia bautista recibió el llamado de una mujer bastante alterada y muy entristecida por la muerte de Roger, su gato, cierto día en que el pastor no estaba. Ella quería que el diácono realizara un servicio fúnebre por el gato en el jardín de su casa esa misma tarde. El diácono enseguida pensó que la mujer no tenía todos los jugadores en el equipo de su cerebro y trató de evadirla explicándole que estaba muy ocupado. Como la mujer insistía, no se le ocurrió mejor idea que darle el número del pastor de la iglesia pentecostal del pueblo. Luego se enteró que en la iglesia pentecostal le habían recomendado la iglesia metodista y que la iglesia metodista, a su vez, le había recomendado llamar a las asambleas. Como una hora después, la mujer llamó nuevamente a la iglesia bautista más enojada y desesperada que antes. Lloraba diciendo: «En mi casa éramos todos miembros de su iglesia, pero no puedo conseguir nadie que quiera hacer el funeral de mi querido Roger, que era como un hijo para mí; yo estoy dispuesta a pagar mil dólares al que lleve a cabo la ceremonia». Hubo un silencio en el teléfono y del otro lado se escuchó: «¡Hubiera empezado por decirme que su gato era bautista!» Bautistas, no se enojen, ¡es solo una historia real!

Fuera de broma, cuántas veces se ha usado el denominacionalismo como una excusa para tapar otros intereses. La iglesia de Cristo es una sola y no debemos usar nuestros intereses personales para levantar o rebajar a los distintos miembros del cuerpo de Cristo. Se dice que nuestra generación es de características posdenominacionales. Es decir, que ya está más allá de las barreras denominacionales tan grandes que había hace unos años. ¡Gloria a Dios si es así! Todos debemos trabajar por la unidad de la iglesia.

Al límite
¿Cómo puedo respetar a otras denominaciones cristianas?

Encuentro
Querido Señor, perdónanos por las veces en que nuestras denominaciones solo sirven para encubrir intereses de líderes egoístas. Yo quiero ser alguien que luche por la unidad de la iglesia.

Tratamiento de belleza

Ester 2:12

*Para poder presentarse ante el rey, una joven tenía que completar
los doce meses de tratamiento de belleza prescritos: seis meses
con aceite de mirra, y seis con perfumes y cosméticos.*

¿Quieres ser una persona bella y atractiva? ¿Qué puedes hacer además de ir al gimnasio, hacer dieta y bañarte en crema del Nilo? ¿Qué tal un tratamiento estético del alma? La Biblia da varias recetas de belleza. En el caso de la reina Ester, estaba bien claro cuál era el tratamiento ideal para una reina. Aceites, perfumes y cosméticos ya eran parte de la receta obligatoria de aquel entonces, y de alguna manera lo siguen siendo hoy. El aceite de mirra era utilizado para sanar cualquier herida y suavizar la piel. Sin lugar a dudas, estar sanos es muy importante para ser atractivos. De igual manera, si no sanamos nuestras heridas internas, dejaremos de ser personas atractivas. El perdón es una especie de aceite sanador. Las personas que albergan reproches, rencores y están llenas de venganza tarde o temprano se enferman. Su personalidad no ha sido suavizada por el perdón y sus asperezas se notan demasiado. Los perfumes refrescan el ambiente, gustan y llaman la atención. La alabanza se parece mucho a un perfume. Las personas que encuentran fácilmente la oportunidad de decirle algo lindo a los demás, son personas que cambian el ambiente, gustan y llaman la atención. Cuando nuestro corazón sabe expresar alabanza, las demás personas se sienten atraídas porque las hacemos sentir mejor. Tampoco pueden faltar los cosméticos. Estos sirven para remarcar los puntos salientes y disimular los defectos. Las personas que se esfuerzan por multiplicar sus virtudes y, de igual manera, superar sus debilidades son personas cuyo carácter despierta admiración. Observemos a los deportistas o a los artistas que se destacan, y notemos cuánto más atractivos los hace verse la actividad que realizan. Si no fueran lo que son, serían gente estándar, pero como hay algo en lo que se destacan, parecen más hermosos. A veces perdemos demasiado tiempo en arreglar lo exterior cuando, a fin de cuentas, lo que está adentro determina mucho más lo atractivos que somos.

Al límite

¿Cómo puedo ser una persona más bella interiormente?
¿Qué puedo aplicar de este devocional?

Encuentro

*Querido Señor, entiendo que debo ser una persona hermosa por dentro para
ser también una persona atractiva en todo sentido. En este tiempo quiero
concentrarme más en la belleza interior que en la que se ve a simple vista.*

Marcar la diferencia

VIRGINIA REYES AVILÉS / COSTA RICA

Jeremías 1:7-8

Pero el SEÑOR me dijo: «No digas: "Soy muy joven", porque vas a ir adondequiera que yo te envíe, y vas a decir todo lo que yo te ordene. No le temas a nadie, que yo estoy contigo para librarte».

Esta fue una palabra que me ayudó desde el principio para mantenerme con firmeza en los caminos del Señor. Donde a veces produce más miedo el ser cristiano es en el mundo de los jóvenes; y debido a eso, «nuestra juventud» es una de las excusas más comunes que le damos a Dios cuando nos pide nuestra boca para predicar, nuestra vida para evangelizar y nuestro cuerpo para dar ejemplo de santidad. Pero ya se terminó el tiempo de poner excusas. Esto debe terminar para que marquemos una diferencia como jóvenes cristianos. Dios nos ha dado una promesa de oro, que nos acompañará siempre, ante toda situación, ante cualquier persona. Es cierto que en muchos lugares se podrán burlar de nosotros o tratarán de humillarnos, pero la promesa de Dios está presente. Él nos acompañará en todo momento y no nos dejará caer ante la humillación de los que no creen en él. Apártate para Dios, busca ser diferente de los que caminan en la oscuridad ya que lo que Dios tiene preparado para nosotros es vida eterna, pero a aquellos que van por el otro camino solo les espera la muerte eterna. Personalmente, llevo cuatro años luchando por ser diferente, por guardarme para Dios, y créeme, son infinitas las bendiciones que él ha derramado en mi vida. Junto a él soy feliz; no creas que soy perfecta, tampoco que no me gusta divertirme con mis amigos, porque sí lo hago, y disfruto de mi juventud, pero siempre me cuido de seguir los mandatos de Dios y permanecer en su Palabra. Tengo muchas ganas de continuar mi camino a su lado. ¡Vamos! Atrevámonos ya mismo a ser diferentes. ¡Es posible! Es un desafío; por eso es solo para vencedores. Demuéstrale al mundo y en especial a ti mismo que sí puedes.

Al límite

¿Cuál es tu proyecto de vida? ¿Qué planes tiene Dios para tu vida? ¿Estás dispuesto a seguir la voz de Dios y a diferenciarte del resto?

Encuentro

Señor, quiero darte gracias por permitirme conocerte y hacerme parte de los jóvenes del mundo que te siguen. Padre santo, quiero pedirte la gracia, la sabiduría y la fuerza para mantenerme en tus caminos. Ayúdame a ser capaz de caminar a tu lado sin miedo a lo que puedan decir o pensar de mí. Ayúdame a llevar una vida diferente, a guardar mi cuerpo, mi espíritu y mis palabras para ti. Estoy dispuesta a tener fe en tu promesa. Amén.

¿A quién me parezco?

Sahily Reyes
Caguas, Puerto Rico

Salmo 139:14

¡Te alabo porque soy una creación admirable!
¡Tus obras son maravillosas, y esto lo sé muy bien!

Desde que tengo uso de razón, no me gusta mi cabello. Si al menos fuera rizado o completamente lacio, yo sería feliz. Pero, ¡es que no tiene forma! Durante toda mi adolescencia, mi pelo ha sido motivo de muchos complejos, incertidumbres, y lágrimas. Para algunos esto podría resultar un detalle insignificante, pero para mí era (y a veces sigue siendo) un asunto muy serio y molesto. Mi cabello marcó tan solo el principio de una cantidad de inseguridades que llegué a sentir a causa de mi apariencia física.

En Génesis, la palabra de Dios establece que fuimos hechos a la imagen y semejanza de nuestro Señor. En el Salmo 139, David reconoce que el Señor lo observaba y lo había formado desde que estaba en el vientre de su madre. En ese mismo salmo, David eleva alabanzas a Dios por su creación más admirable: ¡él mismo! David reconoce que es una creación maravillosa, hecha por las mismísimas manos de Dios. Aun las cosas que no le agradan de sí mismo están hechas por Dios con un propósito en particular. Imagínate: si mi pelo no fuese como es, hoy no tendría esta experiencia para compartir contigo.

Es bueno meditar en esta verdad poderosa. De seguro hay algunas cosas que quisiéramos eliminar de nuestra apariencia. Pero debemos permitirle al Señor trabajar con estas áreas de nuestra vida. Cuando te sientas inseguro acerca de cómo te ves, recuerda que Dios te hizo a su imagen; te pareces a tu Padre que está en el cielo.

Al límite

¿Cómo me siento con respecto a mi apariencia física? ¿Necesito que Dios trabaje esta área de mi vida?

Encuentro

Amado Señor, te doy gracias porque fui hecho para parecerme a ti. Te doy gracias por lo que soy, y aun por las cosas de mi apariencia que no me agradan. Te pido que traigas a mi vida la seguridad y la convicción de saber que soy una creación admirable, porque tú mismo me formaste. En el nombre de Jesús. Amén.

Cuando no damos más

Mateo 11:28
Vengan a mí todos ustedes que están cansados
y agobiados, y yo les daré descanso.

Muchas veces nos gustaría cambiar el canal y aparecer en una comedia. Decimos: *«¡Estoy harto de mis padres!» «¡No aguanto a mi hermana!» «¿Por qué no existo para el chico que me gusta?» «Parece que esta cara me la hubiera ganado en un sorteo».* Y nos llenamos de rabia, y más tarde de depresión. El diccionario define la depresión como un estado emocional que se caracteriza por sentimientos de incapacidad, desesperación, cansancio, melancolía, tristeza y hasta inactividad (como el encerrarnos en nuestro cuarto eternamente). En los años que llevo como pastor de jóvenes pude diferenciar tres razones que llevaban a mis amigos adolescentes a deprimirse. *Circunstancias negativas*: situaciones de corta duración en las que las cosas no salen como esperamos. Varias veces me tocó experimentar estas situaciones personalmente (No soy supersticioso, pero cierto año de mi vida fue como si se me hubieran cruzado setecientos gatos negros que hacían fila para burlarse de mí). A todos nos ocurre, y es parte de la vida diaria. *Realidades a largo plazo*: Se refiere a circunstancias que nos acompañan por un largo tiempo, quizás desde que nacimos. Muchos viven preguntándose por qué les tocó vivir determinada realidad y no pueden superar un estado de depresión crónico por algo que les sucedió. *Pecado*: Cuando el pecado hace nido en nuestra vida, resulta muy probable que Satanás nos persuada para que vivamos una doble vida. A veces se puede engañar a los demás por un tiempo. Pero la conciencia nos molesta y la presión que ello ejerce sobre nosotros nos llena de tristeza. Jesús nos dejó una hermosa promesa para cuando estamos deprimidos. Ya sea que nos tiren abajo las circunstancias negativas o las realidades difíciles de cambiar, podemos correr a Jesús con la seguridad de que él nos va a recibir con los brazos abiertos. En él encontraremos descanso, él nos ama incondicionalmente, nos entiende perfectamente y puede hacer una diferencia eterna en nuestra vida.

Al límite
¿Qué cosas me deprimen? ¿Adónde puedo ir para encontrar ayuda?

Encuentro
Querido Jesús, gracias por entenderme. Fuiste rechazado y lloraste porque el amor que tenías por los tuyos no siempre fue correspondido. Gracias porque puedo venir a ti con la confianza de que me recibes con amor y paciencia. Ahora quiero traerte mis cargas y tristezas (nómbralas) y dejarlas a tus pies.

límite

Lo que realmente necesitamos

Sebastián Spagnoli / Olivos, Argentina

Marcos 2:5
Hijo, tus pecados quedan perdonados.

Un amigo salía de su trabajo cuando se encontró con un mendigo y sintió en su corazón que debía darle algo. Solo tenía un billete de cincuenta pesos, pero sin pensarlo se lo dio. Después se percató de que no tenía dinero para llegar a su casa. Con mucha fe se acercó a la parada del autobús pidiendo en silencio a Dios por una moneda para viajar. Luego de buscar un rato por el piso y no encontrar su moneda, decidió ir hasta la próxima parada, siempre mirando hacia abajo, seguro de que encontraría su moneda para volver a casa, su Señor no lo desampararía, pensaba. Después de una hora, y luego de haber recorrido varias paradas de transporte público, un hombre le pidió que lo ayudara a empujar su auto. Cuando consiguieron arrancarlo, después de un empujón, el conductor le preguntó hacia dónde se dirigía y, ¡oh, casualidad!, vivían cerca. Él había pedido durante horas por una moneda para el colectivo y Dios le tenía preparado un auto que lo llevaría justo hasta la puerta de su casa. Esta misma historia está relacionada con algo que ocurrió hace más de dos mil años. Jesús estaba en Capernaúm, predicando, y la casa estaba abarrotada de gente. Un paralítico había sido llevado por sus amigos a ver al que hacía milagros. Al no poder entrarlo por la puerta ni a través de las ventanas, los amigos subieron al paralítico al techo, y haciendo una abertura en él, lo bajaron justo enfrente de Jesús. Él se conmovió con esa demostración de fe, y le dijo: «Hijo, tus pecados quedan perdonados». El paralítico fue por sanidad y también encontró el perdón. Jesús no se conforma con una simple sanidad del cuerpo, él quiere sanar nuestra alma. En 2 Corintios Dios dice: «Lo visible (el cuerpo) es temporal, más lo invisible (el alma) es eterno». El paralítico quería escuchar: «Estás sano» y Jesús le dijo: «Estás perdonado». Él se conformaba con caminar y Jesús quiso darle vida en abundancia. Así es nuestro Dios: nos da más de lo que pedimos. Nos da lo que realmente necesitamos.

Al límite
¿Me conformo con monedas o espero lo que Dios tiene preparado para mí? ¿Por qué Dios insiste en darme aquello que realmente necesito, y no simplemente lo que le pido?

Encuentro
Gracias, Rey, por darnos tantas veces más de lo que te pedimos o merecemos. Gracias por conocer mis necesidades más íntimas. Sé, Señor, que estoy en buenas manos junto a ti.

Junio 10

Salir a pescar

Mariacarmina Arzón
Humacao, Puerto Rico

Romanos 10:14

*Ahora bien, ¿cómo invocarán a aquel en quien no han creído?
¿Y cómo creerán en aquel de quien no han oído?
¿Y cómo oirán si no hay quien les predique?*

Había un grupo de pescadores que tenía un crucero gigante. Contaba con piscinas, servicio de masajes, tiendas, máquinas de entretenimientos; en fin, todo lo necesario para pasar unas tranquilas vacaciones. Se levantaban, desayunaban y se ponían a orar para que los peces vinieran a ellos y de ese modo los pudieran pescar. Luego se dirigían a la piscina y se sentaban en una silla mirando al mar esperando ver un pececito, pero muchas veces se quedaban dormidos hasta que llegaba la hora del almuerzo y con barriguitas llenas intentaban despejarse un rato, después de cumplir con esa «cargada agenda». Para hacer el cuento corto, lo que menos hacían era pescar. Si veían un pescado era porque el capitán se los traía para el almuerzo. Un día se desató una tormenta con truenos y trombas marinas. Se cortó la luz en las habitaciones, así que decidieron irse a un lugar más seguro, que terminó siendo el almacén. Luego de un aburrido rato de mirarse unos a otros, se percataron de que allí había un cofre viejo lleno de polvo y telas de araña. Al lado del cofre había una carta escrita por un viejo capitán. Abrieron el cofre y encontraron una caña de pescar, un conjunto de anzuelos, una red, un telescopio y una brújula. Al abrir la carta leyeron: «*Nunca esperes que los peces vengan a ti; sal al mar y búscalos*». Nuestra vida puede ser como la de estos pecadores. Recién cuando llega la tormenta nos acordamos de lo que Dios nos dio y pidió. Jesús dijo a sus discípulos que los iba a hacer pescadores de hombres, pero a veces estamos tan cómodos en nuestras iglesias que no hacemos ningún esfuerzo por salir a pescar en serio. Algunas se han transformado en verdaderos cruceros de gente cómoda que solo ora para que los peces se acerquen sin que sea necesario sacar las cañas al mar.

Al límite

*¿A dónde podemos salir a pescar con nuestra congregación?
¿Dónde puedo pescar ya mismo para Dios?*

Encuentro

Señor, gracias por permitir que otros me pescaran. Gracias por revelarte a mi vida. Te pido que me ayudes a dar de gracia lo que de gracia recibí, y que me ayudes a salir de pesca y buscar más almas para ti. En tu nombre, Jesús. Amén.

De sexo sí se habla

Génesis 2.25
*En ese tiempo el hombre y la mujer estaban
desnudos, pero ninguno de los dos sentía vergüenza.*

Sexo, sexo, sexo. Todos hablan de él, pero muchos se sonrojan si tienen que hablar en serio del tema. Otros se declaran profesionales, pero sus palabras o «aventuras» denuncian que creen en una variedad de mitos que nada tienen que ver con lo que es disfrutar verdaderamente del sexo.

Dios es el que más sabe de sexo en el universo. Él lo creó. Y lo hizo con dos propósitos. El primero es la procreación (Génesis), y el segundo es el placer amoroso (Cantar de los Cantares).

El sexo es algo importante en nuestro tiempo. Por eso es necesario hablar del tema. Sin embargo, hay que hablar con gente que tenga una idea madura e inteligente acerca de tan clamado tema. Deberíamos hablar más de sexo en la iglesia. Que no sea mencionado solamente por algún predicador con cara de enojado. Tu sexualidad es importante y sin duda tienes preguntas con respecto al sexo. La buena noticia es que Dios tiene respuestas para tus preguntas y que él es el que más sabe al respecto. Así que tienes que hablar de sexo con alguien que conozca la Palabra de Dios. ¿Sabes cuál es el miembro sexual más poderoso? Tu cerebro. Las ideas que tengas acerca del sexo determinarán si vas a salir lastimado o si disfrutarás con él. Por eso mejor asegúrate de que tus ideas sean las mismas que las del Creador.

Al límite
¿Con quién suelo hablar de sexo?
¿Con quién debería hablar y todavía no lo he hecho?

Encuentro
Querido Dios, gracias por la sexualidad y gracias porque no existe pregunta tonta o grosera. Dame la oportunidad de hablar de sexo con gente santa y madura que me transmita una idea cabal de cómo disfrutar este regalo que me diste.

Una buena confesión

Santiago 5:16
Confiésense unos a otros sus pecados, y oren unos por otros.

Alfonso Liguori dijo: «Para una buena confesión son necesarias tres cosas: un examen de conciencia, tristeza y una determinación de evitar el pecado».

Examen de Conciencia: No podemos ser como ese niño que le pedía perdón al Señor en su oración diciendo: «Señor, te pido perdón por tirarle de los pelos a mi hermana, **pero** ella me ensució la ropa primero…» Cuando le confesamos nuestros pecadazos al Señor y estamos arrepentidos, no podemos presentar excusas. Tenemos que concentrarnos en aquello que nosotros hicimos mal y dejarle lo demás a las otras personas involucradas. Nosotros debemos arrepentirnos de lo que nos toca, y para eso, nuestro examen del asunto debe ser a conciencia.

Tristeza: Si lo que hicimos está mal, no podemos actuar como si nada hubiera pasado. El Señor nos perdona porque es amor, pero si llegamos a la conclusión de que hemos hecho algo incorrecto eso va a impactar necesariamente nuestras emociones.

Determinación de evitar el pecado: Tiene que haber un deseo sincero y certero de evitar ese pecado la próxima vez. Hacerlo nos exigirá gran fuerza de voluntad y la ayuda del Espíritu Santo.

En algunos círculos evangélicos, el ejercicio de la confesión ha caído en el olvido. Esto se debe a que muchas personas han hecho abuso de aquello que se les ha confesado, también a causa del mal uso que hacen las iglesias católicas tradicionales del asunto, y además, porque a nadie le gusta andar contando sus fracasos. Pero la confesión es una puerta al cambio. Dar cuenta al Señor de nuestras luchas y debilidades, dando cuenta a otros amigos bien visibles y cercanos, nos ayuda a salir adelante y a mantenernos en limpieza.

Al límite
¿Cómo me puede servir la confesión?
¿Cómo puedo conseguir alguien al que confesarle lo que me hace falta?

Encuentro
Querido Rey, no quiero ocultarte nada. Gracias porque tú eres un Dios de amor y de perdón, y siempre tienes misericordia de nosotros. Hoy quiero confesarte mis pecados. En Cristo Jesús. Amén.

Orejas calientes

Adriana Polanco
Guatemala, Guatemala

Tito 3:1-2

*Siempre deben estar dispuestos ... a no hablar mal de nadie,
sino a buscar la paz y ser respetuosos, demostrando
plena humildad en su trato con todo el mundo.*

Hay un dicho muy popular que afirma que cuando se nos calientan las orejas es porque alguien está hablando mal de nosotros. Aun entre cristianos tenemos la mala costumbre de hablar mal de las personas. Probablemente sea porque no nos damos cuenta o porque nos justificamos diciendo que es para orar por el hermanito.

Muchas veces nos encontramos en medio de la situación en la que se empieza a hablar mal de una persona y en lugar de detenernos, contribuimos a que se torne peor. Hemos convertido la iglesia en el lugar menos seguro para la confesión y la restauración, pues nos es más fácil criticar y juzgar para que así no se hable mal de nosotros. Es menos incómodo hablar del pecado de otro que de nuestras propias faltas. Cuando encontramos a alguien con un punto de vista contrario al nuestro, no tardamos en ponernos a la defensiva y buscar aliados para criticarlo.

No es correcto que sigamos actuando de esa manera. No debemos dar lugar a que la gente piense mal del cristianismo. Sería triste que alguien se alejara de la iglesia por observar que sus miembros se destruyen los unos a los otros. Seamos una comunidad en la que los perdidos vean a Dios, en la que los pecadores encuentren restauración y en la que nuestros hermanos experimenten amor; y de ese modo glorifiquemos a Dios.

Al límite

*¿Me quedo callado cuando escucho que están hablando mal de alguien?
¿Defiendo a esa persona o contribuyo a que se la critique?*

Encuentro

*Padre, te doy gracias porque aun conociéndome, me amas. Perdóname
porque muchas veces me apresuro a juzgar a los demás en lugar de
mostrarles tu amor. Ayúdame a no hablar mal de nadie y a ser valiente
para confrontar a las personas que lo hacen. Te pido que cada palabra
que salga de mi boca refleje que soy un ciudadano del cielo.*

Seguir a Dios sin avergonzar a Jesús

Filipenses 2:5
*La actitud de ustedes debe
ser como la de Cristo Jesús.*

S e cuenta de un predicador que se encontró en el tren con Mahatma
Gandhi. Mientras iban sentados juntos, el predicador comenzó a
hablarle a Gandhi acerca de Dios. Le habló de su vida cristiana y de
cómo obedecer a Dios lo había hecho prosperar. Luego de un rato de conversación el predicador mencionó a Jesús, a lo que Gandhi respondió con
sorpresa: *«¿Me está hablando de Jesús de Nazaret?»* «Sí, claro», respondió
el predicador. *«Ah, por lo que me decía antes yo pensé que me estaba
hablando de algún millonario de Texas».*

Muchas veces lo que predicamos y decimos acerca de Dios no coincide
con el modelo de vida de Jesús. A lo largo de la historia, la iglesia ha
hecho cosas en nombre de Dios que avergonzarían al mismo Jesús.

Dios, Jesús y el Espíritu Santo conforman la Trinidad. Son tres personas
en una. Eso quiere decir que Dios, Jesús y el Espíritu Santo piensan igual,
tienen la misma escala de valores y se enojan y alegran por las mismas
cosas. Pero Jesús fue el más claro ejemplo de cómo siente Dios porque él
fue Dios hecho carne. Jesús vino a revelarnos quién es Dios y cuáles son
sus prioridades. Por eso nosotros debemos mirar a Cristo si queremos
agradar al Padre. Su estilo de vida debe ser el nuestro. Su humildad debe
ser nuestro ejemplo, sus elecciones deben ser nuestro modelo al tomar
cada decisión.

Al límite
*¿Qué cosas que he escuchado acerca de Dios en el mundo avergonzarían
a Jesús? ¿Qué cosas que he escuchado en la iglesia avergonzarían a
Jesús?*

Encuentro
*Gracias, Dios, por darnos un modelo claro a seguir. Gracias por Cristo y
su estilo de vida. Ayúdame hoy a parecerme cada vez más a Jesús.*

Oración radical

Marcos 14:36
Decía: «Abba, Padre, todo es posible para ti. No me hagas beber este trago amargo, pero no sea lo que yo quiero, sino lo que quieres tú».

¿Has usado aluna vez el adjetivo radical para referirte a la oración? No creas el mito que dice que la oración es siempre gentil, sedada y adormecedora. La oración es la posibilidad de acercarte al oído de Dios para que él haga uno de sus milagros. Si estás dispuesto a llevar tu vida de oración a un nuevo nivel de poder hay varias excusas que debes eliminar de tu lenguaje lo más urgente que sea posible.
Por ejemplo:
No tengo nada demasiado importante para decirle a Dios.
Si no duermo doce horas por día luego soy un desastre.
No sabía que existía algo así como las seis de la mañana.
Verdaderamente no me duermo hasta la una de la madrugada.
Puedo hablar con Dios a cualquier hora.

Alguien dijo que si queremos hacer sonreír a Dios le digamos que no sabemos usar las palabras correctas para orar. Jesús nos enseño a orar diciéndole al padre Abba, lo que quiere decir *papito*. La idea de Jesús al mencionar eso era enseñarnos que podemos hablar con confianza. No hacen falta fórmulas, pero es vital conversar con él. El no disfrutar de la vida de oración y solo orar por compromiso es lo que ha terminado convenciendo a muchos de que la oración es algo aburrido y que no marca una diferencia. Orar tiene que ver con alistar al ser más poderoso del universo de nuestro tu lado. Tenemos que tomar este tema en serio. Es preciso entender lo radical que es lo que estamos haciendo y expresar realmente aquello que nos importa, lo que deseamos, lo que pensamos de otros y lo que sabemos y no sabemos de Dios. La oración marca una diferencia radical.

Al límite
¿Por qué orar puede ser una experiencia radical?
¿Qué excusas respecto a la oración debo eliminar de mi lenguaje?

Encuentro
Gracias porque puedo decirte todo lo que pienso con mis propias palabras. Gracias porque me escuchas. Gracias porque mi oración puede desatar milagros.

Amar a los difíciles

1 Juan 3:18
*No amemos de palabra ni de labios para
afuera, sino con hechos y de verdad.*

Llamémosla Carmela. Esa joven de ojos grandes y pelo revuelto era parte de nuestro ministerio de jóvenes. Carmela tenía un par de tuercas desajustadas debajo de su cabellera. Estuvo internada en una entidad siquiátrica. Obviamente causaba muchos problemas. A veces estábamos cantando y ella se ponía a bailar sin control en algún rincón. Otras veces, mientras yo predicaba, interrumpía la reunión con alguna barbaridad o acotación fuera de lugar. Al principio todos se reían, y yo también. Pero con el paso de los meses sus ocurrencias ya no resultaban nada divertidas. Carmela hacía que todo fuera más difícil. Cuando queríamos discutir algún tema serio alguien tenía que llevársela a pasear. Con cualquier excusa la sacaban de la reunión o de la clase para que pudiésemos hablar sin interrupciones. Un día me percaté de que estaba cultivando sentimientos negativos hacia Carmela. Me fastidiaba verla llegar y tenía que morderme la lengua cada vez que hacía una de las suyas. Poco a poco empecé a tratarla diferente. Ya no la saludaba, la evitaba y la hacía callar a los dos segundos de abrir la boca; se podía decir que mi tanque de amor estaba seco como una duna. Un día mi esposa me contó que había encontrado a Carmela limpiando todo el salón de jóvenes mientras el resto de los muchachos jugaban o hablaban entre sí. Mi esposa le preguntó qué hacía y Carmela le dijo que como nadie quería hablar con ella, algo tenía que hacer. Me sentí muy avergonzado. ¿Cómo los jóvenes iban a quererla si su pastor la trataba mal? Enseguida le pedí perdón al Señor. ¿Él me ama a mí y yo no soy capaz de amar a Carmela? No puede ser. Desde ese día algo cambió. Traté de que la iglesia fuera el lugar más feliz para ella. ¿Dónde si no entre nosotros iba a encontrar Carmela amor, aceptación y paciencia?

Al límite
La iglesia es la última esperanza de amor y aceptación para muchas personas.

Encuentro
Quiero ser sensible a tu voz que me indica que debo amar a los que nadie ama. Perdóname si he sido uno de los que hizo sentir mal y despreciado a alguien en este último tiempo.

La Biblia que Jesús leyó

Mateo 5:17
No piensen que he venido a anular la ley o los profetas;
no he venido a anularlos sino a darles cumplimiento.

El Antiguo Testamento es un libro misterioso. Tiene relatos que son más difíciles de entender que los del Nuevo Testamento, y a veces se habla sobre costumbres que son muy lejanas a las de nuestro tiempo. Pero el Antiguo Testamento es la Biblia que Jesús leyó. Cristo citó, respetó y sin dudas amó el Antiguo Testamento. Allí leemos acerca de un Dios de maravillas, proezas y paradojas. Hechos insólitos y acciones inesperadas son la nota común de sus historias. Jesús dijo que había venido a cumplir lo que allí había sido escrito.

A mí, personalmente, el Antiguo Testamento me recuerda que tengo un Dios que no se puede domesticar. En sus páginas encuentro la clase de historia que Dios está escribiendo. Su incompresible amor por un pueblo que repetidamente le vuelve la espalda. Su insistencia en levantar voces inesperadas y su facilidad para realizar lo imposible.

Es un error intentar poner el Nuevo Testamento en contraposición con el Antiguo. Porque es precisamente allí donde comienza el Nuevo. Empezando por los evangelios, que son un pleno cumplimiento de lo que había sido escrito, y siguiendo por una carta como la que Pablo le escribió a los romanos para hacerles entender con mayor profundidad el corazón de la ley de Dios.

Oswald Chambers, un reconocido escritor del siglo pasado, dijo que: «Los Salmos nos enseñan cómo orar, Job nos enseña cómo sufrir, Cantar de los cantares nos enseña cómo amar, los Proverbios nos enseñan cómo vivir y Eclesiastés nos enseña cómo disfrutar». Yo me atrevería a agregarle a los dichos de Oswaldito: El Pentateuco nos enseña a respetar la identidad y el orden de Dios, y los profetas nos enseñan a apreciar su justicia.

Al límite
¿Qué impresión personal tengo del Antiguo Testamento?
¿Cuánto conozco de él?

Encuentro
Querido Dios, gracias por tu historia y la de tu pueblo. Gracias por el Antiguo Testamento y todo lo que ahí puedo aprender. Dame sabiduría para desmenuzar los mensajes que tienes para mí en cada historia.

Junio 18

Con el premio adentro

Mateo 12:35
El que es bueno, de la bondad que atesora en el corazón saca el bien.

Cuando comencé a ir a la escuela, mi mamá me compraba cereales ricos en fibra para ayudarme a crecer. Pero a mí no me gustaban. Entonces ella decidió incentivarme llevándome a comprarlos y me dejaba elegir el que yo quisiera. Eso sí me resultaba más atractivo porque siempre elegía el que traía un premio adentro de la caja. No era el cereal lo que me interesaba, pero por ganarme el pequeño juguete sorpresa que venía adentro, yo estaba dispuesto a comerme el cereal. Algo parecido me ocurría con ciertos chocolates. Cuando yo era pequeño, en la Argentina eran muy populares los chocolatines Jack. Siempre me gustó el chocolate, pero ese era mi favorito, no porque fuera un chocolate más rico, sino porque traía un muñequito en su interior y eso lo hacía especial.

Así ocurre con la vida cristiana. Los cristianos nos vemos por fuera como cualquier otra persona y básicamente somos iguales. ¡Pero traemos un premio adentro! La presencia del Dios vivo reside en nosotros (1 Corintios 6:19). Cuando mostramos ese regalo que portamos a los demás nos convertimos en gente especial. Tenemos un premio adentro que nos hace más atractivos, más serviciales y más seguros.

Al límite

¿Cómo puedo mostrar el regalo que llevo dentro esta semana?

Encuentro

Gracias por tu Espíritu Santo. Hacernos templo de tu Espíritu, y tener a Cristo en nuestras vidas es un milagro especial. Ayúdame a mostrarles a otros lo que hay en mi corazón.

Puré de papas

Salmos 62:5
*Sólo en Dios halla descanso mi alma;
de él viene mi esperanza.*

El pastor Juan Carlos Ortíz da el siguiente ejemplo con respecto a la unidad: «Todos conocemos las papas. Cada planta tiene tres, cuatro o cinco tubérculos. Y cada tubérculo pertenece a una u otra planta. Llegado el momento de la cosecha, la persona encargada de la recolección hace un pozo en la tierra, las saca y las va poniendo en una bolsa. Podríamos decir que las está agrupando. Puede que estas papas muy alborozadas exclamen: "¡Gloria al Señor, ahora todas estamos en una misma bolsa!" Pero aunque estén todas en un mismo saco, aún no son una.

«Llega el momento en que el ama de casa las compra. Ella las lava y las pela. Las papas piensan que ahora sí están más unidas: "¡qué maravilloso es este amor que existe entre nosotras!" Eso no es todo. Luego de peladas se las mezcla una con otra. Para entonces han perdido bastante de su identidad. Lo cierto es que piensan que ya están listas para el maestro.

Pero lo que Dios quiere es puré de papas. No muchas papas sueltas y juntas sino puré de papas. Cuando son reducidas a puré, ninguna puede levantarse y decir: "¡Miren, esta soy yo!" La palabra tiene que ser *nosotros*».

Ese es el ideal de unidad que espera el Señor. Una unidad indivisible en la que no se puedan distinguir bandos ni grupos. Dios espera este alimento para su corazón y es nuestro trabajo cocinarle el puré, aunque haya papas duras.

Al límite

¿Cuál es el ideal de unidad que tiene el Señor para su iglesia?
¿Qué puedo hacer para cocinar ese puré?

Encuentro

Señor, quiero contribuir a la unidad de la iglesia y no ser nunca causa de peleas o divisiones. Perdóname si he tomado parte en alguna de estas cosas y te pido que me des más amor por aquellos con los que no estoy del todo de acuerdo.

Aceptación y aprobación

Romanos 15:7

*Por tanto, acéptense mutuamente, así como
Cristo los aceptó a ustedes para gloria de Dios.*

Aceptación y aprobación no son la misma cosa. Dios nos llama a aceptarnos con amor los unos a los otros. Para un cristiano está prohibido hacer acepción de personas y el desafío que nos dejó el Señor es aceptar al pecador. Algunos confunden la aceptación con la aprobación y creen que aceptar a todos es aprobarles todo. He visto cristianos que no quieren juntarse con nadie que no sea cristiano porque creen que al hacerlo están diciéndole a los demás que aprueban lo que ellos hacen. Eso es un error. Siempre tenemos que seguir el ejemplo del mismo Jesús. A él lo acusaban de relacionarse con las personas equivocadas. Aun sus amigos no eran los personajes más populares de las revistas religiosas de Israel. Se decía que Jesús era un liberal porque pasaba mucho tiempo con los pecadores. Lo que ocurría es que confundían el aceptar a alguien con aprobarlo. Jesús desaprobó claramente los pecados de las personas que lo rodeaban; sin embargo siempre fue amoroso, sensible y misericordioso. Él conocía la diferencia. Él sabe que aunque Dios odia al pecado, ama al pecador.

Dios nos acepta tal como somos aunque no aprueba nuestros pecados. Los cristianos debemos seguir su ejemplo y siempre recordar que el amor es lo primero. Por eso debemos aceptar a todos sin importar lo que tengan en sus bolsillos, el color de su piel, la marca de su ropa ni su tipo de peinado. Aprobar lo que hacen es otra historia.

Al límite
¿Cuál es la diferencia entre aceptar y aprobar?
¿En qué momento de mi vida debo diferenciar esto?

Encuentro
Querido Rey, gracias por aceptarme incondicionalmente. Ayúdame a hacer lo mismo con otras personas. Permíteme dejar en claro qué es lo que no apruebo sin tener que dejar de aceptar a los demás.

Vuelta a casa

Hebreos 4:15

*Porque no tenemos un sumo sacerdote incapaz
de compadecerse de nuestras debilidades.*

S e cuenta la historia de un soldado que cuando estaba por regresar de Vietnam llamó a casa de sus padres para darles la noticia.

—¡Mamá y papá por fin vuelvo a casa! Pero tengo que pedirles un favor. Tengo un amigo que no tiene a donde ir y quisiera llevarlo a casa.

—Seguro, no hay problema —respondieron los padres.

—Pero hay algo que deben saber: mi amigo fue herido terriblemente en una de las batallas. Pisó una mina y la explosión le voló un brazo y una pierna.

—Lamentamos escuchar eso. Quizás podemos ayudarle a encontrar un lugar dónde vivir.

—No —respondió el hijo—. Yo quiero que viva en casa con nosotros.

—Pero querido, una persona con semejantes problemas necesita un lugar especializado, ¿cómo haríamos para seguir viviendo como lo hacemos con una persona así en la casa?

En ese momento, el joven colgó el teléfono. Los padres no supieron más de su hijo hasta que recibieron un llamado de la policía de San Francisco. Él había muerto al caer de un edificio. Aparentemente se trataba de un suicidio. Los padres no lo podían creer. Golpeados y enmudecidos siguieron las instrucciones de la policía y fueron a la morgue a reconocer el cuerpo de su hijo. Lo reconocieron, pero hubo algo que los llenó aun de más horror: su hijo soldado tenía solo un brazo y una pierna.

Los padres del joven de esta historia no son muy diferentes de nosotros. Es fácil aceptar a alguien que se ve bien y no tiene problemas físicos, pero nos cuesta amar y entablar relación con personas que no son tan bellas, sanas o inteligentes como quisiéramos. Lo bueno es que Dios no es así. Él nos ama incondicionalmente siempre y así deberíamos nosotros aceptar a los demás.

Al límite

*¿Conozco a alguien con algún impedimento físico?
¿Qué trato esperaría de los demás, si esa persona fuera yo?*

Encuentro

Querido Rey, dame más de tu compasión. Quiero ser alguien que pueda dar lugar en mi vida a los que tienen impedimentos físicos o no son como la sociedad pretende.

Montañas de Dios

2 Corintios 12:9
Pero él me dijo: «Te basta con mi gracia, pues mi poder se perfecciona en la debilidad». Por lo tanto, gustosamente haré más bien alarde de mis debilidades, para que permanezca sobre mí el poder de Cristo.

Hay montañas que solo Dios puede escalar. Ninguno de nosotros tiene el título de «Salvador del mundo» o «Mesías». Hay cosas que para el ser humano son imposibles, situaciones en las que nuestra fuerza de voluntad no puede lograr hacer el truco. Es ahí donde necesitamos intervenciones divinas. Milagros. Acciones sobrenaturales. Imposibles que se vuelven posibles.

El apóstol Pablo hablaba de hacer alarde de sus debilidades. Curioso, ¿no? Generalmente nos avergonzamos de nuestras debilidades y hacemos alarde de nuestras habilidades. Pero si no tuviéramos debilidades e imposibilidades, no necesitaríamos a Dios. No veríamos maravillas ni nos asombraríamos de la fortuna de poseer un Dios como el que tenemos. Por eso hasta nuestras debilidades pueden ser percibidas como regalos de la gracia de Dios.

Cuando nos creemos perfectos o capaces de escalar cualquier montaña, nos olvidamos de Dios y tarde o temprano somos avergonzados. Nos venimos al suelo.

Por eso es mejor reconocer nuestras debilidades abiertamente y luego confiar en Dios y en que, a pesar de nuestra debilidad, él puede hacer lo imposible.

Al límite
¿Qué montañas estoy intentado escalar sin la ayuda de Dios?

Encuentro
Querido Dios, gracias porque tu poder se perfecciona en mi debilidad. Gracias por estar ahí, pendiente, para cuando quiero incluirte en mi vida. Gracias por esas posibilidades que me das de depender de ti y hasta usar lo feo de mi vida para tu gloria. Te amo, Señor.

Escoger con quién morir

Esdras Oller
Santo Domingo, República Dominicana

Hechos 7:59
*Mientras lo apedreaban, Esteban oraba.
—Señor Jesús —decía—, recibe mi espíritu.*

Steve Irwin, el famoso cazador de cocodrilos, murió por el punzante ataque de una manta raya y ese fue el final de sus hazañas, pero no el de sus enseñanzas. Irwin escogió con quién morir. Él estaba siempre al lado de animales peligrosos y sabía que en cualquier momento podían darle muerte. Hay labores que matan, y yo también he escogido con quién morir. Cuando me inicié en el liderazgo juvenil, en mi congregación sucedía lo siguiente: todos los chicos eran de una sola generación, la que se había desarrollado entre los años 90 y 2000, y se llamaba a esos jóvenes *los inquietos, los niños, los de abajo* y con otras expresiones totalmente desalentadoras. Se estaba creando un eslabón perdido en nuestra iglesia, y no se trataba de una generación cualquiera, sino la de los años de la velocidad, de la cibernética y de la tecnología. Si bien soy joven, junto con otros asumí el riesgo de darles la oportunidad, un rally diferente, cosas locas, campamentos, programas diseñados para ellos, en fin, cosas creativas. Pero pronto se levantó un grupo que dijo: «Esto no puede seguir así», y amenazaron con sacarme de mis funciones. ¿Saben qué pasó? Dios no me rescató ni mucho menos. Experimenté la muerte de mi liderazgo. Sentí lo que era morir por una causa en la que creía y me sentí como aquel cazador de cocodrilos. Días atrás supe, por medio de mi hermano, que esos muchachos a los que se les dio la oportunidad aquella vez, son los que aman el trabajo y colaboran como líderes en esa iglesia donde estuve. ¡Valió la pena! Muchas veces nos preguntamos por qué algunos persisten en intentar lograr algo que es difícil. ¿Por qué algunos están dispuestos a morir por lo que creen? El resultado se revela luego. En el caso del cazador de cocodrilos, durante los días posteriores a su muerte se donaron millones de dólares a las causas por las que él luchaba. Su reserva natural se llenó de turistas como nunca antes. Se hizo conocido hasta para la gente que nunca lo había visto en *Animal Planet,* y todas sus causas siguen a paso firme, a pesar de su muerte.

Al límite
*¿Con y por quiénes estoy dispuesto a morir?
¿Cuáles son las causas que mueven mi corazón?*

Encuentro
Querido Dios, aquí estoy una vez más, delante de tu presencia, para darte todo lo que soy. Ayúdame entregarme a tu causa y estar dispuesto a todo.

Un poco más de obediencia

1 Juan 3:24
El que obedece sus mandamientos
permanece en Dios, y Dios en él.

No recuerdo el nombre del predicador al que le escuché decir que los mandamientos de Dios no están para conocerlos sino para obedecerlos.

G. Campbell Morgan decía que es mejor ir a cualquier lado con Dios que a cualquier otra parte sin él. El camino de la obediencia a Dios es siempre el más inteligente. Hace poco oí el relato de una amiga que había desobedecido a Dios en cuanto a los lineamientos cristianos para tener una relación de pareja y había mantenido relaciones sexuales con su novio. El resultado fue un embarazo. Ella me contaba de las idas y venidas de su novio. Un día quería estar con ella y hablaba de hacerse responsable del bebé. Otro día no quería saber nada de ninguno de los dos. Ella me decía: «No puedo seguir así. Quiero irme a otra ciudad para estar lejos de él y pasar este tiempo más tranquila». Mientras ella me contaba todo lo que estaba pasando, yo pensaba: ¿Por qué no habrá considerado esto antes? Ella sabía cómo era su novio y había entablado esa relación sin seguir el consejo de Dios, de su pastor ni de sus padres. Ahora se sentía arruinada y su vida se había complicado increíblemente.

Es realmente necio no obedecer a Dios. Cuando él dice que no, no lo hace porque es un viejo aburrido de larga barba blanca, que está sentado sobre una nube y no tiene otro entretenimiento que ponernos mandamientos y trabas imposibles de cumplir. Cuando Dios dice que no a algo es porque nos ama y sabe que eso va a lastimarnos. Obedecer a Dios cada día es el camino más inteligente por el que podemos transitar.

Al límite
¿Por qué nos cuesta obedecer a Dios?
¿Por qué resulta mejor obedecerlo?

Encuentro
Querido Rey, quiero ser más obediente a tus mandamientos. No hay otro camino más inteligente que hacer tu voluntad.

¿Dirías que sí?

2 Timoteo 4:6
*Yo, por mi parte, ya estoy a punto
de ser ofrecido como un sacrificio.*

20 de abril de 1999. Era un día de clases como cualquier otro. Cassie Bernall fue a su escuela, la secundaria Columbine en Littleton, Colorado. Dos de sus compañeros, Eric Harris y Dylan Klebold, iban en la misma dirección pero armados con un rifle semiautomático, una pistola y docenas de bombas caseras. Todo transcurría normalmente mientras Cassie hacía su tarea en la biblioteca. De repente una de las profesoras entró dando gritos diciendo que había dos jóvenes armados en el pasillo. Al principio nadie lo creyó, pensaron que se trataba de una broma preparada por los alumnos que estaban por graduarse. Detrás de la profesora entro un adolescente sangrando que cayó al suelo. Todos trataron de cubrirse. Harris y Klebold ingresaron a la biblioteca y empezaron a disparar. Cassie comenzó a orar con insistencia. Los muchachos la escucharon. Uno se acercó y le preguntó: «¿Crees en Dios?» Ella hizo una pausa, y con firmeza dijo: «sí». Al instante le volaron la cabeza.

El testimonio de esta joven de diecisiete años recorrió todos los medios de comunicación de Estados Unidos. Cassie dio su vida por su fe en Dios.

Es probable que no nos toque vivir lo que Cassie tuvo que pasar. Sin embargo, día tras día, aunque sea sin palabras, muchos de nuestros conocidos nos hacen la misma pregunta: ¿Tú crees en Dios? A veces no queremos hacer la voluntad de Jesús por miedo a las críticas, al desprecio, o por flojera. Arriesguémonos. Hagamos algo nuevo. No es necesario pedir permiso para mostrar que creemos en Dios cada día.

Al límite
¿Qué hubieras hecho en el lugar de Cassie?

Encuentro
Señor, dame valor para representarte bien donde quiera que esté. Quiero ser valiente como Cassie Bernall y decir «sí» sin que me importen las circunstancias.

Dios insiste

Romanos 5:4-5

La perseverancia [produce], entereza de carácter; la entereza de carácter, esperanza. Y esta esperanza no nos defrauda, porque Dios ha derramado su amor en nuestro corazón por el Espíritu Santo que nos ha dado.

L a gracia y la misericordia de Dios son similares pero no iguales. La gracia de Dios consiste en que él nos da su amor aunque no lo merecemos. Por el otro lado, su misericordia consiste en que no nos da lo que sí nos merecemos.

El apasionado Apóstol Pablo le escribió a los Filipenses: «Estoy convencido de esto: el que comenzó tan buena obra en ustedes la irá perfeccionando hasta el día de Cristo Jesús» (Filipenses 1:6). Tienes este libro en tus manos porque la gracia y la misericordia de Dios te han alcanzado, pero hay algo más. Dios sigue insistiendo en perfeccionarte. Él ya te ha amado y te ha perdonado, pero se niega a dejarte igual. Quiere ayudarte a mejorar, a ser cada vez más feliz y a tener una vida cada vez más abundante. Dios va a insistir en trabajar en tu vida hasta el día en que te encuentres personalmente con Cristo. Ya sea porque él vino por ti o porque tu alma salió de tu cuerpo a su encuentro. ¡Esa es una gran noticia! Demuestra la entereza del carácter de Dios y nos llena de esperanza. ¡Somos capaces de mejorar! Mañana podemos ser mejores que hoy.

Al límite
¿Qué me hace sentir la reflexión de hoy?
¿En qué áreas de mi vida puedo ayudar a Dios a perfeccionarme?

Encuentro
Querido Señor, te doy gracias por tu gracia, tu misericordia y tu insistencia. Gracias por seguir dándome oportunidades de cambiar y mejorar. Gracias por tu deseo de perfeccionarme porque sé que se basa en tu amor.

Los ojos del novio

Isaías 62:5

*Como un joven que se casa con una doncella,
así el que te edifica se casará contigo; como un novio
que se regocija por su novia, así tu Dios se regocijará por ti.*

Hace unos años, durante una boda, presté atención por primera vez a la manera en que el novio y la novia se miraban. Se trataba precisamente de una ceremonia con muchos accidentes. El micrófono de los cantantes hacía ruido, el del pastor se apagaba y la verdad es que hacía mucho calor. Pero ellos no dejaban de «comerse» con los ojos. Luego de la boda acompañé a estos amigos a un parque para que se sacaran fotos mientras la gente se dirigía hacia el salón de fiestas. Verdaderamente no se sacaban los ojos de encima. Hasta podía ver como el novio estaba motivado por lo que iba a ocurrir en la noche de bodas… ¡Ja!

En la Biblia se nos enseña que Jesús ve a la iglesia como a su novia y eso nos incluye a ti y a mí. Él nos mira con dulzura y con el anhelo de tener intimidad con nosotros. Cuando Jesús piensa en ti, sus ojos se enternecen y piensa en cuánto te ama. No importa lo que otros consideren o lo que haya escuchado acerca de ti. Jesús te mira a los ojos con cariño, con su amor eterno con el que te redimió porque él sufrió en la cruz del Calvario por ti. Imagina que miras sus ojos y piensa en eso cada momento de este día, y notarás que eso hace una diferencia.

Al límite

¿Cómo creo que me mira el Señor?
¿Qué sentiría si literalmente pudiera mirarlo a los ojos?

Encuentro

Querido Dios, gracias por tu amor eterno. Gracias por el Novio de novios, que nunca deja de mirarme y un día vendrá a buscarme.

Un cuento de gauchos

1 Corintios 13:4-5

El amor es paciente, es bondadoso. El amor no es envidioso
ni jactancioso ni orgulloso. No se comporta con rudeza,
no es egoísta, no se enoja fácilmente, no guarda rencor.

Cuenta una vieja historia de la pampa argentina que en plena creación, Dios se dedicaba a moldear con sus manos las figuras de los pájaros en el barro. Solo que además de darles forma también podía regalarles la vida. Luego de hacer el trabajo con mucha dedicación, los ponía a secar al sol y luego los tomaba en sus santas manos y les daba vida. Un día Dios se despertó realmente inspirado. Quiso hacer algo hermoso. Iba a crear al colibrí, o como lo llaman los indios guaraníes, el nainumby. Buscó entre las flores más lindas los colores más brillantes y llamativos. En el río recogió la luz que la luna había dejado por la noche, y de la tarde tomó los colores suaves. Mezcló todo esto con tierra pura, y lo amasó despacio con sus dedos divinos hasta hacer una pasta tierna y delicada. Luego le dio forma de pájaro. Lo dotó con una chispa de fuego y la rapidez del relámpago. Así nació el colibrí. Humedecido por el soplo divino, el pajarillo se estremeció y batiendo sus alas, voló en línea recta hacia arriba, dobló en ángulo cerrado y se perdió en el cielo.

Resulta que el diablo estaba espiando intentando copiar a Dios. Agarró casi las mismas cosas y fue haciendo algo parecido. Juntó las flores, tomó los colores del atardecer, y con sus dedos largos y peludos trató de hacer la dichosa pasta. Ya no le salió exacta porque, de copión, tenía un ojo puesto en lo que hacía él y otro en lo que hacía Dios, pero le pareció que estaba lista. Claro que no se movía porque no tenía vida. Pero el diablo lo acercó a su boca y le sopló su asqueroso aliento. En cuanto se lo puso en el hocico, el pobre bicho reaccionó de asco y, aplastándose contra sus manos, trató de alejarse del mal olor. En ese momento, el diablo lo tiró hacia arriba y el pobre animal, en vez de volar, cayó como una piedra y terminó de aplastarse. Así nació el escuerzo, el sapo más feo. Esta fábula resalta un principio muy valioso. Dios creó todo lo hermoso y le dio el beso de su bendición. El diablo quiso copiarlo y lo arruinó todo. Por ejemplo, copiando el amor creó su versión de pasión descontrolada, el deseo egoísta, la pornografía, la prostitución, la lascivia y la promiscuidad.

Al límite

¿Por qué podemos afirmar que sexo y amor no son la misma cosa?
¿Qué otro ejemplo de «escuerzo» se te ocurre?

Encuentro

Querido Rey, permíteme hoy diferenciar lo que es hechura tuya de lo que son copias del diablo.

¡Aggggrrrr!

Salmos 37:8
Refrena tu enojo, abandona la ira;
no te irrites, pues esto conduce al mal.

Escuché a James Dobson decir: *«No hay manera más ineficaz de controlar el comportamiento de otros que el uso de la irritación y el enojo»*. Y es verdad. Descargar todo nuestro enojo sobre otra persona suele hacer mucho más complicado el lograr que la persona comprenda lo que le queremos hacer entender.

Como somos únicos, cada uno de nosotros se enoja y maneja el enojo a su manera. Algunos soltamos nuestro enojo instantáneamente, y otros se lo guardan siempre para no causar problemas. La clave no está en ninguno de estos extremos. El que lo expresa inmediatamente dice y hace cosas que no haría ni diría si las pensara. Y el que siempre se lo guarda acumula rencor y luego le resulta mucho más difícil perdonar y hasta puede enfermarse.

Enojarse es normal y hasta justo. El problema está en analizar si la reacción que mostramos resulta proporcionada a lo sucedido y si el expresar nuestro enojo ayuda a solucionar el problema. Algunos profesionales recomiendan detenerse a indagar qué tipo de situaciones siempre nos hacen enojar y con qué tipo de personas solemos enfadarnos. Cuando llegamos a descubrir la manera en que funcionamos con respecto al enojo, lo que lo causa y nuestra reacción frente a él, aprendemos a manejarlo mejor. Tenemos la oportunidad de entendernos a nosotros mismos un poco más y de mejorar nuestras relaciones con otras personas. No es fácil, pero debemos intentarlo.

Cuando el enojo se convierte en una reacción continua, se transforma en ira, en un enojo crónico e incontrolable que funciona como un cáncer para el alma y nos va robando el gozo. La Biblia contiene muchos versículos que hablan acerca del tema. Uno de ellos, además del que consideramos hoy, es Proverbios 14:17: *«El iracundo comete locuras, pero el prudente sabe aguantar»*.

Al límite

¿Cuáles son las razones por las que me enojo más seguido?
¿Con quiénes me enojo con más frecuencia?

Encuentro

Querido Dios, gracias por mis emociones. Permíteme enojarme por causas justas y en dimensiones proporcionadas con lo que me hace enojar. No quiero hacer locuras. Dame inteligencia para aguantarme y siempre controlar mis reacciones. En el nombre de Jesús. Amén.

El temor es un negocio millonario

Isaías 41:10

Así que no temas, porque yo estoy contigo;
no te angusties, porque yo soy tu Dios. Te fortaleceré
y te ayudaré; te sostendré con mi diestra victoriosa.

Hollywood invierte millones de dólares en películas de terror y cada año la cuenta final termina en ganancia. Sin que importe lo parecidas que sean las películas, o que tengan secuencias interminables con el mismo argumento; la sangre, los desmembramientos corporales y las persecuciones son un «verdadero monstruo» de hacer dinero. Se calcula que solo en Estados Unidos, para Halloween (La noche de brujas que se celebra el 31 de octubre), se facturan cerca de dos mil millones de dólares en máscaras, disfraces y adornos terroríficos. Es evidente que el temor vende, y no hace falta pensar por qué; absolutamente todos los seres humanos experimentamos algo de temor. Varias veces me he puesto a pensar en lo feo que debe ser no tener plena confianza en el Señor. Al no tener seguridad en él, todo lo espiritual representa algo oscuro y tenebroso. Para muchos la oscuridad es hasta enloquecedora, y cuando se comienza a hablar del área espiritual, se llenan de miedo y terror. No sucede así con los cristianos. Nosotros sabemos que el Señor es un Dios de amor y que él nos cuida. Él es más poderoso que cualquier espíritu de las tinieblas, vela por nuestras vidas; y en plena oscuridad o en la más tensa situación, podemos confiar en que él siempre tendrá lo mejor para cada uno de nosotros.

Al límite
¿Cómo puede Dios ayudarme a superar el miedo?

Encuentro
Querido Rey, gracias porque tu cuidado está siempre conmigo y no tengo por qué temer a las cosas espirituales.

Deportes X

1 Pedro 3:14
¡Dichosos si sufren por causa de la justicia!

¿No te fascina ver los saltos que son capaces de dar los patinadores profesionales? ¿No soñaste nunca con lanzarte desde un puente con una soga elástica atada a tus tobillos? Me encanta ver por televisión los juegos X. El canal ESPN fue uno de los primeros en empezar a transmitir esta clase de competencias, como una alternativa a los deportes clásicos. La nota común de los deportes X es el riesgo y la evidente rebeldía que manifiestan los participantes. Las reglas de estos juegos no son demasiado claras, como sucede en los deportes convencionales, y siempre hay un gran margen para la creatividad. No hace falta que se pongan un uniforme; lo máximo que se los ve llevar son las marcas de sus patrocinadores. Por lo demás, es muy común verlos en jeans y ropa de calle. Yo considero que es la forma que tendrían que adoptar los evangelistas de hoy. Hablar acerca de nuestra fe demanda asumir riesgos. A veces podemos ser el blanco de las risas de los demás o encontrarnos contra el paredón. En la escuela, el ser cristianos significa arriesgarnos a ser diferentes, y muchas veces tenemos que ir contra la corriente; eso nos hace rebeldes. Tampoco existen reglas muy precisas acerca de cuál es la mejor manera de transmitir a otros nuestra fe. Siempre hay un par de fórmulas dando vueltas, pero la verdad es que podemos ser muy creativos acerca de cómo decirles y mostrarles a otros que nuestro mejor amigo es Cristo.

Tampoco necesitamos un uniforme determinado. A mí me da pena ver cómo algunos cristianos adultos relacionan al cristianismo con ciertas maneras de vestirse. Lo que se debe llevar son ciertas marcas bien claras con respecto a nuestros valores; sin embargo, resultamos más eficaces cuando somos de testimonio en la calle con nuestra ropa y actividad de todos los días.

Al límite

¿Qué disposición tengo a correr ciertos riesgos y a sentir vértigo por mi Señor?

Encuentro

Señor, quiero ser alguien que se anime a hablarle a otros de ti. Gracias por darme tanta libertad para hacerlo. Ayúdame a lograrlo de la manera más eficaz.

El gigante de Bristol

Salmos 81:10

Yo soy el Señor tu Dios, que te sacó de la tierra de Egipto. Abre bien la boca, y te la llenaré.

Que un joven extranjero, desconocido, sin influencia ni recursos, se forje la idea de proveer abrigo y alimentos a un gran número de huérfanos, parece una historia fantástica. Un verdadero cuento de hadas. Pero eso es precisamente lo que ocurrió con Jorge Muller en la ciudad de Bristol. Dice la historia que Jorgito clavó su mirada en el versículo de hoy. La frase *«Abre bien la boca y te la llenaré»* lo conmovió y se dispuso a crear un orfanato para los niños sin hogar en su ciudad.

El plan tendría tres propósitos:

Que Dios fuera glorificado al proveer los medios necesarios, lo que demostraría que no es cosa vana esperar en el Dios vivo.

Que el bienestar espiritual de los niños sin padres ni madres fuese promovido.

Que fuera asegurado su bienestar temporal.

Presentó el proyecto a sus amigos y allí comenzó una de las historias más emocionantes de fe de la que tenemos noticia. Jorge Muller llegó a alimentar y cuidar a miles de niños en varios orfanatos en Bristol, e inspiró el cuidado de otros miles alrededor del mundo. Las historias relacionadas con su fe, fueron testimonio no solo para esos niños sino para congregaciones en toda Europa, América y Asia. Muller aprendió que la oración de fe realmente funciona para el justo y que no en vano esperamos los prodigios y la provisión de Jehová Jireh (El Señor Provee).

Al límite

¿De qué historias improbables espero ser protagonista?

Encuentro

Querido Dios, alimenta mi fe. Quiero poder mostrarles a otros que no es cosa vana esperar en ti.

Grietas

Amós 9:11

En aquel día levantaré la choza caída de David. Repararé sus grietas,
restauraré sus ruinas y la reconstruiré tal como era en días pasados.

H ace varios años, en la ciudad de Buenos Aires hubo una serie de
derrumbes de edificios antiguos. Uno de ellos fue el edificio
Cóndor de la Fuerza Aérea Argentina. Sin ninguna advertencia,
grandes moles de cemento comenzaron a desmoronarse causando pánico
general en la población, y dejando sin hogar a las victimas y a sus familias.
Pero, ¿se trataba de accidentes repentinos? Eso parecía, y el hecho de que
ocurriera en varios edificios casi en los mismos meses acrecentaba el
temor. Sin embargo, estos accidentes habían comenzado mucho antes. El
punto es que en aquellos edificios se habían producido grietas que les
pasaron inadvertidas a los ingenieros y arquitectos. Nadie había prestado
demasiada atención a aquellas grietas, pero ahora estaban todos asustados
por los derrumbes.

Así sucede muchas veces en la vida cristiana. A simple vista la fe de
algunos se derrumba de la noche a la mañana, pero en realidad todo
comenzó antes, con la aparición de grietas casi imperceptibles. Su derrumbe
se inició al decir un tímido «sí» cuando deberían haber dicho «no», o con un
desinteresado «no» cuando deberían haber dicho «sí».

La buena noticia del evangelio es que podemos contar con Jesús para
arreglar nuestras grietas y prevenir cualquier derrumbe. Dios quiere
reparar nuestras fisuras y hasta restaurar nuestras ruinas. Lo único que
debemos hacer es ir a él y confesarle lo que hemos hecho mal y hacer que
la historia termine ahí, antes del derrumbe.

Al límite
¿He dejado que se produjera alguna grieta en mi vida espiritual
últimamente? ¿Cómo puedo prevenir un derrumbe inminente?

Encuentro
Dios justo, tu misericordia es grande, pero no quiero abusar de ti. Quiero
siempre mostrarte mis grietas en confianza para que me repares antes de
que haya algún derrumbe en mi vida. Te amo. Amén.

El fracaso de los envidiosos

Daniel 6:17-22:

Trajeron entonces una piedra, y con ella taparon la boca del foso. El rey lo selló con su propio anillo y con el de sus nobles, para que la sentencia contra Daniel no pudiera ser cambiada. Luego volvió a su palacio y pasó la noche sin comer y sin divertirse, y hasta el sueño se le fue. Tan pronto como amaneció, se levantó y fue al foso de los leones. Ya cerca, lleno de ansiedad gritó: —Daniel, siervo del Dios viviente, ¿pudo tu Dios, a quien siempre sirves, salvarte de los leones? —¡Que viva Su Majestad por siempre! —contestó Daniel desde el foso—. Mi Dios envió a su ángel y les cerró la boca a los leones. No me han hecho ningún daño, porque Dios bien sabe que soy inocente.

Daniel fue uno de los personajes más destacados del Antiguo Testamento. Interpretó sueños e hizo milagros. Le dijo a uno de los reyes más poderoso de la antigüedad que comería pasto como los asnos y explicó palabras escritas por una mano sin brazo. Pero su aventura más conocida fue la de haber sido arrojado a un foso lleno de leones en ayunas. Todo sucedió porque estaba teniendo más éxito de lo que resulta seguro. Cosa curiosa: cuando uno logra éxito siempre hay otros a los que les cae mal. Así comenzaron los susurros a espaldas de Daniel, y los otros gobernadores, llenos de envidia, tramaron un plan. Adularon a un rey vanidoso para que instalara una ley que sabían que iba a poner en evidencia la fe de Daniel. La ley decía básicamente que cualquiera que le pidiese algo a otro dios que no fuera el rey, debía ser echado al foso de los leones. Sabían que Daniel oraba tres veces al día y que no iba a dar el brazo a torcer. Era un plan perfecto y dio el resultado esperado. Daniel tuvo que desobedecer la ley humana y fue a parar derechito a los leones. Los enemigos de Daniel deben haber pensado: «¡Te ganamos Daniel!» La historia cuenta que el rey Darío, que apreciaba a Daniel, no pudo dormir; pero ellos deben haber estado toda la noche de fiesta. A la mañana siguiente, el show sí que se puso bueno. Allí estaba el rey con la mandíbula tensa, los gobernadores venían sonriendo y una multitud debió haberse reunido para ver lo que había pasado. ¿Te imaginas la sorpresa de todos al escuchar la voz de Daniel? El rey saltó de alegría y sus enemigos de temor. La noche sin dormir le había servido al rey para meditar en la ley que lo habían llevado a promulgar por lo que instantáneamente ordenó que ellos fueran echados al foso. Así sucede cuando nos envidian y nos atacan simplemente porque algunas cosas nos han salido bien. Tarde o temprano, el fracaso que nos desean termina siendo el destino de los envidiosos.

Al límite

¿Qué produce la envidia? ¿Es bueno dejar de hacer el bien por la envidia que otros sienten por nuestros resultados?

Encuentro

Querido Dios, gracias porque mi futuro está en tus manos. Dame inteligencia para administrar las oportunidades y permíteme ser excelente sin que otros se molesten. Pero si lo hacen, dame misericordia y perseverancia para seguirlo siendo a pesar de que algunos me quieran echar a los leones.

Nunca es seguro mirar al futuro con temor

Hebreos 11:1
Ahora bien, la fe es la garantía de lo que se espera, la certeza de lo que no se ve.

La fe es la convicción de lo que no se logra ver. Es mirar al futuro con ojos de confianza y seguridad. Lo contrario a la fe es la duda y el temor. Todos sabemos que Dios eligió la fe como el camino de la salvación y de la vida abundante; eso quiere decir que vivir con fe es igual a caminar de la mano de Dios. Mirar al futuro con temor es mirar al futuro sin Dios en el panorama. La fe dice: «Con Dios todo es posible». La falta de fe dice: «Es imposible, vamos a fracasar». La fe dice: «Podemos intentar algo nuevo porque si Dios está de nuestro lado vamos a lograrlo». La falta de fe dice: «Vamos a lo lógico y seguro». Con fe podemos crecer, pero sin fe nos estancamos y cumplimos simplemente con lo rutinario. Con fe creamos cosas nuevas, pero sin fe apenas nos mantenemos; y eso constituye un gran peligro porque mantenerse en lo rutinario aburre y desanima. Conozco muchos adultos que dicen tener fe en Dios y que saben vivir por fe. Sin embargo, no los veo intentar cosas nuevas para Dios y no los veo crecer en su vida espiritual. Siempre están en el mismo punto y tienen temor a cambiar. Sin lugar a dudas, eso es falta de fe; porque es mirar al futuro con temor en los ojos. Mirar a los grandes líderes de la historia de la iglesia es ver a hombres y mujeres llenos de fe. Ellos entendieron que la fe era acción y riesgo, y nunca una actitud pasiva o un simple «si creo». Corrie Ten Boom estuvo en un campo de concentración nazi donde era imposible creer que uno sobreviviría. Tiempo después de salir, ella dijo: «La fe es como un radar que penetra la neblina, la realidad de las cosas, y llega a una distancia que el ojo humano no puede ver». Ella vivió su presente con la seguridad que le daba su fe en Dios. A nuestra generación hoy le toca vivir en un tiempo de sospecha, de realismo y de rutina mecánica. Dice la Biblia que dejarse llevar por la corriente de este mundo es oscurecer la vida. La iglesia debe ser una fuente de esperanza, de buenas noticias y de fe. Mirar al futuro sin fe es inseguro y solo nos conducirá a una vida mediocre, calculada y aburrida. Te invito a seguir viviendo la aventura de la fe.

Al límite
¿Cómo miro al futuro? ¿Cómo puedo aplicar la fe a mi vida?

Encuentro
Querido Rey, dame fe. Quiero vivir la vida con plena energía y sin conformarme a expectativas que no sean las tuyas. Quiero mirar al futuro con fe.

Julio 06

La medida correcta

Salmos 1:2-3
En la ley del Señor se deleita, y día y noche medita en ella. Es como el árbol plantado a la orilla de un río que, cuando llega su tiempo, da fruto y sus hojas jamás se marchitan. ¡Todo cuanto hace prospera!

E s bastante curiosa la manera en que se alimentan los pececitos dorados. Si colocamos demasiada comida en su pecera, pueden comer hasta explotar. Pero si ponemos demasiado poco son capaces de no comer nada. Los expertos recomiendan ser coherentes y proveerles la misma cantidad de alimento todos los días.

De alguna manera, a nosotros nos pasa algo parecido con la Palabra de Dios. Si nos dan demasiado de repente, nos cuesta asimilarla. Podemos embotarnos y terminar más confundidos que antes. Pero si no recibimos lo suficiente, de a poco vamos perdiendo el hambre.

Algunos jóvenes se mueren de hambre de la Palabra de Dios todo el año, y cuando van a un congreso una vez por año, ahí quieren arreglar todo. Pero no funciona así. Debemos ser consistentes y entonces tendremos buena salud espiritual.

Al límite
¿Qué hábitos y herramientas estoy usando para tener una dieta espiritual balanceada? ¿Qué debo seguir haciendo y qué no?

Encuentro
Gracias, Señor, por los alimentos de cada día, incluidos los espirituales. Gracias por los recursos que me das para crecer y, sobre todo, gracias por tu Palabra, que me ayuda a entender tu buena voluntad.

Escuchar a Dios

Viviana Santa
Bogotá, Colombia

Romanos 8:28

Sabemos que Dios dispone todas las cosas para el bien de quienes lo aman, los que han sido llamados de acuerdo con su propósito.

¿Por qué yo? Es una pregunta que a menudo nos hacemos cuando pasamos por pruebas. Hasta llegamos a decir: «¡Yo no me merezco esto!» Aun cuando sabemos que Dios permite las pruebas para nuestro bien, tenemos la sensación de que no saldremos de aquella prueba, o de que no podremos soportar el resultado que ella traerá aparejado. En el transcurso de la enfermedad de mi padre aprendí a conocer mucho a Dios. Me parece mentira todo aquello por lo que pasó mi familia y me asombra la manera en que Dios nos acompañó. Yo nunca pensé que iba a poder soportar la ausencia de algún familiar, pero me toco despedir al más cercano de todos: mi padre. Mi familia era unida. Teníamos una relación muy bonita entre los cuatro. Mi papá siempre nos enseñó buenos principios y junto con mi mamá, nos educaron muy bien a mi hermano y a mí. Cuando mi papá se enfermó de cáncer, nosotros sentimos que el mundo se nos iba a acabar. Me preguntaba por qué nos tocaba pasar por esto a nosotros, que éramos una familia tan linda. ¿Por qué tenía que estar sucediendo algo tan feo? En fin, tenía muchas preguntas debido a que no entendía que a través de esta prueba íbamos a conocer el amor de Dios. A través de la enfermedad de mi papá, mi familia y yo le entregamos nuestras vidas a Dios. Todo empezó a cambiar. Sufrimos muchísimo cuando papá murió un año después. Yo hubiese querido verlo activo en la iglesia y juntos convertirnos en una familia cristiana ejemplar. Pero hoy me alegro porque Dios cumplió algo mucho más maravilloso que eso. Mi papá esta disfrutando del amor de Dios, indudablemente, y nosotros estaremos con él por la eternidad. Como el herrero templa el acero al rojo del fuego, así Dios nos fortalece por medio de la prueba. Yo escuché la voz de Dios respondiéndome que él nunca me había dejado en la prueba, y que a través de ella, yo iba a poder disfrutar más de su amor y que un día iba a regocijarme con mi papá allá en el cielo.

Al límite

¿Reniego de mis pruebas y no sé escuchar? ¿Qué pasaría si no fuese probado por fuego?

Encuentro

Señor, aunque tengo que sufrir dolor en las pruebas, te agradezco por ellas. Asimismo, te pido que solo tú gobiernes sobre cada prueba. Ayúdame a oír tu voz para que mi dolor se convierta en fortaleza.

Julio 08

El cuarto hombre

Daniel 3:15

Ahora que escuchen la música de los instrumentos musicales, más les vale que se inclinen ante la estatua que he mandado hacer, y que la adoren. De lo contrario, serán lanzados de inmediato a un horno en llamas, ¡y no habrá dios capaz de librarlos de mis manos!

Eran tres amigos. Sus nombres eran Sadrac, Mesac y Abednego, y por lo que cuenta el libro de Daniel eran los jóvenes más inteligentes del reino. El rey Nabucodonosor había mandado a edificar una estatua de sí mismo de treinta metros de alto. Algo así como un edificio de ocho pisos de los de hoy, que además, había ordenado bañar en oro. Cuando la estatua quedó terminada fue tiempo de realizar una gran inauguración, así que se invitó a todos los personajes importantes de la época. Las fiestas de Babilonia eran por demás suntuosas y esta prometía quedar en la historia. Cuando Nabu (para los amigos) llegó al palco VIP, los músicos se pusieron de pie y comenzaron a tocar. Luego se puso de pie el heraldo y dio el anuncio: «¡Hombres de todos los pueblos, naciones y lenguas! Esta es la orden del rey: ¡en cuanto se vuelva a escuchar la música, todos nos pondremos de rodillas y adoraremos a la estatua de Nabucodonosor!» Los tres amigos que estaban allí en el palco se miraron. El heraldo prosiguió: «¡Cualquiera que no lo haga será arrojado inmediatamente al horno de fuego!» «¿Cómo?», pensaron los tres amigos. Pero en ese instante la música comenzó a sonar y todos se postraron, menos ellos tres. Los segundos posteriores parecieron una eternidad. Luego sintieron unas manos pesadas sobre sus hombros, escucharon la orden y siguieron los empujones. Iban derechito al horno de fuego, ¡y atados! Ya en la entrada, Nabucodonosor los increpó nuevamente para que se inclinaran, y hasta les comunicó que la música sonaría de nuevo. Pero a los tres amigos no se les «arrodilló» ni un dedo. Furioso, el rey mandó que los lanzaran al horno. Pero luego la cosa se puso peor. *«—¡Pues miren! —exclamó—. Allí en el fuego veo a cuatro hombres, sin ataduras y sin daño alguno, ¡y el cuarto tiene la apariencia de un dios!»* (Daniel 3:25) Sadrac, Mesac y Abednego, estaban en el horno, pero allí había una cuarta persona. ¡Qué milagro! ¡Y qué testimonio! El mismo Nabucodonosor exclamó: *«¡Alabado sea el Dios de estos jóvenes, que envió a su ángel y los salvó! Ellos confiaron en él y, desafiando la orden real, optaron por la muerte antes que honrar o adorar a otro dios que no fuera el suyo»* (Daniel 3:28).

Al límite

¿Qué situaciones de hoy día pueden ponerme en una situación parecida a la de estos tres amigos? ¿Qué hace Dios cuando somos cuidadosos de no ofenderlo?

Encuentro

Gracias por esta historia. Muchas veces en mi vida también necesito un cuarto hombre. Alguien que me cuide y esté conmigo cuando me siento en el horno. Querido Dios, gracias por siempre estar ahí conmigo.

Grande es tu fidelidad

Salmos 89:1

Oh Señor, por siempre cantaré la grandeza de tu amor;
por todas las generaciones proclamará mi boca tu fidelidad.

E s muy probable que conozcas este himno de memoria. Pero detente a meditar en cada frase con cuidado. Es poderoso.

Oh Dios eterno tu misericordia
Ni una sombra de duda tendrá;
Tu compasión y bondad nunca fallan
Y por los siglos el mismo serás.

Coro:
¡Oh, tu fidelidad! ¡Oh, tu fidelidad!
Cada momento la veo en mí,
Nada me falta, pues todo provees,
¡Grande, Señor, es tu fidelidad!

La noche oscura, el sol y la luna,
Las estaciones del año también
Unen su canto cual fieles criaturas,
Por que eres bueno, por siempre eres fiel.

Tú me perdonas me impartes el gozo,
Tierno me guías por sendas de paz;
Eres mi fuerza, mí fe, mi reposo,
Y por los siglos mi Padre serás.

Al límite

¿Qué frase de este himno es mi favorita?
¿Por qué?

Encuentro

La letra de esta canción es mi oración hoy. En el nombre de Jesús. Amén.

Julio 10

Limonada

Romanos 8:28
*Ahora bien, sabemos que Dios dispone
todas las cosas para el bien de quienes lo aman.*

A todos nos toca pasar por etapas agrias y con mal sabor. A veces son difíciles y quisiéramos que nunca nos sucedieran, pero allí están, mirándonos a los ojos. La Biblia nos recuerda que también las cosas más difíciles suelen ser de gran provecho cuando las vemos desde la perspectiva de Dios. Eso no significa que todo lo que nos ocurre es bueno, ni que Dios sea el causante directo de lo que nos sucede. Yo me enojo mucho cuando escucho a ministros explicar cualquier calamidad diciendo que es la voluntad de Dios. ¡No! Lo que este versículo quiere decir es que Dios también usa las circunstancias adversas para nuestro bien. Esos limones nos pueden ayudar a hacer una limonada que refresque a otros cuando estén pasando por alguna circunstancia parecida a la nuestra. Tengo una amiga llamada Bárbara que era alcohólica y tenía un padre abusador. Los relatos de su vida son como para tener un pañuelo cerca. Sin embargo, ella es una persona llena de alegría y ayuda en un centro de consejería gratuito que funciona en el sur de California. Bárbara atiende el teléfono cada vez que hay llamadas de emergencia cuando alguien quiere suicidarse o no sabe qué hacer con su vida. Yo la he escuchado aconsejar sabiamente a los que llaman, y he visto como una y otra vez usa los sucesos más tristes de su vida para dar esperanza a los que la necesitan. Bárbara ha aprendido a usar las cosas amargas de su vida para ayudar a otros, y en el proceso se ha ayudado a ella misma. Es increíble escucharla decir de cuánta *bendición* ha resultado para la vida de tantas otras personas todo el sufrimiento por el que pasó de niña y adolescente, y ella se siente muy bien con respecto a sí misma por eso. Bárbara fue la que me dijo una vez: «Si la vida te da limones, con Dios puedes convertirlos en una buena limonada».

Al límite

¿Cuál será la perspectiva de Dios con respecto a los problemas por los que pasas? ¿Cómo puedes hacer limonada con los limones de la vida?

Encuentro

Querido Rey, te doy gracias porque tú puedes ayudarme a cambiar mis problemas en bendiciones. Gracias porque puedo contar contigo siempre. Hoy quiero que me ayudes a tener tu perspectiva con respecto a los momentos amargos de mi vida.

El bombero

1 Timoteo 1:6-7

Algunos se han desviado de esa línea de conducta y se han enredado en discusiones inútiles. Pretenden ser maestros de la ley, pero en realidad no saben de qué hablan ni entienden lo que con tanta seguridad afirman.

Había un niño que siempre había querido ser bombero. El sonido de las sirenas y las corridas del camión que veía pasar le habían llenado los sueños de casi todas las noches de su infancia. En lo profundo de su corazón había un anhelo de ayudar a otros y de salvar, algún día, a una víctima de las llamas del fuego. Al crecer no cambió de parecer. Este era el llamado que le hacía el destino. Claro que en su adolescencia se había hecho preguntas y había dudado de si podría llegar a ser feliz siendo bombero. Pero las llamas lo atraían, y sobre todo ese anhelo de ayudar. Finalmente fue a estudiar a la mejor escuela de bomberos. Se sumergió en los estudios y se destacó como el mejor estudiante. Cuando se acercaba la graduación, nuevamente comenzó a tener ciertas dudas, así que se las contó a un profesor. Ese profesor estaba tan impresionado por su habilidad en sus estudios que le recomendó hacer un postgrado de especialización en incendios en edificios altos, que se dictaba en Nueva York, y le prometió conseguirle una beca. Así sucedió. El ahora ya hombre fue y estudió dos años allí, convirtiéndose nuevamente en el más destacado, por lo que al terminar, le ofrecieron ir a Europa a entrenar a algunos bomberos, y a su vuelta le prometieron un puesto de profesor en la escuela. Así lo hizo y de regreso asumió un puesto educativo muy importante en la mejor escuela de bomberos. Por muchos años enseñó allí, y era muy respetado, tanto que al cumplir veinticinco años de carrera decidieron hacer una cena en su honor y otorgarle un premio. En su discurso de aceptación dijo: *«Esta celebración me ha hecho meditar sobre mi vida. Todavía recuerdo la pasión y mis sueños por llegar a ser bombero. Más que nada, deseaba algún día poder correr con los camiones y ayudar a la gente apagando incendios. Hoy pienso en esto y no puedo dejar de llorar, porque nunca he podido extinguir ni un solo incendio».* Ese hombre había llegado al éxito pero sin sentirse realizado. Había estudiado para ser bombero, pero nunca lo había sido. Así como es posible saber todo acerca del cristianismo y hasta ser visto por otros como un cristiano exitoso, pero sin realizar los anhelos del corazón de Dios y nunca llegar a tener verdadera autoridad.

Al límite
¿Cuál es la diferencia entre éxito y realización?

Encuentro
Querido Dios, no quiero desviarme del llamado que hiciste a mi vida. Dame la oportunidad de, un día, mirar hacia atrás y sentirme con autoridad para hablar de realizarse en la vida.

Julio 12

Tírale a la luna

Colosenses 3:2
Concentren su atención en las cosas de arriba, no en las de la tierra.

Nos encontrábamos en medio del campo y ya estaba anocheciendo. Mientras dentro del rancho nuestros padres hacían los arreglos para emprender el regreso a la ciudad, todos los primos jugábamos cerca de unos árboles. Como se sabe, los niños no tienen problema en inventar juegos nuevos, y eso era precisamente lo que estábamos haciendo. La improvisada competencia entre todos los primos consistía en ver quién tiraba la piedra más alto. Lanzaba mi prima más pequeña y la piedra pegaba en una de las ramas del árbol. Después tiraba otro de los más grandes y la piedra llegaba casi hasta la punta de las ramas. Yo estaba por arrojar la roca cuando apareció mi tío más joven (ese que es como un hermano mayor para todo el resto de los primos). Nos preguntó qué estábamos haciendo. Nuestro primo mayor se adelantó y con su piedra en mano la tiró hasta la punta misma del árbol y la pasó por un poquito. ¡Oh!, dijimos todos. Enseguida reclamé que era mi turno. Entonces mi tío se acercó y me dijo: «No mires al árbol, tírale a la luna». No entendí la razón pero busqué la luna, que, sin que nos diéramos cuenta, ya se encontraba en lo alto. Respiré profundo, junté toda mi fuerza, y al arrojar la piedra al centro de la luna noté que iba a una gran velocidad. Todos quedamos sorprendidos, y yo más que nadie. La piedra fue más alto que todas las demás y pudimos escucharla caer al otro lado del árbol. Nunca pude olvidar esa escena, que por años ocupó tiempo en mis meditaciones infantiles. Apuntarle a la luna es apuntar a lo más alto.

Es apuntar a lo imposible, y por eso significa llegar al límite de nuestras posibilidades. Hasta el momento en que mi tío sugirió eso, todos medíamos nuestras fuerzas con respecto al árbol, pero a causa de su consejo fuimos capaces de mirar más arriba. Muchos tienen muy pocas expectativas con respecto a sus fuerzas. Demasiados adolescentes se miden con sus hermanos o sus papás y creen que no pueden llegar más lejos. Si es eso lo que te sucede, tienes que mirar a la luna. Apuntar lo más alto que puedas y aunque no seas capaz de alcanzarlo todo, habrás hecho tu mejor intento.

Al límite
¿Mi vida apunta alto o estoy enfocado simplemente en un árbol?
¿Cómo puedo tener expectativas más altas para mi persona?

Encuentro
Querido Rey, hoy quiero apuntarle a la luna en todo lo que emprenda. Quiero vivir mi vida con excelencia y dar lo máximo en cada área. Te doy gracias porque cuento con tus fuerzas para enfocar mi vida hacia la meta de alcanzar lo mejor.

Salvador y Señor

Oseas 13:4

«Pero yo soy el SEÑOR tu Dios desde que estabas en Egipto. No conocerás a otro Dios fuera de mí, ni a otro Salvador que no sea yo»

Cierta vez le escuché contar a James Kennedy, pastor presbiteriano y fundador de Evangelismo Explosivo, que un día, al visitar a un anciano en un hospital, le preguntó qué era lo que él pensaba de Jesús. El hombre respondió:

—Jesús fue el hombre más noble que pisó la tierra.

—¿Y qué más? —quiso saber Kennedy.

—¿Cómo qué más? —respondió extrañado el hombre y siguió—. Fue un gran profeta, nació de la virgen Maria en Navidad, y murió en al cruz del Calvario por los pecados del mundo.

—Eso es cierto —dijo el pastor Kennedy—. ¿Pero usted lo conoce como Salvador personal y lo ha reconocido como el Señor de su vida?

—¿A qué se refiere?— le preguntó el hombre. Entonces el pastor Kennedy le habló acerca del plan de salvación.

Este hombre tenía la información correcta, pero aún así, no había entendido la dimensión personal que tenía para él lo que Jesús había hecho, ni lo que debía significar eso para su vida.

A medida que el número de cristianos evangélicos en el mundo hispano crezca, puede ocurrir que muchos nazcan en hogares cristianos, vayan a la iglesia desde niños y tengan la información correcta, pero nunca le hayan entregado su vida a Cristo como Salvador y Señor.

Al límite

¿Conozco a algún joven que posea toda la información acerca de Cristo, pero que no lo conozca como su Salvador personal y su Señor?

Encuentro

Querido Dios, tú eres mi Señor. Me salvaste de las consecuencias del pecado y puedo contar con tus promesas. Dame astucia para darme cuenta de quiénes son las personas que te conocen solo de oídas y dame compasión para guiarlas a ti por amor.

Cuatro sabios

Proverbios 30:24-28

Cuatro cosas hay pequeñas en el mundo, pero que son más sabias que los sabios: las hormigas, animalitos de escasas fuerzas, pero que almacenan su comida en el verano; los tejones, animalitos de poca monta, pero que construye su casa entre las rocas; las langostas que no tienen rey, pero que avanzan en formación perfecta; las lagartijas, que se atrapan con la mano, pero que habitan hasta en los palacios.

¿Qué es lo que hace tan especiales a estas cuatro criaturas para que la Biblia las llame más sabias que los sabios? A simple vista son seres casi insignificantes, pero las Escrituras las ponen como ejemplo para que aprendamos de ellas.

Las hormigas prevén lo que va a ocurrir y toman los recaudos necesarios para estar listas. En otras palabras, las hormigas evitan los problemas antes de que ocurran. Tienen visión del futuro y no se conforman solo con hacer lo que les sería más cómodo en el día de hoy.

Los tejones: Ellos no son animales vigorosos pero hacen su casa en la roca. ¿Qué puede parecer más inofensivo que un roedor? Obviamente no son fuertes de por sí. Pero justamente por eso colocan su casa en un lugar estratégico. De ahí viene su fortaleza. Nosotros también somos fuertes cuando escondemos nuestra vida en Cristo, la Roca de los siglos.

Las langostas: No tienen rey como las abejas pero sin embargo marchan ordenadas como un ejército y pueden destruir un campo entero. Esto nos habla de responsabilidad. Las langostas no necesitan que alguien las esté dirigiendo o amenazando para que hagan lo que les corresponde. Cada una, independientemente, hace lo que le toca hacer y se coloca donde debe aunque nadie la esté supervisando.

Las lagartijas: No son grandes ni bienvenidas en casi ningún lado, aunque pueden meterse hasta en el palacio de los más poderosos de la tierra. Son difíciles de atrapar, sagaces y atrevidas. Se meten donde ellas creen que deberían estar.

Al límite
¿Qué puedo aprender yo de estas criaturas? Piensa en estas palabras: prevención, estrategia, responsabilidad y atrevimiento.

Encuentro
Querido Rey, quisiera añadir a mi vida las características de estas criaturas. Quiero prevenir los problemas antes de que ocurran, ser fuerte en ti, ser responsable con lo que me toca hacer aunque nadie me mire y no detenerme ante nada para realizar lo que tú me pides.

Sinceridad

Isaías 1:18
Vengan, pongamos las cosas en claro —dice el Señor—.
¿Son sus pecados como escarlata? ¡Quedarán blancos como la nieve!

L a palabra sinceridad se deriva de otras dos palabras: «sin» y «cera». En la antigüedad, cuando se hacían vasos de barro o arcilla y el alfarero los ponía en el horno, estos podían salir bien o quebrarse durante el horneado. Obviamente, no tenía el mismo atractivo un vaso todo agrietado que uno cuya superficie estaba completamente lisa.

Entonces lo que hacían algunos alfareros era rellenar las grietas con cera. Todo parecía estar perfecto y la gente compraba el vaso igual. El problema salía a la luz cuando el vaso era sometido al calor. ¿Qué sucedía? La cera se derretía y aparecían las grietas originales.

El Rey está buscando hijos sinceros, sin fingimiento de ninguna índole. Una iglesia y un cristiano que confiesan su fragilidad humana, sus grietas y que realmente sean vasos de barro que se abran a la gracia transformadora de Dios. La sinceridad abre la puerta a la confesión, y esta, a su vez, abre los portones del cambio. Muchos tienen miedo de ser sinceros con respecto a sus pecados y debilidades por temor a resultar condenados. Es muy triste que esto suceda en la iglesia. Algunos actúan como si la iglesia fuera una comunidad de ángeles y por eso nadie habla de sus tendencias pecaminosas. Los líderes que crearon ese espíritu en la iglesia estaban en un gran error. Si no confesamos y no somos sinceros, no podemos cuidarnos unos a otros, y además, no es cosa de escondernos de nadie; después de todo, ¡el que esté limpio que tire la primera piedra!

Cuando era soltero, entre los amigos más cercanos nos confesábamos aun nuestras tentaciones sexuales y empezamos a cuidarnos los unos a los otros. Fuimos sinceros y de verdad sirvió para ayudarnos a vivir en santidad. Hoy vivo en otro país y estoy casado, pero también tengo amigos que me hacen preguntas incómodas para saber cómo estoy viviendo.

Anímate a darle la bienvenida a la sinceridad total en tu vida. Cuando encuentres una grieta, no la cubras con cera: habla con tus líderes, y sobre todo, muéstrasela al alfarero celestial.

Al límite
¿Cómo anda mi sincerómetro? ¿Quiero ser una persona sin cera?

Encuentro
Señor, no quiero ser una persona con fingimientos; quiero tener libertad para mostrar siempre lo que siento, lo que pienso y lo que soy. Voy a confesarte mis grietas y disfrutar en tus manos de alfarero.

Julio 16
El camaleón

Santiago 4:4-5

¿No saben que la amistad con el mundo es enemistad con Dios?
Si alguien quiere ser amigo del mundo se vuelve enemigo de Dios.
¿O creen que la Escritura dice en vano que Dios ama celosamente
al espíritu que hizo morar en nosotros?

El camaleón tiene la capacidad de mimetizarse. Esta facultad le permite confundirse con la vegetación que lo rodea. Al tomar el color de las hojas y las plantas del entorno en el que vive, evita que otros animales e insectos lo molesten. Muchos adolescentes cristianos parecen tener la capacidad de mimetizarse según el lugar en el que se encuentran. Si están en la iglesia, son cristianos, almidonados de aquellos que dicen: «El celo de Jehová me consume», y cantan para el Señor con cara de telenovela. Si están fuera de la vista de otros cristianos son playboys y mujeres fatales. Al principio esta costumbre parece divertida. Quedamos bien con todo el mundo y no tenemos problemas ni en casa ni en la escuela. Pero tarde o temprano todo sale a la luz. Dice la Biblia: «No hay nada oculto que no haya de ser manifestado» y es totalmente cierto. Así me pasó a mí y varias veces pasé de ser un héroe a convertirme en un hazmerreír en un abrir y cerrar de ojos. Mimetizarnos con el mundo es crear una amistad con todas las cosas que son contrarias al plan de Dios para nuestras vidas. Es que no se nota que somos cristianos cuando hablamos, nos relacionamos, nos vestimos y hacemos todas las cosas que hacen los que no son de Cristo. Y no estoy hablando de que debemos ser unos marcianos, porque vivimos en este mundo. Pero nuestros valores tienen que ser diferentes y eso debe impactar nuestras costumbres. Un día encontré en mi Biblia los versículos de Santiago, y fue como si el apóstol hubiera imaginado mi cara y me los hubiese escrito exactamente a mí: «Acérquense a Dios, y él se acercará a ustedes» Santiago 4:8. Cuando me mostré seguro de mis creencias frente a mis amigos no cristianos, es cierto que al principio algunos se burlaron de mí, pero pronto ellos mismos me aceptaron con más respeto. Después de todo, yo era lo bastante valiente como para ser distinto. ¿Te estás mimetizando donde quiera que estés? ¡Vamos, no seas camaleón!

Al límite

¿Qué es mimetizarse? ¿Con quién tengo una mejor amistad: con Dios o con el mundo?

Encuentro

Querido Dios, quiero acercarme a ti. El mundo no es más que un montón de intereses cruzados, pero tú me amas de verdad. Necesito mayor fuerza para no mimetizarme y ser lo bastante valiente como para mostrarme distinto. Quiero que se note que tengo tus valores dentro de mí.

Dos guerreros humildes

Jueces 5:1-3

Aquel día Débora y Barac hijo de Abinoán entonaron este canto:
«Cuando los príncipes de Israel toman el mando, cuando el pueblo se
ofrece voluntariamente, ¡bendito sea el SEÑOR! ¡Oigan, reyes!
¡Escuchen, gobernantes! Yo cantaré, cantaré al SEÑOR;
tocaré música al SEÑOR, el Dios de Israel».

Débora significa abeja, y sin duda Dios usó el aguijón de esta mujer para ganar una gran batalla. Débora gobernaba Israel, un pueblo conocido por privilegiar a los hombres por encima de las mujeres y más aun en épocas de guerra. Hoy sabemos que todavía se trata mal a las mujeres en algunas zonas del medio oriente, así que imaginemos lo que sería esta Lara Croft de tiempos antiguos para que hubiera sido nombrada como jueza. Su historia se encuentra al comienzo del libro de los Jueces. Un rey cananeo llamado Jabín había enviado a Sísara, su principal general, a atacar a los israelitas con sus tropas y novecientos carros de hierro, lo que constituía un ejército brutal en aquel entonces. Pero Débora, confiando en el Señor, mandó a organizar el ejército del pueblo de Dios. Hizo llamar a Barac, que evidentemente era un excelente guerrero y no tenía miedo de ser liderado por una mujer, y le confió la batalla explicándole cuál iba a ser la estrategia. Pero Barac quería ir con la jefa. Evidentemente ella contaba con el respeto del pueblo, la admiración del ejército y el favor de Dios. El le dijo: *«Sólo iré si tú me acompañas; de lo contrario, no iré»* (Jueces 4:8). Pero Débora le respondió algo muy interesante: *«¡Está bien, iré contigo! —dijo Débora—. Pero, por la manera en que vas a encarar este asunto, la gloria no será tuya, ya que el SEÑOR entregará a Sísara en manos de una mujer»* (Jueces 4:9). El cuadro era el siguiente. Si ella iba, la gloria sería suya. Las malas lenguas iban a decir que la victoria había sido lograda por mano de una mujer y no gracias a Barac. Pero evidentemente ninguno de los dos estaba interesado en ser el que se llevara la gloria. A Barac no le importaba compartir la gloria con Débora, y ella había demostrado que su intención inicial era que Barac se quedara con los laureles. No sorprende, entonces, que todo terminara con una estruendosa victoria.

Al límite
Mucho se puede lograr cuando no nos importa quién recibe el crédito.

Encuentro
Señor, ayúdame a tener mis prioridades en su lugar. Quiero ser un guerrero humilde que luche por tu iglesia sin pensar en llevarme siempre la gloria.

Que se caiga la hoja de la higuera

Génesis 3:7:
En ese momento se les abrieron los ojos, y tomaron conciencia de su desnudez. Por eso, para cubrirse entretejieron hojas de higuera.

Inmediatamente después de la caída, Adán y Eva se dieron cuenta de que estaban desnudos y trataron de taparse. Desde entonces los seres humanos han intentado encubrir situaciones acerca de su vida, de su personalidad, de sus creencias y de sus necesidades para que sus semejantes no se den cuenta de lo que en realidad son. Tratamos de cubrirnos por cualquier medio (hojas de higuera), porque en realidad tememos que se sepa todo acerca de nosotros.

Muchas veces yo utilicé hojas de higuera para enmascarar algo que pretendía ocultar, y no necesariamente cosas malas. Recuerdo que en mi adolescencia trataba de evitar decir o mostrar que era cristiano. Quería que me vieran como el más rebelde y desinteresado de la escuela. Me proponía por todos los medios crear una imagen de chico malo y seguro de sí mismo, cuando en realidad ante la mirada de los otros me sentía más inseguro que un bombero desnudo en medio del fuego. Me miraba en el espejo y pensaba cómo me vería este o aquel. Me compraba todo de las mejores marcas para que mi nivel de popularidad no bajara en la escuela. No me daba cuenta de que aunque dijera Calvin Klein, Levis o Guess, lo que me estaba poniendo era también un entretejido de hojas de higuera. Hoy miro para atrás y deseo que tú te des cuenta de que con Dios podemos sentirnos seguros y especiales. Teniendo su abrazo no necesitamos taparnos con nada más. No es tan importante la imagen que edifiquemos de nosotros mismos como lo que verdaderamente tenemos dentro. Cuando en nosotros hay integridad y seguridad, podemos confesarle a Dios las cosas que están mal y experimentar su perdón. También somos capaces de expresar más libremente a otros nuestras creencias, nuestros gustos y nuestros sueños.

Al límite
¿Cuáles son las hojas de higuera que uso? ¿Cómo puedo ser íntegro ante Dios?

Encuentro
Querido Dios, gracias por amarme tal cual soy. Gracias porque por tu misericordia no necesito taparme con hojas de higuera. Gracias porque con tu ayuda no preciso esconder nada y puedo ser una persona íntegra y valerosa. Desearía que hoy siguieras limpiándome y dándome fuerza para ser una persona segura.

No caer en el plan B

María Eugenia Campos
Tandil, Argentina

Romanos 12:2

No se amolden al mundo actual, sino sean transformados mediante la renovación de su mente. Así podrán comprobar cuál es la voluntad de Dios, buena, agradable y perfecta.

¿Cuántas veces hemos caído en el plan B? ¿Cuántos viven en ese plan? Hace poco tiempo descubrí que la estrategia que Satanás usa para atraparnos es mucho más sencilla de lo que a veces imaginamos. Un plan sencillo para una conquista simple. El mismo diablo sabe que muchas veces ha atentado contra nosotros pero que a pesar de todo siempre continuamos amando a Dios, ¿Qué puede hacer entonces para congelarnos y no permitirnos alcanzar todo lo que Dios nos ha prometido?

Muy fácil: si no puede tenernos, entonces intenta *CONFORMARNOS*. De esta manera puede asegurarse de que terminemos haciendo todo lo que él quiere: ¿Nunca tuviste la posibilidad de llegar a poseer algo muy parecido a lo que querías en menos tiempo o con menos sacrificio de lo que te costaría llegar al original? Creo que ese es el secreto. A diario tenemos cinco mil caminos con atajos para alcanzar lo que queremos, pero si los aceptamos, a la larga nos daremos cuenta de que no eran lo mismo. Puede pasarnos en cualquier área de nuestra vida: en los sentimientos (alguien parecido a la persona de la que verdaderamente estamos enamorados), en nuestros estudios (una carrera más corta y más rentable de la que realmente soñábamos), en nuestro trabajo, con nuestras amistades, en fin, muchas veces no nos animamos a pelear y esperar lo que realmente queremos en Dios. Y en ocasiones culpamos al Señor con la famosa excusa: «Si es la voluntad de Dios... tengo que aceptarla». Pero volvamos a leer lo que dice Dios en Romanos 12:2.

Al límite

Nunca encontrarás una mejor oferta que la que Dios hace para tu vida. Alguien una vez me dijo: «Cambia tu manera de pensar para que cambie tu manera de vivir». Para no conformarnos, el Señor dice que debemos renovar nuestro entendimiento, es decir, que sus pensamientos sean los nuestros.

Encuentro

Señor, aunque a veces cueste creer en tus planes, le pido al Espíritu Santo paciencia para esperar que cada meta en mi vida se cumpla en tus tiempos. Señor, ayúdame a no conformarme nunca y a pelear duro por conseguir todos los sueños que vayas poniendo en mi corazón.

Tiempo de actuar

Tito 3:8
*Este mensaje es digno de confianza, y quiero que lo recalques,
para que los que han creído en Dios se empeñen en hacer
buenas obras. Esto es excelente y provechoso para todos.*

El empeñarse en hacer buenas obras puede incluir cualquier cosa que ayude a otros y le dé gloria a Dios. Eso incluye miles de posibilidades, y en siete minutos se te podrían ocurrir una cuantas cosas para hacer. ¿No es verdad? Pero del dicho al hecho suele haber mucho trecho. No hacemos todo lo bueno que se nos ocurre. *¿Por qué?* Si les preguntáramos en confianza a nuestros amigos, algunos quizás nos dirían que les falta tiempo o quizás energías. Otros nos contestarían que no saben por dónde empezar. Ayudar a otros a veces comienza en momentos un poco incómodos en los que uno no sabe qué decir o cómo reaccionar ante la necesidad. Hay situaciones en las que las personas que necesitan ayuda no son las más populares, bellas y atractivas, y quizás hasta nos producen cierto temor. Todas esas son buenas excusas. Pero lo único que consiguen es que perdamos algo muy importante: la bendición que representa el ayudar a otros.

La recompensa interior que experimentamos al hacer algo importante por la vida de otra persona pesa muchísimo más que las inconveniencias en las que debamos meternos por ayudar. ¿Qué te parece hacer ahora una lista de siete cosas que podamos hacer en los próximos siete días que demuestren que entendimos el versículo de hoy?

Al límite
¿Por dónde empiezo?
¿Cuál es mi plan?

Encuentro
Señor, quiero ser una persona de acción. Que haga algo por las necesidades de los demás. Ayúdame a ser siempre conciente de que el tiempo de bendecir a otros es ahora.

Soy la revolución

Mateo 5:38-46

Ustedes han oído que se dijo: «Ojo por ojo y diente por diente». Pero yo les digo: No resistan al que les haga mal. Si alguien te da una bofetada en la mejilla derecha, vuélvele también la otra. Si alguien te pone pleito para quitarte la capa, déjale también la camisa. Si alguien te obliga a llevarle la carga un kilómetro, llévasela dos. Al que te pida, dale; y al que quiera tomar de ti prestado, no le vuelvas la espalda. Ustedes han oído que se dijo: «Ama a tu prójimo y odia a tu enemigo». Pero yo les digo: Amen a sus enemigos y oren por quienes los persiguen, para que sean hijos de su Padre que está en el cielo. Él hace que salga el sol sobre malos y buenos, y que llueva sobre justos e injustos. Si ustedes aman solamente a quienes los aman, ¿qué recompensa recibirán?

En toda la historia de la humanidad nunca jamás ha habido un discurso tan revolucionario como este. Cada insinuación va completamente al choque con las reacciones humanas normales. Veamos las cuatro primeras:

-No resistir al que te hace mal.
-Si alguien te da una bofetada, presentarle la otra mejilla.
-Si alguien te quita la capa, darle también la camisa.
-Si alguien te obliga a llevarle la carga un kilómetro, llevársela dos.

Y la lista sigue. Parece una locura. Pero pensemos por un momento: ¿Qué tal si todos comenzáramos a practicar todo eso? ¿En qué cambiarían las cosas? ¡En todo! La sociedad sería completamente diferente. Si un buen grupo de seguidores de Cristo comenzáramos a hacer eso, sin duda la onda expansiva modificaría mil realidades. Y si fuéramos miles... Y si fuéramos los casi dos mil millones que hoy se profesan cristianos en el mundo, según algunas estadísticas… Pero todo comienza por uno. Como en todas las revoluciones. Siempre hay uno que determina hacer una aparente locura y decide que él **es** la revolución.

Al límite

¿En qué me hace pensar este discurso de Jesús?
¿Qué me dan ganas de hacer?

Encuentro

Querido Señor, seguir el estilo de vida que planteó Jesús parece una locura. Pero qué maravilloso sería el mundo si todos hiciéramos eso. Cuántos conflictos y problemas sociales terminarían. Ayúdame a ser parte de esa revolución que es el cristianismo en el Señor Jesús.

Julio 22

La historia detrás de Quaker

Job 5:19

De seis aflicciones te rescatará, y la séptima no te causará ningún daño.

El padre de Henry Crowell murió de tuberculosis cuando él tenía nueve años y eso fue devastador. Por eso se llenó de temor al contraer la misma enfermedad a los diecisiete años. Parecía estar muriendo, cuando lo invitaron a una cruzada evangelística de D. L. Moody en Cleveland, Ohio. Al escuchar la conocida frase de Moody: «El mundo todavía no ha visto lo que Dios puede hacer con un hombre completamente consagrado a él», Crowell decidió convertirse en un hombre de Dios. Al orar esa noche, entendió algo: no era necesario que él se convirtiera en alguien como Moody para responder a ese llamado. Él pensó: «Yo puedo hacer suficiente dinero como para sostener a varios hombres como Moody», y esa noche oró así: «Señor, si tienes a bien darme sanidad, yo usaré todas mis habilidades para hacer mucho dinero y sostener tu obra. Y voy a dejar mi nombre fuera de cualquier empresa que emprenda para darte a ti la gloria». Algunos meses más tarde, al leer el versículo que leímos hoy, Henry sintió que Dios le concedía su oración y fue sano. Al año ya estaba invirtiendo los bienes de la familia, y pronto les compró una estancia con un molino a unos cuáqueros, que por aquel momento eran respetados por su santidad. Pensó que esa sería una linda marca para su empresa, conforme a lo que le había prometido al Señor en oración. Así comenzó la compañía Quaker, hoy una de las empresas de avena, cereales, pastas y galletas más reconocidas y respetadas del mundo. En los siguientes años, Henry destinó entre el sesenta y el setenta por ciento de sus ingresos a la obra del Señor. El Instituto Bíblico Moody, de la ciudad de Chicago, nació gracias a su dinero, las primeras imprentas cristianas en los Estados Unidos fueron iniciativa de él y luego también comenzó la cadena de radio Moody, que fue una de las primeras cadenas radiales cristianas en el mundo y hoy sigue bendiciendo a miles. Cuando murió, su familia encontró en varios de sus pantalones la misma nota: *Si mi vida pudiera siempre ser vivida para agradarle, sería plenamente feliz.*

Al límite
¿Qué me dice a mí el ejemplo de Henry Crowell?

Encuentro
Querido Dios, deseo una vez más dedicarte mis proyectos, mis riquezas y todo lo que vaya a hacer en mi vida. Quiero agradarte en todo lo que emprenda y ser útil para la extensión de tu reino en esta tierra.

No me metan en la bolsa

1 Pedro 1:14-15

No se amolden a los malos deseos que tenían antes, cuando vivían en la ignorancia. Más bien, sean ustedes santos en todo lo que hagan, como también es santo quien los llamó.

Todos habitamos en una cultura. En nuestro caso, es la sociedad de consumo: El «Quiero más; no sé para que sirve, pero lo necesito». Es la necesidad de estar siempre a la altura de las circunstancias con algo más en los bolsillos. A eso llamo yo la bolsa. La bolsa es el sistema, las costumbres, los hábitos sociales, la onda. Creo que es a lo que el Nuevo Testamento nos recomienda no conformarnos cuando dice: «No se amolden al mundo actual» (Romanos 12:2). El estar metidos en la bolsa no depende de la edad. Para nuestros amigos, significará la presión de estar vestidos con determinadas marcas; para nuestros padres, la de tener un auto 0 Km., aunque el que tengan esté en perfectas condiciones. Pero sea cuál fuere la presión social que tengamos que soportar, Dios nos invita a no amoldarnos a esas circunstancias. Dios nos exhorta a tener una escala de valores diferente de la que nos proponen las reglas de juego del mercado. Veamos cómo empieza todo: Cuando los grandes empresarios intentan vender su producto, recurren a la publicidad. Los publicistas buscan la forma de hacernos creer que debemos comprar algo, aunque no lo necesitemos en lo más mínimo. Tenemos diez jeans en el armario, pero sale uno ahora con la bragueta en la cola, como los que usan los de «MTV» y ya sentimos la necesidad de comprarlo. Comenzamos a suplicarle a mamá: «Quiero, quiero, quiero…» y como nos parece que ese jean va a «darle sentido a nuestra vida», mamá lo compra. Ni ella ni nosotros nos detenemos a pensar si verdaderamente lo necesitamos o si hay dinero suficiente para comprarlo. Tampoco reparamos en que luego de una semana ese ya va a estar pasado de moda y otra cosa se convertirá en la condición de nuestra alegría. El que es y el que no es cristiano debe usar su dinero de la manera más responsable posible, y no me refiero solo a comprar cosas que no sean necesarias. Nuestro criterio de gastos debe considerar cosas que están en el corazón de Dios. No podemos ser de aquellos que creen que tener «algo» más le va a dar sentido a nuestra vida. Estar fuera de la bolsa es considerar los valores de Dios por sobre los de los medios masivos de comunicación; es realmente «ver» la vida desde la perspectiva del cielo y saber reconocer cuándo es necesario decir que no a las presiones de la cultura.

Al límite

¿Qué es la cultura? ¿Cómo puede afectarme la cultura que me rodea?

Encuentro

Querido Señor, no quiero ser una persona ingenua con respecto a las presiones de la sociedad de consumo. Quiero ser alguien santo que no se amolde a la corriente de este mundo.

Luces de neón

Efesios 5:8

*Porque ustedes antes eran oscuridad, pero
ahora son luz en el Señor. Vivan como hijos de luz.*

El neón es un gas que generalmente se procesa en tubos de luz para usar en carteles y anuncios. Pero hay algo fascinante en el neón. A pesar de que no puede erradicar la oscuridad, es capaz de brillar en ella. Cualquier otra luz desintegra completamente la oscuridad a su alrededor, pero no sucede lo mismo con las luces de neón. Hasta lucen más bellas cuando hay oscuridad a su alrededor.

Algo así nos ocurre a los cristianos. Hay demasiada oscuridad a nuestro alrededor, y para ser realistas, no podemos erradicarla. Sabemos por lo que nos dice la Biblia que el mal va a continuar hasta el día que Cristo venga por su iglesia. Sin embargo, a pesar de que no podemos eliminar la oscuridad, sí podemos brillar en medio de ella y dejar ver la belleza de Cristo con nuestro colorido. Podemos atenuar la oscuridad y cambiar el ambiente con nuestros colores. Eso es lo que hace el neón y eso es lo que deberíamos hacer nosotros.

El Apóstol Pablo les escribió a los corintios: *Porque Dios, que ordenó que la luz resplandeciera en las tinieblas, hizo brillar su luz en nuestro corazón para que conociéramos la gloria de Dios que resplandece en el rostro de Cristo* (2 Corintios 4:6).

Al límite
¿Cómo puedo mostrar la luz de Jesús en la oscuridad?

Encuentro
Querido Dios, quiero vivir como un hijo de luz. Quiero ser como el neón, que a pesar de que no puede erradicar la oscuridad, es capaz de brillar en ella y llenarla de color. Gracias por brillar en mi interior y ayúdame a mostrarte afuera.

Bruce todo poderoso

Job 38:4-7

¿Dónde estabas cuando puse las bases de la tierra? ¡Dímelo, si de veras sabes tanto! ¡Seguramente sabes quién estableció sus dimensiones y quién tendió sobre ella la cinta de medir! ¿Sobre qué están puestos sus cimientos, o quién puso su piedra angular mientras cantaban a coro las estrellas matutinas y todos los ángeles gritaban de alegría?

Jim Carrey y Jennifer Aniston actúan en la película *Bruce todo poderoso*. La trama es fácil de recordar. Carrey hace de Bruce Nolan, un reportero de televisión que cree que todo el universo está en su contra. No consigue el puesto que desea, lo golpean queriendo defender a un mendigo, su perro orina en el sofá y las cosas con su novia van de mal en peor. Ya Bruce no aguanta más, así que termina echándole la culpa a Dios. Ahí es cuando ocurre lo inesperado. Bruce tiene un encuentro con Morgan Freeman en el papel de Dios, y muy probablemente ya sabemos lo que ocurre. Dios le trasfiere sus funciones a Bruce. A partir de ese momento tiene los poderes de Dios, pero también tiene que cumplir con las actividades de Dios, y ahora sí está en verdaderos problemas. Él y todos los que lo rodean.

Así también ocurre en la vida real. Cuando queremos desempeñar el papel de Dios en nuestras propias vidas no tardamos en meternos en más líos que antes y también en perjudicar a otros. Dios es Dios, y no podemos ubicarlo en nuestra vida en ningún lugar que no sea el que ya tiene en el universo.

Al límite

¿Qué lugar le doy a Dios en mis decisiones? ¿En qué áreas de mi vida me cuesta más darle el control a Dios?

Encuentro

Gracias por tu paciencia. Eres el Dios creador del universo y mi amigo, pero aun así a veces no te entrego el control de todo y me quejo por las cosas que me ocurren. Hoy te alabo y te doy toda la gloria por ser el Dios de mi vida.

Julio 26

Una de pavos

Colosenses 3:2

Concentren su atención en las cosas de arriba, no en las de la tierra.

Un chileno que andaba por la Cordillera de los Andes encontró entre las rocas un extraño huevo. Era demasiado grande para ser de gallina, y muy pequeño para ser de ñandú. Se lo llevó a su casa y se lo entregó a su esposa. Aprovechando que tenían una pava empollando, puso el huevo junto con los demás. Cuando los otros cascarones comenzaron a abrirse, también lo hizo el del huevo extraño. El pichón resultó no ser del todo parecido al resto, pero como estaba allí, la pava lo crió. Era nada menos que un pichón de cóndor; como le decían los indios quechuas, un «quntur». Como este condorcito no tenía de dónde aprender otra cosa, empezó a imitar lo que veía de sus hermanos pavos. Piaba como los otros pavitos, caminaba como los otros pavitos y seguía a mamá pava en busca de gusanos y desperdicios. A veces el cóndor se sentía un poco raro y cuando estaba solo se ponía a pensar. No ocurrían a menudo esos momentos de soledad, porque los pavos no aguantan la soledad ni entienden que otros se dediquen a ella, lo que impedía que el joven cóndor se dedicara a reflexionar. El pavo tiene que andar en bandadas, sacando pecho para impresionar y arrastrando la cola (no fuma porque no tiene manos, si no, seguro que lo haría). Cualquier pavo que se aparte de la bandada es advertido con una sonora burla. Después de todo, aunque tienen alas no vuelan. Un día de cielo claro, nuestro cóndor levantó los ojos y quedó sorprendido al ver unas extrañas aves que dominaban las alturas. El cóndor sintió un sacudón en su interior y la adrenalina comenzó a correr más aprisa. Sus ojos, acostumbrados a mirar hacia abajo en busca de gusanos, no llegaban a interpretar lo que sucedía en el cielo. Estaba confundido. *¿Por qué no puedo volar como ellos?*, era la duda de su corazón, que burbujeaba como nunca. «¡Tengo alas y plumas como ellos!», se dijo. En ese momento se acercó una de las pavas. Ella le preguntó que estaba haciendo en esa extraña actitud de «mirar hacia arriba». «¡Yo quiero volar como ellos!», le contó entre lágrimas. Pero la pava se le rió en la cara y le contestó: «Tú eres un pavo y así tienes que andar. Deja ya las tonterías y los sueños. Tienes que ser realista. Ven con nosotros a buscar gusanos». Desorientado y desilusionado, el pobre cóndor se dejó arrebatar el sueño y volvió con los otros pavos sin descubrir nunca su verdadera identidad.

Al límite

¿En qué te hace pensar esta historia? ¿En alguna oportunidad sentiste que dabas para más pero le hiciste caso a una pava?

Encuentro

Señor, yo no quiero ser como el cóndor perdido. Quiero mirar las cosas de arriba y soñar con volar alto en mi vida. No quiero conformarme con poco. Gracias porque tú tienes buenos planes para quienes te sirven.

Los impulsivos

Proverbios 17:27
El que es prudente controla sus impulsos.

Aunque a simple vista parecería que las personas impulsivas son las de carácter más fuerte, suelen ser las más fáciles de dominar. ¿Por qué? Porque cuando alguien encuentra el estímulo adecuado, las puede hacer reaccionar convenientemente. Por eso es tan importante tener la conciencia limpia y en comunión con Dios. Cuando somos personas impulsivas y además, no tenemos una comunicación constante con el Señor, estamos expuestos a las tentaciones del diablo. Él conoce muy bien las características de las personas impulsivas. El diablo no sabe lo que sientes o lo que tienes en tu cabezota (a menos que él mismo lo haya puesto). Es más, él no sabe cuándo va a tener éxito al tentar a alguien. Pero lo que sí tiene es una experiencia de miles de años tratando con millones de personas impulsivas. Él sabe que las personas que reaccionan naturalmente ante cualquier cosa sin detenerse a razonar o a consultarlo con Dios son candidatos perfectos para hacer líos. Es conciente de que las personas que no poseen la fuerza necesaria para detenerse a pensar resultan blancos perfectos. Los impulsivos pueden ser muy populares, bellos, inteligentes y tener facilidad para hablar, pero si reaccionan ante todo o se dejan manejar por lo que otras personas esperan de ellos, no tardarán en ser manipulados por el diablo. Algunos dicen: ¡Es que el diablo me tentó! Sí, es lo único que el pobre puede hacer. Pero de nuestra decisión depende el reaccionar impulsivamente o detenernos a pensar. La violencia, los pecados sexuales y las palabras torpes son siempre actos impulsivos. Lo que nosotros podemos hacer es limpiar nuestra conciencia y tener una relación fresca con el Señor. De esa manera seremos personas con dominio propio, que sabremos tener «momentos de reflexión» antes de reaccionar.

Al límite
¿Actúo como una persona impulsiva?
¿Qué puedo hacer al respecto?

Encuentro
Querido Rey, te pido que me ayudes cada día a tener dominio propio sobre todas mis reacciones. Quiero ser alguien que piensa antes de actuar. No quiero ser manipulado por nada ni nadie, y menos por el diablo.

Dios se deleita conmigo

1 Juan 3:1

¡Fíjense qué gran amor nos ha dado el Padre,
que se nos llame hijos de Dios! ¡Y lo somos!

Cuando el apóstol Pablo habla de nuestra posición en Cristo, dice que nosotros somos «aceptos en el Amado» (Efesios 1:6, RVR60). Dios nos concedió su gracia en Cristo, y Pablo se encarga de recordarnos una y otra vez que estamos en Cristo. Estar en Cristo significa recibir del Padre el mismo trato que él le da al Hijo.

Durante el bautismo de Jesús, sucedió lo siguiente:

«Y una voz del cielo decía: "Éste es mi Hijo amado, estoy muy complacido con él"» (Mateo 3:17). Por los méritos de Cristo hemos recibido la adopción gloriosa que nos capacita para ser parte de los hijos de Dios. A través de los hechos y antecedentes de Jesús hemos sido declarados justos por medio de aquel que nos amó. Esas palabras que pronunció el Padre al enviar el Espíritu como paloma sobre Jesús hoy se aplican a nosotros. No importa cuál sea nuestro estado natural ni el repertorio de imperfecciones que tengamos en nuestro haber. En Cristo y por él, Dios se deleita con nosotros. ¿Qué tal si experimentáramos algo así? Estás en un acontecimiento importante de tu vida. Pude ser tu bautismo, tu confirmación, tu casamiento, el momento en que eres recibido como miembro o nombrado como líder, o cualquier otra cosa importante que se te ocurra. De repente se escucha una voz del cielo que dice con suavidad y firmeza a la vez: «Esta es mi hija amada en quien me deleito o este es mi hijo amado de quién estoy orgulloso». ¿Qué tal? Maravilloso y real a la vez. Porque en Cristo las cosas pasadas fueron hechas nuevas y ahora somos una nueva criatura, en la que Dios ve, con sus lentes de misericordia, las marcas de la cruz del Calvario. ¡Qué milagro representa el poder afirmar con toda certeza el título de este devocional! Repítelo en voz alta. Usa la voz de la palabra y el micrófono de la fe y podrás escuchar la voz de Dios confirmándolo también.

Al límite

¿Cuán amados somos por Dios?
¿Cómo puedo ser del equipo de los «buenos hijos» de Dios?

Encuentro

Gracias por tu gran amor. Ser tu hijo es la mayor honra que existe en el mundo. Gracias por ser tan misericordioso como para mirarme en Cristo y complacerte conmigo.

El cerdo y el pollo

Mateo 16:25

Porque el que quiera salvar su vida, la perderá;
pero el que pierda su vida por mi causa, la encontrará.

Un pollo y un cerdo iban caminando por la calle del pueblo, cuando notaron a unos pobres niños sentados en el suelo, como dormidos. Se veía que no habían comido por varios días. La imagen los movió a compasión, y el pollo le dijo al cerdo:

—Tengo una idea, por qué no le preparamos a estos niños un buen desayuno.

—¿Cómo? —replicó el cerdo—. Mira, yo pongo unos huevos y tú pones el jamón. El cerdo lo miró moviendo la cabeza de lado a lado y le dijo:

—Es fácil para ti decir eso, ya que en tu caso el desayuno implica un pequeño sacrificio, pero para mí significaría un compromiso total.

Cuando Jesús vino a salvarnos del pecado ya sabía que su misión significaría un compromiso total. Jesús estuvo dispuesto a morir por amor y compasión hacia cada uno de nosotros. A veces nuestro compromiso es como el del pollo. Hacemos un pequeño aporte de tanto en tanto y creemos que es suficiente. El cristianismo no es algo de medias tintas que se puede arreglar con algunos huevos. Para vivirlo a plenitud tenemos que dar la vida.

Al límite

Jesús dio su vida por ti, ¿estás dispuesto a darle la tuya?
¿Mi compromiso se parece al del pollo o es como el del cerdo?

Encuentro

Gracias, Señor, por darme la vida. ¿Qué puedo darte yo? Ayúdame a cumplir los propósitos que tienes para mi vida. En Cristo Jesús. Amén.

Todos los pedazos

Salmos 62:5
Sólo en Dios halla descanso mi alma;
de él viene mi esperanza.

Para reparar algo que se ha roto es necesario tener todos los pedazos. Muchos quieren que Dios les sane un corazón herido pero no están dispuestos a darle ciertas partes. Muchas veces hay cosas en nuestra vida que no queremos soltar por nada del mundo. Le decimos a Dios que lo adoramos y confiamos en él, pero no tenemos paz con respecto a algunas situaciones, como por ejemplo, si podremos encontrar la persona adecuada para entablar una relación, o qué hacer para salir adelante en la vida.

Cuando le entregamos el corazón a Dios tenemos que asegurarnos que cada pedazo sea puesto en sus manos. Eso incluye pensamientos, sentimientos, esperanzas, proyectos, rencores, personas, relaciones y todo lo que nos venga a la mente en ese momento.

Dios es experto en reparar vidas. Él puede hacer de lo quebrado algo perfecto, y puede reconstruir a partir de un montón de piezas rotas y hacerla una sola pieza otra vez. Como cristianos, debemos estar completos y con todas las piezas en su lugar para ser un testimonio de que con Dios es posible ser personas sanas. Debemos revisar para ver si hay alguna parte de nuestra vida que no le hayamos entregado.

Al límite
¿Habrá algún pedazo de tu vida que todavía no le hayas entregado?
¿Qué vas a hacer?

Encuentro
Querido Dios, gracias por estar dispuesto a componer cada cosa que en mi vida ha sido rota o esté a punto de quebrarse. Señor, quiero darte cada trozo de mi corazón para que seas tú el que lo arregle.

Manos y pies

1 Corintios 12:27
Ahora bien, ustedes son el cuerpo de Cristo,
y cada uno es miembro de ese cuerpo.

Me encanta una canción de los Audio Adrenaline que dice: Una imagen, como un flash, en la pantalla de mi TV. Otro corazón roto aparece en la escena. Veo el dolor y le doy la espalda. ¿Por qué no puedo hacer las cosas que quiero? Estoy queriendo, pero todavía tengo miedo. Tú me das fuerzas cuando digo: *Yo quiero ser tus manos. Yo quiero ser tus pies. Iré donde me envíes. Iré donde me envíes. Y trataré, sí, trataré de tocar el mundo, como tú tocaste mi vida. Y encontraré la forma de ser tus manos.* He abandonado todo pensamiento de egoísmo. He rendido todo lo que soy. Puedes tener todo lo que tengo, y perfeccionar lo que no soy. Estoy queriendo, no tengo miedo. Tú me das fuerzas cuando digo: Esta es la última vez, que te doy la espalda. De ahora en adelante yo saldré. Envíame donde quieras. Finalmente tengo una misión. Y prometo que la completaré. No necesito excusas cuando soy tus manos y tus pies.

Al límite

¿Qué cosas hacía Jesús cuando estaba en la tierra?
¿Qué debemos hacer nosotros como cuerpo de Cristo?

Encuentro

Señor, hoy quiero ser tus manos y tus pies. Quiero dar lo que tú quieres que dé y quiero ir a donde irías tú. Que esta canción pueda ser un reflejo de mi estilo de vida.

No cerremos las puertas

Apocalipsis 18:10
Aterrorizados al ver semejante castigo, se mantendrán a distancia y gritarán: «¡Ay! ¡Ay de ti, la gran ciudad, Babilonia, ciudad poderosa, porque en una sola hora ha llegado tu juicio!»

El primero de agosto del 2004 ocurrió una de las peores tragedias de la historia del Paraguay. Se incendió el supermercado Icúa Bolaños, arrojando un saldo de más de doscientos quince muertos.

El cuerpo de bomberos coincidió en que todo comenzó en una de las cocinas del patio de comidas del centro comercial, presumiblemente a raíz de una explosión originada por un escape de gas. Pero lo que generó mayor controversia fue que algunos testigos denunciaron que los responsables del local cerraron las puertas para que nadie saliera sin pagar, hecho que agravó la tragedia.

Mientras los cadáveres carbonizados eran sacados y depositados en una discoteca frente al «shopping» siniestrado, una testigo, Rosa Resquín, relató a la prensa que los responsables del establecimiento cerraron las puertas y los guardias impidieron que los clientes ganaran la calle y que recién cuando llegaron la policía y los bomberos abrieron las puertas, pero ya era demasiado tarde.

Quizás se podrá decir algo semejante acerca de la iglesia en el día del juicio: el supermercado planeta tierra estaba en llamas y muchos no lograron salvarse porque los cristianos cerramos las puertas de escape. Si hoy no damos a conocer la vía de escape al juicio eterno, estaremos cerrando las puertas del cielo para toda una generación.

Al límite
¿Qué puedo hacer hoy para evangelizar a mi generación?

Encuentro
Querido Dios, gracias por haberme alcanzado con tu misericordia. Quiero pedirte que me utilices para salvar a otros del «supermercado del pecado».

Navegar contra la corriente

Ademar Ayala
Cochabamba, Bolivia

Tito 2:8
*Así se avergonzará cualquiera que se oponga,
pues no podrá decir nada malo de nosotros.*

Los salmones son peces teleósteos que pueden llegar a medir hasta un metro y medio de largo y que viven saltando en contra de la corriente. Siempre me he preguntado por qué los salmones nadan en dirección opuesta al caudal del río. Me sorprendió un día encontrar la respuesta: «El salmón nace en un lugar profundo del río, donde se encuentran miles de ejemplares de su especie. Cuando se prepara para la vida adulta, desciende hacia el océano para pasar el invierno allí y en otoño sube al río, muy caudaloso, por supuesto en contra de la corriente para desovar, conservar su especie y regresar al lugar en el que nació».

Obviamente este pez es lo bastante fuerte como para realizar esa hazaña.

De la misma manera nosotros debemos seguir el ejemplo del atrevido salmón. De verdad vale la pena «navegar contra corriente», en dirección opuesta a lo que Satanás quiere que hagamos, a la presión de nuestros amigos, al placer de las drogas, el alcohol y el sexo, y a lo que piensa la gente que no conoce a Dios. Agrademos a Dios y no a las personas; y tampoco a nuestro adversario, el engañador, el diablo. Presentémonos a Dios aprobados, como un obrero que no tiene de qué avergonzarse, que usa bien la palabra de verdad (2 Timoteo 2:15), y por encima de todo, estemos dispuestos a dar un giro de ciento ochenta grados en relación con nuestros deseos pecaminosos personales. Jesús quiere que seamos osados y fuertes. Él quiere que nos animemos a ir contra la corriente, para que de esa manera podamos salvar a la especie cristiana.

Al límite
¿Cómo seguir el ejemplo del salmón en nuestra vida diaria?
¿Estoy preparado para enfrentar al diablo e ir en contra de su voluntad?

Encuentro
Querido Dios, ayúdame a seguir el ejemplo de tu Hijo Jesucristo y animar a otros a tener el comportamiento del salmón, aunque el caudal de este mundo me empuje a nadar en contra. Amén.

Que no se te escape el tiempo oportuno

Eclesiastés 3:1
Todo tiene su momento oportuno; hay un tiempo para todo lo que se hace bajo el cielo.

Hoy, 3 de agosto, es el bicentésimo decimoquinto (215°) día del calendario gregoriano. ¿Cuál calendario? ¡Ja!, el que usamos todos los días. ¡Eso quiere decir que solo faltan ciento cincuenta días para terminar el año!

Shakespeare decía: *«Usa tu tiempo y no dejes escapar las oportunidades»*, y Mr. William tenía razón. No aprovechar el tiempo es ceder ventajas.

Volvamos a principios de año. ¿Qué nos propusimos hacer en enero que todavía no hayamos hecho? ¿Qué metas teníamos para este año? ¡Todavía hay tiempo! Hoy mismo encaminemos esos proyectos. El hecho de que algo ocurra, probablemente dependa de ti. Pon tus pensamientos en el regazo de Dios. Deja aquellas cosas que te parecen imposibles a sus pies y ahora recibe fe de sus manos.

La juventud es el tiempo oportuno para esforzase mucho por alcanzar los sueños. Hoy tienes más energía de la que tendrás cuando pasen estos años. En unos años te cansarás más rápido y hasta te dolerá el cuerpo. Quizás tengas hijos que cuidar, un amor que alimentar y un hogar que sostener. Hoy tienes una libertad que quizás nunca vuelvas a tener. No dejes que se te escape el tiempo oportuno.

Al límite
¿Qué proyectos debo retomar?
¿Cuáles debo emprender?

Encuentro
Querido Señor, dame inteligencia para utilizar bien el tiempo oportuno. Renueva mis energías y mis sueños. Lléname hoy de fe.

Tus huellas son testimonio

Narumi Akita
Asunción, Paraguay

1 Tesalonicenses 1:7
*De esta manera se constituyeron en ejemplo
para todos los creyentes de Macedonia y de Acaya.*

E staba conversando con una de las chicas de la iglesia que va a la escuela secundaria en la que me gradué, cuando me relató que el profesor de ciencias naturales, conocido como uno de los más estrictos, les había mostrado un cuaderno de clases y había agregado: *«Quiero que sus cuadernos sean iguales al de esta ex alumna. Deseo que procuren siempre la excelencia, como lo hacía ella».* Lo alegre fue que, según los dichos de mi amiga, ese cuaderno era mío. No lo podía creer. Pero quedé aun más atónita cuando mi amiga me dijo: *«¡Yo les conté a mis compañeras que esa era Narumi, mi líder en la iglesia!»* De verdad no pensé que Dios permitiría semejante casualidad para que pudiera ejercer una buena influencia sobre ella. Como una ráfaga el Señor me recordó: «Tus huellas son un testimonio de mí». En otra oportunidad me ocurrió con una compañera de universidad que trabajaba donde yo había trabajado. Su jefe me había puesto como ejemplo y esa situación desencadenó posteriores diálogos acerca de Dios entre nosotras. De ninguna manera quiero parecer arrogante. La gloria es exclusiva del Señor, pero lo sorprendente es cómo el Señor usó mi esfuerzo pasado para ser un testimonio de él. Cada tarea que realizamos para agradarle se convierte, tarde o temprano, en evangelización sin palabras, en influencia sin contacto y en inspiración no premeditada. Nuestros esfuerzos deben llevar esta estampilla: «hijo de Dios». Mi mamá me dijo una vez: «Estoy segura de que mi Jesús procuraba, en todo, agradar al Padre. Y como era carpintero, ¿imaginas una mesa hecha a medias por sus manos, mal calculada, o una silla construída mediocremente? Habrá sido el mejor carpintero de todos». No lo dudo. Considero que cada pieza que Jesús construía con sus dedos llevaba el sello implícito de su amor por el Padre. De seguro los clientes no las observaban impasibles, debía haber algo diferente en ellas que inevitablemente provocara una reacción y eso debe haber sido testimonio luego para que algunos confiaran en él.

Al límite

¿Qué impresión tiene la gente acerca de mi vida?
¿Cómo me van a recordar mis compañeros de estudio y mis profesores?

Encuentro

*Señor, todos cometemos errores en el camino y dejamos huellas equivocadas.
Pero hoy quiero dejar huellas que den testimonio de lo especial y excelente
que es tu trabajo en mi vida. Gracias por ser un Padre amoroso. Amén.*

Historia de un persistente

2 Timoteo 3:14
*Pero tú, permanece firme en lo que has
aprendido y de lo cual estás convencido.*

S i analizamos la biografía de Abraham Lincoln podemos extraer los
siguientes datos acerca de su vida:
Tuvo una infancia difícil.
Cursó menos de un año de estudios formales.
Fracasó en los negocios en 1831.
Fue derrotado en las elecciones para legislador en 1832.
Atravesó otro fracaso financiero en 1833.
Fue electo para la legislatura en 1834.
Padeció la muerte de su novia en 1835.
No fue seleccionado como orador en 1838.
No resultó elegido como elector en 1840.
Solo uno de sus hijos vivió más de dieciocho años.
Fue derrotado las en elecciones para el congreso en 1843.
No obtuvo la victoria para integrar el congreso en 1848.
Perdió las elecciones como senador en 1855.
No ganó la vicepresidencia en 1856.
No logró llegar al Senado en 1858.
Resultó elegido presidente de los Estados Unidos en 1860.

Al límite
*¿En qué punto de la vida de Lincoln hubieras renunciado y te hubieras
deprimido? ¿Es posible triunfar pese a empezar mal?*

Encuentro
*Señor, quiero permanecer firme en mi compromiso contigo y seguir ade-
lante en mi aventura cristiana pase lo que pase.*

Es viernes, pero el domingo viene

Mateo 28:7

Luego vayan pronto a decirles a sus discípulos: «Él se ha levantado de entre los muertos y va delante de ustedes a Galilea. Allí lo verán». Ahora ya lo saben.

Tony Campolo comparte la historia de cuando su iglesia realizó un desfile de predicaciones. Varios hermanos predicaban en lo que parecía ser una competencia sin cuartel, para ver cuál era el mejor mensaje. Tony era uno de los últimos. Subió a la plataforma, analizó la Biblia concienzudamente, usó sus mejores historias y se movió con pasión. La gente estaba entusiasmada. Al terminar se sentó al lado del pastor principal, un amigo de años, y en broma le dijo: «A que no puedes superar eso». El pastor negro era ya un abuelo. Lo miró y guiñándole el ojo le respondió: «Quédate quieto y escucha». El viejo se acomodó en el micrófono y con su voz cavernosa dijo: «Es viernes, pero el domingo viene». Hoy es viernes: Cristo está en la cruz. Los soldados romanos se burlan y los fariseos festejan mientras los discípulos y María lloran: «¡Es viernes, pero el domingo viene!» Hoy es viernes: «Hay oscuridad, vergüenza y la cruz parece invencible. Es viernes, pero el domingo viene». El viejo hablaba lentamente pero cuando decía la frase final su voz se elevaba y su cara se iluminaba. La gente empezaba a aplaudir. Seguía: «Hoy es viernes: el mundo sufre guerras, cataclismos y peleas entre hermanos. Es viernes, pero el domingo viene. Hoy es viernes: el pecado va en aumento, la pobreza nos atrapa y la enfermedad nos ataca. Es viernes, pero el domingo viene. Es viernes, pero el domingo viene». La gente ya empezaba a ponerse de pie. «Hoy es viernes y nuestro cuerpo va envejeciendo pero viene un día en que nuestros cuerpos no envejecerán. Porque hoy es viernes, pero el domingo viene. Toda la gente estaba de pie y gritando. Tony también. El viejo pastor seguía: «Es viernes y la desesperanza golpea fuerte, pero viene el domingo y el Señor resucitado nos dará nuevas fuerzas. Hoy es viernes y somos parte de una raza caída, pero viene el domingo y resucitaremos con los ángeles en gloria». De ese modo continuó diciendo una y otra vez: «es viernes, pero el domingo viene». Al final del sermón no había dudas de quién era el ganador. Tony se ríe diciendo: «Era una sola frase, pero encerraba la verdad más grande del evangelio».

Al límite

Somos el pueblo de la esperanza. Aunque exista un viernes de crucifixión, siempre habrá un domingo de resurrección.

Encuentro

¡Tuya es la victoria mi Señor! Tú venciste el dominio de la muerte y por tu victoria tenemos esperanza. Hoy te pido que me hagas una persona llena de fe y de esperanza.

Decidir por lo mejor

KENNETH BRENES C.
COSTA RICA

Eclesiastés 12:1
*Acuérdate de tu Creador en los días de tu juventud,
antes que lleguen los días malos y vengan los años en que digas:
«No encuentro en ellos placer alguno».*

En la vida tomamos muchas decisiones, como qué comer o qué vestir, pero existen otras que tienen mucha más onda, como saber cuál es la voluntad de Dios para nuestra vida. Él, en su Palabra, nos ha dado principios básicos para saber qué es lo que quiere que hagamos. Por ejemplo en 1 Pedro 2:15 dice: «Porque ésta es la voluntad de Dios: que practicando el bien, hagan callar la ignorancia de los insensatos». En 1 Tesalonicenses 4:3 leemos: «La voluntad de Dios es que sean santificados; que se aparten de la inmoralidad sexual». Y en 1 Tesalonicenses 5:18 dice: «Den gracias a Dios en toda situación, porque esta es su voluntad para ustedes en Cristo Jesús».

Si seguimos estos principios y hacemos lo que Dios quiere que hagamos, podemos confiar en que él estará con nosotros. Muchas cosas son tentadoras pero no gratificantes a largo plazo. Eclesiastés nos habla de que Dios debe estar siempre presente en nuestras vidas, y de recordar que la juventud es un don maravilloso. Un tiempo perfecto para someternos a él. Tenemos que ser concientes ahora de que las cosas que hacemos no las realizamos para nosotros mismos, sino para agradar a Dios con todas ellas. Algunas personas llegan a vivir ochenta años pero hacen muy poco, otras pueden vivir poco pero le entregan su voluntad a Dios, y eso hace que tengan una vida maravillosa. No hay mejor decisión que hacer la voluntad del que lo sabe todo.

Al límite
*¿Cuál es la voluntad de Dios para mi vida en este momento?
¿De qué manera permito que Dios me use?*

Encuentro
Padre, gracias porque tú eres mi guía, el que me da las fuerzas y la sabiduría para agradarte. Ayúdame a entender cuál es tu voluntad en mi vida para que cuando llegue a la vejez sea capaz de decir: «Tengo en mis días contentamiento». En el nombre de Jesús. Amén.

El amor, un sentimiento que se aprende

1 Corintios 13:4

El amor es paciente, es bondadoso. El amor no es envidioso ni jactancioso ni orgulloso.

S e dice que Dios tomó la esfericidad de la luna, la flexibilidad de una planta trepadora, el temblor de la hierba, la esbeltez de un junco, las lágrimas de las nubes, la inestabilidad del viento y la vanidad del pavo real e hizo a la mujer y se la entregó al hombre.

A la semana el hombre volvió y le dijo:

—*La criatura que me has dado me amarga la vida. Habla todo el tiempo, quiere mi atención continuamente, llora muy seguido y no le gusta el trabajo pesado. He venido a devolvértela.*

—Está bien —le dijo el Creador y se la llevó.

Una semana más tarde el hombre volvió al Creador y le dijo:

—*Señor, mi vida está demasiado vacía desde que te devolví esa criatura. Siempre pienso en ella, en cómo cantaba y danzaba, en la manera en la que me miraba de reojo, en su forma de hablar y en la sensación que le daba a mi cuerpo. Es tan hermosa y suave, y ¡cómo me gustaba escucharla reír! Por favor devuélvemela.*

El Creador aceptó y se la devolvió.

Pero tres días más tarde el hombre regresó y le dijo:

—*Señor no sé como explicarlo, pero después de todas mis experiencias con esta criatura he llegado a la conclusión de que no solo me causa placer, sino también problemas. Te ruego que te la lleves nuevamente.*

—Pero tampoco puedes vivir sin ella —le dijo el Creador—, y dejó las cosas como estaban.

Así nos sucede. Sentimos la atracción por el otro sexo y creemos que eso es amor. Pero al paso del tiempo la atracción física deja de ser lo central y comenzamos a entender que el verdadero amor es algo que se aprende.

Al límite

¿Qué clase de amor le daré al amor de mi vida?
¿Qué clase de diferencias con el otro sexo me cuesta aceptar?

Encuentro

Querido Señor, gracias por la atracción física que existe entre ambos sexos, pero sobre todo gracias por el amor: Quiero ser una persona madura en este tema tan importante para la vida y aprender a amar mejor. En el nombre de aquel que más amó. Amén.

Dios lleva tu carga

Paula Del Vecchio
Adrogué, Argentina

Salmo 55:22
Encomienda al SEÑOR tus afanes, y él te sostendrá.

¿Quién puede decir que los cristianos no tenemos problemas? Se afirma que Dios utiliza los valles de nuestra vida para llevarnos a la cima. Lo cierto es que mientras estamos en el valle no vemos más que depresión y nos limitamos a preguntarnos por qué Dios hace lo que hace. Como hijos suyos, sabemos que él tiene un plan superior, alguna razón más alta, y por eso nos hace pasar por circunstancias difíciles, especialmente cuando se trata de la separación temporaria de nuestra familia. Lo que digo lo digo desde mi propia experiencia.

Nuestros hermanos en la fe se ocupan de recordarnos el muy conocido: «Dios dispone todas las cosas para el bien de quienes lo aman...» y en teoría lo sabemos. Solo en teoría. Cuando atravesamos por el valle, comenzamos a cuestionarnos. ¿Por qué? ¿Para qué? ¿Cómo pudo ocurrir? ¿Por qué a mí? Grandes interrogantes que solo parecen tener un gran silencio como respuesta. Me gusta el versículo del principio porque nos ofrece un consejo y dos promesas.

Consejo: Pon tu carga en Dios. Él tiene mucha más fuerza que cada uno de nosotros. Si compartes el peso, siempre la carga se hace más liviana. Y lo que Dios propone es que se la des toda a él.

Primera Promesa: Te va a ayudar a sostenerte, a mantenerte en pie.

Segunda Promesa: No dejará para siempre caído al justo. Me llamó la atención la frase «para siempre». No dice que los cristianos no vamos a tener problemas. Al contrario, admite que los justos caen, pero no para siempre. Así que si te encuentras en una situación difícil, la Biblia te invita a dejarle a él toda tu carga y promete que no vas a estar así mucho tiempo más. Dios quiere glorificarse en las pruebas y hacerte más paciente para alcanzar la perfección.

Al límite
Las pruebas dan cuenta de nuestra impotencia y nos acercan a Dios. Quizás esta sea la forma que Dios usa para perfeccionarnos.

Encuentro
Señor, ayúdame a pasar el valle de la prueba de tu mano y a confiar en ti plenamente. No quiero cargar todo el peso; te lo entrego a ti. Gracias porque tú socorres a tus hijos.

Practicar la presencia de Dios

Salmo 89:15

Dichosos los que saben aclamarte, SEÑOR, y caminan a la luz de tu presencia.

Hace unos años se me acercó un adolescente a hacerme la curiosa oferta de «practicar» juntos la presencia de Dios. Como yo no recordaba haber usado esa frase en el grupo de jóvenes le pregunté a que se refería y me dijo que estaba leyendo el libro «La práctica de la presencia de Dios», escrito por el hermano Lawrence. Este es un libro del 1600, así que obviamente me sorprendí. ¡Este adolescente moderno de pelo semi largo que pasaba la mayoría de su tiempo arriba de su skate se había conectado con un autor del 1600! Comenzamos a hablar del libro, busqué un poco en mi biblioteca y le conté que el hermano Lawrence se llamaba Niholas Herman y había nacido en Francia. A los dieciocho años le entregó su vida al Señor, pero en su caso la entrega fue verdaderamente literal. Algunos años después decidió ser monje en París donde le cambiaron el nombre y le dieron la sagrada misión de… ¡ocuparse de mantener limpia la cocina! Su tarea era básicamente lavar los platos y fregar el piso, y por cierto, pronto se sintió frustrado y comenzó a resistir su llamado. Pero con el paso del tiempo empezó a meditar en sus sentimientos y en su mala actitud, y llegó a la conclusión que experimentar al Señor haciendo esas labores iba a ser su principal desafío, así que decidió intentarlo con pasión. Al pasar los años, su carácter se llenó de gozo, paz y dominio propio, así que no tardó en convertirse en un amado consejero de los más jóvenes, tanto que llegaba gente a visitarlo de todo el país. Una de esas personas fue Abott de Beaufort, con quien comenzó a enviarse cartas acerca de practicar la presencia de Dios. Cuando el hermano Lawrence murió, Abott editó esas cartas para armar el breve pero profundo libro. La premisa principal de este escrito es que hay que alimentar una conversación íntima con el Señor en todo lo que hacemos. Lawrence recomienda: *Piensen seguido en el Señor, de día, de noche, en su trabajo y en su descanso. También y sobre todo, en sus diversiones. Seamos fieles en «mantenernos» en su presencia hasta en los detalles más insignificantes, y hasta las circunstancias más rutinarias se convertirán en una experiencia espiritual que compartiremos con el mejor amigo.*

Al límite

¿Cómo puedo practicar la presencia del Señor en mi vida cotidiana? ¿En qué momentos me cuesta más hacerlo?

Encuentro

Señor, tu presencia está a cada momento conmigo. Pero no siempre soy conciente de ello. Yo te doy gracias por darme la vida, cuidarme, satisfacer mis necesidades y ayudarme a crecer. Quiero practicar tu presencia en todo lo que haga.

Agosto 11

Al volante de tu vida

Paula del Vecchio
Adrogué, Argentina

Juan 16:13
Pero cuando venga el Espíritu de la verdad, él los guiará a toda la verdad.

S i alguna vez te tocó conducir, me imagino que sabrás lo que se siente ir a donde quieras. Si todavía no conduces, supongo que estarás esperando el momento. Por lo menos, eso me pasaba a mí, y me costó bastante convencer a mi papá de que me llevara a practicar. Si comparamos nuestra vida con un auto, pregunto: ¿Cómo la estamos conduciendo? ¿Demasiado rápido? ¿Quizá muy lentamente? ¿Tal vez olvidamos que existe un pedal llamado freno? Ahora que tengo mi licencia, debo admitir que me molesta andar como una tortuga enyesada, pero también me asusto cuando otros me pasan a una velocidad de locos. La manera en que manejamos nuestra vida tiene mucho que ver con la persona que conduce. Entonces, ¿quién maneja tu automóvil? Seguramente dirás: «Yo soy el dueño de mi auto y hago lo que quiero. Nadie va a decirme lo que tengo que hacer o a dónde debo ir». ¡Humm! ¡Puedes estar en un grave *ERROR*! Es Dios el que mejor puede guiar tu vida. Otra pregunta: ¿Sabes realmente a dónde vas? Porque si no lo sabes, es muy probable que no llegues a ningún lado. Si me permites, quiero animarte a que busques al mejor chofer de todos. Ser conducido por ese chofer es más cómodo, uno no se estresa tanto. Simplemente debemos indicarle a dónde queremos llegar y él nos llevará por el mejor camino. Ese chofer sabe cómo hacer que los baches no se sientan tanto y siempre resulta la mejor compañía. Ya sabes su nombre: ese chofer es Dios. Sí. Él quiere guiar tu vida. Muchas veces nosotros nos sentamos al volante y después, cuando chocamos, le echamos la culpa a Dios. ¡Pobre, *él iba sentado en el asiento de atrás!* ¿Qué culpa puede tener? Pensándolo seriamente: ¿No hacemos eso con Dios muchas veces? Nos acordamos de invitarlo al automóvil solo después de tener un gran choque.

Al límite
¿Quién es el guía de tu vida? ¿Cómo podemos entregarle el volante a Dios?

Encuentro
Señor, perdóname por manejar mi vida y no dejártela conducir a ti. Reconozco que está mal y te pido que me ayudes cada día a dejarte conducir mi vida.

Juventud

2 Timoteo 2:22

*Huye de las malas pasiones de la juventud, y esmérate en
seguir la justicia, la fe, el amor y la paz, junto con los que
invocan al Señor con un corazón limpio.*

H oy es el día internacional de la juventud. Así lo dispuso la Asamblea
de las Naciones Unidas para ayudar a que los distintos gobiernos
tomen conciencia de los desafíos que enfrenta la juventud. En
muchos países de nuestro mundo de habla hispana, los jóvenes enfrentan
pobreza, serios desafíos para avanzar en sus estudios y para ingresar en el
campo laboral. Por eso las Naciones Unidas han recomendado que en este
día se instalen foros, se promuevan discusiones públicas y se realicen campañas de información para que todos se concentren, al menos por un día, en
los problemas que se relacionan con los jóvenes. Pero la iglesia no debe
esperar que sea el gobierno el que haga algo. Ni tampoco tenemos que
esperar que lo haga el pastor. El ministerio juvenil de nuestra congregación
puede organizar una campaña a favor de la juventud de nuestra ciudad.
Podemos unirnos con jóvenes de otras congregaciones.

En la bella isla de Puerto Rico, Luís Balbino Arroyo Colón finalizó sus
estudios a los dieciséis años y se graduó como Bachiller en física con el
mejor promedio recibiendo el premio de la Facultad de Artes y Ciencias.
¡Hay tanto que podemos hacer en nuestra juventud! Pero mientras unos
tienen excelentes oportunidades, otros no cuentan con ninguna. Satanás
quiere que te distraigas con muchas tonterías y te dice a través de los
medios masivos que son «típicas de tu edad». Pero ¿qué tal pensar por un
momento que somos capaces de hacer cosas que hace la gente de más
edad? Algunos piensan que es imposible. Pero tú puedes ser diferente, no
importa cuantos años tengas, y lograr lo que otros creen que es imposible.
Vuelve a leer el versículo de hoy y considera qué cosa eres capaz de hacer
por la justicia, la fe, el amor y la paz.

Al límite

¿Qué puedo hacer por la juventud de mi ciudad?

Encuentro

*Señor, dame ideas, pasión y oportunidades para ayudar a mi generación.
Ten misericordia de los jóvenes de hoy. Levanta buenos líderes juveniles y
también úsame a mí. En el nombre de Jesús. Amén.*

Agosto 13
La ley de la manada

Esdras Oller
Santo Domingo, Republica Dominicana

Gálatas 6:2

*Ayúdense unos a otros a llevar sus cargas,
y así cumplirán la ley de Cristo.*

Cuando ví la película «La Era del Hielo» se me quedó grabada la idea acerca de «La ley de la manada». En dos de mis escenas favoritas, el gran mamut con sus enormes colmillos y su fuerte cuerpo peludo salva a aquel tigre de dientes de sable, y ni siquiera eran tan amigos que digamos. ¿Cómo crees que le respondió el tigre diente de sable? De la misma manera: salvando su vida. Cuando se les pregunta a ambos el por qué del asunto, ambos dan la misma respuesta: «esa es la ley de la manada».

Al parecer esta ley no está escrita por ningún lado, pero para muchos animales es de lo más usual. Se trata de una ley de supervivencia, una ley de consuelo, una ley de respaldo y una ley de **amor**. Esa es la ley que podemos practicar para perpetuar las amistades y para lograr nadar en las difíciles aguas que a veces nos toca atravesar. Es necesario que te muestres amigo, que cultives amistades, que seas considerado como alguien amistoso, que te reúnas, que te congregues, pero sin olvidar la ley de la manada. Existen valores que han sido descritos en la palabra de Dios. Leyes como la unidad, el tener un mismo Espíritu, la fe, el amor, la paz y otras más, creadas por aquel que conoce a la manada y cuida de ella; tanto que dio su propia vida para salvarte… y si ese es el ejemplo, ¿que harías tú por Jesús?

Al límite
¿Cuál es tu papel dentro de la manada de Dios? ¿Cumples con la ley de la manada? ¿Te sacrificarías por algún miembro de la manada a la que perteneces?

Encuentro
Querido Dios, en este momento te pido que me ayudes a ser buen compañero, a cumplir con tu ley de amor. Gracias por haberme dado a Jesús como ejemplo. Amén.

¡Brilla!, a pesar de todo

PAOLA SÁNCHEZ
COSTA RICA

Isaías 60:1
¡Levántate y resplandece, que tu luz ha llegado!
¡La gloria del SEÑOR brilla sobre ti!

Como jóvenes cristianos, muchas veces nos hemos encontrado en un círculo de amigos no cristianos, en el que todos piensan diferente. No concuerdan con nosotros o simplemente sentimos que no encajamos en ese ámbito. Sucede que nuestras convicciones son distintas.
Muchos de nosotros hemos vivido esa situación a diario. Es difícil porque no sabemos qué hacer o nos da miedo decir lo que pensamos y ser diferentes. Sin embargo, la Palabra de Dios nos enseña que debemos ser luz y resplandecer. No tenemos que sentirnos mal por decir aquello que creemos.
Hablemos siempre la verdad y dejemos que la luz de Dios brille en nosotros. Sintámonos orgullosos de ser lo que somos y de hacer lo correcto delante de los ojos de Dios. Al final del día él seguirá a nuestro lado.
Hoy es un día en el que podemos marcar una diferencia entre nuestros amigos. Te invito a que seas valiente y lo hagas. Pídele a Dios sabiduría y te aseguro que él te dará poder para vivir en una sociedad diferente a tu manera de pensar. Que tu hablar, andar, pensar y decir marquen una diferencia para los que te rodean.

Al límite
¿Contra qué cosas luchas para mantenerte íntegro?
¿Cómo puedes marca una diferencia en la vida de tus amigos?

Encuentro
Señor, gracias por tu fidelidad y tu bondad. Gracias porque tu luz ha venido a mí y puedo ser diferente. Dame sabiduría para reflejar tu gloria. Enséñame a vivir en una sociedad en la que, día a día, hay que luchar por mantenerse íntegro. Gracias por la oportunidad de ser luz en medio de la oscuridad. En el nombre de Jesús. Amén.

Agosto 15
Perseguida

encuentros al límitE

Apocalipsis 2:10

No tengas miedo de lo que estás por sufrir. Te advierto que a algunos de ustedes el diablo los meterá en la cárcel para ponerlos a prueba.

Literalmente, cientos de millones de cristianos alrededor del mundo viven bajo persecución. Sin embargo, entre los cristianos del «mundo libre» se observa muy poca preocupación por las víctimas de estas persecuciones. Por cuestiones políticas y también de rating, no existe en los medios de comunicación una cobertura adecuada sobre esta violencia.

Pero la persecución no solo se da en los países musulmanes o comunistas donde, más allá de ciertas políticas económicas, no está permitido el ingreso de Biblias y es prácticamente imposible para muchos el gozar de libertad religiosa. Cada vez más gobiernos seculares en estados occidentales acosan a las iglesias, casas y escuelas, por medio de legislaciones y declaraciones judiciales anticristianas y antibíblicas, procurando de este modo eliminar las libertades fundamentales; llegando a procesar y avergonzar a los cristianos por oponerse a la inmoralidad o por evangelizar en su lugar de trabajo. Incluso la misma definición de matrimonio que hace la Biblia y que se practica desde la antigüedad es fuertemente atacada, para procurar que «matrimonios» del mismo sexo sean aceptados. Por ejemplo, en países como Canadá, Alemania, Estados Unidos y Suecia, ya se han aprobado (o están en proceso de aprobación) leyes «antidiscriminatorias»; que en realidad son leyes que provocan discriminación contra nosotros como cristianos cuando basamos nuestra conducta y palabra en los principios de la Palabra de Dios.

Al límite

¿Qué pienso de este tema?
¿Puedo hacer algo?

Encuentro

Señor, te pido por aquellos cristianos que sufren por su fe. Envía tus ángeles y también al resto de tu iglesia. Dame a mí y a mis amigos cristianos el valor para luchar por nuestras creencias y para resistir las obras de Satanás en contra de tu iglesia.

Agradecer por el sufrimiento

Raúl Leandro Fuentes, Costa Rica

Romanos 8:28

Ahora bien, sabemos que Dios dispone todas las cosas para el bien de quienes lo aman, los que han sido llamados de acuerdo con su propósito.

Cuando tenía catorce años iba en mi bicicleta el día de Nochebuena camino a mi casa, cuando un carro apareció detrás de mí y me golpeó. El hombre que conducía se detuvo y bajó a preguntarme si estaba bien y a pedirme el teléfono de mi casa para avisarle a mis padres. Cuando mi madre llegó a verme, estaba muy preocupada. Fuimos en ambulancia al hospital y al llegar me desmayé. Después de eso, me trasladaron a otro hospital, donde los médicos le dieron la noticia: yo tenía un coágulo de sangre en la cabeza que hacía presión sobre los huesos del cráneo. Los doctores decían que con el golpe debía haber muerto en el lugar del accidente. Aun así la operación que tenían que hacerme era muy riesgosa, porque si salía vivo podía quedar con daños irreparables en el cerebro, pero si no me operaban podría morir. Mi madre autorizó la operación y durante el tiempo en que estuve internado se mantuvo a mi lado. Mientras, afuera, mi padre lloraba desconsoladamente por la tristeza. Estuve inconsciente cinco días. En ese tiempo, mi madre le dijo a Dios que si era *su* voluntad, tomara mi vida, que era obra de Dios que yo hubiera estado con ellos todo ese tiempo; que si era *su* parecer llevarme, que así lo hiciera, pero que yo iba a hacer una falta infinita en su corazón y en el de toda mi familia. Días después me desperté. Cuando las enfermeras llevaron a mi madre al cuarto y me preguntaron quién era ella, yo respondí con tranquilidad: «es mi mamá». Y a la media noche de ese día, cuando estaba durmiendo, me levanté y lo primero que vi entre la oscuridad del cuarto fue a mi padre, que venía a acompañarme en las noches. Seis días después, y solo por la gracia infinita de Dios, salí caminando del hospital, dispuesto a volver a mi vida normal. Aprendí que no importa cuán dura, cuán extraña o cuán incomprensible sea la situación, Dios no nos deja. Él es fiel con todos sus hijos.

Al límite

¿Qué te estaba sucediendo en los momentos en los que más has sentido la necesidad de estar en oración? ¿Cómo se pueden transformar esos momentos difíciles en cosas que nos ayuden?

Encuentro

Hoy te agradezco por mi vida, mi familia, mis amigos, el alimento, abrigo y techo que me has dado. Comprendo que todas las experiencias me harán más fuerte. Te agradezco, Dios, por ese gran amor. Estoy agradecido infinitamente por ese sacrificio tan grande que hiciste por mí. Amén.

San Martín, el bravo

Daniel 4:3

¡Cuán grandes son sus señales! ¡Cuán portentosas son sus maravillas! ¡Su reino es un reino eterno! ¡Su soberanía permanece de generación en generación!

La campaña por la liberación de Chile a través del cruce de la cordillera de los Andes, llevada adelante por el General José de San Martín, resultó una de las aventuras más increíbles en la historia de América Latina. San Martín diseñó su plan de libertar a Chile y utilizar la vía del Pacífico para también llegar al Perú y atacar la base del poder del reinado de España. A siete kilómetros de la ciudad de Mendoza, en un lugar llamado El Plumerillo organizó su ejército y emprendió el camino. Si alguna vez visitas la ciudad de Mendoza y ves las montañas de los Andes, y sin conocer la historia alguien te dijera que va a cruzar a caballo por allí, pensarías que es un absoluto demente. ¡Es una de las paredes más altas del globo terráqueo! En este sistema montañoso se encuentra el monte Aconcagua, ¡el pico más alto de todo el continente americano! Pero San Martín cruzó la cordillera de los Andes en veintiún días con cinco mil cuatrocientos hombres, que atravesaron alturas superiores a los cuatro mil metros llevando su armamento a caballo y mula. Fue una operación de precisión matemática que le permitió presentar una victoriosa batalla en la cuesta de Chacabuco en 1817. Luego siguió con su ejército hasta el Perú. ¡Una absoluta bravuconada! San Martín sabía que su plan era muy audaz y muchos apostaron a su fracaso, pero la historia cuenta que fue un hombre valiente y que supo contagiar esa bravura. Hoy la iglesia necesita generales como José de San Martín. Hombres y mujeres que estén dispuestos a emprender empresas audaces. Necesitamos bravos de Dios que se animen a asumir riesgos por la liberación de otros.

Al límite

¿Qué me enseña el ejemplo de San Martín?

Encuentro

Querido Dios, gracias por aquellos hombres y mujeres que se han arriesgado por liberar a otros. Ayúdame a ser también un bravo libertador que ayude a los demás a ser libres de la opresión del pecado. En Cristo Jesús. Amén.

Gladiador

Proverbios 20:18
Afirma tus planes con buenos consejos; entabla el combate con buena estrategia.

Maximus Decimus Meridius, comandante del ejército del norte y general de las legiones del emperador Marcus Aurelius, es el personaje principal de la película Gladiador. No sé si a ti te gustó, pero a mí me encantó. Mirándola más de una vez pude notar algunas frases realmente importantes que Maximus dice en momentos claves:

Aquí van tres de ellas:

«Sea lo que fuere que salga de esas puertas, tenemos una mejor oportunidad de sobrevivir si trabajamos juntos».

Maximus le dice esto a sus compañeros esclavos cuando se encontraban en el circo sin saber quién los iba a atacar. Lo mismo ocurre en nuestro circo. Sin amigos cercanos con los que hablar acerca de la fe es más difícil presentarle batalla a las tentaciones y a los problemas. Es improbable que crezcamos en nuestra fe estando solos. Sea lo que fuere que nos depare el futuro, siempre necesitamos amigos cristianos dispuestos a ayudarnos a crecer espiritualmente.

«El tiempo de medidas y palabras a medias ha terminado».

Algunos creen que ser cristiano es repetir versículos de memoria. Otros piensan que ser líderes es decir frases evangélicas a través de un micrófono. La vida cristiana se trata de acciones cristianas, no de palabras. Para ser todo lo que Dios quiere que seamos, tenemos que actuar ahora mismo, en nuestro tiempo de juventud y no perder ni un minuto.

«Lo que hacemos en la vida tiene un eco en la eternidad». ¿Qué dudas podemos tener de eso? Nosotros somos el único material eterno de este planeta. Llevar a alguien a los pies de Jesús produce eco en la otra dimensión. Obedecer a Dios produce un eco en la otra dimensión y negarlo también.

Al límite
¿Tengo amigos que me ayudan a sobrevivir en mi vida espiritual?
¿Qué cosas de mi vida cristiana han sido solo palabras hasta aquí?
¿Qué cosas buenas puedo hacer que logren eco en la eternidad?

Encuentro
Señor, quiero ser un gladiador valiente. Un soldado tuyo que pelee la buena batalla y salga victorioso.

¿Quién sostiene mi cuerda?

Lili Claret Pantoja
Santa Cruz, Bolivia

Romanos 8:38-39

Pues estoy convencido de que ni la muerte ni la vida, ni los ángeles ni los demonios, ni lo presente ni lo porvenir, ni los poderes, ni lo alto ni lo profundo, ni cosa alguna en toda la creación, podrá apartarnos del amor que Dios nos ha manifestado en Cristo Jesús nuestro Señor.

Me sentía victima de todas las decepciones. Había utilizado las noches anteriores para repetirme la típica pregunta: ¿Por qué a mí? Me encontraba esa tarde en uno de los parques de Santa Cruz, mi ciudad. Estaba muy deprimida y sin ganas de escuchar a nadie. Tampoco quería hablar. Allí, en silencio, me puse a observar a una persona robusta y grande que estaba manejando un volantín (papalote o barrilete) en el aire. Al fijar mi vista en la escena comencé a sentirme como ese volantín en las manos de aquel hombre. Su agilidad y conocimiento me dieron la sensación de que el barrilete estaba siendo guiado por un experto. Pensé también en lo que significaría encontrarme en manos de alguien que me condujera sin seguridad o que no supiera cuidarme. Y descubrí que eso era lo que yo había estado haciendo. Cuando nos dejamos guiar por otras personas y permitimos que ellos tomen los hilos de nuestra vida es muy probable que terminemos en el piso y deprimidos. Yo había cometido el error de poner la capacidad humana por sobre la fortaleza divina, y por equivocación le había dado enteramente mi corazón a otra persona y no a Dios. Hoy estoy convencida de que nuestra vida solo puede depender de Dios. Que nuestro hilo o cuerda nunca estará seguro a menos que seamos guiados por el experto de las nubes. Dios jamás soltará aquella cuerda que nos une a él. La cuerda de su amor es de una característica incondicional y en su mano dice: «Fiel es el que te guarda». El resto de las personas son imperfectas y no podemos esperar que satisfagan cada una de nuestras necesidades. A ellas podemos amarlas, pero nunca entregarles la cuerda de nuestra vida. Eso solo está seguro en las manos de Dios.

Al límite

¿Quién tiene la cuerda de mi vida?
¿A quién se la entrego?

Encuentro

Señor, hoy quiero confesar que tú eres el único en el que puedo confiar para entregarle la cuerda de mi vida. Señor, yo quiero amar a otros y enamorarme también, pero nunca olvidar que solo tú eres perfecto.

límite

El que verdaderamente importa

Hechos 5:29
¡Es necesario obedecer a Dios antes que a los hombres!

L o que Dios piensa es mucho más importante que lo que el ser humano más importante de la tierra piense. Lo curioso es que muchas veces estamos demasiado preocupados por lo que creen los que están muy lejos de ser verdaderamente importantes. Me acuerdo de Paul. Era la primera noche de un retiro en las montañas del sur de California. Estaba todo el grupo de la iglesia y habían venido varias visitas. Entre ellas se encontraban dos adolescentes, enviados a la fuerza por sus mamás. Paul ya formaba parte de la iglesia, pero tenía un pie en cada lado y era de esos que se dejan influir por cualquier cosa negativa. Esos dos jóvenes se mostraban rebeldes y reacios a todo lo que hacíamos, lo que no constituía ningún problema porque era la primera vez que venían y resultaba obvio que iban a tardar un poco en acostumbrarse al resto del grupo. Pero Paul no. Él conocía a todos los demás y entendía perfectamente lo que estábamos haciendo. Sin embargo, se «unió» a estos dos y literalmente se trasformó en uno de ellos. A la noche siguiente decidí hablar con él y le pregunté por qué tenía esa actitud tan tonta que le impedía disfrutar del retiro. Su respuesta me causó mucha pena: «Ellos son chicos de mi escuela y no quiero…» Supuse que estaban en la misma clase, pero ni siquiera eso. Antes de venir al retiro no conocía ni su nombre; sin embargo, Paul estaba haciendo todo lo posible por impresionarlos y se estaba perdiendo una oportunidad sensacional para disfrutar un tiempo especial. Todo eso, por considerarlos a ellos más importantes que a nosotros, y, lo que es peor, más importantes que lo que Dios tenía para decirle en ese campamento. Al terminar el último mensaje del retiro, uno de los jóvenes nuevos estaba llorando y haciendo la oración que yo les había invitado a hacer. Paul lo miraba con desconcierto. Ese joven que no sabía nada de la iglesia había sido más valiente que él para dejarse penetrar por el mensaje de Dios, y después pudo disfrutar del resto de la tarde y del regreso. Dios es el ser más importante del universo y siempre debe ser el primero en nuestra vida.

Al límite

¿Voy a considerar a Dios antes de tomar la próxima decisión importante?
¿Quiénes son las personas que más influyen sobre mis decisiones?

Encuentro

Querido Rey, hoy quiero agradarte a ti antes que a cualquier otra persona. Gracias por ser tan paciente conmigo.

La pereza y la prevención

Proverbios 6:6
¡Anda, perezoso, fíjate en la hormiga!
¡Fíjate en lo que hace, y adquiere sabiduría!

El barco del fracaso suele navegar por el río de la pereza. Hace un tiempo leí una frase que decía: «Para ser un viejo sabio hay que ser primero sabio». Tengo varios amigos pastores, pero uno de los más exóticos es Julio López. Él dice que mientras somos adolescentes determinamos qué clase de abuelos seremos. Tiene razón. Si algún día queremos llegar a ser personas sabias y exitosas, es indispensable que ya mismo empecemos a tomar decisiones sabias que nos lleven a alcanzar lo que soñamos. Los testimonios de personas exitosas nos dicen que no podemos dejar para más adelante eso que sabemos que es necesario hacer ahora.

Debemos ser como las hormigas. Ellas trabajan, y lo hacen ordenadamente almacenando lo que van a necesitar después. No esperan que llegue el momento de necesidad, ni dicen: ¡Ahora soy joven, cuando lleguen las lluvias buscaré que comer! Las hormigas son trabajadoras y eficientes. La pereza es una pésima consejera. Te invita a una vida de fracaso. Por eso hoy mismo debes combatirla y con fe proponerte ser una persona trabajadora y diligente, un joven que tome decisiones sabias. Para ser una persona sabia, amada y feliz en tu vejez debes ser una persona que se esfuerce en sus estudios, tareas y comunión con el Señor.

Al límite
¿Qué puedo aprender de las hormigas?
¿Cómo combatir la pereza?

Encuentro
Señor, hoy quiero pedirte que me ayudes a eliminar la pereza. Quiero ser una persona que sepa aprovechar bien el tiempo y esforzarme por alcanzar lo que deseo.

Hámsters

Ademar Ayala
Cochabamba, Bolivia

Mateo 6:25

¿No tiene la vida más valor que la comida, y el cuerpo más que la ropa?

Cuando era niño siempre quise tener un hámster, pero cuando iba a la tienda de mascotas, siempre optaba por comprar peces. Igual me quedaba observando cómo los hámsters se subían a su rueda y comenzaban a dar graciosas vueltas dentro de ella, una y otra vez. Ahora que tengo diecisiete años, me doy cuenta de que también existen «hámsters humanos» como el de la siguiente historia:

—Dígame, don Pepito —preguntó Juan—. ¿Qué ha pensado hacer hoy?

—En primer lugar… desayunar —contestó— y luego comenzar.

—¿Comenzar qué? —preguntó Juan. —Pues lo mismo que ayer y el día anterior.

—Y… ¿Qué fue lo que hizo? —preguntó de nuevo Juan.

—Lo de siempre.

—¿Y qué es lo de siempre?

—Lo que hago todos los días

—¿Y qué hace todos los días?... y así siguieron un buen rato hasta que descubrieron que don Pepito no hacía nada.

Dios tiene un maravilloso propósito para nuestra vida y no es necesario que subamos a la rueda de la vida y comencemos a hacer la misma rutina de todos a nuestro alrededor. Dios guarda maravillosos proyectos para nuestra vida y por eso es bueno tener amigos que crean en Dios, que estudien su Palabra y con quienes crecer espiritualmente sin dejar lugar a la rutina. ¿No te parece estupendo?

Al límite

¿Soy un «hámster humano»? ¿Cómo puedo sacarle el máximo provecho a lo que debo hacer cada día?

Encuentro

Querido Dios, ayúdame a dejar de ser un «hámster humano», necesito que mi vida cambie de sentido a partir de hoy. Borra todo círculo vicioso que exista en mí. Hoy no quiero hacer las cosas automáticamente, quiero sacarles el máximo provecho.

Agosto 23
El oído

Santiago 1:19
Todos deben estar listos para escuchar, y ser lentos para hablar…

Podemos ganar más amigos escuchando que hablando. Si somos personas que solo saben hablar y hablar sin parar, las otras no tardarán en pensar que estamos interesados únicamente en nosotros mismos. El oído es un regalo muy importante. Hay mucha gente que necesita que la escuchemos. Algunos están acostumbrados a que nadie los escuche y otros a ser ellos siempre los que hablan. A mí me da pena ver líderes que no pueden conversar sin predicar. Tengo un amigo que es un líder muy importante de la iglesia; como es mayor que yo cree que siempre tengo que escucharlo a él y casi nunca me deja hablar. Muchas veces presume adivinar lo que yo quiero decir y me responde como si yo estuviera diciendo algo que en realidad no tiene nada que ver con lo que dije. Es una lástima. Yo le he pedido a Dios que me permita usar muy sabiamente mis oídos y no ser así.

El mercado que tienen las palabras está en declive. Ya nadie confía en los políticos ni en los religiosos. Dar nuestra palabra no basta y en el mundo se hace necesario firmar papeles para concertar tratos. Es que el discurso está en quiebra. Hoy hace falta gente que sepa escuchar. Los cristianos debemos ser *amigos, consejeros, líderes, padres e hijos que sepamos escuchar*. La misma Biblia dice: «El que tenga oídos para oír, que oiga».

Al límite
¿Conozco a alguien que necesita ser escuchado?
¿Cómo puedo usar mejor mis oídos?

Encuentro
Señor, hoy quiero escucharte en lo que otros me dicen. Quiero ser sensible y de veras prestarle atención a lo que la gente quiere decir aun sin palabras. Hazme un amigo que sepa escuchar.

Amor tamaño familiar

Gisela Ramos
California, USA

Juan 3:16
Porque tanto amó Dios al mundo, que dio a su Hijo unigénito, para que todo el que cree en él no se pierda, sino que tenga vida eterna.

Hace poco leí una frase que me encantó. Era de una madre y la dirigía a su hija adolescente. Le decía: «Te amo porque te conozco tanto; te amo *aunque* te conozco tanto». La relación con una madre es uno de los vínculos más amorosos y más difíciles de disolver. La madre tiene que acostumbrarse a los cambios de humor de su adolescente, modificar algunas reglas y enfatizar otras. La hija sabe que está cambiando y formándose como mujer, y muchas veces no acepta correcciones. Pero se aman (a pesar de las peleas, los retos, las rebeliones y demás). Igual pasa con el amor de Dios. Él nos ama aunque nos conoce bien; es más, nos conoce mejor que nadie. Él nos hizo, y supo como seríamos desde que éramos una semillita o simplemente una esperanza. Además, sabemos que quiere lo mejor para nosotros. Él tiene una catarata de bendiciones para darnos, solo tenemos que elegir a Jesús como modelo a seguir. Esta verdad no es solo una linda frase: «Él nos ama *aunque* nos conoce y sabe lo rebeldes, débiles y pecadores que somos». ¡Demos gracias al Señor, porque su amor es único! Él no nos eligió porque seamos santos y buenos como ángeles, lo hizo porque él es bueno. Dios tiene un amor tamaño familiar.

Al límite
¿Cuál es la prueba máxima del amor de Dios?
¿Cómo actúa una persona que está convencida de que el ser más importante del universo la ama?

Encuentro
Padre Santo, gracias por tu amor infinito. Gracias porque me amas aunque conoces mi imperfección. Ayúdame a seguir cambiando y a dar hoy ese amor incondicional a los demás. Amén.

Agosto 25

Creerle a Dios

2 Corintios 1:20

Todas las promesas que ha hecho Dios son «sí» en Cristo. Así que por medio de Cristo respondemos «amén» para la gloria de Dios.

Negar que podemos realizar aquello para lo que Dios nos escogió es un pecado de arrogancia. Es creer que sabemos más que Dios. Muchos quieren servir a Dios, pero a la hora de las oportunidades parece que solo desearan servirlo en calidad de consejeros. El consejo que dan es: «No, no lo hagas». Muchos estudiosos y conocedores del griego original en el que fue escrito el Nuevo Testamento dicen que el muy conocido texto de Juan 3:16 traducido por nuestras Biblias (RVR60) como: «Todo aquel que **en él cree,** no se pierda, más tenga vida eterna», debería ser traducido como: «Todo aquel que **le crea**, no se pierda más tenga vida eterna». Es que no es lo mismo creer *en Jesús* que *creerle a Jesús.* Muchos creen que son cristianos porque admiten la existencia de Dios y de Jesucristo. Dice tu Biblia que también los demonios creen y tiemblan (Santiago 2:19). Ellos están en la dimensión espiritual, ¿qué dudas pueden tener de la existencia de Dios? Sin embargo, ellos no le creyeron a Dios, creyeron en su propia opinión y se rebelaron.

Había un gran trapecista llamado Blondin que hizo colocar una cuerda que cruzaba las cataratas del Niágara. Multitudes se juntaban a verlo cruzar la cuerda de un lado al otro sin ningún tipo de seguridad ni red. Un día, luego de cruzar con una carretilla de ladrillos, preguntó cuantos creían que él podía cruzar con una persona a cuestas. La multitud gritó entusiasmada que sí, que creían en él. Luego Blondin preguntó: ¿Quién de ustedes se ofrece de voluntario? Las manos bajaron y se hizo un silencio. Una cosa es creer que Dios puede hacer cosas grandes y otra es subirse a sus manos para que nos lleve por la cuerda de los sueños.

Al límite

¿Le crees a Dios o solo crees en él?
¿Qué significa creerle a Dios?

Encuentro

Señor, quiero creerte. Confieso que muchas veces confío en mi propia opinión más que en la tuya. Quiero por tu Espíritu Santo creerte y servirte siempre.

¿Un salvador?

Román Caballero
Quilmes, Argentina

2 Timoteo 1:9

Pues Dios nos salvó y nos llamó a una vida santa, no por nuestras propias obras, sino por su propia determinación y gracia.

¡Qué valioso es tener un salvador! Pero, ¿qué es un salvador? Es una hermosa tarde de verano y nos encontramos disfrutando junto a nuestros amigos de una estupenda piscina. Pero sabemos también que en ese parque existen ciertas reglas para que uno pueda bañarse. Por ejemplo, estar completamente sanos, que las mujeres lleven el cabello recogido, que no se corra por los costados de la piscina. Pero ahí, en medio de todos, también se destaca la figura del famoso «guardavidas», el encargado de cuidar a las personas dentro de la piscina, para que no haya ningún accidente. Se puede decir que el papel que el «guardavidas» cumple es la de un verdadero salvador de vidas.

Ese es un claro ejemplo de lo que Jesús hizo en la cruz por nosotros. ¡Nos salvó! Pero con la diferencia de que nosotros ya estábamos ahogados, y él, con su enorme poder, nos rescató, nos tiró un enorme salvavidas y nos quitó de la muerte para que podamos gozarnos en él.

¿Por qué nos salvó, si no lo merecemos? La respuesta es obvia: ¡Dios nos ama en gran manera, y además, nos perdona sin guardar rencor cuando nos equivocamos! Desea que le entreguemos nuestra vida para que nos guíe, nos guarde y sostenga.

Tenemos un corazón que tiende a quejarse por todo, y a no valorar las cosas más importantes. Tenemos un «Salvador» que es Cristo, el Señor, y debemos estar muy felices por eso.

No te canses de agradecer el amor que tiene para contigo y tus seres más cercanos, no pierdas la oportunidad de dar testimonio de lo que te regala cada día.

Al límite

¿Cuánto valoro la salvación del Señor?
¿Cómo puedo ayudar a otros a conocer esa salvación?

Encuentro

Querido Dios, una vez más te agradezco que me salvaras. Gracias porque te acordaste de mí. Ayúdame a llevar una vida recta y de devoción a ti. ¡Una vez más, gracias!

Cuando el amor supera al servicio

Lucas 10:41-42

—Marta, Marta —le contestó Jesús—, estás inquieta y preocupada por muchas cosas, pero sólo una es necesaria. María ha escogido la mejor, y nadie se la quitará.

Marta estaba preocupada por algo realmente bueno e importante. Jesús venía a cenar y ella quería que todo estuviese perfecto. Todo tenía que estar impecable ese día. La comida en su punto, la ropa limpia y la casa en completo orden. Ella sabía que «estaba sirviendo a Dios» y quería hacer las cosas de la mejor manera. El problema fue que cometió un error muy pero muy común en el servicio al Rey. Mientras trabajaba para él, el trabajo se volvió más importante que su Señor. Lo que comenzó como un deseo enorme de servir a Jesús, sin que se diera cuenta se había convertido en una forma de servirse a sí misma. Se olvidó que la comida era para honrar a Jesús y no para que ella quedara bien delante de él. Es muy fácil y muy común caer en este error. Podemos servir en la iglesia con diferentes motivaciones. Podemos hacerlo por vanagloria, por inseguridad, por compromiso o para comprar el favor de alguien. Yo lo hice así muchas veces y sé que en el futuro tendré que revisar mis motivaciones otra vez. En esas ocasiones tuve que acercarme al Señor con vergüenza, pero con confianza y contarle lo que había en mi corazón. Lo bueno fue que él las cambió por la mejor motivación de todas: *el amor.* Cuando el amor supera al servicio, disfrutamos lo que hacemos, no nos importan tanto los problemas sino el resultado final. No estamos tan conscientes de qué es lo que los demás hacen sino de lo que nosotros debemos hacer. Jesús le dijo a Marta, mirando a María: «Una sola cosa es necesaria y María la está haciendo». Ella se había puesto a pensar en las necesidades de Jesús, en sus expectativas. Intuyó en su corazón que a Jesús no le importaba tanto la comida ni lo que había debajo de la alfombra, sino pasar un buen rato de palabras amorosas con sus amigas tan queridas. Y eso era lo que María le estaba brindando.

Al límite

¿Cuál debe ser la razón del servicio? ¿Cómo puedo pasar más tiempo con el Señor?

Encuentro

Señor, quiero amarte antes que servirte. Tú me amaste primero y no hay otra cosa que pueda darte en retribución sino mi propio amor. Quiero aprender de María que supo estar a tus pies.

En el nombre del Señor

1 Samuel 17:45

—Tú vienes contra mí con espada, lanza y jabalina,
pero yo vengo a ti en el nombre del SEÑOR Todopoderoso.

D esde lejos los israelitas miraban cómo David se iba acercando a esa mole humana que se elevaba amenazante. Los filisteos también observaban sorprendidos; después de cuarenta días de gritos, intimidaciones y formaciones, todos querían ver acción. Los ángeles se incorporaron, todos estaban alerta. Goliat le echó una mirada a David y, «al darse cuenta de que era apenas un muchacho, trigueño y buen mozo, con desprecio le dijo:
—¿Soy acaso un perro para que vengas a atacarme con palos? Y maldiciendo a David en nombre de sus dioses, añadió:
—¡Ven acá, que les voy a echar tu carne a las aves del cielo y a las fieras del campo! David le contestó:
—Tú vienes contra mí con espada, lanza y jabalina, pero yo vengo a ti en nombre del SEÑOR Todopoderoso, el Dios de los ejércitos de Israel, a los que has desafiado. Hoy mismo el Señor te entregará en mis manos; y yo te mataré y te cortaré la cabeza …Todos los que están aquí reconocerán que el SEÑOR salva sin necesidad de espada ni de lanza. La batalla es del SEÑOR» (1 Samuel 17:42-47). Goliat se enfureció, avanzó hacia David. David se puso en posición. Goliat siguió corriendo y gritando. David sacó una piedra, la lanzó con su honda. Todo se detuvo; las milésimas de segundo parecieron horas. Miraban los filisteos, miraba el cielo, Israel, Saúl, y Goliat fue el único que no pudo mirar. La piedra se le había incrustado de punta entre ceja y ceja. Cayó sobre sus rodillas. David corrió hacia él, el escudero del gigante también, pero en sentido contrario. David tomó la espada de Goliat, la desenvainó, la mostró y le cortó la cabeza. Momento de estupor. Los guerreros de uno y otro ejército se miraron. Un grito, dos, tres. La inspiración de David llegó a los soldados de Israel. Los filisteos, corrían, los hebreos los persiguieron hasta las puertas de sus casas. No quedó títere con cabeza. Ahora era una batalla, ahora era victoria.

Al límite

¿Cuáles son las espadas, lanzas y jabalinas modernas del enemigo?
¿Cómo vencerlas según el ejemplo de David?

Encuentro

Señor, gracias por la historia de David. Son muchos los gigantes que nos toca derribar. Gracias porque aunque no poseamos las cosas que esos gigantes hacen valer, tus hijos te tenemos a ti. Gracias porque confiando en ti podemos cortarles la cabeza a los gigantes.

El nuevo campo de batalla

Salmos 144:1

Bendito sea el SEÑOR, mi Roca, que adiestra mis manos para la guerra, mis dedos para la batalla.

Es tiempo de que se levante una generación de jóvenes comprometidos, protagonistas y revolucionarios, más parecidos a David que a Saúl. Hasta que David no se levante, Goliat seguirá gritando y el nombre del Señor seguirá siendo avergonzado. Cuando tomé mi primer pastorado de jóvenes en Estados Unidos, una de las primeras cosas que hice fue reunir a los jóvenes más activos y preguntarles cuáles eran sus expectativas con respecto a mi liderazgo. Recuerdo que uno me dijo: «No queremos que nos hables de David y Goliat; queremos predicaciones nuevas». No mencioné a David por más de dos años. ¡Qué error! Después escuché a ese mismo joven hablar sobre David y Goliat, y la historia bíblica volvió a impresionarme. Poco después escuché a un pastor hablar sobre este pasaje y me sentí emocionado nuevamente. Empecé a buscar libros relacionados con David y seguí enamorándome de la historia. También empecé a orar al respecto y el Señor me reveló que estamos viviendo en un nuevo valle de Elá, un nuevo campo de batalla. Un «valle» que es nuestra ciudad y nuestro mundo, hoy y ahora donde hay un gigante que hace años grita, insulta y se burla de Dios. Es Satanás que sale a decirnos que no podremos contra él. Vocifera que es el dueño de los medios de comunicación, de los poderes políticos, que es el gerente de las multinacionales. Declara que no podemos hacer gran cosa para solucionar el hambre, el desempleo, la desesperanza; ruge señalando que no podremos impedir que se siga extendiendo el culto que se le rinde. A diario se burla de que las cosas no cambien y de que, mientras cantamos canciones de victoria en nuestros templos, afuera hay miles de millones que lloran derrotados. ¿Cuál es la repuesta? Debe ser la misma de David en su valle de Elá.

Al límite

¿Cuál es mi valle de Elá?
¿Cómo voy a ayudar a que la iglesia entera sea como David?

Encuentro

Danos tu victoria. Querido Rey, hoy quiero que me uses para vencer el mal en los lugares donde me muevo. Aviva tu obra en medio de este valle que tanto te necesita.

Misterio

Salmos 91:11

Porque él ordenará que sus ángeles te cuiden en todos tus caminos.

Había una mujer que creía que tenía un matrimonio perfecto. Su esposo era muy elegante, ella era hermosa y sus hijos estaban para publicidad. Eran buenos cristianos y nunca faltaban a la iglesia. Un día muy extraño, su esposo le confesó que mantenía una relación con otra mujer y que no podía seguir viviendo con ella. Así que decidió mudarse a otra ciudad. Su esposa quedó avergonzada y destruida. Los niños no entendían lo que sucedía y todos en la iglesia se mostraron sorprendidos. Con el paso de los días la mujer cayó en una profunda depresión y no quiso asistir más a la iglesia. Pero llegó una mañana de sábado en la que aquella que había sido su amiga por años vino a visitarla. Vieron a los niños jugar en la sala y fueron hasta la habitación para hablar. La conversación duró horas, y llegada la noche, la amiga se fue a su casa. El alivio fue increíble. Al día siguiente la mujer tenía paz y decidió ir a la iglesia. Todos se alegraron y ella testificó que la visita de su amiga la había ayudado. Luego de unos días, el pastor la invitó a dar testimonio acerca de cómo había superado su desesperación, allí estaba su amiga y ella contó cómo la había ayudado. Meses después la esposa del pastor la invitó a compartir lo mismo en una reunión de mujeres, y ella volvió a repetir cuánto la había ayudado su gran amiga. Al terminar la reunión, su amiga, que nuevamente se encontraba presente, se acercó un poco nerviosa y le dijo: «Querida, yo no recuerdo haber ido a tu casa ningún sábado por la mañana a visitarte. Incluso he revisado mi agenda y he buscado la fecha en que dices que eso ocurrió y yo estaba de vacaciones». La mujer quedó muy confundida, y al regresar a casa le preguntó a sus hijos si recordaban la visita de su amiga ese día que habían jugado hasta la noche mientras mamá estaba en la habitación con ella. Sus hijos le dijeron que recordaban ese sábado en que mamá había llorado todo el día en la habitación y que al día siguiente había vuelto a la iglesia, pero que nadie más había estado en la casa ese día.

Al límite

¿Has tenido alguna experiencia en que creas haber estado con ángeles? ¿Qué sientes al pensar que hay ángeles atentos a lo que te ocurre?

Encuentro

Querido Rey, gracias por tu promesa de que los ángeles acampan alrededor de los que te temen. Gracias por tu diario cuidado y porque no hay detalle de nuestra vida que te pase desapercibido.

Agosto 31

Pidiendo ayuda
y sabiduría

Efesios 4:11
*Él mismo constituyó a unos, apóstoles; a otros, profetas;
a otros, evangelistas; y a otros, pastores y maestros.*

Hace cuatro años había comenzado en mí un deseo de conocer más de la Biblia. Como adolescente, estaba pasando una etapa difícil. No tenía amigos cristianos ni conocía mucho del Señor. Quería saber lo que la Biblia decía del pecado porque tenía dudas acerca de lo que yo estaba haciendo y necesitaba claves para vivir mejor. En ese momento mi oración constaba únicamente de una larga lista de pecados que tenía que confesar. No entendía muchas de las cosas que la Biblia decía y descubría opiniones encontradas.

Pero luego de un momento de desesperación, todo comenzó a cambiar. Encontré que Dios sí es la respuesta a todas las preguntas, porque él ha dispuesto la Biblia para revelarse a nosotros, solo que debía buscar ayuda de otros y sabiduría de su Espíritu. Él ha puesto entre nosotros personas que son capaces de enseñarnos, pero nosotros tenemos que buscarlos con inteligencia, diferenciando los distintos dones que existen en la iglesia.

El Espíritu de Dios puede hablar a través de personas que nos aclaran lo que la Biblia dice y nos muestran cómo aplicarlo a nuestras vidas. Yo le doy gracias a Dios porque él respondió a mis preguntas. Aún estoy aprendiendo, y la oración resulta esencial para saber buscar personas que nos ayuden y compartan su sabiduría espiritual con nosotros. En nuestra vida debemos tener apóstoles que nos guíen, profetas que nos hablen personalmente de parte del Señor, evangelistas que siempre nos recuerden el precio de la cruz, pastores que nos cuiden y maestros que nos enseñen a caminar como Jesús.

Al límite
¿Con qué líderes de la iglesia puedo conversar acerca de mis preguntas espirituales? ¿Tengo personas que me amen y se preocupen por mí, a las que puedo acudir en momentos de confusión? ¿Cómo me aseguro de tenerlas?

Encuentro
Querido Dios, gracias porque me das a conocer la verdad a través de tu Palabra. Te pido que me guíes a toda verdad y que me hables a través de personas que me amen y se preocupen por mí. En el nombre de Jesús. Amén.

247

Trabajar en equipo

Eclesiastés 4:9-10
Más valen dos que uno, porque obtienen más fruto de su esfuerzo. Si caen, el uno levanta al otro. ¡Ay del que cae y no tiene quien lo levante!

Cuando Michael Jordan, para muchos el mejor jugador de todos los tiempos, se encontraba a punto de ganar el título máximo de básquet, dijo ante las cámaras: «El talento gana partidos, pero el trabajo en equipo obtiene campeonatos». Dios nos diseñó para trabajar en equipo. Eclesiastés 4:9 dice que dos funcionan mejor que uno y la imagen más clara que usa el Nuevo Testamento para referirse a la iglesia es la del cuerpo. El apóstol Pablo nos explica: «El cuerpo no consta de un solo miembro sino de mucho,… Si todo el cuerpo fuera ojo, ¿qué sería del oído? … Lo cierto es que hay muchos miembros, pero el cuerpo es uno solo ... a fin de que no haya división en el cuerpo, sino que sus miembros se preocupen por igual unos por otros» (1 Corintios 12:14,17,20,25).

A unos les toca una función, a otros otra; pero si Dios te ha dado un sueño es seguro que alguien tendrá que complementarte. Muchos fracasos y mucho mal han venido a la iglesia por aquellos que quisieron hacer la del llanero solitario. Hasta Jesús tuvo un grupo íntimo de amigos para que su trabajo resultara más eficaz. Me sorprende encontrar lo mismo una y otra vez: los ministros del evangelio que se han mantenido pujantes y fieles en el tiempo siempre tuvieron un grupo que los apoyaba, cuidaba y corregía. No siempre los vemos, pero detrás de líderes sobresalientes de la iglesia como Billy Graham, Luis Palau, Bill Bright, y otros, siempre ha habido un grupo de amigos que está con ellos dando apoyo y el consejo oportuno. Y no solo sucede esto con los ministros famosos. Muchos misioneros que fueron fieles en lugares desconocidos, testifican que lo primero que hicieron al llegar fue buscar un pequeño grupo de oración.

Al límite
¿Por qué es mejor trabajar en equipo?
¿Cómo puedo ser un buen jugador dentro del equipo?

Encuentro
Señor, permíteme formar parte de un buen equipo de personas, Ayúdame a elegir bien y a ser una persona que sabe trabajar en equipo. Quiero que me ayudes a darles a otros el primer lugar; quiero ser sensible a las necesidades de los demás para que juntos podamos llegar más lejos.

Compañeros de sueños

Mateo 18:19

Además les digo que si dos de ustedes en la tierra se ponen de acuerdo sobre cualquier cosa que pidan, les será concedida por mi Padre que está en el cielo.

Todos necesitamos compañeros de sueños. ¿Alguna vez procuraste conseguir un grupo pequeño de amistades con el que pudieras compartir no solo cosas superficiales, sino confesar tus pecados y virtudes como las entiendes? No es fácil, pero debemos intentarlo. Tengo algunos amigos con los que puedo pensar en voz alta. Ellos no me llaman pastor Lucas, no me dicen ministro, me llaman por nombres que solo ellos pueden usar. Estos amigos me corrigen y me ayudan a mejorar. Cuando me dan una opinión diferente, no me siento amenazado porque sé que me aman. Al mirar algunas especies de pájaros podemos notar que al volar por largas distancias arman una formación en «V». Algunos biólogos han estudiado este comportamiento y han descubierto que al hacerlo pueden volar hasta un setenta y uno por ciento más rápido que cuando lo hacen solos. También han observado que cuando el pájaro que está al frente se cansa, cambia de lugar con otro. Un detalle más, los de atrás gritan animando a la formación. ¡Increíble! Ellos saben trabajar en equipo. Conozco líderes que han fracasado porque no han aprendido a trabajar en equipo. Eso no es fácil; al principio cuesta. Cuando era más joven, me rendía con facilidad. Después entendí que aunque se tratara de un proceso que me demandara un esfuerzo extra, luego traería mucho más fruto que si lo intentaba solo. Debemos recordar el propósito de trabajar en equipo aunque esto nos resulte difícil. Es probable que pensemos: «Yo ya soy así; no puedo trabajar en equipo». ¡Reacciona o esa decisión te llevará al fracaso! Todos podemos trabajar en equipo porque fuimos diseñados para eso. Pensemos en nuestra familia como un equipo que debe lograr el éxito, y la relación con nuestros padres seguro cambiará. Consideremos al grupo de jóvenes de la iglesia como un equipo y probablemente alcanzaremos más metas. Traigamos a la mente a alguien con el que hasta ahora no hemos podido trabajar, ¿qué cosas debemos cambiar?

Al límite

¿Cómo sería el compañero ideal, según tus sueños?
¿Dónde es más probable que encontremos un buen compañero?

Encuentro

Señor, dame compañeros de sueños y hazme alguien que sepa ayudar a otros a cumplir los suyos. Te pido que me des personas especiales para compartir mis anhelos más profundos, y que ellas me ayuden a desarrollar todo mi potencial.

Hay una esperanza

Corina Remigio
El Porvenir, BC México

Tito 1:2
*Nuestra esperanza es la vida eterna, la cual Dios,
que no miente, ya había prometido antes de la creación.*

Hay una canción de Edgar Lira que se titula: *Hay una esperanza*. Esa canción habla acerca de este mundo y las guerras. Dice que aunque exista el engaño, el abandono de niños inocentes que andan por la calle sin mamá ni papá, aunque en el mundo haya odio y maldad, existe una esperanza, y esa esperanza es lo único que puede hacer que el mundo cambie. Esa esperanza puede hacer que haya paz y no guerra, que haya amor y no odio, y esa esperanza es Jesús. Él dio su vida en una cruz, soportando que lo escupieran, le dieran latigazos y se burlaran de él, nada más por amor al mundo, por querer salvarnos de las llamas eternas del fuego de la soledad. Pero a este mundo le cuesta entender el sacrificio de Jesús y prefiere vivir en odio y en constantes guerras.

La canción también habla del pueblo en el que Jesús nació, de cómo eran sus padres, y de que él no escribía libros ni nada por el estilo. Eso me hace entender que no necesitamos ser hijos de pastores famosos, ni de políticos. Y tampoco importa nuestra edad; igual que Jesús, debemos llevar el evangelio a las personas que no conocen del amor de Dios.

Tú y yo podemos y debemos, como cristianos, llevar esa luz que brilla en medio de la oscuridad de forma que presentemos la esperanza que el mundo necesita para ser salvo y vivir a plenitud.

Al límite
¿Estoy dispuesto a llevar luz a tanta oscuridad?
¿Qué cosas me motivan a hacerlo?

Encuentro
Querido Dios, gracias por el sacrificio y el ejemplo de humildad de Jesús. Te pido que en mi corazón haya la voluntad de llevar tu luz donde no la hay y que pueda soportar cualquier humillación y maltrato.

Ser como niños

Christian Hotton
Olivos, Argentina

Mateo 18:3

Les aseguro que a menos que ustedes cambien y se vuelvan como niños, no entrarán en el reino de los cielos.

La palabra de Dios dice en varios pasajes que para entrar en el reino de los cielos debemos ser como niños. Pero, ¿qué significa comportarse como niños? ¿Será que debemos adoptar las características hermosas que se tienen a esa edad (que luego muchos pierden)? Para empezar, diremos que los niños son puros y sencillos. Esto quiere decir que son sinceros, expresivos y no tienen segundas intenciones ni esconden nada. ¿Cuántas veces escondemos sentimientos, aparentamos cosas o engañamos a la gente? En segundo lugar, los niños son verdaderamente libres. A simple vista, esto no parece así, porque son absolutamente dependientes de sus padres. Pero por eso, porque saben que tienen padres que los protegen y que nunca los van a dejar solos, se sienten libres. Si se lastiman, papá los cura; si lloran, mamá los consuela. ¿Somos conscientes de la total libertad que tenemos por contar con el amparo de nuestro Padre celestial? En tercer lugar, los niños piden… ¡y piden mucho! Y a veces, por tanto insistir, consiguen lo que quieren, según la voluntad de los padres de consentir a ese deseo. Bueno, nosotros no podemos esperar que el Señor conceda las peticiones de nuestro corazón si no le expresamos cuáles son. Debemos pedirle mediante nuestras oraciones qué es lo que queremos (sea grande o chico), porque si es su voluntad, él va a responder. ¿Cuándo fue la última vez que le pedimos concretamente algo a Dios? En cuarto lugar, los niños recuerdan las promesas que los padres les hacen. Personalmente, cuando mi papá me hacía una promesa, se la recordaba a cada rato porque sabía que la cumpliría. Ahora bien, si no conocemos las hermosas promesas que el Señor nos ha hecho (están en la Biblia), ¿cómo podremos pedirle que las cumpla en nuestras vidas? Imitemos a los niños, para sentir a Dios como a un papá cercano y personal.

Al límite

¿Qué características de niño he perdido y debería recuperar?
¿Qué puedo hacer para recuperarlas?

Encuentro

Señor, quisiera no perder nunca las buenas características de la niñez. Gracias porque puedo acercarme a ti con simpleza y honestidad, y depender siempre de ti. Eres un Padre bueno y hoy me gozo de ser tu hijo.

Más como niños

Christian Hotton
Olivos, Argentina

Lucas 18:17

*Les aseguro que el que no reciba el reino de Dios
como un niño, de ninguna manera entrará en él.*

E n el devocional anterior hablamos acerca de ser como niños para entrar en el reino de los cielos. Nombramos cuatro características que poseen los niños y que nosotros, como hijos de Dios, debemos imitar. Hoy agregaremos tres características más. *La primera:* Confianza, los chicos confían en los padres, aun en medio de situaciones complicadas. Se apaga la luz y enseguida cualquier niño busca la mano del padre para sentirse seguro. Los temores de los niños desaparecen cuando saben que los padres los están acompañando. También nosotros debemos sentirnos protegidos del mal cuando estamos tomados de la mano de nuestro Padre celestial. *En segundo lugar*: Los niños creen todo lo que los padres dicen. Por ejemplo, si al contar un cuento, el papá habla de un caballo que vuela (sin aclarar que es ficción), no hay razón para que el niño dude de la veracidad del hecho. Y existen otras cosas imposibles, e incluso ridículas, en las que los niños creen nada más porque el papá dice que existen. Pero nosotros, muchas veces, no creemos en las cosas que Dios nos dice o nos muestra, a pesar de que sabemos que para él no hay nada imposible. Deberíamos creer en sus palabras con la misma intensidad que un niño cree en lo que sus padres le dicen. *Finalmente*: Los niños crecen, esta es una característica que todos los niños tienen y demuestran continuamente. «Mira qué alto soy… mira qué grande estoy». Los niños siempre quieren crecer, siempre quieren ser más fuertes, más «grandes». Es una lástima ver que existen cristianos que se conforman con una vida espiritual chata, y que no muestran el anhelo de crecer cada día como hijos de Dios. No seamos así, imitemos a los niños y busquemos que la relación «padre-hijo» que mantenemos con Dios crezca cada día. Y no olvidemos que Dios nos invita a recibir su reino como niños.

Al límite

*¿Le crees a Dios cuando las cosas parecen humanamente imposibles?
¿Cómo podrías crecer espiritualmente?*

Encuentro

Señor, ayúdame a crecer. Quiero ser una persona cada vez más fuerte y sana para servir a otros y hacerte feliz. Gracias por estar conmigo siempre que te necesito, siempre voy a creer en ti.

Con todo lo que somos

Juan 4:23

*Pero se acerca la hora, y ha llegado ya, en que los verdaderos
adoradores rendirán culto al Padre en espíritu y en verdad,
porque así quiere el Padre que sean los que le adoren.*

L a adoración es una respuesta interna de nuestro ser a las bendiciones
de Dios. No son los «ritos» o costumbres propias de cada iglesia lo
que hacen a la adoración, sino la actitud de nuestro corazón tocado
por el Espíritu Santo. Es que, en realidad, la adoración es la creatividad
del Espíritu de Dios en nuestro propio espíritu produciendo palabras,
hechos, canciones y emociones.

Algunos creen que la alabanza está conformada por las canciones rápi-
das y la adoración por las canciones lentas. No hay ninguna base bíblica
sólida para creer algo así. La alabanza constituye un reconocimiento de
quién es Dios y el agradecimiento por lo que él hizo y continúa haciendo.
No importa el ritmo, el tono o si hay o no instrumentos sonando. La adoración es básicamente el cumplimiento del primer y principal mandamiento: «Ama al Señor tu Dios con todo tu corazón, con toda tu alma, con toda
tu mente y con todas tus fuerzas» (Marcos 12:30). Ahora yo te pregunto:
¿Cuántas maneras de demostrar amor existen? Obviamente muchísimas.
La Biblia menciona estos verbos al referirse a la alabanza y la adoración:

Declarar, cantar, gritar, levantarse, tocar instrumentos, aplaudir, incli-
narse, estar de pie, danzar, ayunar, consagrar, ofrendar, recordar.

Y estos no agotan la lista. El punto principal, desde nuestra dimensión,
es expresar y demostrar nuestro amor y dedicación a Dios. Lo fantástico
de esta experiencia es que en la adoración también actúa la dimensión de
Dios. La Biblia nos enseña que la adoración del corazón penetra la presencia y la gloria de Dios. En la adoración llegamos a una nueva atmósfera
que cambia la nuestra. Por eso es que mucha gente experimenta consuelo,
estímulo, cambio de dirección, descanso y gozo en la adoración.

Al límite

¿Cómo puedo adorar a Dios de manera activa y creativa?

Encuentro

*Te adoro, mi Señor. Eres lo máximo en mi vida y en la existencia del uni-
verso. Eres el primero y el último. Dios grande en misericordia pero también justo y santo, hoy quiero adorarte con mi boca, con mis pies y con mi
estilo de vida. En el nombre de Jesús. Amén.*

Septiembre 07

¿Qué es peor?

Colosenses 3:2-5

Concentren su atención en las cosas de arriba, no en las de la tierra, pues ustedes han muerto y su vida está escondida con Cristo en Dios. Cuando Cristo, que es la vida de ustedes, se manifieste, entonces también ustedes serán manifestados con él en gloria. Por tanto, hagan morir todo lo que es propio de la naturaleza terrenal: inmoralidad sexual, impureza, bajas pasiones, malos deseos y avaricia, la cual es idolatría.

Soren Kiekegaard fue uno de los filósofos cristianos que más influyó sobre el pensamiento moderno de la iglesia. Este dinamarqués del siglo diecinueve sigue siendo respetado en los círculos intelectuales de la filosofía hoy. En cierta ocasión llegó a una congregación en la que se había producido un gran alboroto porque unos jóvenes habían usado el templo el sábado en la noche para hacer un baile. Considerándolo una autoridad le preguntaron qué pensaba él sobre el asunto, a lo que respondió: *«Hacer un baile en el templo un sábado a la noche no es ni la mitad de malo que hacerlo ver ridículo a Dios el domingo a la mañana»*.

A veces los cristianos nos escandalizamos por cosas que no son ni la mitad de malas que otras que verdaderamente nos deberían escandalizar. Las murmuraciones en la iglesia, las luchas por el poder, la indiferencia hacia los pobres, la envidia y la ignorancia basada en la pereza son males de todos los días en nuestras congregaciones, pero resultan tan comunes que no nos escandalizan. Para responder a la pregunta sobre qué es peor, tendríamos que pensar en cómo actuaría Jesús en esas circunstancias. ¿Qué haría, qué diría? ¿Con quién se enojaría? Cuando miramos los evangelios notamos que su orden de prioridades no coincidía en absoluto con el de los religiosos de su tiempo, y hoy tenemos que tener cuidado de que sus prioridades sean las mismas que las nuestras.

Al límite

¿Qué cosas de la iglesia me escandalizan?
¿Cuáles me deberían escandalizar?

Encuentro

Querido Dios, ayúdame a tener tu misma escala de valores. Que lo que me escandalice sea lo mismo que te escandaliza a ti. Dame misericordia para tratar con los pecados a mi alrededor, pero dame firmeza para ayudar a al que está equivocado.

Pensé que él era Jesús

Mateo 25:40
El Rey les responderá: «Les aseguro que todo lo que hicieron por uno de mis hermanos, aun por el más pequeño, lo hicieron por mí».

Mi amigo Rodrigo, que vivió en una comunidad de ayuda para drogadictos en la provincia de Mendoza, Argentina, un día me mandó por e-mail la siguiente historia: «*Casi todos los días llegan nuevos candidatos. Vienen principalmente por problemas con drogas, pero también vienen por rehabilitación carcelaria y muchos de ellos ya tienen SIDA. La otra noche se presentó la policía con un joven que daba miedo. Yo estaba solo como encargado en ese momento y me lo dejaron en la sala de espera para que yo hiciera la internación. El muchacho estaba sucio y harapiento. Pero lo que más me impresionaba eran sus ojos brillosos y perdidos. Por la manera en que movía la cabeza se notaba que estaba nervioso y fuera de sus cabales. Cuando la policía dejó el lugar, me quedé muy asustado al ver a este despojo humano fijando por segundos sus ojos en los míos. Sabía que tenía que ayudarlo, así que me acerqué con cuidado. Pero algo increíble ocurrió, al saludarlo entendí que debía abrazarlo, y por más extraño que suene, lo hice. Ahí fue cuando sucedió lo más extraño. Al tenerlo abrazado él también me abrazó fuerte y pude sentir su corazón. En ese instante me vino una sensación todavía más extraña. Pensé que él era Jesús y tuve que separarlo de mí para verle de nuevo la cara...*» Jesús dijo en la única descripción que hizo del día del juicio: «*Entonces dirá el Rey a los que estén a su derecha: "Vengan ustedes, a quienes mi Padre ha bendecido; reciban su herencia, el reino preparado para ustedes desde la creación del mundo. Porque tuve hambre, y ustedes me dieron de comer; tuve sed, y me dieron de beber; fui forastero, y me dieron alojamiento; necesité ropa, y me vistieron; estuve enfermo, y me atendieron; estuve en la cárcel, y me visitaron." Y le contestarán los justos: "Señor, ¿cuando te vimos hambriento y te alimentamos, o sediento y te dimos de beber? ¿Cuándo te vimos forastero y te dimos alojamiento, o necesitado de ropa y te vestimos? ¿Cuándo te vimos enfermo o en la cárcel y te visitamos?" El Rey les responderá: "Les aseguro que todo lo que hicieron por uno de mis hermanos, aun por el más pequeño, lo hicieron por mí"*» (Mateo 25:34-40).

Al límite
Según estos versículos, ¿cómo debo tratar a otros y por qué?

Encuentro
Querido Dios, gracias por Cristo, por su muerte y también por sus enseñanzas. Hoy ayúdame a ver a Jesús en la gente necesitada que se encuentra a mi alrededor. En el nombre de Jesús. Amén.

Iniciativa

Números 14:40
Al otro día, muy de mañana, el pueblo empezó a subir a la parte alta de la zona montañosa, diciendo: —Subamos al lugar que el Señor nos ha prometido.

Muchas veces me preguntan cómo fue que comencé a escribir libros siendo tan joven. Siempre resalto primero que es gracia de Dios y luego cuento la historia. El director de la revista *Visión Joven*, de Argentina, me invitó a tener una columna; y desde el primer mes, empezaron a llegar cartas en relación con mis artículos. Eso nos animó. A medida que el ministerio al que yo pertenecía iba creciendo, empecé a recibir más invitaciones a participar en congresos y eso me dio práctica en la comunicación con jóvenes de distintas ciudades y tipos de iglesias. Así que decidimos hacer un primer libro con los mensajes que estaba dando en ese tiempo y con lo que había escrito en *Visión Joven*. Ese fue el inicio de *No me metan en la bolsa*, un libro que sigue dándome muchas alegrías. Juntamos el dinero necesario pidiéndole un préstamo a uno de mis tíos y en 1994 publicamos una pequeña tirada inicial. El libro comenzó a funcionar muy bien, la editorial Certeza le prestó atención y nos ofreció hacer una segunda edición. Así fue que, después de algunos meses, un día entré a la librería cristiana de Lomas de Zamora, mi ciudad, y vi en los estantes un libro de mi autoría. Volví a casa saltando.

Yo sé, miles de ideas sensacionales dan vuelta por tu cabeza. Pero, ¿por qué muchas de esas ideas no se llevan a cabo? Con frecuencia es porque no hacemos demasiado para que se conviertan en realidad. Para cumplir un anhelo hace falta iniciativa. Conozco líderes ricos en experiencias y conocimientos que desde hace décadas desean escribir un libro pero nunca lo han hecho. ¿Por qué? Porque nunca tomaron la iniciativa. Esta es siempre el puntapié inicial para que un libro sea escrito. Si no lo empezamos, mucho menos podremos terminarlo. Lo mismo sucede con casi todos los demás proyectos que tengamos en la vida. Aunque se trate de excelentes ideas; si no tomamos la iniciativa nunca se concretarán.

Al límite
¿En qué proyectos de mi vida debo tomar la iniciativa ya mismo?

Encuentro
Señor, gracias por las ideas, los proyectos y los sueños que has puesto en mi vida. Quiero tomar la iniciativa y hacer mi parte para que se realicen. Dame las agallas de dar los pasos necesarios y guíame con tu Espíritu a actuar siempre en tu voluntad. En Cristo Jesús. Amén.

Alejandro

1 Juan 5:19
Sabemos que somos hijos de Dios, y que el
mundo entero está bajo el control del maligno.

Era la fiesta de fin de curso. El baile de la escuela no era lo que se habían imaginado, así que Alejandro y sus amigos decidieron seguir la fiesta en otro lado. Por primera vez esa noche el papá de Alejandro le había dado su automóvil para que fuese con sus amigos al baile de egresados. Los seis compañeros se las arreglaron para entrar en el carro y se fueron para el club nocturno más conocido de la ciudad. Era la primera vez que iban a entrar al lugar, así que estaban emocionados. Ni bien lo hicieron, algunos fueron directamente a servirse unas bebidas, mientras que Alejandro y otros se pusieron a bailar. Después de unos minutos de baile y de bebidas alcohólicas, fueron a sentarse en uno de los rincones. Mientras hablaban se acercó un joven mayor que ellos y empezó una conversación. Después de un par de averiguaciones, les ofreció éxtasis y heroína por un muy bajo costo. Les hacía una «oferta de fin de curso». A pesar de que Alejandro dudó, sus amigos insistieron y todos ingirieron las sustancias. Ninguno de ellos estaba acostumbrado. La mezcla con el alcohol, la excitación de la ocasión más el baile y el cansancio no tardaron en hacer efecto. Después de algunas horas de euforia y baile descontrolado, uno de ellos empezó a vomitar y otro estaba casi desmayado. Medio confundidos decidieron que era tiempo de irse. Se subieron al automóvil, a esa altura los que vomitaban ya eran cuatro. Alejandro estaba alterado y confundido. No quería manejar, pero uno de sus amigos insistía en que tenía que ir ya a su casa. A las tres cuadras Alejandro no vio una luz roja y estrepitosamente chocaron con un camión. Alejandro y los otros dos que iban adelante murieron en el instante. Los tres de atrás y el conductor del camión quedaron heridos y las ambulancias los llevaron al hospital. Uno de los jóvenes sobrevivientes todavía hoy no puede usar bien una pierna.
¿Trágico no? Pero se trata de una historia real. Es increíble lo que un rato de descontrol puede tirar por la borda.

Al límite
¿Qué me dice personalmente la historia de Alejandro?
¿Cómo me cuido y cuido a mis amigos de situaciones como esta?

Encuentro
Querido Dios, cuídame de situaciones de peligro innecesario. Dame
inteligencia para evitarlas y astucia para prevenirlas. Gracias por tu
cuidado. Nunca quiero irme de tus brazos. En el nombre de Jesús. Amén.

El arquitecto o las obras

1 Corintios 15:57-58

¡Pero gracias a Dios, que nos da la victoria por medio de nuestro Señor Jesucristo! Por lo tanto, mis queridos hermanos, manténganse firmes e inconmovibles, progresando siempre en la obra del Señor, conscientes de que su trabajo en el Señor no es en vano.

A menos que vivas en una lata de duraznos sabes lo que ocurrió el 11 de septiembre de 2001. Cuatro aviones fueron secuestrados por al menos diecinueve terroristas de la red Al-Qaeda en los Estados Unidos. Dos de ellos se estrellaron contra las torres gemelas del World Trade Center, uno se dirigió al edificio central del ejercito de los Estados Unidos, conocido como el pentágono, y el otro cayó en un campo por la intervención de los pasajeros, aunque se cree que apuntaba a la Casa Blanca.

Aparte de los 19 secuestradores, se confirmó que hubo 2973 personas muertas y 24 continúan desaparecidas como consecuencia de esos atentados. El mundo se estremeció por las imágenes del derrumbe de los edificios. Pero pensemos por un momento. ¿Qué tal si los terroristas solo hubieran intentado matar al arquitecto que hizo las torres gemelas? Muy probablemente habría salido en la TV, y su familia estaría muy acongojada. Pero no es lo mismo matar a Minoru Yamasaki que tirar abajo su obra. Los ojos del mundo fueron cautivados al ver esas obras desmoronarse.

Lo mismo sucede con nosotros. Cuando en muchas iglesias nos la pasamos peleando con Satanás en nuestras reuniones, no avanzamos demasiado. Pero cuando vamos en contra de sus obras, de manera concreta, ahí sí que las cosas cambian. En la Biblia se nos enseña que Satanás ya fue vencido. Él es el arquitecto del mal, pero el peor problema es que sus obras continúan en pie. Si queremos llamar la atención del reino de las tinieblas y dar testimonio del poder de Dios, no se trata de andar dando gritos en nuestras reuniones; sino de ir contra las obras del maligno de manera práctica y derrumbarlas.

Al límite
¿Qué obras de Satanás a mi alrededor puedo intentar derrumbar?

Encuentro
Querido Dios, gracias por haber derrotado a Satanás. Me gozo en tu victoria y en tu poder permaneceré firme luchando para derrumbar sus obras.

Septiembre 12

¿Por qué me enojo?

En la Biblia G3 (www.Bibliag3.com) mi amigo Leonel Villella escribe acerca de este tema: *«En medio de una ruta, David está cambiando la rueda del auto mientras una lluvia torrencial le hace el trabajo más difícil. Su esposa sufrió un accidente y necesita llegar a un hospital con urgencia. Cuando se dispone a sacar la segunda tuerca de la rueda, la llave de cruz se parte lastimándole la mano. El grito de dolor se mezcla con los truenos. Los ojos cerrados y los dientes apretados ya no pueden contener la frustración y la ira. Es entonces cuando empieza todo… Sus ojos dejan de ser marrones, su piel cambia de color, su físico crece, su voz se vuelve ronca, el enojo brota como lava de un volcán, un volcán de color verde, un volcán conocido como el increíble HULK. Así comenzaba la serie televisiva de El Increíble Hulk en los 80.*

»En nuestro caso aunque no nos pongamos verdes como David Banner, ni musculosos, igualmente sufrimos una metamorfosis difícil de controlar cuando nos enojamos.

»David Banner se enojaba cuando no podía controlar una situación, cuando se veía superado por las circunstancias o cuando se sentía frustrado. Nosotros tenemos inclinación a enojarnos por las mismas cosas. Los varones perdemos la paciencia principalmente en relación a cosas tales como una rueda desinflada, una hoja de afeitar sin filo, una tarea no realizada. Mientras que las mujeres mayormente se enojan por cuestiones relacionadas con la gente: una mirada fea, un comentario descortés o un saludo no correspondido.

»La gran pregunta que se te puede ocurrir es: ¿Por qué causas se enojó Jesús? Jesús sí se enojó algunas veces. Pero las causas de su enojo eran diferentes a las nuestras. Veamos: Él no manifestó enojo por que los peces y los panes no alcanzaban, ni tampoco por las críticas de los fariseos. Las ocasiones de indignación de Jesús en la Biblia están relacionadas con el mal trato a los más débiles, con las injusticias a otras personas y con los que se enorgullecían de ser puros y no lo eran».

Al límite
¿Por qué cosas me enojo más seguido?

Encuentro
Querido Dios, gracias por las emociones. Aun gracias por el enojo. Ayúdame a que mi enojo sea algo positivo y usado para tu gloria. No para destruir sino para construir. En Cristo Jesús. Amén.

Pequeños detalles, grandes riquezas

Heidy Cabrera
Santo Domingo, República Dominicana

Salmos 36:7 (RVR60)
¡Cuán preciosa, oh Dios, es tu misericordia!

Hace poco leía una entrevista que le hicieron al diseñador dominicano Oscar de la Renta donde él se describía a sí mismo de la siguiente manera: *«Soy un hombre espiritual, bendecido por Dios y eso no lo olvido»*. Mi reacción inmediata fue pensar: ¿Cómo no se va a sentir bendecido siendo un hombre tan rico y famoso? Pero luego pensé: muchas veces tenemos las mejores riquezas a nuestro lado y no las apreciamos. Nos olvidamos de darle gracias a Dios por el regalo de ver un nuevo día, y por tantas otras cosas que por ser cotidianas perdemos de vista.

Mira a tu alrededor, puede ser que seas rico en salud, en personas que te quieren y se interesan por ti, o rico por tener unos padres que se preocupan por lo que te pasa y te aman con un cariño puro. El rey Salomón, considerado el hombre más sabio y rico que existió sobre la tierra, decía: *«Si la buscas como a la plata, como a un tesoro escondido, entonces comprenderás el temor del Señor y hallarás el conocimiento de Dios. Porque el Señor da la sabiduría; conocimiento y ciencia brotan de sus labios»*.

Las riquezas no son tan solo materiales. Hay cantidad de pequeños detalles que muchas veces dejamos pasar desapercibidos, que pueden ser considerados riquezas.

Al límite
¿Cómo logro una actitud de agradecimiento genuino ante Dios?
¿Puedo lograr ser agradecido?

Encuentro
Gracias, Dios mío, por darme el privilegio de disfrutar de tus maravillas, ayúdame a deleitarme en ti y a ser agradecido por las bondades que me obsequias cada día.

Septiembre 14

No te quedes ahí

Narumi Akita
Asunción, Paraguay

Deuteronomio 1:6

«Cuando estábamos en Horeb, el SEÑOR nuestro Dios nos ordenó: ustedes han permanecido ya demasiado tiempo en este monte».

Estas fueron las palabras de Dios para el pueblo de Israel para que tomaran posesión de la tierra prometida. Era como si Dios les estuviese diciendo: *«Conquisten. Arriésguense. Crucen esta línea. Ya vivieron tiempo "extra" alrededor de este monte. No los llamé para que estuvieran dando vueltas por aquí, los llamé para que fueran vencedores».* La comodidad espiritual es un peligro, es un veneno mortífero cuya dosis diaria va matando el sueño de poseer la tierra prometida. Cuando una posición es cómoda tendemos a inmovilizarnos, y lo peor de todo es que nos conformamos con maná cuando podíamos tener un banquete. Nos contentamos con cinco minutos de oración cuando podíamos haber contemplado a Dios por horas. Nos satisfacemos con leer Salmos, Proverbios y Mateo cuando podíamos haber experimentado las palabras y las promesas de Dios en su plenitud. Haz la siguiente prueba: pasa mucho tiempo sentado e intenta pararte. Hasta tus huesos se mostrarán reticentes a moverse. El permanecer un tiempo extra en tu lugar prontamente se convierte en descanso. El monte ya es una hamaca y no un puente. Allí empeoran las cosas y no mejoran. Pero Dios nunca pretende que permanezcamos en el mismo lugar. A él no le gusta el estancamiento. Él siempre tiene algo más. Un mapa desafiante y un territorio desconocido por conquistar todos los años. Tira el pan viejo y duro, y cámbialo por la comida recién sacada del horno. El Creador desea que nos extendamos, que nos estiremos, que anhelemos más de él. Cada mes, cada año, cada década deberíamos exhalar un aroma diferente. Si tuvieras que fotocopiar tus metas del año anterior para cada nuevo año estarías en serios problemas. Te encontrarías dando vueltas al mismo monte bastante tiempo. No estamos destinados a tener «retazos de felicidad», sino a poseer vida en abundancia en Cristo Jesús. Con él en tus planes, tu camino estará lleno de desafíos, innovaciones, aprendizaje constante y tierras prometidas, que tú mismo pisarás con él a tu lado. ¡Dios guía! Y eso basta para no quedarnos siempre en el mismo lugar.

Al límite

¿Qué montes de tu vida has merodeado por mucho tiempo?
¿Qué impide que cruces la línea de la «inmovilidad»?

Encuentro

Querido Dios, quiero avanzar hacia tus promesas. No quiero estancarme, quiero moverme a tu velocidad y siempre seguir creciendo en tu gracia y conocimiento.

Sueña

Josué 1:9
¡Sé fuerte y valiente! ¡No tengas miedo ni te desanimes!
Porque el SEÑOR tu Dios te acompañará dondequiera que vayas.

Dios le había dado un sueño a Josué. El sueño indicaba que él iba a conquistar la tierra prometida por el Señor. Este sueño había sido una imagen real en la mente de Josué por muchos días y sobre todo durante incontables noches. ¡Tantas veces el techo de la tienda se había convertido en una pantalla en la que Josué podía ver las conquistas de Canaán!, y ahora Dios le decía a través de Moisés que siguiera adelante. Estoy convencido de que la misma promesa funciona hoy para cada cristiano. La historia de Israel es la tuya y la mía. Adelante siempre hay una tierra prometida y para llegar hay una decena de conquistas por lograr. Dios quiere que sueñes, que lo hagas en grande porque él es grande. Tus sueños tienen que ser lo suficientemente grandes como para que Dios pueda hacer algo imposible. Si todo puedes hacerlo tú, entonces no lo necesitas y ese no fue su plan. Vivir sin sueños es solamente existir; pero Dios quiere que tengas vida en abundancia y para eso hay que soñar, luchar y alcanzar muchos sueños. Algunas personas se han olvidado de soñar y usar la imaginación. Ellas te van a decir que hay que ser realistas y que no se puede vivir de los sueños. Hay algo de verdad en eso; no se puede vivir ni de los sueños ni en los sueños. Pero sí es posible vivir «por» los sueños, porque ellos nos dan sentido y dirección. Dios ya ha puesto sueños en tu corazón y los seguirá poniendo con el paso de los días. Tú tendrás la tarea de evaluar si son solo tuyos o si vienen de parte Dios. No es difícil saberlo. Si son de Dios, nos encontraremos pensando más allá de nuestro propio beneficio y tendrán relación con algo de lo que él ya nos encomendó. Los grandes sueños requieren que profundicemos más allá de la superficie de nuestras limitaciones, fracasos pasados o distracciones fáciles. La historia está llena de ejemplos de soñadores que alcanzaron algo que parecía imposible. Cuánto más serán posible si contamos con un Dios que nos dice: «¡Sé fuerte y valiente! ¡No tengas miedo ni te desanimes porque yo estaré contigo dondequiera que vayas!»

Al límite
¿Por qué Dios quiere que sueñes?
¿Cuál puede llegar a ser tu tierra prometida?

Encuentro
Señor, hoy quiero pedirte que me muestres tus sueños para mí y me des valentía para creerte y luchar por conquistarlos.

Septiembre 16

Filtros

1 Corintios 6:12
«Todo me está permitido», pero no todo es para mi bien.
«Todo me está permitido», pero no dejaré que nada me domine.

Muy pocos se levantan un día y dicen: «Hoy voy a hacer un desastre con mi vida y voy a darle rienda suelta al pecado aunque me arruine». Más bien, el proceso que envuelve a una persona en el pecado es lento, susurra al oído, y no pone fechas. Este proceso de ruina tiene que ver con olvidarse de usar algunos filtros que nos permiten diferenciar lo que nos conviene de lo que no nos conviene. Pablo decía que todo nos está permitido, y es cierto. Aunque papá y mamá no te dejen, o la iglesia te ponga límites, si quieres hacer cosas malas a escondidas, nadie podrá impedírtelo. Al fin y al cabo tenemos libertad de hacer lo que queramos y nadie es capaz de evitarlo. Es por eso que somos nosotros los que tenemos que usar estos dos filtros:

Filtro de la moralidad. Este nos ayuda a no dejar pasar aquellas cosas que sabemos que Dios considera que no nos convienen. Quizás otros nos digan: «no está mal», tal vez para la sociedad sea algo «normal», pero nosotros sabemos que la Biblia enseña que no está bien. Quizá no entendemos las razones, pero eso no importa por ahora. Este filtro tiene que ver con poner nuestra fe en lo que Dios dice, y nos ayudará a considerar que él es Dios y por eso sabe lo que es más conveniente para cada uno.

Filtro de la excelencia: Este no solo nos permite diferenciar lo bueno de lo malo sino que separa lo bueno de lo «mejor». Este filtro se usa pensando en el futuro. Los mediocres suele pensar en el ya y en el ahora, pero si usamos el filtro de la excelencia nos encontraremos pensando en lo que podemos hacer para llegar más lejos. El filtro de la excelencia nos ayudará a realizar nuestros sueños y a no conformarnos con lo mediocre; recordemos que servimos a un Dios excelente en todo.

Al límite
¿Cómo puedo usar estos filtros en mi vida diaria para decidir con quién ando y qué hago?

Encuentro
Señor, quiero ser inteligente y no dejarme arruinar. Quiero cuidar mi santidad y usar cada día estos filtros para no permitir que lo malo entre en mi vida.

Soy útil para el Señor

Jeremías 1:7

Pero el SEÑOR me dijo: «No digas: "Soy muy joven", porque vas a ir adondequiera que yo te envíe, y vas a decir todo lo que yo te ordene».

Cierta vez en la que fuimos invitados para tocar en un pequeño concierto, se acercaron unos periodistas de radio para hacernos algunas preguntas acerca de nuestro grupo de música. Estábamos muy contentos por la entrevista y obviamente queríamos responder muy bien a cada pregunta. Primero tuvieron lugar las clásicas preguntas de cómo se había formado la banda y cómo nos llamábamos. Casi nos peleábamos por hablar. Luego por alguna razón una pregunta nos hizo quedar en silencio. La verdad es que la pregunta tenía una respuesta bastante rápida para cualquiera de la banda, excepto para uno de nosotros. Pero justo este amigo que llevaba muy poco tiempo dentro de la iglesia decidió responderla antes que ninguno. La pregunta fue: ¿Cuál es el propósito para tocar y qué sientes cuando lo estás haciendo en el grupo? Su respuesta fue simple: «Quiero ser útil para el Señor y así es como me siento cuando toco». Nosotros mismos nos quedamos sorprendidos de lo apropiada que había sido su respuesta. Nos alegramos por su entendimiento de lo que estaba sucediendo en su interior y de lo que estábamos haciendo en la realidad.

¡Qué genial es sentirse útiles para el Señor! Fuimos creados por Dios con un propósito. Parte de ese plan divino es permitirnos disfrutar de la vida en una forma útil al prójimo, a nuestra familia y a nuestros amigos. No vivamos pensando en ser útiles algún día cuando seamos adultos. Hoy podemos serlo. Somos útiles porque Dios nos hizo así. ¡Hay tanto que podemos hacer si nos ponemos a su disposición! No esperemos hasta «ser grandes». Tampoco esperemos siempre de los demás. Seamos útiles para el Señor y la humanidad estará agradecida.

Al límite

¿Cómo puedo ser útil para el Señor?
¿Por qué hay tantos que se sienten inútiles?

Encuentro

Querido Rey, quiero ser útil para que me uses en lo que necesites. Hoy mismo me pongo en tus manos para que puedas disponer de mí en este día.

Si Dios es tu Padre, llama a casa

Filipenses 4:6-7

No se inquieten por nada; más bien, en toda ocasión, con oración y ruego, presenten sus peticiones a Dios y denle gracias. Y la paz de Dios, que sobrepasa todo entendimiento, cuidará sus corazones y sus pensamientos en Cristo Jesús.

Cierta vez Martín Lutero dijo: «Tengo tanto para hacer hoy, que me voy a pasar las primeras tres horas en oración». Es que cuando oramos nos conectamos con la fuerza más poderosa del universo, la de Dios. Comenzar el día con Dios es muy importante. Si vivimos conscientes de su presencia no podemos levantarnos a la mañana y no saludarlo.

Frecuentemente se suele utilizar la historia del hijo pródigo para hablar acerca de los apartados y alejados. Usamos esta categoría para los que no vienen más a la iglesia o están fríos espiritualmente (cosa que solemos juzgar por la cantidad de reuniones a las que asisten). Pero no hace falta dejar de ir al templo para estar fríos. Basta con dejar de orar para empezar a ser hijos que no hablan con papá Dios. La oración crea esperanza y poder. Hablar con Dios nos enjuaga el corazón. Es por eso que cuando pasamos mucho tiempo sin hablar con él se enfría nuestra relación. Lo mismo ocurriría si dejáramos de hablar con nuestro papá o mamá en la tierra. No podemos saber qué hacen, qué piensan, qué sienten y pronto dejaremos de entenderlos. Hoy todos son concientes de que para que las relaciones interpersonales funcionen debe existir una buena comunicación. Lo mismo sucede con Dios. La oración no es un monólogo con el techo. Dios escucha atentamente cada oración y a su tiempo responde. Él es el Padre y nosotros sus hijos. Por qué, entonces, andar por ahí sin contar con la riqueza, el consejo y la seguridad de la protección del Padre. Mejor llamar a casa y asegurarnos de que estamos comunicados con Dios. Su teléfono nunca está ocupado.

Al límite

¿Cómo está mi vida de oración?
¿Qué voy a hacer para mejorar?

Encuentro

Querido Dios, gracias por estar atento a mis oraciones. Gracias porque eres un Padre amoroso que siempre nos escucha, perdona y protege. Te quiero mucho y te alabo por tu gran amor.

¿A quién le importa?

Cristina Ramírez
Asunción, Paraguay

Santiago 1:27
La religión pura y sin mancha delante de Dios nuestro Padre es ésta:
atender a los huérfanos y a las viudas en sus aflicciones, y
conservarse limpio de la corrupción del mundo.

En mi país hubo una generación que sufrió tanto con los cambios
políticos y económicos que en algún momento decidió que, como
nada podía cambiar, había que ser indiferente. La frase más repetida
de esa generación llegó a ser: «A mí ¿qué me importa?» Entiendo que
hayan llegado a ese extremo porque las cosas estaban realmente mal, pero
«a mí ¿qué me importa?», no puede ser una respuesta cristiana. A nosotros
debe importarnos hacer el bien a cualquier precio. No podemos dejar que
el desánimo anule nuestros deseos de ayudar al bien común. Por más
gobiernos corruptos y gente egoísta que exista a nuestro alrededor, los
cristianos no podemos ser igual que ellos. Decir no me importa suele ser
una actitud muy egoísta.

La Biblia nos recuerda que debemos orar por los gobernantes, y vemos
que los personajes bíblicos estaban bien involucrados con la vida social de
sus ciudades (Jesús, José, Daniel, etc.). Los cristianos podemos involu-
crarnos en la sociedad para mejorarla porque tenemos la verdadera
respuesta a todos los problemas humanos: Cristo. Con él somos más que
vencedores. Todo lo podemos porque él nos fortalece y con él podemos
amar al prójimo y no buscar nuestro propio bien.

Si nosotros cambiamos nuestra actitud, seremos capaces de soñar y de
luchar por un mundo mejor, en la medida de nuestras posibilidades, y no
decir que no nos importa.

Al límite
¿Cuál debe ser la actitud del cristiano con respecto a los problemas
sociales?
¿Qué puedo hacer por mi ciudad?

Encuentro
Señor, quiero ser alguien que ayude a cambiar su entorno. Perdóname por
las muchas veces que he sido indiferente a los problemas de otros. Quiero
ser parte de la solución y no del problema.

Septiembre 20

Cuando no entiendo

Carlos Alba,
Guatemala, Guatemala

Jeremías 29:11
*Porque yo sé muy bien los planes que tengo para ustedes
—afirma el Señor—, planes de bienestar y no de calamidad,
a fin de darles un futuro y una esperanza.*

No funcionó. Después de tres intentos no funcionó… ¡de todas maneras nací! Mis padres intentaron quitarme la vida tres veces antes de que yo viniera al mundo. Y que quede claro, dije tres veces. Luego, un nublado 15 de septiembre de 1998, con humedad y calor, mis padres se separaron. Lo único que yo podía hacer era preguntar: «¿Por qué?», «¿Por qué a mi?», «¿Por qué a mi familia?» No le encontré sentido a todo eso. ¿Por qué tenían que divorciarse mis padres? Yo nunca soñé con eso; yo quería una familia unida, no un par de padres divorciados y mucho menos que mis hermanos y yo fuéramos causa de pleitos legales en lugar de alegría. Pocos meses después un vehículo de carga pesada arrolló a mi hermano mayor. Tan solo pudimos llevarlo al hospital… pero tampoco lo entendí. Sabía muy bien que él se encontraba en un mejor sitio; pero no podía comprender por qué se había ido. No es el sueño de nadie la muerte de un ser querido.

Dios utiliza formas, extrañas a nuestro entendimiento, para moldearnos para sus propósitos. En esos días de dolor, cuando lo que pasa no tiene sentido, no olvidemos que nada de eso ha logrado mover ni una sola décima de centímetro al Creador de su trono. Dios sigue teniendo el control sobre lo que sucede. El ser humano hace cosas que no debería hacer y eso tiene consecuencias, pero Dios sigue haciendo de lo malo algo bueno. Con esto no estoy diciendo que disfrute lo malo que ha ocurrido, pero estoy comprendiendo, años más tarde, que aunque todo se vea nublado, Dios sufre por lo que ocurre de este lado, y sí tiene claro a dónde quiere llevarnos.

Al límite

¿En quién puedo confiar cuando no entiendo lo que ocurre a mi alrededor?

Encuentro

Querido Dios, este mundo me ha enseñado que puedo hacer todo con mis propias fuerzas; me ha adiestrado a renegar por aquellos sucesos que no logro entender. Te pido que me enseñes a creer, a confiar en ti de tal forma que dependa única y exclusivamente de ti. Que en medio de lo nublado que parezca el panorama me permitas ver los sueños que tú tienes para mí.

Primavera

Proverbios 16:15
El rostro radiante del rey es signo de vida;
su favor es como lluvia en primavera.

En la Argentina el 21 de septiembre se celebra el día de la primavera (con uno o dos días de anticipación a la fecha astronómica correcta para el hemisferio sur). En Perú se celebra el 23 junto con el día de la Juventud y en México se celebra la llegada de la primavera el 21 de marzo ya que se encuentra del otro lado de la línea del Ecuador. Pero más allá de la fecha, lo cierto es que la primavera es sinónimo de vida, juventud, sol, aire y de color. Esto se debe, sobre todo, a la abundancia de flores multicolores que hay durante los meses que abarca esta estación del año.

Asimismo, se asocia con el momento en que algo tiene mayor vigor y frescura. Como es la estación que sigue al invierno, la primavera representa un cambio del clima que se refleja en las plantas porque aparecen numerosas flores vistiendo alegres y llamativos colores acompañados de sugestivas fragancias.

Los animales también disfrutan del buen clima y muchos de ellos se reproducen, las aves incuban sus huevos y hasta las abejas ponen los suyos. En las personas podemos notar igualmente el reflejo de una estación colorida y alegre. El día de la primavera simboliza la renovación de la naturaleza y la creatividad del espíritu humano. La juventud es protagonista, y es tradición, en toda América Latina, que se festeje con espectáculos en vivo al aire libre.

Para los cristianos la llegada de Jesús a una vida significa una primavera constante. Con su llegada florece el amor, el perdón, la misericordia y la paz. Se procrean relaciones amorosas, se cultivan nuevos valores y hay fiesta y gozo en el corazón.

Cuando veo que algunos que, llamándose cristianos, viven en un invierno permanente, me pregunto si en verdad conocen a Jesús. Cristo es la verdadera primavera y eso lo convierte en un tiempo de festejar.

Al límite
¿Cómo puedo festejar a Jesús en mi vida?
¿Cómo puedo ayudar a otros a festejar a Jesús?

Encuentro
Querido Dios, gracias por tu creación. Gracias por la primavera que renueva los colores, las fragancias y las posibilidades. Gracias por Jesús que renueva nuestras vidas y nos llena de celebración.

Septiembre 22

Corazón

Román Caballero
Quilmes, Argentina

Ezequiel 36:26

Les daré un nuevo corazón, y les infundiré un espíritu nuevo; les quitaré ese corazón de piedra que ahora tienen, y les pondré un corazón de carne.

Todo el que explora una montaña se alegra de encontrar un río de agua cristalina que corre por lugares inciertos. Esos arroyos son hermosos. Lo primero que yo haría si pudiera estar en uno, sería tocar el agua transparente y disfrutar en un momento de silencio su sonido tan sereno. Después, me gustaría quitarme los zapatos y las medias y disfrutar del agua. Pero el desafío es atravesarlos, porque están llenos de piedras, sobre las que resulta difícil caminar.

Pienso en alguna de las características de estas piedras: una es que siempre están frías. La segunda característica es que son duras. ¡Por más que tiremos una contra el suelo, difícilmente se rompa! La tercera es que son pesadas. Claro que hay diferentes clases y tamaños de piedras, pero en su esencia casi todas pesan. La cuarta es que están muertas. Las piedras no tienen vida, ni crecen, ni aman. Dios nos dice que a cambio de nuestro corazón de piedra, él nos dará un corazón tierno. El de piedra es frío, duro, pesado y está muerto. ¿Te has preguntado por qué Dios se interesa en hacer esto por nosotros? ¡Porque él no tiene un corazón de piedra!

Si pensamos bien lo que Dios nos enseña por medio de este versículo, nos daremos cuenta de que nos da una palabra de gracia, ¿por qué? Porque nadie merece el regalo que nos ofrece. Solo él puede darnos un corazón amoroso y espiritualmente vivo. Eso no lo pueden hacer tus padres, ni tu pastor, ni tu mejor migo. ¡Solo él tiene poder para realizarlo!

Cuando le damos nuestro corazón a Dios, lo que hacemos es pedirle uno bien caliente, sensible, solidario y piadoso y lleno de su Espíritu.

Al límite

¿Qué opinión tengo acerca de mi corazón?
¿Qué quiere decir que él cambia mi corazón de piedra por uno de carne?

Encuentro

Querido Dios, ayúdame a ocuparme más de mi corazón. Dame más de ti para que pueda disfrutar un corazón solidario, sensible y piadoso como el tuyo.

El decidió hacerlo

Carlos Alba
Guatemala, Guatemala

2 Corintios 5:14-15

El amor de Cristo nos obliga, porque estamos convencidos de que uno murió por todos, y por consiguiente todos murieron. Y él murió por todos, para que los que viven ya no vivan para sí, sino para el que murió por ellos y fue resucitado.

En más de una ocasión he visto la película acerca de la pasión de Cristo. Pero cada vez que la miro, me surge una pregunta: ¿Qué sentía Jesús al hacer lo que hacía? No me atrevo a responder por él; pero sí me atrevo a decir que más allá de lo que sentía lo hacía por que lo había decidido hacer.

Nuestro mundo postmoderno nos enseña a vivir, decidir, actuar y guiarnos por nuestras emociones. La trampa es que nuestras emociones son tan cambiantes como las modas o la temperatura del día. Jesús hizo lo que era correcto a los ojos del Padre independientemente de lo que «sintiera». Es fácil amar a aquellos que nos aman porque eso «lo sentimos», ¿pero que hay de aquellos que nos aborrecen? ¿O qué podríamos decir de aquellos que nos han hecho daño? ¿Los amamos de la misma manera? El amor de Jesús fue más que un sentimiento; fue una decisión. Con esto no digo que uno no sienta, ni que sea malo sentir; la Biblia nos muestra pasajes claros en los que Jesucristo manifestó emociones. Pero él nos enseñó a actuar por convicciones y tomando decisiones sabias. En mi caso personal, a veces no siento deseos de hacer lo correcto, pero sé que obedecer es una manifestación de mi amor a Dios.

Al límite

¿Estoy amando de la forma en la que Dios ama? ¿He limitado el amor a una emoción? ¿Manifiesto amor cuando estoy en medio de la adversidad?

Encuentro

Querido Dios. Hoy te pido que me muestres y lleves por el camino correcto de la expresión de tu amor. Quiero actuar por convicción más que por emoción. En el nombre de Jesús. Amén.

Primero los pies, luego el salto

Caleb Fernández
Lima, Perú

Efesios 5:14

«Despiértate, tú que duermes ... y te alumbrará Cristo».

Después de que mi hermano se fuera a estudiar fuera del país, compartí mi habitación con un primo. Fue bueno saber que nos íbamos a llevar muy bien, pues los dos teníamos gustos parecidos. Él estudiaba en la universidad a una hora y media de casa y tenía que levantarse muy temprano. No conozco a nadie al que le guste madrugar y mucho menos en invierno. Pues bien, él tenía una forma «interesante» para levantarse por la mañana: sonaba el despertador, y sin chistar, ponía los pies en el suelo y (literalmente) daba un salto. Después del salto se dirigía directamente al baño.

En ocasiones intentaba despertarme cinco minutos antes, solo para ver el espectáculo, y admiraba esa forma de levantarse que él tenía: primero los pies, luego el salto. Un día le pregunté cómo hacía para levantarse y por qué tenía ese estilo tan peculiar de hacerlo. Él me respondió: «tengo que ir a clases y la urgencia me lo demanda». Cosa sencilla para él, para mí era todo un desafío. Un día lo intenté: «primero los pies, luego el salto», no era tan difícil hacerlo una vez, pero sí resultaba muy complicado intentarlo todos los días.

Es bueno descansar, pero mucho mejor es saber el momento justo para dar el salto y empezar a actuar. No nos demoremos mucho al encontrarnos con el mismo Dios llamando a nuestra vida como un despertador... Él sueña contigo, sueña con las capacidades que te dio, sueña con que le seas útil. Tú eres fruto de un sueño de Dios. Cuando se haga evidente que él te llama para algo nuevo, no dudes en levantarte rápido. No te quedes en la cama, «levántate tú que duermes»... primero los pies, luego el salto.

Al límite

¿Para hacer qué cosas me cuesta más movilizarme?
¿Cómo puedo cambiar esos hábitos?

Encuentro

Gracias, Señor, porque cada mañana es una nueva oportunidad de hacer cosas a tu servicio. Gracias porque si nos levantamos con una fuerte disposición para llevar a cabo lo bueno, tú nos alumbras y nos muestras cómo lograrlo. Hoy quiero ser responsable con todo lo que tengo que hacer.

Falta un poco más

Caleb Fernández
Lima, Perú

2 Pedro 1:4

Así Dios nos ha entregado sus preciosas y magníficas promesas para que ustedes, luego de escapar de la corrupción que hay en el mundo debido a los malos deseos, lleguen a tener parte en la naturaleza divina.

Estábamos en Río de Janeiro, Brasil, junto a unos amigos y obviamente teníamos que conocer el famoso «Cristo Redentor».

Llegamos un día en el que había mucha gente y como el auto solo podía subir a paso de tortuga, decidimos llegar hasta allí a pie. Caminamos durante media hora y podíamos ver con claridad la imagen del Cristo; nos faltaba poco. Mirábamos la imagen, que nos parecía cada vez más cerca, subíamos en zig zag, caminábamos, corríamos y estábamos seguros de que estábamos por llegar.

Le preguntamos a una pareja que bajaba si nos encontrábamos cerca, y con una sonrisa nos dijeron: «les falta un poco más». ¡No podía ser! Estábamos muy cansados y lo veíamos cerca. Algunos se desanimaron pero no podíamos quedarnos a mitad de camino. Además, solo faltaba un poco más.

Al final luego de una caminata muy larga, llegamos y quedamos fascinados con toda la belleza de la ciudad de Río. En realidad, el Cristo nos parecía cercano porque era muy grande y muy alto. Luego nos enteramos que la montaña que subimos caminando llamada «Corcovado», mide setecientos diez metros. Y que la imagen que mirábamos a lo lejos y nos parecía cercana, medía treinta y ocho metros de altura. ¿Cuántas grandes promesas tenemos en Dios? ¿Cuántas de ellas se ven cercanas? Hay mucho camino por recorrer; siempre encontraremos la ansiedad a la vuelta de la esquina, pero debemos ser pacientes y seguir hasta el final. No dudes de que Dios tiene preparado algo grande y maravilloso para tu vida. Primero habrá que caminar, y en ese caminar tendremos que aprender a vivir, y en ese aprender a vivir, habrá que construir una historia que tenga el gran final de alcanzar todas las promesas de Cristo.

Al límite

¿Cuáles son algunas de las metas que deseo alcanzar a largo plazo?
¿Cuáles son algunos objetivos que quiero alcanzar este mismo año?

Encuentro

Señor, gracias porque el que persevera llega la cima de la montaña. Es cierto que a veces las cosas que pensamos que serían simples son muy complicadas, pero al final resulta más hermoso alcanzarlas.

Septiembre 26

Ayuda al que tiene un vicio

Salmos 146:7

El Señor hace justicia a los oprimidos, da de comer a los hambrientos y pone en libertad a los cautivos.

¿Conoces a alguien cercano que tenga algún vicio? La mayoría de nosotros podríamos responder: Sí. Otra pregunta: ¿Alguna vez le ofreciste ayuda para liberarse de esa adicción? Solo una minoría de nosotros puede responder afirmativamente. Conozco a muchos cristianos que cuando están con alguien que tiene un vicio esconden su cabeza en la tierra como el avestruz. Usan la simple frase: «eso es pecado», y ni se les ocurre que ellos podrían resultar de ayuda. ¿Te suena familiar? La siguiente pregunta es: ¿Cómo ayudar a estas personas? Muy bien, eso depende de su adicción. Puede ser dependencia de las drogas, de la pornografía, del alcohol. En cualquiera de estas circunstancias resulta vital informarse, hablar con gente preparada, leer libros, buscar en Internet y tener una idea de los efectos del vicio, y sobre todo acerca de cómo salir de él. Pero realmente la clave es simplemente ir y hablar con esa persona y ofrecerle nuestra ayuda. Quizás podríamos decirle: «No sé cómo, pero quiero que sepas que de veras deseo ayudarte a liberarte de esto que te hace mal». Es posible que la otra persona primero se burle o no sepa cómo reaccionar. En general los que son presa de un vicio están acostumbrados a que los reten y le digan lo mal que están haciendo. La mayoría de ellos son concientes de que están mal. Necesitan algo más que solo escucharnos decirles que están mal para salir. Otra ayuda es la oración. La oración mueve algo en los cielos y en nuestra mente y corazón. Muchas veces al orar Dios me ha indicado alguna frase, historia, o acción a tomar con esa persona y de esa manera ayudarla. Dios me ha permitido ayudar a mucha gente a salir de las drogas, del alcohol, a dejar el cigarrillo, a liberarse de la pornografía y de distintos tipos de desórdenes. En todos los casos la clave fue el amor, la paciencia y algo muy importante: hacer que rindieran cuentas de sus progresos y fracasos. Indira Ghandi dijo: «No puedes estrechar la mano de alguien si tienes el puño cerrado».

Al límite

¿Cómo puedo ayudar a los adictos que conozco?
¿Quién tiene la verdadera solución a las adicciones? ¿Por qué?

Encuentro

Señor, una vez más te pido ser un instrumento en tus manos. No quiero tener mis puños cerrados. Quiero brindar una ayuda concreta a gente que

Vanas ilusiones

Paula del Vecchio
Adrogué, Argentina

Salmo 31:6

Odio a los que veneran ídolos vanos; yo, por mi parte, confío en ti SEÑOR.

¿Qué son los ídolos vanos? La vanidad es algo sin sentido; y un ídolo es algo o alguien que tomó el lugar de Dios. En otras versiones de la Biblia se traduce «ídolos vanos» como «vanidades ilusorias». Esto último se refiere a algo que pertenece al terreno de la imaginación. Hace miles de años que David ya hablaba de los ídolos vanos. Y no hablaba solo de las ilusiones vanas, sino también de los que esperan en esos ídolos. Él decía que no le gustaba ese tipo de personas porque su confianza no estaba puesta en Dios. El esperar en cosas que no tienen sentido o propósito o no tienen nada que ver con los planes de Dios, se convierte en un juego que nos hace perder el tiempo y hasta el dinero. Confiar en cosas vanas es muy peligroso y puede significar quitarle su lugar a Dios. Hay chicas que sueñan despiertas con los afiches de algún galán de moda, pero nunca prestan atención a aquello que va a enriquecer sus vidas espirituales. También están los chicos que pasan todo el día pensando en la computadora, pero no se ocupan ni cinco minutos de sus estudios.

Hoy, en el siglo XXI, podríamos catalogar como algo ilusorio a tantas cosas que sería imposible confeccionar una lista. Pero recordemos que todo lo que le quita el primer lugar a Dios en nuestra vida, puede llegar a convertirse en un ídolo.

Construir castillos en la arena es lindo cuando somos pequeños, pero cuando maduramos sabemos que cualquier ola se los lleva. Hay cosas que nos son malas en sí mismas pero, sin embargo, nos alejan de Dios o no edifican un futuro seguro. Dejemos atrás todas las ilusiones vanas y tengamos mucho cuidado con los ídolos que le quitan su lugar a Dios.

Al límite

¿Dónde está tu tesoro?
¿Qué vanidades le quitan el primer lugar a Dios?

Encuentro

Señor, perdóname por las muchas veces que dejé de confiar en ti y por poner mi tiempo y dedicación en cosas que se deshacen con el tiempo. Ayúdame a creerte al cien por ciento y a esperar y confiar en lo que tú tienes para mí.

Albano

Lucas 9:24
*Porque el que quiera salvar su vida, la perderá; pero el
que pierda su vida por mi causa, la salvará.*

En mi niñez y adolescencia fui a un colegio llamado San Albano y obviamente allí escuché la historia de este personaje de la historia del cristianismo. San Albano es venerado en Inglaterra como el primer mártir cristiano. Vivió en Verulamium, actual ciudad de St. Albans, Hertfordshire, alrededor del año 200 después de Cristo. Albano fue un ciudadano de la alta sociedad, nativo de esas tierras. La tradición indica que dio albergue a un sacerdote evangelista británico perseguido por el ejercito romano y que quedó tan impresionado por la devoción del hombre que él también abrazó la fe. Las autoridades rastrearon al evangelista hasta la casa de Albano y allí ambos intercambiaron togas, lo que permitió que el huésped escapara. Pero Albano fue descubierto y luego fue consultado con respecto a su fe en el verdadero Dios viviente. Él no negó haber entregado su vida a Cristo y entonces fue llevado a la cima de una colina a lo largo del Río Ver y decapitado el 22 de junio de 209 d.C.

Albano hizo algo muy peculiar que lo convirtió en un mártir. No solo no negó su fe, sino que dio su vida en lugar de otro. Yo me acuerdo que al escuchar esta historia en mi adolescencia pensaba en que esas dos cosas debían ir de la mano porque es algo así como dos lados de una misma moneda. Amar a otros es dar a Jesús, y negar a Jesús es no dar nuestra vida por otros.

Al límite
¿Qué estaría dispuesto a hacer por los seres que amo?

Encuentro
Querido Dios, gracias por ejemplos como el de Albano. Gracias por aquellos que entregaron su vida para la extensión del cristianismo. Permíteme mostrarte mi agradecimiento siguiendo su ejemplo y dándolo todo por extender tu obra en medio de los tiempos.

límite

Septiembre 29

Vamonos pal mirador

Ben-Hur Berroa
Santo Domingo, Republica Dominicana

Apocalipsis 2:4-5

*Sin embargo, tengo en tu contra que has abandonado tu primer amor.
¡Recuerda de dónde has caído! Arrepiéntete y vuelve a practicar las obras que
hacías al principio. Si no te arrepientes, iré y quitaré de su lugar tu candelabro.*

Los días más preciosos y que mejor recuerdo de mi vida, son aquellos de mi adolescencia en los que papá decía: «¡*Vámonos pal Mirador sur*!» El Mirador sur es un parque lleno de árboles y lagos utilizado por atletas, familias y curiosos para esparcirse y recrearse en la República Dominicana. Esos momentos eran muy especiales, porque allí jugábamos baseball, fútbol, y lo mas fascinante, hacíamos volar chichigua (en otros países más conocido como cometa o barrilete).

En ese tiempo no existían las agendas, no había preocupaciones, a nadie le interesaba la hora porque lo importante ante todo era compartir, conocernos, relacionarnos, amarnos, corretear de un lado a otro y terminar en los brazos de nuestro padre.

Hoy papá es pastor y supervisor de un gran concilio en Santo Domingo, y yo tengo nueve años de casado; los afanes, la obra misionera, la vida acelerada del mundo de hoy han hecho que pasaran veinte años desde aquel entonces, y jamás hemos vuelto a ir al Mirador sur. ¡Qué pena que muchas veces eso mismo nos ha pasado con Jesús! Hemos permitido que todos los placeres y tareas de esta vida, y su vanagloria, ahogaran nuestros recuerdos, relación y comunión con el Rey. Jesús añora volver a llevarnos de la mano o en su regazo a través de las pruebas por los senderos de la fe. A veces él está en esos miradores de todos los puntos cardinales, esperando que volvamos a decir: «Vamos al mirador», para relacionarnos con él en intimidad, para compartir sin límite de tiempo, sin agenda y sin que sea necesario mirar el reloj.

Al límite

¿Qué cosas comenzaré a poner en un segundo plano, con tal de volver a pasar más tiempo con Jesús?

Encuentro

Gracias, mi Rey, porque aun aceptas mi arrepentimiento, perdón por dejar que las cosas materiales se interpusieran en nuestra amistad, prometo que a partir de ahora, tú serás la prioridad en mi vida.

Septiembre 30

El comienzo de un abuso

Hebreos 3:12

*Cuídense, hermanos, de que ninguno de ustedes tenga un corazón
pecaminoso e incrédulo que los haga apartarse del Dios vivo.*

Gisella tenía dieciséis cuando conoció a Diego. Él era uno de los nuevos estudiantes. Era buen mozo y por su manera de desenvolverse se notaba que pronto iba a ser uno de los más populares. Pasadas unas semanas ya destacaba en deportes. Todos lo saludaban y tenía una larga fila de chicas enamoradas. Entre ellas Gisella. Los primeros días lo investigó con timidez, pero un buen día se sentaron juntos en clase de música y empezaron a conocerse. Diego había repetido el año varias veces. Pero eso no le importó a Gisella. Se notaba que no era tonto. Empezaron las largas llamadas telefónicas y a las semanas eran novios. Fuera de la escuela, Diego tenía otros amigos de su edad. Gisella los conoció y empezó a pasar tiempo con ellos. Ella se sentía muy bien por tener amigos mayores y en especial porque desde que estaba con Diego el resto de la escuela la trataba diferente. Estaba enamorada. Una noche, cuando llegó a la casa de Diego, lo encontró con sus amigos fumando marihuana. Primero se preocupó, pero al ver que estaba la novia de otro de los chicos y todos se estaban divirtiendo trató de ocultar su desconcierto. Diego se acercó y le dijo: «Mi amor, quiero que compartamos todo, fuma esto y vas a ver qué bien te sientes». Esa fue la primera vez. Al volver a casa se prometió a sí misma que ya no lo haría. Pero lo mismo siguió ocurriendo las siguientes semanas. Una de esas noches, él la tomó fuerte de la mano y la condujo a la habitación de sus padres que no estaban. Habían estado fumando marihuana por horas y ambos estaban bien «volados». Empezaron a besarse y él empezó a sacarle la ropa. Gisella trataba de detenerlo pero se sentía confundida. Cuando se encontraba ya casi sin ropa insistió más fuerte en que no quería seguir, pero él no razonaba bien como para detenerse y pensó que era parte del juego. Sin fuerzas físicas ni mentales, Gisella cedió. Cuando me lo pudo contar me dijo: *«No creo que ni se haya dado cuenta, ni se acuerde de que me violó».* Así se dan muchos abusos. Si queremos que otros nos respeten, tenemos que marcar los límites temprano. Decidir bien clarito hasta dónde llegaremos y con qué tipo de personas nos vamos a relacionar.

Al límite

¿Cómo puedo dejarles saber a otros con inteligencia cuáles son mis límites?

Encuentro

*Señor, dame sabiduría para administrar mi vida. Libérame de situaciones
como la de Gisella, y también ayúdame a hablar claro con seres queridos
que pueden ser victimas de este tipo de situaciones. Amén.*

Propósito

Efesios 2:10

*Porque somos hechura de Dios, creados en Cristo
Jesús para buenas obras, las cuales Dios dispuso de
antemano a fin de que las pongamos en práctica.*

Tu vida y la mía tienen un propósito eterno. Desde el más allá Dios quiso que fuésemos personas de bendición. Cuando llamó a Abraham, levantó a Moisés y escogió a David, está bien claro que Dios quería que fueran de bendición para las naciones. Algunos nos preguntamos cuál es la voluntad de Dios para nuestra vida. Pablo lo dice claramente. La voluntad de Dios es que resultemos de bendición para otras personas. Fuimos creados con ese propósito y todo lo que ponemos en práctica en nuestra vida debe estar orientado a bendecir a otros. Sé que esto suena bastante raro porque la sociedad de hoy nos ha enseñado a pensar solo en nosotros mismos. Pensamos en lo que queremos hacer, en lo que vamos a estudiar, en las metas que ansiamos alcanzar y en lo que deseamos ser, pero muy pocos consideramos a los demás cuando proponemos los pasos a seguir en nuestra vida. Dios quiere que eso cambie.

Desea que entendamos que el propósito que tiene para su pueblo es que seamos de bendición. A eso se refiere con «buenas obras». Algunos interpretan que se trata de cosas que *no* hacemos en contraposición con aquello que hacemos. Creen que una buena obra es no decir malas palabras, no fumar, no bailar, no vestirse de determinada manera y muchas cosas más que podemos agregar a la lista. Las buenas obras cristianas tienen que ver con bendecir a los necesitados, ayudar a otros, cooperar con los que están cansados, salvarle el día a alguien que está angustiado, orar por los enfermos, ayudar a los pobres y cosas semejantes.

Recuerda: Dios te eligió para buenas obras y todo lo que hagas debe tener el propósito de bendecir a otros. Si se levanta un ejército de jóvenes que piensa así, entonces la iglesia será eficaz.

Al límite

¿Para qué fui creado según Efesios 2:10?
¿Cómo puedo ser de bendición?

Encuentro

Querido Rey, hoy quiero que me uses para bendecir a todas las personas que tenga cerca. Prometo reflexionar seriamente para ver cómo puedo ser una persona que bendiga diariamente a los demás.

Octubre 02

Cosas por hacer

Santiago 2:17
La fe por sí sola, si no tiene obras, está muerta.

A continuación encontraremos una lista de cosas que hoy mismo podríamos hacer para establecer una diferencia positiva en el mundo que nos rodea:

Llamar a un amigo que hace mucho que no vemos.
Decirle algo agradable a alguien no muy conocido.
Ordenar la casa sin que nos lo pidan.
Hacerle las compras a algún vecino anciano que esté imposibilitado.
Llamar al pastor para animarlo en su ministerio y decirle lo importante que es para la iglesia.
Llamar a algún integrante de la familia que no conoce al Señor e invitarlo a la iglesia el siguiente fin de semana.
Hablarle de Cristo a algún compañero de la escuela.
Cortarle el pasto a un vecino
Lavar el automóvil de nuestros padres
Preparar la cena y poner la mesa con velas y música.

Al límite
¿Cuál de todas vas a hacer? No te detengas ni pongas excusas; al menos una de estas cosas de la lista puede significar una diferencia para alguien hoy.

Encuentro
Querido Rey, dame un corazón sensible para hacer tu voluntad aun en las cosas pequeñas de cada día. Hoy quiero ser alguien que ayude a otros a sentirse mejor.

Sal y luz

Sebastián Spagnoli
Olivos, Argentina

Mateo 5:13-14
Ustedes son la sal de la tierra... Ustedes son la luz del mundo.

Durante años entendí el concepto de la luz, pero no el de la sal. Leyendo algunos libros y la misma Biblia fui captando que en aquellos tiempos no existían ni las neveras, ni los congeladores. De la única manera en que se lograba mantener la frescura de la carne era «salándola», porque la sal detiene el estado de descomposición. Me paso los días escuchando a la gente criticar al gobierno, a la corrupción existente, al crimen, quejándose por la actualidad; incluso oigo a muchos cristianos criticar al «mundo» y a los «mundanos», alejándose de ellos como si fueran una peste y convirtiendo las iglesias en refugios para «santos» que se escandalizan de lo «carnal». Pero no podemos culpar a la carne por descomponerse si nosotros no le echamos sal para que mantenga su sabor original. Esto quiere decir que Dios hizo todo bien, hizo a la carne rica y sabrosa, el hombre fue hecho de esta manera, pero Satanás, el mentiroso, el corrupto quiere corromper y descomponer todo. Nosotros, los cristianos, no debemos ser solo coquetos saleritos eclesiásticos que están en la mesa como lindos adornos. Debemos estar ahí para salar la carne antes de que se descomponga. No podemos responsabilizar a la carne por pudrirse, tampoco echarle la culpa al mundo por corromperse, o al diablo por corromper, lo que debemos preguntarnos es: ¿Dónde esta la sal? ¿Dónde estaba yo? Algunos dicen: «los cristianos no debemos meternos en la política, ni estudiar tal o cual carrera, ni ir a determinados lugares para no contaminarnos». ¡Mentiras del mentiroso! Nosotros debemos salar la carne porque somos la sal. También somos luz y cuanto más oscura esté la habitación, más necesidad tendrá de luz. Salgamos a iluminar, no solo con palabras, sino con nuestras vidas. A la gente no le importa tanto lo que yo diga, o sienta; le importa lo que yo vivo, lo que realmente soy. Por eso en medio de esta oscuridad, nuestra luz debe brillar claramente a través de todo lo que hacemos. Seamos los protagonistas, seamos la sal y la luz de este mundo.

Al límite
¿Qué pasa si la sal no sala? ¿Cómo puedo comportarme como sal y luz?

Encuentro
Querido Dios, quiero hoy ocupar el lugar de sal y luz que les encomendaste a tus discípulos. Ayúdame a cuidar a los que me rodean para que no pierdan la frescura y puedan vivir en santidad.

Octubre 04
Comodidad

Corina Remigio
El Porvenir, BC México

Proverbios 24:12
¿No habrá de saberlo el que vigila tu vida?
¡Él le paga a cada uno según sus acciones!

uentan la historia de un joven que orando decía:
—Señor, desde mi infancia te conozco, he leído la Biblia.
Constantemente participo de la iglesia, pero aún me siento vacío,
dime qué es lo que debo hacer para sentirme lleno.
Jesús respondió:
—Comodidad hijo.
—Pero Jesús, ¿comodidad es lo que me hace falta para estar lleno de ti?
—Sí hijo, comodidad.
—No entiendo realmente tus palabras, Jesús.
—Como di dad; dad como yo os di, de la misma forma como yo les he dado.
Con esto el joven comprendió lo que Jesús realmente quería decirle.
Hoy en día aún existen cristianos que creen que simplemente con orar a
veces y leer la Biblia ya son salvos y tienen vida abundante. Pero si Jesús
vino a este mundo a dar su vida por nuestra salvación, también es justo
que hagamos obras para su gloria.
Hay cristianos que solo dan lo que les conviene o lo que quieren dar;
pero Jesús quiere que tú le des todo, tus sentimientos, tu fuerza, tu amor
para aquellos que no conocen el nombre del Señor. Porque él no dio solo
una parte de su vida para salvarnos, él la dio toda, se entregó en sacrificio
y murió por nosotros en la cruz, ahora es tiempo de que nosotros hagamos
lo mismo, que demos toda nuestra vida por el Señor Jesucristo.

Al límite
¿Realmente quiero dar toda mi vida por Jesús?
¿Con qué obras acompaño mi fe?

Encuentro
Dios, ayúdame a vivir una vida llena de ti, y dar todo cuanto tengo por ti,
Jesús.

límite

Inmensa fidelidad

Viviana Santa
Bogotá, Colombia

2 Timoteo 2:13
Si somos infieles, él sigue siendo fiel, ya que no puede negarse a sí mismo.

L os jóvenes casi siempre tenemos una canción favorita y yo no soy la excepción. Quizás la letra no es extensa, y resulte muy conocida para todos, pero el significado es importante para mí. Esta canción me habla de la grandeza de nuestro Padre Dios en un sentido muy especial. La letra dice lo siguiente:

Tu fidelidad es grande,
Tu fidelidad incomparable es.
Nadie como tú, bendito Dios.
Grande es tu fidelidad.

Cuando pasamos por alguna situación que nos agobia, lo que queremos es escapar y desaparecernos de este planeta. Pero afortunadamente no es así de fácil. Si lo hiciéramos, no tendríamos tiempo de descubrir la increíble fidelidad del Señor. Aunque alguna vez olvidemos que solo junto a él podemos avanzar, aunque no recordemos agradecerle por nuestra vida, aunque cierto día dudemos o le fallemos; él nunca va a ser infiel. Su amor no tiene límites ni barreras y él me lo ha demostrado de mil maneras. El tiempo en que mi papá estaba enfermo y murió fue en el que más crecí espiritualmente. Estaba llena de dudas. El último día que mi papá pudo hablar me pidió que le cantara. Le canté varias de las canciones que recién estaba aprendiendo en la iglesia, pero la última que entoné fue *Tu fidelidad*. Él ya no podía respirar, ni hablar, pero en su rostro se reflejaba tranquilidad y paz, mientras yo cantaba. Pude ver como mi papá tenía el gozo del Señor a pesar de eso tan terrible que estaba sucediendo. Cómo no tener paz si Jesús estaba ahí con él, presente hasta el último momento de su vida terrenal. La fidelidad de Jesús se extiende más allá de la circunstancia más adversa de este mundo.

Al límite
¿En este momento de tu vida, eres fiel a Jesús? ¿Cómo serlo hoy?

Encuentro
Jesús, gracias por tu fidelidad. Perdóname por fallarte. Hazme siempre fiel, como lo eres tú conmigo.

Dime por qué

Colosenses 3:2
Concentren su atención en las cosas de arriba, no en las de la tierra.

Fue conocido por la prensa como A. J. Mclean, uno de los famosos Backstreet Boys; ingresó a un centro de rehabilitación para ser tratado por «depresión, ansiedad y excesivo consumo de alcohol». En Estados Unidos y el mundo, miles de jovencitas, inspiradas en una de las canciones más famosas del grupo, se preguntarían: *Tell me why* [Dime por qué]. Será que alguien tan lleno de fama, dinero y éxito tenga que encerrarse por depresión y descontrol. ¿No es qué con dinero, fama y éxito tenemos asegurada la felicidad? Los medios masivos de comunicación nos venden esa idea una y otra vez. A. J. Mclean nos diría firmemente: ¡No!

Creer que esas cosas son un boleto seguro a la felicidad es un engaño. Beber de ellas es tomar de una fuente que nunca nos deja satisfechos y conformes. ¿Cuándo resulta suficiente la fama? ¿Cuándo alcanza con el dinero que tenemos? Jesús nos invitó a tomar del agua que en verdad nos sacia. Las cosas que el mundo nos vende como respuestas para la vida pueden constituir una trampa. No ofrecen ninguna garantía aunque las publiciten por televisión y parezcan una clave para lograr la felicidad. Tarde o temprano nos daremos cuenta de que nuestra sed no se calma con ellas, y lo peor es que a esa altura probablemente ya hayamos arruinado gran parte de nuestra vida en el proceso de alcanzarlas. Howie Dorough, otro de los Backstreet Boys, dijo ante las cámaras de televisión que lo de Mclean se había convertido en una falta de respeto a toda la banda y que era triste verlo destruirse. Yo he observado que mucha gente, por conseguir fama, dinero y un nombre, ha arruinado la relación cercana con su familia y amigos.

La respuesta a *Tell me why* es que tenemos una necesidad de amor que nadie puede llenar sino Dios. Él es nuestro creador y la fuente de la vida eterna. Todo el resto es pasajero.

Al límite
¿En qué medida creo las mentiras de este mundo?
¿Puede uno tenerlo todo y estar destruido por dentro?

Encuentro
Señor, te pido por aquellas personas que parecen poseerlo todo pero que aun así tienen un vacío interno. Hoy te pido por los artistas famosos que parecen ser superfelices pero que constantemente están tapando su sufrimiento. Ayúdame a poner la mira en las cosas realmente importantes.

Lluvia de amor

Camilo Robles / Guatemala, Guatemala

Filipenses 2:2
*Llénenme de alegría teniendo un mismo parecer,
un mismo amor, unidos en alma y pensamiento.*

Habíamos pasado todo el día caminando y no encontrábamos dónde pasar la noche. Eran las 7:30 y ya anochecía. A cada instante el bosque se hacía más oscuro y corríamos el riesgo de caer en un cañadón situado a la orilla del delgado sendero. De pronto la oscuridad se apoderó de todo el bosque. Pensamos en alistar nuestras linternas, pero encontramos que había solo una que tenía baterías y además, estaban a punto de agotarse. Esperamos que estuviera más oscuro para usarla. Al fin tuvimos que encenderla para que fuese nuestra guía en medio del suspenso de la noche del bosque, aunque no tardó en apagarse. Decidimos caminar todos atados por la cintura a una cuerda, la cual nos mantenía unidos para que cada uno cuidara del otro y así no perdernos; realmente caminar en un lugar en el que no se veía nada de nada daba bastante impresión y las chicas lo estaban haciendo notar. De pronto, una de nuestras compañeras resbaló en unas hojas y al sentir el tirón que provocó su caída pensamos que todos nos íbamos derecho al cañadón. Gracias a Dios no fue para tanto. Unos instantes después encontramos un lugar abierto donde plantar nuestras tiendas y hacer una fogata para descansar bajo el hermoso techo de estrellas.

Allí reunidos alrededor del fuego decidimos compartir cómo había sido nuestra experiencia al tener que atravesar el bosque en medio de esa oscuridad. Todos estuvieron de acuerdo en que atarnos unidos había sido algo bueno. De esa manera sentíamos que estábamos todos en el mismo camino y nadie se podría perder. Hablamos de lo difícil que resulta perderse en un lugar en el que no hay luz y de lo terrible que hubiera sido que nos ocurriese eso estando solos. Luego empezamos a contar lo importante que había resultado cada miembro del grupo para los otros integrantes que habían sido ayudados en alguno de los tramos de la aventura. Después de todo, allí sí funcionamos como un grupo de amigos unidos con un mismo objetivo.

Al límite
¿Cuán unidos estamos a nuestros amigos de la iglesia?
¿Cómo podemos atarnos para cumplir las metas de Jesús?

Encuentro
Querido Dios, gracias porque en medio de la oscuridad no estamos solos. Ayúdanos a ser un grupo unido dentro de la iglesia que sepa ayudarse en momentos difíciles. Ayúdame a crear un ambiente de unidad. Te pido por cada miembro del grupo de jóvenes de mi iglesia, bendícelos donde estén ahora. Amén.

El regalo más preciado

Pablo Mejías
Madrid, España

Isaías 4:2
*En aquel día, el retoño del SEÑOR será bello y glorioso, y el fruto de la
tierra será el orgullo y el honor de los sobrevivientes de Israel.*

D icen que cierta vez le encargaron al pintor de un pueblito rural que
hiciera una obra acerca de lo más hermoso que Dios les había
regalado a los hombres. El pintor de nuestro relato salió a caminar
en búsqueda del «modelo» para semejante pintura. Al pasar por un campo
cercano al pueblo, encontró a una persona que lo estaba cultivando muy
tranquilamente. Y le preguntó: «Dígame buen hombre, ¿qué piensa usted
que es lo más hermoso que Dios nos regaló?» El hombre lo miró y
respondió: «La paz, sin duda». El pintor siguió su marcha, hasta que se
topó con una señorita que estaba deshojando una margarita debajo de un
árbol. El pintor repitió su pregunta, y la muchachita contestó: «Por
supuesto que lo más hermoso que Dios nos regaló es el amor». Ya en el
camino de regreso a su casa, el pintor encontró un viejito que estaba orando de rodillas en la puerta de su casa. «La fe, lo más hermoso es la fe»,
respondió el anciano ante la pregunta de nuestro protagonista. Finalmente,
el pintor llegó a su casa pensando en cómo congeniar las tres cosas en un
cuadro. Al entrar, cansado por el largo día de caminata, percibió la atmósfera de paz que siempre reinaba allí. Su mujer lo esperaba con una sonrisa,
que expresaba amor y ternura. Y al sentarse a la mesa, el pintor se encontró con la mirada llena de fe de sus pequeños hijos. Por eso al acostarse, el
pintor ya tenía decidido cuál sería el «modelo» de su pintura, que refle-
jaría la paz, el amor y la fe como los regalos más hermosos de Dios para
la vida humana. La pintura consistiría, simplemente, en un hogar, una hermosa familia… en un dulce y cálido hogar.

Al límite
¿Cuál es para ti el regalo más valioso que Dios nos ha hecho?
¿Qué tipo de hogar sueñas formar algún día?

Encuentro
*Señor, te pido por la que algún día va a ser mi familia. Quiero que me
ayudes a ser la pieza justa para que ese hogar pueda estar lleno de paz,
amor y fe.*

El amor verdadero
y el falso

1 Corintios 13

Existen diez diferencias entre el amor verdadero y el falso:

1. El verdadero es paciente / El falso no puede esperar, es impulsivo
2. El verdadero es benigno / El falso busca lo suyo propio
3. El verdadero no tiene envidia / El falso busca recibir más de lo que se merece
4. El verdadero no se irrita / El falso es irrespetuoso y no le importa si hiere
5. El verdadero perdona / El falso piensa en la venganza
6. El verdadero se goza en la verdad / El falso trata de tapar el pecado
7. El verdadero todo lo soporta / El falso se retira en los momentos difíciles
8. El verdadero amor es fiel / El falso se burlará de ti
9. El verdadero es comprometido / El falso no es confiable
10. El verdadero amor protege / El falso busca lo suyo sin que le importen las consecuencias

Al límite
¿Qué clase de amor damos?
¿Con qué clase de amor nos vamos a conformar?

Encuentro
Señor, dame de tu amor e inteligencia para poder diferenciar cuando el amor que tengo frente a mí es amor falso.

Si la envidia tuviera olor

Santiago López
Temperley, Argentina

Proverbios 14:30

El corazón tranquilo da vida al cuerpo, pero la envidia corroe los huesos.

Eran dos hermanos que lo habían tenido todo y ahora estaban en serios problemas económicos. Damián era el mayor y Miguel el menor. Este último continuaba agradeciendo a Dios por todas las cosas que él le había dado día a día, mientras que su hermano, al escucharlo agradecer, se enojaba con él. Damián empezó a notar que la vida de su hermano menor era cada día mejor en su relación con Dios y que continuaba siendo feliz. Mientras Damián empeoraba a cada minuto. Así fue que la envidia comenzó. Damián no podía soportar que su hermano disfrutara la vida más que él, y por eso empezó a maltratarlo. Una noche Damián escuchó que Miguel le decía a Dios: «Gracias por la comida de todos los días y por la relación que podemos tener», y al escucharlo, se llenó de furia. Desde esa noche, en su mente empezó a convencerse de que Dios quería más a Miguel que a él, y este sentimiento fue en aumento hasta el punto de tener el deseo de golpear a su hermano. ¿Todo por qué? Porque Miguel era feliz a pesar de la situación y él no. ¿Acaso no tenían Miguel y Damián las mismas posibilidades de relacionarse con Dios? ¿No habían sido criados en la misma familia? Sabemos que Dios no hace acepción de personas, y aunque unos y otros somos diferentes todos tenemos las mismas posibilidades de disfrutar de su amor. La diferencia entre Miguel y Damián estaba en su forma de asumir el problema que enfrentaba su familia. Miguel había aprendido a ser agradecido también en medio de los problemas.

Para que la envidia no se haga parte de nuestra vida debemos estar siempre bien bañados de agradecimiento y enfocarnos en las cosas que Dios nos ha regalado. Dejemos la envidia de lado y seamos agradecidos. Nuestra vida se fortalecerá y podremos estar contentos en la escasez o en la abundancia, sin mirar peligrosamente a otros.

Al límite

¿Cómo nace la envidia? ¿Cómo luchar contra ella?

Encuentro

Señor, líbrame de la envidia. Ayúdame a estar siempre limpio de malos pensamientos hacia otros. Sé que cuando pienso algo malo de alguien debo confesarlo y limpiarme para no acumular olor a envidia. Dame inteligencia para saber contentarme con lo que tengo.

Noviazgo del suelo o del cielo

Cantares 3:1
*Por las noches, sobre mi lecho, busco
al amor de mi vida; lo busco y no lo hallo.*

Es posible encontrar al amor de tu vida un día cualquiera y en un lugar inesperado. Pero no es lo mismo establecer una relación de noviazgo con una persona que estimula lo mejor de ti, que hacerlo con alguien que provoca en ti reacciones negativas. Todas las personas producimos, consciente o inconscientemente, un efecto en aquellos con los que nos relacionamos. Algunas veces bueno, y otras malo. Ahora, piensa en la influencia que ejerce sobre tu vida la persona con la que mantienes una relación amorosa. ¡Muchísima! Por eso es muy importante elegir bien. La persona con la que elijas relacionarte tendrá un fuerte efecto sobre tu vida espiritual, tus logros, gustos, tiempo y demás. Por eso Dios quiere que pienses muy bien si quieres tener un noviazgo del cielo o uno del suelo.

NOVIAZGO DEL CIELO
Me ayudará a crecer
Sacará lo mejor de mí
Ocurrirá en el lugar correcto
Se producirá en el tiempo indicado
Va alimentar mi fe
Alimentará el verdadero amor

NOVIAZGO DEL SUELO
Detendrá mi crecimiento
Sacará lo peor de mí
Ocurrirá en el lugar equivocado
Se producirá en un tiempo inadecuado
Va a socavar mi fe
Será solo por enamoramiento

Al límite
Piensa muy bien en cada una de las características de la lista y considera la relación que tienes actualmente o aquella que deseas tener.

Encuentro
Querido Dios, gracias porque no hay camino más inteligente que someterlo todo a tu santa voluntad. Quiero ser una persona sabia y paciente que sepa elegir bien cómo llevar adelante un noviazgo del cielo.

límitE

¿Conquista o servicio?

Mateo 20:27-28
*Y el que quiera ser el primero deberá ser esclavo de los demás;
así como el Hijo del hombre no vino para que le sirvan,
sino para servir y para dar su vida en rescate por muchos.*

E l 12 de octubre de 1492, el marinero Rodrigo de Triana divisó tierra. Esto cambió la concepción que se tenía del planeta y provocó algo que ni siquiera Colón había imaginado: la unión de dos mundos. El encuentro permitió que Europa percibiera la riqueza natural y cultural, el ingenio y el arte del aparente nuevo mundo, y que América recibiera el legado cultural de los adelantos y las expresiones artísticas no solo occidentales sino también orientales que traían los marinos europeos. Pero la historia confirma que los europeos no hicieron las cosas como deberían haberlas hecho y que gracias a sus adelantos militares muchos formaron parte del proceso de colonización. La colonización de las Américas, a manos de los diferentes países que luego de Colón se entregaron a la conquista, fue sangrienta y llena de violaciones de los derechos humanos. Pero, ¿podría haber sido diferente? Definitivamente sí. Si en vez de viajar a América a conquistar hubieran navegado con el propósito de servir, la historia hubiera sido otra. ¿Y por qué deberían haber hecho eso? Porque se decían cristianos. Quizás parezca una afirmación ingenua el decir que la historia podría haber sido otra, pero déjame insistir. Estos conquistadores se autoproclamaban cristianos. Seguidores de Jesús. De aquel que dijo que había que poner la otra mejilla, que si alguien nos pedía algo debíamos darle el doble, que teníamos que amar a los enemigos. Hoy te voy a hacer una confesión. Conociendo lo que pasó con las Américas, me causa un poco de dolor de estomago cuando veo en muchos congresos de jóvenes cómo se usa tan seguido la palabra *conquistar*. Es cierto que esa parece ser la historia del pueblo de Dios en el Antiguo Testamento, pero luego Jesús cambió algunas cosas y debemos prestar atención. Él habló de una ley superior. Habló del amor y la misericordia, y nos desafió a convertirnos en servidores y no en conquistadores. Si Colón y los que vinieron después de él hubieran entendido esto, el mundo sería diferente. Déjame soñar que podría haber sido distinto.

Al límite
¿A quiénes podemos tratar de servir en vez de siempre intentar conquistar?

Encuentro
Querido Dios, gracias por el ejemplo de Jesús. No siempre es fácil imitarlo y no siempre tiene sentido en el mundo en que vivimos. Si el mundo viera que queremos servirlo en vez de conquistarlo, quizás nos recibiría mejor. Da sabiduría a nuestra generación para mejorar lo que hicieron las generaciones anteriores.

¿Dónde está Dios?

Gisela Ramos
California, USA

Gálatas 2:20
...ya no vivo yo sino que Cristo vive en mí. Lo que ahora vivo en el cuerpo, lo vivo por la fe en el Hijo de Dios, quien me amó y dio su vida por mí.

¡Qué pregunta la del título! Algunos responderán: «en todas partes», otros «en el cielo». Los más espirituales dirán: «en mi corazón». Pero, ¿sabemos exactamente dónde está? Porque muchas veces lo dejamos a un lado de nuestras vidas y de nuestras decisiones y solo lo sacamos y defendemos los domingos en la reunión. Otras veces estamos tan apurados con nuestros planes que ni siquiera recordamos la palabra «oración», y no le pedimos consejo al más sabio. Andamos a tanta velocidad que dejamos a Dios atrás. También está el típico pensamiento adolescente: «Ahora me quiero divertir; igual Dios va a estar todo el tiempo», y lo postergamos para más adelante.

Pero debemos tener en cuenta que si dejamos a Dios de lado, las cosas no van a salir bien. Si lo dejamos atrás, podemos creer que sabemos más que él, y tarde o temprano (seguro que muy temprano) nos vamos a estrellar contra la pared. En cuanto a dejarlo para más adelante, es cierto que él estará para siempre, pero para nosotros el tiempo nunca volverá atrás, y después nos vamos a arrepentir tanto de lo que hicimos como de lo que no hicimos (Eclesiastés 12:1). Por eso, aprovechemos nuestra juventud y llenémonos de ganas de comprometernos verdaderamente con Jesús. Sirvámosle solo a él, y hagámoslo el centro de nuestras vidas. No lo pongamos a un lado, atrás, adelante o abajo. Sencillamente tengámoslo *DENTRO* de nuestros corazones. Dejemos que su amor y bendición brote en nosotros.

Al límite
¿Tengo a Dios dentro de mí, o le he asignado otro lugar?
¿Cómo entender diariamente que Dios está conmigo?

Encuentro
Padre Dios, perdón por las veces que te quité el lugar que te mereces, o te reemplace con cosas que en nada se pueden comparar contigo. Quiero siempre recordar que tu Espíritu está disponible para ayudarme a ser como Cristo. Amén.

Octubre 14

La amistad primero

Caleb Fernández
Lima, Perú

Proverbios 18:24
Hay amigos que llevan a la ruina, y hay amigos más fieles que un hermano.

Mi hermano y yo, fuimos a un colegio donde cursamos casi toda nuestra primaria y secundaria, e hicimos grandes amistades que perduran hasta hoy.

En este colegio se enseñaba la religión católica y en nuestro curso solo mi hermano y yo éramos cristianos evangélicos. En la primaria nos daban la opción de no asistir, pero nosotros participamos de las clases. Ya en la secundaria, nos hicimos más concientes sobre nuestra misión y nos preguntábamos por qué no invitar a nuestros amigos a la iglesia. Luego del consejo de mi padre acerca de la amistad, comprendimos que la mejor forma de evangelizarlos y llevarlos a Cristo era por medio de nuestro ejemplo y de una amistad sincera. Durante los cinco años de la secundaria, todos sabían que éramos evangélicos, pero muy pocas veces hacíamos referencia a ello. En el último año, teníamos un gran grupo de amigos y un día los invitamos a la iglesia; obviamente no se podían negar.

Definitivamente ese fue el día preparado por Dios para mis amigos. Les tengo que decir que no pasó nada extraordinario, todos estuvieron a gusto pero nada más. La semilla quedó sembrada en sus corazones. Pasaron un sin fin de situaciones a partir de ese día y esta historia tiene un final feliz.

Seis de mis amigos entregaron su vida a Cristo y tres le sirven comprometidamente en algún ministerio. Casi todos mis compañeros de curso escucharon acerca de Cristo. Ese mismo año, mi familia y yo nos mudamos de país, de modo que no los pude ver durante un buen tiempo, pero al regresar allí de vacaciones, descubrí que ellos siguen hablando de Cristo cada vez que se encuentran con nuestros ex compañeros de colegio. En ocasiones, la mejor forma de evangelizar es con una amistad ejemplar.

Al límite
¿Cómo puedo evangelizar por medio del ejemplo?
¿Cómo puedo ser un buen amigo cristiano?

Encuentro
Señor, gracias por ser el mejor amigo del mundo. Gracias porque con tu ayuda podemos ser personas confiables y buenos amigos para los demás. Hoy permíteme evangelizar por medio de la amistad.

La ofrenda agradable

Samuel Eli Zenteno Rojas
Ensenada, México

Lucas 21:3
Esta viuda pobre ha echado más que todos los demás.

Se dice que había una viejecita, ya viuda, en la sinagoga a la que había asistido Jesús a la hora de la recolección de las ofrendas. Esta viuda entregaba una ofrenda muy sencilla, pero la daba con todo su amor pues era todo lo que ella poseía. Al ver esto, el Maestro de maestros les dijo a sus amigos que esa viuda era la que más había dado para el reino de Dios, puesto que había dado todo lo que tenía, mientras que los demás solo dieron de lo que les sobraba. Los discípulos se sorprendieron, pero pronto entendieron lo que el Maestro les decía.

Ahora involucremos al personaje de la viejecita en el presente, más aun, en nuestra vida personal. Tenemos que hacernos la pregunta: cuando ofrendamos, ¿somos como la viuda que agradó a Jesús dando todo lo que tenía o como los que daban de lo que les sobraba? A veces pensamos que porque somos adolescentes o jóvenes y muchos no contamos con un salario esta historia no es para nosotros. Pero casi todos recibimos algún dinero de nuestros padres. ¿Ofrendamos de corazón? Este es el momento para aprender a hacerlo. También me pongo a pensar en que esto no se aplica solo a la ofrenda de los domingos, sino también a nuestros talentos y tiempo. Te animo a que tu vida sea completamente dedicada a Jesús y juntos dejemos de darle de lo que nos sobra.

Al límite
¿Qué habrá sentido la viuda antes de dar?
¿Por qué darle todo al Señor?

Encuentro
Te pido, Señor, que me ayudes a entregarte todo a ti, mi vida, mi corazón, mis sueños, mis talentos, mis ofrendas, mi tiempo; te lo doy todo a ti, úsalo para tu obra y ayúdame a continuar por el buen camino. Amén.

Dejar la venganza y abrazar el perdón

Deuteronomio 32:35
Mía es la venganza; yo pagaré.

S usi me decía que no podía perdonar ni pedir perdón. Era la primera vez que venía a una actividad cristiana y hablaba con un pastor. Enseguida llevé la conversación a lo que hizo Jesús en la cruz. Ella se sorprendió de que la cruz tuviera relación con el perdón.

A menudo los adolescentes no quieren perdonar porque desean desesperadamente que la persona que los hirió pague por lo que ha hecho. También les cuesta pedir perdón porque sería admitir que se equivocaron y tienen miedo de que otros (en especial sus padres) les sigan echando en cara lo que han hecho, en otras palabras, tienen miedo a la venganza.

Vengarse está prohibido por Dios. Pablo escribe: «No tomen venganza, hermanos míos, sino dejen el castigo en las manos de Dios». Tomar venganza es jugar a ser como Dios. Haciéndolo nos colocamos en el mismo nivel que la persona que nos ofendió. Lo mismo ocurre si no pedimos perdón por temor a lo que la otra persona pueda hacer. Somos maduros cuando entendemos que lo que otras personas hagan o dejen de hacer es su responsabilidad delante de Dios.

Después de aquella tarde, Susi entendió que ella debía perdonar y pedir perdón, y que en realidad, la manera de hacerlo era olvidando las reacciones de los demás. Después de todo, la madurez tiene que ver con asumir nuestras responsabilidades. Además, en el caso de pedir perdón, tenemos el beneficio de sentirnos aliviados por habernos liberado del sentimiento de culpa. Y también sentirnos liberados de tener que pagar algo a cambio. Dios se encargará de eso.

Al límite
¿Tengo que esperar que otros me pidan perdón para perdonar?
¿Por qué la cruz significa perdón?

Encuentro
Querido Rey, hoy quiero agradecerte por tu perdón. Señor, quiero perdonar a los que me lastiman como tú me has perdonado a mí. Gracias porque perdonando podemos sentirnos libres al saber que hicimos lo correcto y lo que te resulta agradable a ti.

¿Quién soy?

Román Caballero
Quilmes, Argentina

1 Juan 2-4

*El que afirma: «Lo conozco», pero no obedece sus
mandamientos, es un mentiroso y no tiene la verdad.*

Cuando tenemos una fiesta de disfraces, lo primero que se nos ocurre pensar es: «¿Cómo voy a ir vestido?» Hay muchos tipos de disfraces, pero lo más común es llevar puesta una máscara con el retrato de alguien.

Con un antifaz podemos tapar nuestro rostro totalmente, así logramos que nadie sepa quiénes somos y podemos aparentar ser lo que en realidad no somos.

En nuestra vida cotidiana solemos usar máscaras. Disfrazamos nuestro rostro, tapamos las tristezas, el mal humor, los pleitos, las rebeliones, los alejamientos, el desinterés por la Palabra de Dios. Pero ocultar esas cosas suele convertirse en una carga extra, y como no queremos que el otro se entere o nos pregunte qué nos pasa, preferimos caer en la mentira. Con Jesús no hace falta esconder nada. Él nos invita a que seamos verdaderos amigos, estemos como estuviéramos y seamos como fuéramos. En nuestro andar cotidiano, debemos intentar reflejar hacia los demás su Espíritu, su persona, su verdad, pero no hace falta disfrazarnos ni ponernos ninguna careta. Claro que día tras día pecamos y necesitamos la obra redentora de Jesús, pero no es necesario andar tras ninguna máscara. Si caemos, tenemos que levantarnos y cumplir sus mandamientos. El que dice que lo conoce y no refleja una vida de devoción, de dedicación y de gratitud, se convierte en un mentiroso; por eso nunca debemos usar caretas.

Tenemos que esforzarnos por cumplir sus mandamientos, pero si nos cuesta, o caemos, o nos frustramos, debemos ser sinceros y pedir ayuda. Tenemos que hacer todo lo posible por ser personas sin caretas que procuran guardar sus mandamientos.

Al límite
¿Tras qué máscaras me escondo? ¿Qué debo hacer para quitármelas?

Encuentro
Querido Dios, ayúdame a tener presente tus mandamientos en mi vida, para lograr quitar toda máscara de mi entorno y parecerme cada día más a ti.

Octubre 18

Yo soy el Señor tu Dios

Deuteronomio 5:6-7
Yo soy el Señor tu Dios. Yo te saqué de Egipto, país donde eras esclavo. No tengas otros dioses además de mí.

Todo el mundo sabe cuáles son los Diez Mandamientos, ¿cierto? Veamos: Hay algo acerca de no matar, no robar, no mentir… Sería bueno repasar algunos otros también, ¿no?

Arriba podemos leer el primero. Para muchos el principal. Es que si conocemos la identidad de Dios vamos a obedecer y confiar en todo lo que nos diga. Conociendo quién es nuestro Dios debemos experimentar seguridad, gracia y paz. Si sabemos cómo es su carácter nos vamos a sentir bienvenidos en su presencia. El segundo de los mandamientos dice: «No tendrás otros dioses además de mí» (Deuteronomio 5:7), y es parte de la misma verdad. Si tenemos una idea clara de quién es Dios, cómo vamos a poner otra cosa o persona en su lugar. Con el mismo empeño se nos dice: «No pronuncies el nombre del Señor tu Dios a la ligera» (Deuteronomio 5:11). Usar el nombre del Señor en vano es igual a no darle ninguna importancia a Dios.

Él es el creador de las galaxias, de lo que vemos y de lo que no vemos.

De lo que gustamos y de lo que olemos. De lo diminuto y de lo gigante.

No podemos tomarlo a la ligera. Dios no puede ocupar ningún otro lugar en nuestra vida que el que tiene en el universo. Él debe ser el centro de nuestras vidas. Dios es exactamente como Jesús porque Jesús es Dios.

Dios llora por lo mismo que Jesús lloraba en la tierra y se alegra y se enoja por las mismas cosas que Jesús se alegraba y se enojaba. ¿Cómo es tu Dios? Espero que sea como el verdadero Jesús de Nazaret. Él nos saca de la esclavitud (Egipto) para llevarnos a la verdadera libertad.

Al límite
¿Cuáles son las características principales de tu Dios? ¿En verdad crees lo que dices?

Encuentro
Rey del cielo y de la tierra, no puedo más que darte gracias por el regalo de acercarme a ti. Quiero que me ayudes a cumplir tus mandamientos. Gracias porque ellos me asisten para ubicarme en quién eres y cómo puedo vivir feliz cumpliendo tus propósitos.

¡Socorro, hay un padre en casa!

Deuteronomio 5:16
*Honra a tu padre y a tu madre, como el SEÑOR tu Dios te lo
ha ordenado, para que disfrutes de una larga vida y te
vaya bien en la tierra que te da el SEÑOR tu Dios.*

Cuando trabajé en el libro *No me metan en la bolsa*, escribí acerca de
la independencia que intentamos lograr de nuestros padres. Muchos
adolescentes se me han acercado para contarme acerca de los suyos.
A veces me hablan de ellos como si estuvieran haciendo referencia a una
peste incurable. Los escucho y me imagino a la mujer lombriz y al hombre
gusano. Muchas de las historias que me han contado, en persona o por
medio de cartas, me hacen llorar; otras me dan ganas de dinamitarles la
cama matrimonial a sus padres. Pero ese no siempre es el caso. Lo cierto
es que la mayoría de las veces lo que los padres hacen es simplemente
darles una enorme prueba de amor a sus hijos.

También hablo con muchísimos padres y madres. He tenido madres llorando en mi oficina, padres frustrados y matrimonios desesperanzados.
¿Por qué hay tanto conflicto entre padres e hijos?

El quinto mandamiento parece ser el más difícil de todos para muchos
adolescentes. Para algunos «honra a tu padre y a tu madre», es casi una
misión imposible. Lo cierto es que sean como fueren nuestros padres, son
los únicos que tenemos. A veces suponemos que como ellos son adultos,
son responsables de saber siempre qué hacer y cómo reaccionar. Lo cierto
es que ningún padre viene con el manual de fábrica para ser un padre sensacional. Lo mejor que podemos hacer por nuestros padres es ser
pacientes, tratar de ponernos en su lugar y escucharlos. Después de todo;
eso es exactamente lo que queremos que ellos hagan por nosotros.

Al límite
¿Qué puedo hacer para llevarme mejor con mis padres?
¿Qué será lo que ellos sienten cuando peleamos?

Encuentro
*Señor, tú eres un Padre perfecto, pero nosotros somos imperfectos.
Necesito que me ayudes a entender mejor a mis padres y te pido que los
ayudes a ellos a entenderme mejor a mí. Dame sabiduría para saber cómo
pasarlo lo mejor posible en casa.*

Yo confío

Raimi Méndez
La Paz, Bolivia

Hebreos 10:35
Así que no pierdan la confianza, porque ésta será grandemente recompensada.

En Bolivia hay un precioso lugar llamado «Los Yungas», pero para llegar allí se debe atravesar un camino con precipicios, numerosas curvas, lluvias esporádicas, mosquitos, polvo y lodo. Cada tanto, tras una curva se aparece sin aviso un enorme camión; todos gritan y algunos se preparan para el encuentro final con Dios, y luego de una estridente frenada continúan camino. Como el viaje es largo, los que vamos a Los Yungas jugamos a contar las cruces que aparecen al lado del camino. Son cruces que recuerdan algún accidente del pasado. Un juego «muy alentador», podrás pensar.

Durante el viaje también hay personas que cantan alabanzas, juegan y hacen chistes; parece que no se dieran cuenta del peligro en el que se encuentran. Cuando llegamos al campamento con los nervios de punta, llenos de polvo y sin uñas en las manos ni en los pies, alguno de los integrantes del grupo de los cantores pregunta: «¿Vieron el paisaje? ¡Estaba precioso! ¿Vieron las cascadas?»

Aun cuando nos encontremos en un camino peligroso, hay días en los que nos sentimos de una forma y otros en los que nos sentimos diferente. Días en los que cantamos y días en los que nos asustamos. Días en los que contamos cruces y días en los que disfrutamos el paisaje. Lo importante es permanecer siempre enfocados en la meta. Algunas experiencias van a generar en nosotros nuevos miedos y otras, nuevas confianzas. La clave está en usar uno y otro momento para disfrutar de un tiempo a solas con Dios. Al llevarle nuestros sentimientos al Señor podemos gozar de su fortaleza y seguir rumbo al destino de nuestra vida.

Al límite
¿Soy alguien que viaja confiado, o que cuenta las cruces y los fracasos de otros? ¿Cómo puedo alimentar mi confianza en el Señor?

Encuentro
Señor, mi confianza está puesta en ti. No importa cuántas cruces del fracaso de otros vea, ni cuán peligroso sea el camino. Yo voy a seguir el sendero que me conduce hasta la cima con confianza aun en esos días en los que no tenga deseos de cantar.

Corazón de ratón

Jueces 6:12
¡El Señor está contigo, guerrero valiente!

Una leyenda de la India cuenta acerca de un ratón que tenía mucho miedo de los gatos hasta que un mago se apiadó de él y lo trasformó en un gato. Esto resolvió su miedo por un tiempo hasta que una noche lo persiguió un perro. Luego de que el roedor convertido en felino hiciera su reclamo, el mago accedió y lo trasformó en un perro. Con algo de inseguridad se fue haciendo amigo de otros perros y con ellos, una noche salió de la ciudad. Allí se toparon con un tigre y el ratón, ahora hecho perro se quedó petrificado de miedo ante el tigre. Al volver a la ciudad fue directo a ver al mago y le pidió que, por favor, lo convirtiera en tigre. De esta manera iba a estar, finalmente, seguro. Hecho tigre se paseó por el río viendo como lo miraban otros animales cuando escuchó el tiro de un cazador. Volvió al mago todo alborozado esa noche y le suplicó que lo transformara en un cazador. Esta vez el mago se enojó. Su respuesta fue: «Te voy a convertir nuevamente en un ratón porque aunque ahora te ves como un tigre, en tu corazón sigues siendo solo un pequeño ratón». Todos conocemos personas que por fuera pretenden ser tigres pero que en su interior se sienten ratones. Adolescentes que no pueden hablar en serio y viven burlándose de todos. Jovencitas que no se quieren juntar con nadie que no se les parezca. Adultos que no saben más que poner reglas y están siempre enojados. Sentirnos seguros no tiene nada que ver con la manera en que nos veamos por fuera. Eso ayuda solo en el corto plazo, pero a la larga la seguridad siempre viene de adentro.

Al límite
¿Cómo me siento en verdad?
¿Qué puedo hacer para ser una persona más segura de mí misma?

Encuentro
Querido Rey, no quiero ser una persona que por fuera parezca un tigre cuando por dentro se siente un ratón. Quiero ser fuerte de adentro hacia afuera. Gracias porque cuento con la seguridad de que tú me amas y tienes un plan maravilloso para mi vida.

El reino de la imagen

1 Samuel 16:7
La gente se fija en las apariencias, pero yo me fijo en el corazón.

La modelo brasilera Giselle Bundchen se robó el show en la semana de la moda en San Pablo. Ella recibió setenta y cinco mil dólares por modelar tres bikinis. La modelo Linda Evangelista ya había declarado hace más de un año que por menos de diez mil dólares no salía de la cama. Es posible que cuando leas este devocional esos números ya se hayan devaluados. ¿Todo ese dinero por qué? No podemos negar que la modelo es hermosa, pero ¿será la belleza verdaderamente tan importante? Prendemos la TV y aparecen los comerciales, entonces una chica que parece un spaghetti en bikini dice: «Oh, estoy regorda ¿qué voy a hacer este verano?» Vas corriendo al espejo… y claro, ¡en comparación con la modelo pareces Mobby Dick! La belleza física es sin duda uno de los dioses actuales, y mantiene a muchos atentos al próximo culto de adoración llamado «desfile». Pero, ¿existirá algo detrás de todo eso? Yo sospecho que sí. Mira lo que sucede. Esta gente hermosa, tan laureada en los medios masivos de comunicación, se vuelve no solo modelo de ropa sino de vida. De alguna manera se nos dice: «Si quieres ser como ellos, vístete como ellos, vive como ellos» y una vez que la belleza física cautivó los ojos de los adoradores, todo lo que estos sacerdotes y sacerdotisas hacen y usan pasa a ser la medida de lo que es exitoso. También nos dicen indirectamente que la belleza es más importante que la inteligencia y la moral. Después de todo, no hay demasiadas personas que ganen setenta y cinco mil dólares por hacer tres actos de bondad, dar tres sabios consejos o guiar a tres personas a Cristo. Pero a causa de este reino de la imagen hay millones de personas que sufren, que se sienten marginadas y creen estar condenados a una vida miserable. ¡Todo eso no puede venir del cielo! En la iglesia debemos estar prevenidos y no dejarnos marear por la tanta atención que se le presta a la belleza física. Nosotros debemos tener ojos para ver otro tipo de bellezas, en especial descubrir y tener en alto aprecio la belleza espiritual. Por más que vivamos en el reino de la imagen, nuestros valores deben ser celestiales, y mirar la hermosura del corazón.

Al límite
¿Es sano darle tanta importancia a la belleza física? ¿Qué puedo hacer para ser una persona que tenga otras cosas como prioridad?

Encuentro
Querido Señor, permíteme ser alguien que no se deje llevar por las tendencias de este mundo. Quiero ser alguien que también aprecie la belleza de la mente y del corazón y que sepa mirar con tus ojos.

En peligro de extinción

Ademar Ayala / Cochabamba, Bolivia

Romanos 10:15
¡Qué hermoso es recibir al mensajero que trae buenas nuevas!

A muchos animales salvajes se les está agotando el tiempo de vida sobre nuestro planeta. Algunas especies ya se han extinguido. Por ejemplo, es demasiado tarde para proteger al tilarino o lobo de Tasmania, un raro marsupial australiano, extinto desde la década del '30. El último tilarino murió en cautividad en 1933. En otras ocasiones fue posible hacer algo al respecto. Por ejemplo, el águila calva o pigargo de Estados Unidos estuvo a punto de extinguirse, pero gracias a que alguien actuó eficazmente fue retirada de la lista de especies en peligro de extinción en 1996. Los derrames petroleros en los océanos, la destrucción del hábitat, la caza furtiva y otros factores, resultado de la actividad científica solo enfocada en el consumo o el pasatiempo inconsciente de algunos, han hecho que muchas especies de todo el planeta se encuentren en peligro de extinción. Algunos de los que hoy están en riesgo son: los cormoranes, el arenque, el bisonte, el glotón, el halcón peregrino, el manatí, el berrendo, la nutria, el aye-aye, el oso panda, el oso hormiguero, el ocelote, algunos tipos de elefante, el orangután, el leopardo de las nieves, el rinoceronte, el ornitorrinco, el oryx, el onagro, el guepardo, el tigre siberiano y… los cristianos. ¡Sí! El número de cristianos también está en extinción en muchos países que antes eran considerados cristianos. El consumismo, la relativización de los valores y el crecimiento de falsas sectas religiosas nos han ubicado en peligro de extinción en muchas sociedades. ¡Esto tiene que cambiar! Tenemos que llevar el evangelio a esos países donde el número de cristianos es muy escaso. Así como se levantan asociaciones que hacen algo por los animales en extinción, en las iglesias deberíamos acordarnos de alguna nación de la tierra en necesidad y proteger a los cristianos de ese lugar. Nuestra generación debe ser más consciente en cuanto a ayudar y proteger a todos los que llevan las buenas nuevas a lugares remotos y peligrosos.

Al límite

¿Qué puede hacer la iglesia para que no haya lugares con cristianos en peligro de extinción? ¿Qué puedo hacer yo?

Encuentro

Querido Dios, te pido por aquellos países que tienen un bajo porcentaje de cristianos. Aviva a tu iglesia para que un nuevo movimiento misionero se despierte en este tiempo. Quiero ser parte de una generación que tome mucho cuidado de todos los que llevan el evangelio de la paz a lugares que son muy difíciles de penetrar con tu mensaje.

La iglesia NO es una suma de actividades

1 Corintios 12:27

Ahora bien, ustedes son el cuerpo de Cristo, y cada uno es miembro de ese cuerpo.

Jesucristo no vino a imponer una religión o a adoptar rigurosas técnicas legalistas. Por el contrario, se opuso a ellas (Lucas 11:37-52). Lo que él vino a hacer fue una nueva creación de cada uno y en cada uno de nosotros. A veces las iglesias locales se vuelven una suma de actividades: reunión de jóvenes, reunión para organizar la reunión de jóvenes, reunión para organizarnos para organizar la reunión... y cuando finalmente llega la ocasión, siempre es lo mismo y terminamos pensando que lo único que hacen los líderes es elegir el tema, quién predica, dónde y a qué hora. No podemos conformarnos a que la iglesia sea solo religión. Hay cosas que deben estar en las bases: Amistad, comunión, desafío, unanimidad; pero el hecho de que estas cosas se den es responsabilidad de todos. La iglesia no puede ser una maleta cultural evangélica, debe ser una vivencia. De lo contrario empezarán los programas de entretenimiento para «nietos de Dios». En muchas iglesias locales a las que me invitan me recomiendan hablar del compromiso. Salvo uno que otro hijo prodigo, la mayoría nunca tuvo una experiencia fuerte de conversión. Un día se hace la oración de fe, la familia se pone contenta y con el tiempo uno se suma a lo que yo llamo el «club de miembros mediocres de la iglesia». Si estás cerca de este caso, mi noticia es que el cristianismo no es «hacer» o «dejar de hacer». No es una lista de prohibidos, ni una lista de deberes. El cristianismo tiene que ver con «ser». Tiene que ver con tu identidad «cósmica». Aquella para la que el Señor te eligió. El primer y principal mandamiento es amar a Dios con todo lo que eres. Una relación y no una religión. Esto nos habla de una experiencia. Nos indica una vivencia más que una actividad. Ser la iglesia es formar parte de de aquellos que están enamorados de Dios.

Al límite

¿Qué cosas en mi experiencia cristiana son solo costumbres que aprendí desde mi niñez pero que no experimento de corazón?

Encuentro

Señor, dame agua fresca para que pueda contagiar a mi iglesia de entusiasmo. No quiero ser un miembro mediocre acostumbrado a ritos sin sentido. Quiero ser un miembro inteligente y útil que te ame y ame al prójimo.

La oración del Padre nuestro

Lucas 11:2-4

Él les dijo: —Cuando oren, digan: «Padre, santificado sea tu nombre. Venga tu reino. Danos cada día nuestro pan cotidiano. Perdónanos nuestros pecados, porque también nosotros perdonamos a todos los que nos ofenden. Y no nos metas en tentación».

Publicado en un viejo boletín de iglesia. No puedo decir: «Padre» si no intento cada día vivir como un hijo.

No puedo decir: «Nuestro» si solo vivo para mí mismo.

No puedo decir: «Que estás en los cielos» si solo pienso en las cosas terrenales.

No puedo decir: «Santificado sea tu nombre» si no lo honro.

No puedo decir: «Venga tu reino» si lo confundo con el éxito material.

No puedo decir: «Hágase tu voluntad» si no la acepto cuando es dolorosa.

No puedo decir: «Como en el cielo, así también en la tierra» si no lo sirvo aquí y ahora.

No puedo decir: «El pan nuestro de cada día, dánoslo hoy» si no me preocupo por los necesitados.

No puedo decir: «Perdona nuestras deudas» si guardo rencores.

No puedo decir: «No nos metas en tentación» si deliberadamente me expongo al pecado.

No puedo decir: «Más líbranos del mal» si no uso la armadura del Espíritu.

No puedo decir: «Porque tuyo es el reino» si no soy leal al Rey.

No puedo decir: «El poder» si temo lo que el hombre puede hacer.

No puedo decir: «Y la gloria» si solo busco mi propio honor.

No puedo decir: «Por siempre» si el horizonte de mi vida es el ahora.

Al límite

¿Cuál habrá sido la intención de Jesús al dejarnos esta oración?
¿Qué puedo aprender de esta oración modelo que me dejó Jesús?

Encuentro

Te invito a tomarte unos minutos para orar el «Padre Nuestro» verdaderamente de corazón.

Una joya

Marcelo Gallardo
Banfield, Buenos Aires, Argentina

1 Pedro 2:9

*Pero ustedes son linaje escogido, real sacerdocio, nación santa, pueblo
que pertenece a Dios, para que proclamen las obras maravillosas de
aquel que los llamó de las tinieblas a su luz admirable.*

uenta la historia que había un joven que tenía una deuda que no podía
pagar. Su única pertenencia era un anillo que había recibido en herencia
de sus abuelos; así que decidió venderlo para pagar la deuda.

Fue al mercado y se lo mostró a cada uno de los mercaderes. «Lindo
anillo» le decían; pero cuando el joven les decía que necesitaba tres
monedas de oro, algunos se le reían, otros no le dirigían la palabra y otros
pocos, que querían ayudarlo, llegaron a ofrecerle hasta cinco monedas de
plata, pero eso no era suficiente. El joven se pasó todo el día dando vueltas
por el mercado hasta que al atardecer, ya muy desanimado, decidió volver a
su casa para ver cómo hacía para saldar su deuda.

En el camino, se encontró con un anciano al que le contó su problema.
El anciano le dijo: «Ese anillo no es tan valioso para los mercaderes, pero
deberías consultar a un joyero; ¿quién mejor que él para que te diga el
valor real del anillo?» Entonces el joven fue a ver al joyero y le mostró el
anillo. Este observó con su lupa, con mucho detenimiento, la joya; la pesó,
y luego de pensar unos momentos, le dijo: «Te pido perdón, pero por ser
una venta urgente no te puedo ofrecer más de 45 monedas de oro».

Muchas veces nos pasa lo mismo que le ocurrió a este joven con el
anillo; creemos que no valemos nada porque nos dejamos llevar por lo que
la gente dice sin antes consultar con el que realmente conoce nuestro verdadero valor. El joyero es Dios. Él nos creó. Si tú no fueras valioso para
él, no habría pagado un precio tan alto por ti. Así que no pienses que vales
lo que la gente piensa; antes, pregúntale al joyero.

Al límite

¿Cómo evaluó el valor que tiene mi vida?
¿Cómo evaluó el valor que poseen otras personas?

Encuentro

*Señor, te pido que me muestres cuál es mi verdadero valor para ti. Te pido
que me alejes de todas las ideas que me digan que yo no soy una persona
valiosa y que no sirvo para nada. Gracias por amarme tanto, tampoco
quiero ser alguien que no les dé a otros el valor que se merecen.*

¿Quieres ser mi amigo?

Mateo 7:12
*Así que en todo traten ustedes a los demás tal
y como quieren que ellos los traten a ustedes.*

A mí me costó tener amigos de verdad, y eso que a los trece o catorce años hablaba hasta por las orejas. Tenía compañeros con los que me juntaba en la escuela, en el barrio, para hacer deportes o en la iglesia; pero cuando quería que alguien realmente escuchara las cosas que me importaban, no podía contar con nadie.

Esperaba que los demás se me acercaran, y para lograrlo buscaba ser aceptado por el grupo. ¿De qué hablo? De vestirme como todos, de usar las mismas marcas que los demás, los mismos zapatos, comerme toda la información de las bandas de música del momento y todo lo que creía necesario para tener amigos. Pero pese a todo, me daba la impresión de que nunca lo lograría, siempre había algo más por hacer, algo más por ocultar o algo más por comprar. Pero es hora de dejar de estar con los brazos cruzados. Esperamos que los demás vengan por nosotros pero no les brindamos a otros aceptación y amor incondicional, ni hacemos favores desinteresados. Jesús nos aconsejó que tomáramos la iniciativa y que hiciéramos por otros lo que quisiéramos que ellos hicieran por nosotros. El perfil que debe tener un cristiano va mucho más allá de esperar y llorar por los amigos que no tenemos. El ministerio de Jesús consistió en hacer el bien sin esperar nada cambio y eso es lo que funciona.

Hay muchas cosas que no podemos elegir: dónde nacemos, nuestra raza, nuestra edad y nuestros hermanos. Pero sí podemos elegir a nuestros amigos. Por eso empecemos bien: demos el amor de Cristo y busquemos el amor de Cristo en otros. En mi vida aprendí que tenemos que hacer amigos al andar y tomar la decisión de a quién, y de qué manera vamos a ofrecer nuestra amistad. La verdadera amistad significa sacrificar tiempo, sueño y esfuerzo. Si quieres tener verdeceros amigos tienes que estar dispuesto a brindar amistad.

Al límite
¿Cómo puedo tener realmente buenos amigos?
¿Qué tengo que ofrecer y qué no?

Encuentro
Querido Rey, gracias porque además de mi Dios eres mi amigo. Quiero ser una persona que sepa alimentar una verdadera amistad. Dame más amigos con los que compartir todo y crecer.

Los unos a los otros

Lee con cuidado los siguientes grandes consejos de la Escritura: Ámense los unos a los otros con amor fraternal, respetándose y honrándose mutuamente (Romanos 12:10).

Por tanto, dejemos de juzgarnos unos a otros. Más bien propónganse no poner tropiezos ni obstáculos al hermano (Romanos 14:13).

Acéptense mutuamente, así como Cristo los aceptó a ustedes para gloria de Dios (Romanos 15:7).

A fin de que no haya división en el cuerpo, sino que sus miembros se preocupen por igual unos por otros (1 Corintios 12:25).

Ayúdense unos a otros a llevar sus cargas, y así cumplirán la ley de Cristo (Gálatas 6:2).

Éste es el mensaje que han oído desde el principio: que nos amemos los unos a los otros 1 (Juan 3:11).

Al límite
¿Según estos versículos qué cosas podemos hacer unos por otros? ¿Cómo voy a hacerlas? ¿Cuál puede ser el precio?

Encuentro
Querido Rey, necesito que me hagas más sensible con mi prójimo y en especial con mis hermanos en la fe. Dame la posibilidad de edificar dentro de un grupo de amigos y una iglesia en la que todos estos versículos sean una realidad diaria.

Abandona el banco

Sebastián Spagnoli
Olivos, Argentina

1 Corintios 2:9
Ningún ojo ha visto, ningún oído ha escuchado, ninguna mente humana ha concebido lo que Dios ha preparado para quienes lo aman.

Este es mi versículo favorito, cada vez que pienso en él, me lleno de esperanzas al recordar que cosas que nunca vi, ni oí, ni sentí en mi corazón, ni me imaginé para mi vida, Dios ya las tiene preparadas para mí. Y no se trata de una posibilidad remota; es una promesa. Fíjate también que la promesa es condicional, dice que es para «los que le aman». Pero cuidado, lee bien, no dice para los «santos, rectos, ejemplos perfectos». La salvación no es un premio, es un regalo. Él nos llama como somos. Pero es **él**, el que lo hace. La condición es que lo amemos. Claro que siempre va a estar el mentiroso cuchicheando en tu oído «eres un mal cristiano», «no eres capaz», «te falta mucho todavía», «mira tu pasado», «tu presente no es muy distinto», «tienes que dejar tal cosa» o «tienes que hacer tal otra». Debemos hacer oídos sordos al mentiroso y a sus mentiras. Hace unos días leí que Satanás no significa exterminador, destructor, asesino, ladrón o corrupto; significa engañador, calumniador, mentiroso. Una de sus obras maestras es hacernos creer que el cristiano debe estar dentro de la iglesia, casi como un refugiado, para no contaminarse con el mundo. ¡Mentiras! Hay dos tipos de cristianos. Están los que entran a la iglesia, se sientan en un banco y reciben bendición; y los que se levantan del banco, salen de la iglesia y bendicen a los demás. Jesús esta buscando cristianos del segundo tipo. Aunque imperfectos, valientes y amorosos. Así era David. Él cometió muchos errores pero se dice que tenía un corazón que agradaba a Dios porque lo amaba. Los jóvenes y adolescentes no somos el futuro de la iglesia, somos el presente. Los que deciden salir a bendecir el mundo porque aman a Dios, y por ende a todo lo que él ama, ven y viven aventuras milagrosas y especiales. Dios ha preparado un montón de desafíos para los jóvenes cristianos, pero para disfrutarlos debemos abandonar el banco de suplentes y creerle a Dios cuando nos dice que él nos va a permitir vivir cosas fabulosas.

Al límite
¿Soy un cristiano del primero o del segundo tipo? ¿Cuándo voy a dejar el banco?

Encuentro
Ayúdame, Dios, a ser titular en tu equipo, a salir a bendecir a otros. A pesar de que soy imperfecto, quiero sentirme amado por ti.

Octubre 30
Como Mike

2 Timoteo 4:7
*He peleado la buena batalla, he terminado
la carrera, me he mantenido en la fe.*

El 30 de octubre de 2003, la iglesia perdió a uno de los líderes más influyentes de los últimos cincuenta años. Más allá de que reconozcas su nombre o no, casi no hay manera de estar en el liderazgo juvenil sin conocer las ideas que se originaron en su ministerio. Mike Yaconelli fue el padre del ministerio juvenil profesional en los Estados Unidos y el motor de una cantidad de cosas que ahora estamos viendo en Hispanoamérica. En la década del '70 fundó *Youth Specialties* [Especialidades Juveniles], una organización dedicada exclusivamente a proveer materiales y entrenamiento para líderes juveniles. Hoy, más de cien mil pastores y líderes juveniles participan de los ciento veinte eventos de capacitación que Especialidades Juveniles realiza por año alrededor del mundo, y se benefician con unos cuatrocientos productos en inglés y español. Las páginas del ministerio en Internet reciben millones de hits por mes y los números siguen en aumento a paso agigantado. Pero no podemos medir a Mike en números. Era un hombre auténtico, con una pasión evidente por Jesús, por la iglesia y por el ministerio juvenil.

En los servicios memoriales que se celebraron en California, las palabras más recurrentes fueron: audaz, creativo, auténtico. Sus amigos, y sobre todo su familia, dieron testimonio de cómo este hombre había usado su vida sabiamente. Si bien todos estábamos tristes, nos quedaba claro que Mike había terminado bien, y yo pensaba para mis adentros: quiero terminar como Mike. ¡Qué importante es eso! Muchos comienzan bien pero no terminan igual. Cuando la vida llega a su fin, en lugar de expresiones emocionadas acerca de lo que hicieron solo reciben reproches. Pero no fue así con Mike, y espero que no sea así con nosotros.

Al límite
¿Cómo me gustaría terminar? ¿Qué quisiera que dijeran de mí el día de mi muerte?

Encuentro
Querido Dios, gracias te doy por los hombres y mujeres que terminan bien. Gracias por su ejemplo y su dedicación a tu obra. Permíteme hacer hoy lo que mañana me lleve a terminar como ellos. En Cristo Jesús. Amén.

La fiesta de los muertos

Juan 11:25-26

Yo soy la resurrección y la vida. El que cree en mí vivirá, aunque muera; y todo el que vive y cree en mí no morirá jamás. ¿Crees esto?

La fiesta de Halloween es una mezcla de tradiciones antiguas y tiene su propia versión en muchos países. Gracias a Hollywood, Halloween se ha popularizado y hoy es una de las fechas más celebradas. Pero los primeros en celebrar Halloween fueron los celtas (antiguos habitantes de Gran Bretaña), que hacían cada 31 de octubre una fiesta dedicada a un tal Samhain (el dios de los muertos) y era la noche en que los druidas de la tribu se ponían en contacto con los difuntos. Con la invasión de los romanos, la cultura celta se mezcló con la de los césares y la religión de los druidas terminó por desaparecer. Sin embargo, la «fiesta de los muertos» no se perdió. Los romanos la fusionaron con sus Fiestas de Pomona, dedicadas a la diosa de la fertilidad, y así el primitivo Halloween sobrevivió al paso del tiempo conservando algunos de sus ritos. Luego con la expansión del cristianismo la fiesta encontró un nuevo rival. Primero el Papa Gregorio III decidió trasladar la «Fiesta de todos los santos» al 1° de Noviembre, y en el año 840, Gregorio IV ordenó que la celebración fuera universal. Lo que sucedió fue que como en aquel entonces la Fiesta de todos los santos era la oficial, y al ser una fiesta mayor se requería una vigilia, coincidió precisamente con el 31 de Octubre, la «noche de los muertos» de los antiguos celtas. Esta vigilia se llamó «All Hallow's Even» [Vigilia de todos los santos], y con el paso del tiempo, su importancia fue creciendo y su pronunciación fue cambiando hasta terminar en lo que hoy conocemos como «Halloween». Lo triste del asunto es que desde sus comienzos la fecha celebra la muerte, y por eso muchos cultos a la muerte y al rey de la muerte se han sumado a la aparente celebración. Lo ridículo del caso es que la única manera en que los muertos pueden celebrar es si resucitan. Por eso los cristianos preferimos crear mejores alternativas a Halloween. Preferimos celebrar la vida y la resurrección y alejarnos de un ridículo culto a la muerte.

Al límite

¿Qué podemos hacer como iglesia para dar alternativas positivas al «festejo de los muertos»?

Encuentro

Querido Dios, que pena cuando el mundo se pierde de la vida contigo. Danos creatividad a los cristianos para atraer a quienes no te conocen. Gracias por la resurrección de Cristo y por haber vencido a la muerte. Gracias porque nosotros sí tenemos un motivo real para celebrar.

Rebelde con causa

Marcos 16:20
*Los discípulos salieron y predicaron por todas partes,
y el Señor los ayudaba en la obra y confirmaba su
palabra con las señales que la acompañaban.*

Un verdadero discípulo de Jesús es peligroso. Es un rebelde con causa, como escribo en el libro que lleva ese título. Es dinamita de Dios. Una vez, un adulto de ceño fruncido les dijo a unos jóvenes que yo era un líder peligroso. Ellos consideraron que este hombre me estaba ofendiendo. Pero yo les dije: «¡Qué bueno! Me siento honrado porque eso es precisamente lo que quiero ser». Quiero ser peligroso para un cristianismo aburrido. Quiero ser peligroso para la gente cómoda y monótona. Quiero ser peligroso para aquellos que se conforman con una vida cristiana mediocre.

Me pone triste ver sectores de la iglesia que viven solo a las puertas de lo que es el cristianismo. Muchas personas que se hacen llamar cristianas se conforman con apenas arañar algo del Señor en una reunión del templo. Algunos líderes solo saben señalar el pecado de los demás. Existe una gran cantidad de jóvenes que tiene una religión intelectual que les sirve para no tener problemas con sus padres o para calmar superficialmente sus conciencias. Conozco adultos que han tenido su última experiencia fuerte de fe hace veinte años. Pero la noticia grandiosa es que Dios no quiere que nos conformemos con ser uno más del montón.

Dios quiere hacernos protagonistas de la clase de iglesia que él ideó en su corazón. Una iglesia con gente diferente, con discípulos que tienen un propósito, que sienten pasión por Dios, que tienen mucha más cuerda que la que se necesita para una cita de fin de semana en el templo.

Al límite
¿Cómo puedo convertirme en un discípulo de Jesús que resulte peligroso para el reino de las tinieblas?

Encuentro
Querido Dios, quisiera ser siempre considerado un verdadero discípulo de Jesús. Hazme un rebelde por tu causa. Quiero ser un peligro para todas aquellas cosas que no te agradan ni te glorifican. Lléname de tu Espíritu hoy. En Cristo Jesús. Amén.

Visión del reino

Santiago López
Temperley, Argentina

Mateo 22:2
El reino de los cielos es como un rey que
preparó un banquete de bodas para su hijo.

Muchos de nosotros estamos acostumbrados a escuchar a nuestros amigos decir que el reino de Dios es de un aburrimiento total. Notamos que muchos piensan que Dios es un vigilante siempre tratando de que no disfrutemos de ningún tipo de diversión. Claro que sabemos que no es así y queremos hacer algo al respecto. Pero algunos nos esforzarnos tanto por demostrarle a la gente que nos rodea que la vida de la mano de Dios no es aburrida, que nosotros mismos nos olvidamos de disfrutar de las cosas que Dios nos regala a cada instante. A veces me pregunto a mí mismo: ¿No será tiempo de que Santiago empiece a disfrutar de vivir en cercanía de Dios?

Recibimos una visión correcta del reino de Dios cuando tenemos una relación cercana con el dueño del reino. Tener la posibilidad de disfrutar de este reino es para aquellos que logran descubrir que la forma real de gozar de la vida está en Dios. Muchos piensan que el reino de Dios es aburrido porque no conocen al Rey y porque ven que está lleno de cristianos aburridos que viven sin disfrutar enteramente de su cercanía con él. Es posible disfrutar tanto de Dios que eso produzca algo que sea visible a los ojos de la gente. Dios nos quiere cerca, lo más cerca posible para que seamos capaces de gozar de todas las riquezas de su reino, porque él es amoroso, tierno, ¡y hasta divertido!

Si nosotros disfrutamos verdaderamente de la cercanía con Dios, estaremos demostrándole al mundo que la vida cristiana es en realidad divertida y que el ser parte del reino de Dios y luchar por él es realmente un banquete inigualable.

Al límite
¿Cuál es mi visión sobre el reino de Dios? ¿De dónde viene esa visión?

Encuentro
Querido Rey, es inigualable ser tu amigo. Gracias porque contigo puedo tener el corazón alegre y ser una persona que disfruta de la vida. Que la gente que me conoce pueda notar lo que significa tenerte como Rey por lo que ven en mí.

Amor práctico

Adriana Polanco
Guatemala, Guatemala

Romanos 12:9
El amor debe ser sincero. Aborrezcan el mal; aférrense al bien.

No sé si alguno recuerda el programa de televisión *La dimensión desconocida*. Me acuerdo de un episodio en el que salía un muchacho que gracias a su guitarra conocía a una chica. La invitó a salir, cenaron románticamente, charlaron sin darse cuenta del tiempo, y dijeron las típicas frases cursis que dicen las parejas cuando coquetean. Me acuerdo que lo que me llamó atención fue lo que le dijo el muchacho al final de la cita: «Te amo». ¿Puedes creerlo?, apenas llevaba una tarde de conocer a la chica y ya creía amarla.

La palabra amor se ha distorsionado. Se confunde con enamoramiento, seducción, afecto o cariño. El verdadero amor es un compromiso y se debe mostrar con hechos. En el caso del amor que manifiesta la iglesia, debe ser muy concreto. Hace un tiempo leí las siguientes palabras en el diario de una iglesia:

> Tuve hambre, y formaron una comisión para considerar mi problema.
> Estuve en la cárcel, y se retiraron en silencio a orar por mi libertad.
> Estuve desnudo, y reflexionaron sobre la inmoralidad de mi aspecto.
> Estuve enfermo, y agradecieron de rodillas por su propia salud.
> Necesitaba un techo, y me predicaron sobre el refugio del amor de Dios.
> Estuve en soledad, y me abandonaron para ir a orar por mí.
> Están en la iglesia, y parecen muy cercanos a Dios.
> Pero yo todavía sufro hambre, frío y soledad.

Al límite
¿Cómo puedo llevar una vida que demuestra que conozco el amor de Dios?

Encuentro
Dios, te agradezco porque gracias a tu amor tengo el privilegio de llamarte Padre. Gracias porque Jesús dio su vida por mí. Enséñame a amar a mi prójimo como tú lo amas. Dame oportunidades para demostrarles a los demás ese amor a través de acciones, para que así ellos te puedan glorificar.

El corazón de la adoración

Apocalipsis 4:11

Digno eres, Señor y Dios nuestro, de recibir la gloria,
la honra y el poder, porque tú creaste todas las cosas;
por tu voluntad existen y fueron creadas.

El Espíritu Santo descongela las ideas que la gente tiene con respecto a Dios y da vida a las palabras de la Biblia. Cuando se le da paso, el Espíritu Santo transforma el clima religioso de un corazón de la misma manera que la llegada de la primavera trae los deshielos a los polos. Muchos miden el avivamiento o la renovación de una iglesia por la cantidad de manos levantadas. Cristo no. Él cuenta las manos extendidas. No le importa lo bien que pongamos la cara de telenovela para cantar ni lo bien que nos salga dar un pasito pa´lante y un pasito pa´trás. A él le interesa nuestro amor por los necesitados.

No niego que la emoción sea una parte sensacional en cuanto a experimentar la alabanza o la ministración. Pero sigue sin ser el factor determinante de una verdadera vida de adoración. El corazón de la adoración es el amor y la obediencia.

Si verdaderamente queremos honrar a Dios, y creemos que él es digno de toda la gloria, entonces seremos obedientes. No hay manera de ser un adorador sin tener un corazón obediente. Podremos conocer las mejores canciones, ser excelentes músicos y participar de un montón de discos de alabanza. Pero la adoración se muestra en la obediencia. El principal mandamiento fue y es: «Amarás al Señor tu Dios y amarás al prójimo». Lograr eso es el verdadero deseo del Espíritu Santo. Ese es el calor que quiere calentar nuestro interior. Cuando amamos al Señor de corazón, lo obedecemos y somos de bendición para los necesitados y los lastimados. Esa es la mejor alabanza que puede subir al cielo.

Al límite

¿Cómo medimos el avivamiento o la renovación de una iglesia?
¿Qué significa ser adoradores?

Encuentro

Tú eres digno de toda la gloria y la honra. Tú eres Dios y no hay nadie superior ti. Yo quiero obedecerte y mostrar que te amo amando a otras personas. Tú me amaste sin merecerlo y deseo manifestar esa clase de amor a otras personas para que tu nombre sea glorificado.

Las marcas más importantes del mundo

Esdras Oller
Santo Domingo, Republica Dominicana

Gálatas 6:17 (RVR60)
*De aquí en adelante nadie me cause molestias; porque
yo traigo en mi cuerpo las marcas del Señor Jesús.*

Hace un tiempo leí un artículo titulado *Las cuarenta marcas más importantes del mundo,* que hablaba acerca de los productos y marcas más respetadas en el mercado mundial. La lista era bastante obvia. Se incluía allí a Coca Cola, la computadora Mac, Microsoft, y el carro de mis sueños, el Lexus. Pero la lectura me llevó a pensar en unas marcas mucho más importantes: las de Jesús. Lo que se ha traducido por «marcas o señales» es la forma plural de la voz griega estigma, que implicaba vergüenza y desgracia. Antaño, a los responsables de crímenes, así como a los esclavos que habían sido sorprendidos intentando escapar, se los estigmatizaba mediante la colocación de una marca o señal en su cuerpo que indicaba a quién pertenecían. Pero no todos los señores eran iguales. Ya en aquel entonces tener las marcas de uno no era lo mismo que llevar las del otro. El apóstol Pablo, por ejemplo, se enorgullecía de tener las marcas de Jesús. Él había sido crucificado con Cristo y llevaba las huellas de sus clavos. Estaban marcadas en su cuerpo por medio de la fe. Lo señalaban como un siervo, como el esclavo del Señor Jesús. Por lo tanto, que nadie interfiriese con él: pues él no era siervo de los hombres. Debía lealtad solamente a Cristo. Que nadie esperase verle servir a otro señor o a la carne, pues llevaba las marcas de Jesús. Además, nadie debía entrometerse en su libertad, o maltratarlo, pues su Señor protegería con toda seguridad aquello que le pertenecía.

Nosotros pertenecemos a Jesús y sus marcas deben ser notorias en nosotros. Su sacrificio, entrega y misericordia se tienen que percibir en cada uno. Esas sí son las marcas más importantes del mundo.

Al límite
¿Llevas tú esas marcas? ¿Te está molestando alguna situación?

Encuentro
Jesús, quiero ser marcado por ti, sellado por tu Espíritu Santo, y que siempre pueda demostrarle al mundo a quién pertenezco. Amén.

Los sin hogar

Salmos 68:5-6
Padre de los huérfanos y defensor de las viudas es Dios en su morada santa. Dios da un hogar a los desamparados y libertad a los cautivos.

Nadie sabe con exactitud cuánta gente vive en las calles de nuestras ciudades. La pobreza aumenta y cada vez serán más las personas que vivan sin un techo propio. Le echamos la culpa al gobierno, sin pensar en nuestra responsabilidad como iglesia.

Cuando Jesús habló de tener misericordia de los desprotegidos, no se dirigió a los gobernantes, les habló a los discípulos. Conozco ministerios que están trabajando por los chicos de la calle o dando de comer a mucha gente. ¡Gloria a Dios! Pero todavía son muy pocos. Es una vergüenza que muchos de nuestros templos pasen cinco días por semana vacíos cuando hay gente que no tiene dónde dormir. En muchas ciudades existen grupos y organizaciones que poseen hogares o refugios para gente de la calle, pero siempre luchan contra la falta de recursos, sobre todo con la escasez de voluntarios. ¿Qué tal si los cristianos fuéramos esos voluntarios que hacen falta? Los funcionarios de gobierno admiten que hay cosas que solo son capaces de hacer a través de organismos intermedios como las iglesias. Algunas congregaciones, después de tomar la iniciativa de hacer algo por los que no tienen hogar, y hacerlo bien y durante bastante tiempo, consiguen ayuda de los gobiernos municipales, que reconocen que lo que esa iglesia lleva a cabo les conviene a todos.

Asegurémonos de que nuestra generación cumpla con su responsabilidad de hacer algo por los que no tienen dónde recostar su cabeza.

Al límite
¿Qué pensará Jesús de este tema?
¿Qué puedo hacer yo?

Encuentro
Querido Dios, te pido por aquellas personas que no tienen hogar. Provéeles protección y refugio. Moviliza a tus hijos para que hagamos algo al respecto. En Cristo Jesús. Amén.

límitE

Poder, amor y dominio propio

Camilo Godoy Peña
Santiago, Chile

2 Timoteo 1:7
*Pues Dios no nos ha dado un espíritu de timidez,
sino de poder, de amor y de dominio propio.*

Cuando nuestro mundo se nos viene abajo, muchas veces sentimos que lo primero que perdemos es la esperanza. Miramos para abajo y nos consideramos incapaces. ¡Esto sucede tantas veces en nuestra juventud! Pasamos por momentos emocionales y espirituales muy diferentes. El apóstol Pablo, mediante este pequeño gran versículo que leímos hoy, nos dice que Dios nos ha dado un poder que podemos usar en todos los ámbitos de nuestra vida, ya sea en la obra de Dios o en otras circunstancias; también nos ha dado amor y, como si fuera poco, dominio propio. ¿Hay algo imposible si poseemos estas tres cualidades? Es que lo que el Señor tiene para nuestras vidas no es solo para el templo. No se remite solamente a un ámbito determinado o a una parte específica de nuestras vidas, sino a todas y a cada momento. Su poder está disponible a través de su Espíritu Santo. El Espíritu de amor debe ser usado con nuestros seres queridos, pero aun mayormente con nuestros enemigos, ya que esto es doblemente valorado por nuestro Dios que nos mira a cada momento. Y finalmente, aunque no menos vital, Dios también nos habla del dominio propio. Dominio propio en la tentación, en la ira y en todo aquello que sabemos que nos resulta difícil de controlar. No temamos, el que anda en los caminos de Dios y conforme a su voluntad, nunca será avergonzado ni vencido. No debemos perder la esperanza en momentos de dificultad. Contemos con el poder, el amor y el dominio propio que tenemos por regalo del Espíritu Santo. La clave es confiar, permanecer conectados con él y esperar en sus fuerzas.

Al límite
*¿En qué circunstancias puedo confiar en que tengo poder para vencer?
¿Cómo puedo disfrutar de esos regalos de Dios?*

Encuentro
Señor, gracias porque a través de un versículo tan pequeño nos enseñas algo tan grande. Ayúdanos a no sentir ninguna clase de temor porque tú nos has dicho que no nos has dado un espíritu de cobardía. Enséñanos a usar estas grandes armas para vencer en esos momentos en que parece que nuestro mundo se viene abajo. En el nombre de Jesús.

Los niños

Mateo 19:14

Jesús dijo: «Dejen que los niños vengan a mí, y no se lo impidan,
porque el reino de los cielos es de quienes son como ellos».

Algunas estadísticas señalan que la edad en la que es más común tener una experiencia personal con Jesús es entre los cinco y los doce años. Por eso el ministerio con niños es cosa muy seria y debe ser una de las áreas a las que la iglesia le preste atención. Cuando Jesús dijo: «dejen que los niños vengan a mí y no se lo impidan» (Lucas 18:16), mostró que entendía algo que a muchos de nosotros nos ha costado comprender. La evangelización de los niños es vital para el presente de la iglesia. Cuando alguien conoce a Jesús ocurre un milagro en su vida, aunque la misma persona no lo note. Algo se desata y algo se ata en el espíritu de esa persona, aunque esa persona sea una niñita de siete años.

Los niños son, además, el grupo más grande de víctimas que hay en el planeta. Los niños son víctimas de divorcios, de pobreza y de violencia; todas circunstancias por las que ellos nada pueden hacer; pero la iglesia sí. Los jóvenes cristianos deberían estar ocupados en hacer una diferencia en la vida de niños que viven alguna de esas circunstancias. Convertirnos en padrinos o madrinas de un menor es una posibilidad a nivel de esfuerzo individual. ¿Qué te parece buscar alguna niña o niño de alguna familia no creyente que conozcas, que tengan un papá o mamá ausente para compensar de alguna manera la falta de esa figura? ¿O tal vez buscar un grupo de hermanos en una familia sin recursos, y de tanto en tanto llevarlos a pasear y hablarles de Jesús? En cuanto a esfuerzos colectivos, organizaciones como APEN (Alianza de Evangelización del Niño) con filiales nacionales en distintos países de Europa y América nos dan el ejemplo y ofrecen un entrenamiento que puede transformar nuestra iglesia. Los comedores para niños están haciendo una diferencia sustancial en muchas comunidades pobres. Algunas iglesias están luchando demasiado solas, ¡mientras que otras discuten si han de colaborar o no con cristianos que tienen costumbres diferentes!

Al límite
¿A qué niños podría ayudar y cómo?

Encuentro
Querido Dios, permíteme guiar a algún niño a Cristo. Dame también sensibilidad para notar cuando no están recibiendo el respeto y el cariño que se merecen, para ayudarlos. Protege a los niños del mundo. En el nombre de Jesús. Amén.

Devuélveme mis manitas

Katherine González Rivera
Concepción, Chile

Mateo 6:19-20
No acumulen para sí tesoros en la tierra, donde la polilla y el óxido destruyen, y donde los ladrones se meten a robar. Más bien, acumulen para sí tesoros en el cielo, donde ni la polilla ni el óxido carcomen, ni los ladrones se meten a robar.

Una familia había comprado un carro lujoso y el padre estaba tan, pero tan feliz por su nuevo tesoro que a todos quería mostrarles su automóvil. Llegando a una gasolinera el hombre y su esposa bajaron y dejaron a su niño de tres años en el auto con las puertas cerradas. Mientras sus padres estaban afuera, el niño encontró un marcador y comenzó a escribir en todo el auto con un gran entusiasmo y haciendo la mejor gala de sus aprendidas artes con el dibujo. Al regresar y ver lo que había sucedido, el padre se enfureció y comenzó a golpear al niño en sus manos con mucha fuerza. La mamá trató de detenerlo, pero era tal el enojo que el padre no se detenía; hasta que dos hombres se acercaron y junto con la madre separaron al padre del niño.

Fue allí cuando notaron que el niño no solo lloraba del susto sino que sus manos estaban sangrando así que corrieron al hospital. Ya en la sala de emergencias les informaron que el niño tenía dedos quebrados y que no iba a ser fácil la recuperación. Ahora el padre lloraba desconsoladamente ya que al niño tuvieron que internarlo y luego de unos días recién pudieron operarlo. Cuando el padre pudo conversar nuevamente con su hijo, el niño le dijo: *papi, no voy a volver a dibujar, pero devuélveme mis manitas.*

Al límite
¿Cómo puede ser que por amor a las cosas a veces lastimamos a las personas? ¿Alguna vez tuviste una reacción parecida?

Encuentro
Señor, te pido que me ayudes a darles más valor a las personas que a las cosas. Hoy quiero cuidar mis reacciones cuando alguien hace algo que no me gusta.

Gimena

Proverbios 17:17
*En todo tiempo ama el amigo; para ayudar
en la adversidad nació el hermano.*

Cuando el Señor me llamó al ministerio, siendo yo un adolescente, él sabía de mis habilidades pero también de mis debilidades. Por aquel entonces un grupo de amigos decidimos fundar un ministerio para adolescentes no cristianos o descontentos con sus congregaciones, y comenzamos haciendo campamentos en un lugar llamado Máximo Paz, al sur de Buenos Aires. Como director del ministerio siempre fui un terremoto de energía e ideas, pero mantener los materiales categorizados y tener los asuntos administrativos en su lugar, definitivamente no era mi fuerte, así que necesitaba una secretaria. No recuerdo exactamente cómo, aunque me parece que fue mi amigo Poly el que sugirió a Gimena, así que hablé con ella y a partir de ahí comenzó a compensar esas debilidades de mi liderazgo. Hoy han pasado más de quince años desde que Gimena es mi secretaria. Aquello comenzó de manera muy informal pero hoy ella maneja, junto a mi esposa, mi agenda internacional, administra la oficina de Especialidades Juveniles en Argentina y siempre ha estado ahí ayudándome en cada uno de los eventos que hemos realizado. Gimena ha sido siempre una amiga fiel, prácticamente una hermana y definitivamente ha sabido estar en los desafíos. Supo aconsejarme cuando estaba decidiendo con quién me iba a casar, supo orar por mí en momentos de conflicto, supo ser paciente cuando tenía los nervios de punta, supo defenderme cuando me acusaban falsamente, supo poner en juego su propia reputación por seguirme, fue capaz de pararme el carro cuando necesitaba bajar la velocidad y también permitió que yo me llevara el crédito por su trabajo. Cuando pienso en esto no puedo más que agradecer a Dios por Gimena, pero también pienso en que todos necesitamos amigos de esta clase para desarrollar nuestro potencial. El ejemplo de Gimena nos debe recordar qué clase de amistad debemos brindar a nuestros seres queridos y también el tipo de apoyo que necesitan nuestros líderes. Si hubiera más jóvenes dispuestos, como Gimena, la iglesia sería mucho más fuerte y todos estaríamos mucho más cerca de nuestros sueños. A propósito: hoy es el cumpleaños de Gimena Sánchez Arnau.

Al límite
¿Cómo puedo demostrarles fidelidad a mis amigos lo antes posible?

Encuentro
Querido Señor, gracias por los amigos que tengo y gracias por los que vendrán. Bendícelos y úsame también a mí para hacerlo. En el nombre de Jesús. Amén.

Negociar con el oso

2 Timoteo 2:22
*Huye de las malas pasiones de la juventud, y esmérate en seguir
la justicia, la fe, el amor y la paz, junto con los que invocan al
Señor con un corazón limpio.*

El director de Especialidades Juveniles en Paraguay, Paolo Lacota,
cuenta la historia de un cazador que recorría el bosque buscando un
oso. Luego de un largo recorrido pudo divisar la silueta de un osote
comiendo miel de un panal. Se acercó todo lo que pudo, alzó su rifle
apuntando hacia el temible oso, y comenzó a apretar lentamente el gatillo
buscando alcanzar la mayor precisión. Pero el oso levantó la mirada y con
voz suave le dijo al cazador: *«¿No sería mejor conversar que disparar?
¿Por qué no negociamos el asunto? ¿Qué es lo que quieres?»*

Sorprendido, el cazador bajó su rifle y contestó: *«Bueno... lo que quiero
es un abrigo de piel».* *«No hay problema»*, dijo el oso, *«creo que lo
podemos negociar, lo único que yo quiero es un estómago lleno».* Así, que
se sentaron a conversar y luego de unos minutos de discusión, el oso salió
caminando solo. Él tenía su estómago lleno y el cazador un abrigo de piel
alrededor de su cuerpo.

Muchas veces nos comportamos como este cazador. Cuando pensamos
que podemos sentarnos a negociar con la tentación, estamos haciendo lo
que él hizo. Tenemos que recordar que el oso no deja de ser oso y el diablo
no deja de ser el enemigo de nuestra vida. No podemos tomar la tentación a
la ligera ni darnos el lujo de querer negociar. Llegan momentos en nuestras
vidas en que debemos apretar el gatillo y terminar con aquellas situaciones
que ponen en riego nuestro compromiso con Dios. Por eso, para poder
resistir la tentación, no nos dejemos engañar; ser tentado no es sinónimo
de pecar. Todos somos tentados, no eres el único (eso es algo que le sucede
a cualquier ser humano «normal»). La diferencia radica en lo que hacemos
con la tentación. Si negociamos con ella o simplemente la matamos.

Al límite
*¿Tengo áreas de mi vida en que he intentado negociar con «el oso»?
¿Qué significa «apretar el gatillo» en esos casos?*

Encuentro
*Querido Dios, dame astucia para vencer las tentaciones. Quiero permanecer
fiel en esos momentos en los que siento la tentación de negociar y bajar mis
estándares. Gracias por tu misericordia. Hoy me revisto de tu poder.*

Difícil, pero no imposible

YASSÚ PÉREZ
COSTA RICA

Efesios 6:1-3

Hijos, obedezcan en el Señor a sus padres, porque esto es justo. «Honra a tu padre y a tu madre —que es el primer mandamiento con promesa— para que te vaya bien y disfrutes de una larga vida en la tierra».

D ios es nuestro Padre celestial, así que él sabe de cuestiones familiares. Con su gran amor nos pidió que obedeciéramos a nuestros padres terrenales en todo momento. Pero generalmente eso va en contra de los deseos y planes de muchos jóvenes. Ahora necesitamos nuestro espacio y nos vamos independizando. No siempre nos entienden y es difícil escucharlos cada vez que quieren darnos un consejo. Pocas veces les expresamos nuestro cariño y les decimos que son los mejores padres que Dios pudo darnos.

A pesar de todo lo que hacemos —o lo que no hacemos— con ellos, nos aman, y todo lo que llevan adelante es para cuidarnos y guiarnos por el camino correcto. Que no nos queden dudas de eso. Mis padres por ejemplo, muchas veces me sobreprotegen, no me permiten salir demasiado debido a lo desordenado que está el mundo; ¡y claro que a veces me hacen enojar! Pero a pesar de eso los amo, los quiero con todo mi corazón. Me hace bien recordar que la intención que hay detrás de todo lo que hacen es mi bienestar.

Dios promete bendecirnos si somos justos y honramos a nuestros padres. Yo sé que es difícil, pero no imposible; y estoy convencida de que cuando seamos mayores, todos los problemas que tenemos ahora con ellos van a verse insignificantes a la distancia.

Al límite

¿Cómo puedo honrar a mis padres más seguido?
¿Cómo puedo expresarles mi cariño de una forma novedosa?

Encuentro

Dios, quiero darte gracias por los padres especiales que me diste.
Ayúdame a ser un mejor hijo de hoy en adelante y dame sabiduría para entender a mis padres y no discutir por cosas pequeñas e insignificantes.
Ayúdame a soportarlos cuando se equivocan y a seguir honrándolos. En el nombre de Jesús. Amén.

Juzgar intenciones

Romanos 14:13

Por tanto, dejemos de juzgarnos unos a otros. Más bien,
propónganse no poner tropiezos ni obstáculos al hermano.

Todos nos equivocamos. ¿Quién no? Pero muchas veces las peleas no vienen tanto de los errores que cometemos, como de las sospechas con respecto a las verdaderas intenciones que tenía la persona que cometió el error. Yo he visto demasiado dolor en las parejas de novios, entre esposos, padres e hijos y también entre amigos, producido por dar lugar a sospechas con respecto a las intenciones del otro. Al ver este problema muy de cerca en mi familia, decidí que siempre iba a procurar por todos los medios hacer a un lado cualquier sospecha de que la persona que me hería lo había hecho a propósito o queriendo algo que yo no sabía. Siempre debemos recordar esa máxima del derecho que dice que uno es inocente hasta que se demuestre lo contrario. Eso ayuda a hablar de los errores y las palabras hirientes con mayor claridad y menos problemas. A mí personalmente, me ofende bastante que alguien juzgue erróneamente mis intenciones y por eso no quiero hacerle lo mismo a mis seres queridos. Juzgar intenciones es difícil y peligroso, porque podemos estar equivocados.

Al límite

¿Por qué es peligroso juzgar las intenciones? ¿Cuál ha sido una situación en mi vida donde me pude equivocar por juzgar intenciones?

Encuentro

Querido Dios, gracias porque a pesar de que siempre conoces mis intenciones, me amas igual. Pero entiendo que no siempre puedo tener seguridad con respecto a las intenciones de los demás. Dame sabiduría para manejar todos los posibles conflictos y errores de otros a los que tenga que enfrentarme, y también dame misericordia. En el nombre de Jesús. Amén.

Está bien, con mi alma está bien

Habacuc 3:17-18

*Aunque la higuera no dé renuevos, ni haya frutos en las vides;
aunque falle la cosecha del olivo, y los campos no produzcan
alimentos; aunque en el aprisco no haya ovejas, ni ganado
alguno en los establos; aun así, yo me regocijaré en el SEÑOR.*

En 1871 un furioso incendio arrasó la ciudad de San Francisco. Unas trescientas personas murieron y cien mil quedaron sin hogar. Horacio Gates Spafford fue uno de los cristianos que más hicieron por ayudar a la gente. Como poseía un negocio de compra y venta de casas, él mismo había perdido propiedades, pero nada se comparaba con el haber perdido recientemente a su único hijo varón. Unos dos años después decidió acompañar al evangelista Dwight Moody a Europa con toda su familia. Pero el día en que su familia debía tomar el barco, cierto trabajo lo retrasó y decidió con su esposa que ella y sus cuatro hijas zarparan y que él se uniría a ellas muy pronto. El barco en el que viajaba su familia, el Ville du Havre chocó con otro barco a veinte minutos de llegar, y se hundió al instante. Solo cuarenta y siete pasajeros salvaron su vida. Entre ellos Anna, la esposa de Horacio. Al ser rescatada y llevada al puerto le escribió a Horacio solo dos palabras en un telegrama: «rescatada sola». Sus cuatro hijas se habían ahogado. Ni bien recibido el telegrama, Horacio Spafford fue corriendo a buscar a Anna y luego de consolarla fueron a ver al evangelista Moody que los había estado esperando. Cuando Spafford y Moody se vieron, Horacio le dijo a su amigo, que lo recibió llorando: «Está bien, está bien. Con mi alma está bien». Luego Spafford le entregó a Moody la letra de uno de los más famosos y amados himnos del cristianismo reciente.

*Si paz cual un río es aquí mi porción,
Si es cual las olas del mar;
Cualquiera mi suerte, es ya mi canción:
«Está bien, con mi alma está bien».*

Al límite
¿Por qué crees que Horacio le dijo a Moody que con su alma estaba bien?

Encuentro
Señor, dame paz para enfrentar los tragos amargos de la vida. Que tu Espíritu me llene de gozo aun en las peores circunstancias. Gracias por la inspiración que recibimos de hombres como Spafford. Permíteme inspirar a otros con mi vida también.

Noviembre 15

Agentes de reconciliación

Proverbios 12:20
*En los que fraguan el mal habita el engaño,
pero hay gozo para los que promueven la paz.*

Los Semai son una tribu primitiva que vive en la profundidad de la selva malaya. Ellos tienen la reputación de ser una de las culturas más pacíficas de la tierra ya que consideran que cuando dos personas se pelean es un problema de toda la comunidad. Como consecuencia, la comunidad se dispone a ayudar a quienes están peleados para que se reconcilien. Quizás estés pensando: «Eso lo pueden hacer porque son una tribu y todos se conocen». Es cierto, la cantidad de personas puede ser un factor influyente. Pero miremos la realidad. En muchas congregaciones también todos se conocen y sin embargo, cuando dos personas se pelean, la indiferencia predomina por sobre la ayuda. Promover la paz es genial y ayudar a que dos amigos se reconcilien todavía mejor. Muchas veces, cuando dos conocidos están peleados, somos indiferentes y solemos pensar que ellos se tienen que arreglar solos. Pero creo que el ejemplo de los Semai y lo que Jesús nos enseñó es algo con mucha más onda. ¡Podemos ayudar a esos amigos! Una de las claves para ayudar a dos personas a reconciliarse y entenderse mejor es promover el diálogo. Ayudar a nuestros amigos a conversar, conocerse y descubrir lo positivo en el otro. Una explosión emocional puede haber roto la comunicación y ahí es cuando el clima se pone tenso. Pero podemos intervenir enfriando los ánimos y ayudando a que nuestros amigos se expresen mejor, hablando uno a la vez y bajando el volumen de la discusión. El Nuevo Testamento nos enseña que debemos estar en paz con todos y resulta obvio que esto es bueno, pero a veces nos viene bien una ayudita, y otras resulta bueno que nosotros seamos los que prestamos esa ayuda. Sí, como jóvenes cristianos, nos convertimos en agentes de reconciliación seguramente se respirará un clima diferente en todos los espacios importantes de nuestras vidas.

Al límite
*¿Cómo puedo promover la paz y ayudar a los que están peleados?
¿Por dónde comienzo?*

Encuentro
Señor, quiero ser un agente de reconciliación. Quiero que me ayudes a poner paz donde hay discordia. Te pido por mi familia, mis amigos y mi congregación. Permíteme ser un instrumento de tu paz entre ellos.

Chalecos de salva

Moisés Gómez
Santo Domingo, República Dominicana

Lucas 5:4
Cuando acabó de hablar, le dijo a Simón:
—Lleva la barca hacia aguas más profundas...

Hace un tiempo fui a un campamento que se llamaba «El crucero», ya que todo ocurría en un bote. Una de las cosas que más me había llamado la atención era que todas las competencias iban a ser acuáticas. Pero llegado el momento, nos hicieron unas pruebas de resistencia que varios no pudimos pasar, y por eso nos colocaron chalecos de salva. Recuerdo que nos dijeron: «podrás disfrutar de todas las competencias pero tendrás que usar tu chaleco de salva». Una de las atracciones era el snorkelling, que consiste en sumergirse en las profundidades solo con lentes acuáticos, chapaletas (patas de rana) y un tubo para respirar por la boca. Yo veía como todos los jóvenes se sumergían y podían disfrutar de la belleza de las profundidades, ir hasta el fondo, extraer caracoles y piedras hermosas. Miraba como ellos disfrutaban de la libertad de bajar a lo más profundo y ver peces de colores y algas marinas. Sin embargo, yo no podía por que llevaba puesto mi chaleco de salva. Cuando intentaba bajar, el chaleco me traía hacia la superficie. Yo quería estar ahí, quería bajar, quería tener libertad para disfrutar de esas maravillas pero no pude. Luego pensé que lo mismo sucede en nuestra relación con Dios. Él constantemente nos invita a entrar en una relación profunda con él y disfrutar de los beneficios que da el tener la libertad de adentrarnos en lo profundo. A veces envidiamos a otros cristianos que disfrutan de esa relación y han descubierto las maravillas que hay en las profundidades. La realidad es que muchas veces en nuestras vidas llevamos puestos chalecos que nos vuelve difícil la posibilidad de llegar al fondo, aunque lo intentemos una y otra vez por nuestros medios. Por eso, no hay nada mejor que liberarnos de todo lo que nos impide disfrutar de las profundidades de Dios.

Al límite
¿Cuál es el nombre del chaleco que te impide profundizar en tu relación con Dios? ¿Hay algo que no te permita desprenderte de él?

Encuentro
Padre, gracias por el privilegio de que me invites a mantener una relación profunda contigo, gracias por tu interés marcado en enseñarme las cosas maravillosas que tienes preparadas para mí; ayúdame a desprenderme del chaleco que me impide profundizar, dame fuerzas.

Pearl Harbor

Marcos 14:38
Vigilen y oren para que no caigan en tentación.
El espíritu está dispuesto, pero el cuerpo es débil.

En esas hermosas islas parecía que nada malo podría ocurrir. Después de todo, la guerra estaba a miles de millas de distancia y Estados Unidos todavía no había iniciado oficialmente la segunda guerra mundial. Pero el enemigo tenía bien planificada la táctica. El factor sorpresa era la estrategia principal. El 7 de Diciembre de 1941, más de dos mil cuatrocientos soldados y civiles murieron en Pearl Harbor. También varios barcos y equipos militares fueron destruidos, provocándole al gobierno un gasto de millones de dólares. El ejército de los Estados Unidos no esperaba la sorpresa de ser atacado mientras se encontraba en su propio puerto. Así nos pasa muchas veces a nosotros. No estamos siempre atentos y creemos que los ataques del enemigo vienen solo cuando vamos a lugares no recomendables. Pero no es así, la tentación suele utilizar el factor sorpresa. Sin que lo esperaras, te encuentras sola en casa con tu novio. Sin que lo supieras, justo estaban dando una película roja por televisión. No tenías idea de que iba a haber una chica no cristiana tan linda en el cumpleaños. Nunca hubieras pensado que esa joven iba a dejar su cartera llena de dinero a tu lado en la reunión. ¿Por qué no conducir el automóvil como un loco, si íbamos a llegar tarde a la fiesta? Sin proponértelo, en el examen justo te hacen la pregunta que sabe el compañero de al lado. Ni lo consideraste, pero de repente: «Pearl Harbor». El enemigo nos hace caer de repente o de a poquito, pero su deseo es que sintamos que estamos en medio de un bombardeo de problemas y confusión. Por eso lo mejor es permanecer bien atentos y fortalecer nuestra mente y corazón para que cuando venga la tentación de forma inesperada, nosotros estemos preparados y sepamos cómo actuar. Al enemigo no le interesa en qué puerto nos encontremos y a veces le da ventaja el que nosotros pensemos que estamos en una zona segura. Ahí puede usar el factor sorpresa. ¡Tengamos cuidado!

Al límite
¿Cuáles pueden ser mis «Pearl Harbor»?
¿Cómo estar fuerte antes de que venga la tentación?

Encuentro
Querido Dios, hoy te pido que me des fuerzas para enfrentar a los enemigos de mi vida cristiana. Dame sabiduría para saber prestar atención cuando llega el momento de tentación y concédeme la capacidad de huir de ella. No quiero que el enemigo me tome por sorpresa.

El nuevo día

Samuel Jaramillo
Guayaquil, Ecuador

Efesios 5:16
Aprovechando al máximo cada momento oportuno.

Imagínate por un segundo que todavía estás durmiendo. Ni siquiera has abierto los ojos, todo parece un sueño, pero al mirar más de cerca te ves en tu cama sin aliento, sin respiración, sin vida. Tú no sabes lo que ocurrió, la verdad nadie lo sabe y nadie se ha dado cuenta porque todos siguen dormidos. En el fondo de tu corazón escuchas una voz que dice: «¿Sabes que te ocurrió?», con asombro, temor y tristeza dices: «¡Claro que sí! , ayer fue mi último día». La voz ahora te pregunta: «¿Lo aprovechaste?»

¿Aprovechamos nuestros días? ¿Amamos y honramos a Dios el día de ayer? ¿Cómo vamos a mostrar nuestro amor y fidelidad a Dios hoy? Dios nos dio un día más para que nuestra respuesta a la pregunta de si aprovechamos el día, sea afirmativa. Él es el primero que desea que aprovechemos cada minuto al máximo y que vivamos la vida a plenitud.

Definitivamente aprovechar un día es ser más como Jesús y estirarnos un poquito más para estar más cerca de él, de la mejor manera en que podamos.

Al límite
¿Cómo puedo aprovechar mejor las horas que me quedan de este día? ¿Qué debo sacrificar de aquello que me gusta para hacer lo que en verdad quiero?

Encuentro
De corazón, gracias, Señor, por este día. Es una oportunidad. Un desafío y un regalo. Te doy gracias por los días de mi vida: dame inteligencia para aprovecharlos al máximo. En Cristo. Amén.

Compartir cargas

Gálatas 6:2
Ayúdense unos a otros a llevar sus cargas,
y así cumplirán la ley de Cristo.

¿Cómo ayudar a nuestros amigos a convertirse en mejores personas? ¿Cómo ayudarlos a cumplir sus sueños? ¿Cómo darles una mano con las cosas que les cuestan? Cuando alguien al que consideramos nuestro amigo tiene una debilidad, colaboremos con él en eso. A veces el hacerlo demandará que aprendamos a confrontarlo con amor. Otras, va a significar que sepamos callar y ocultar la dificultad de nuestro amigo, y sobre todo, implicará que vamos a tener un gran «sííííí» disponible para prestar ayuda.

Las crisis y los momentos de tristeza son, probablemente, nuestra mejor oportunidad para hacer lo que haría un buen amigo. Es muy fácil estar con alguien cuando todo es risa. Lo que hace una enorme diferencia es permanecer a su lado en los momentos difíciles, esos en los que no hay demasiado por decir y solo vale la pena estar ahí y dar un abrazo. Como nos recomienda Pablo: *por lo tanto, anímense unos a otros* (1 Tesalonicenses 4:18).

Al límite
¿Sé de alguien cercano que últimamente lleva pesadas cargas?
¿Cómo puedo ayudarlo?

Encuentro
Señor, permíteme consolar, estimular y desafiar a mis amigos cuando sea necesario. Gracias por darme personas que me han ayudado a llevar mis cargas. Prestaré atención para ver cómo ayudar a mis seres queridos y a aquellos que me necesiten a mi alrededor.

Ana y la bendición de Dios

1 Samuel 1:17-19

—Vete en paz —respondió Elí—. Que el Dios de Israel te conceda lo que le has pedido. —Gracias. Ojalá favorezca usted siempre a esta sierva suya. Con esto, Ana se despidió y se fue a comer. Desde ese momento, su semblante cambió. Al día siguiente madrugaron y, después de adorar al SEÑOR, volvieron a su casa en Ramá. Luego Elcaná se unió a su esposa Ana, y el SEÑOR se acordó de ella.

En el antiguo Israel ser estéril era considerado algo malo, y Ana lo era. A los ojos de la sociedad de entonces el tener hijos constituía el papel principal de las mujeres. Significaba mano de obra para ayudar en la economía familiar, y seguridad de que los padres no se encontrarían desamparados cuando llegara la vejez. No había nada que Ana pudiera hacer para solucionar aquella situación. Únicamente Dios podía hacer algo y Ana decidió confiar en él. En el libro *Conexión* Posmo (Editorial Vida/Especialidades Juveniles), mi amigo Félix Ortiz dice: «Su oración muestra un conocimiento del carácter sobrenatural de Dios y su capacidad para intervenir en situaciones extremas. El pasaje indica que lloraba y su alma estaba llena de amargura. Muchas veces no solo lo que oramos, sino la manera en que lo hacemos, pone de manifiesto la importancia de lo que deseamos que el Señor nos conceda». Pero ella creía. El versículo 18 nos indica que después de orar ya no estuvo triste. Ella oró dispuesta a todo y es interesante que ella pidiera un hijo para el servicio a Dios.

¿Hay una relación directa entre el hecho que Ana entregará su hijo al servicio del Señor y luego tuviera tres hijos y dos hijas más? No lo sabemos, y sería especulación afirmarlo. Pero parece otro de esos casos en que Dios tiene más ganas de bendecirnos que nosotros necesidades.

Al límite
¿Qué creo acerca del poder de la oración?

Encuentro
Querido Dios, creo que eres un Dios de lo imposible. Sé que no tienes límites y que deseas bendecirnos. Hoy te doy gracias por tus milagros y te pido que me ayudes a siempre mantener la fe intacta.

Noviembre 21
Hablar claro

Santiago 5:16
Por eso, confiésense unos a otros sus pecados, y oren unos por otros, para que sean sanados. La oración del justo es poderosa y eficaz.

Cuando un amigo toma una decisión equivocada es nuestra obligación llamarle la atención y llevarlo a la reflexión. Algunos pueden creer que esto va en contra del mandamiento de aceptarse unos a otros. Pero como dijimos en otra de las meditaciones de este libro, otra vez vale la aclaración: aceptar y aprobar no es lo mismo. Si una amiga está tomando una decisión equivocada, es mi deber decirle que considero que esa decisión la va a lastimar. Claro que una vez que le hice conocer mi parecer, no voy a estar ametrallándola con lo mismo una y otra vez. Ahí sí es tiempo de mostrar la otra cualidad: la aceptación.

Esta práctica de hablarnos claro entre amigos cuando alguno se equivoca, hoy no es muy común y raramente la vemos. Pero justamente eso hace de este mandamiento una perla preciosa. El otro lado de la misma moneda es mostrar nuestra disposición a que otros nos corrijan y nos llamen la atención cuando fuere necesario. ¿Cómo? Invitando a otros a hacerlo y confesando las propias debilidades. Por ejemplo: ¿cuándo fue la última vez que hablamos con nuestros amigos de nuestros pecados, de las tendencias negativas de nuestra personalidad o de nuestras tentaciones? Hacerlo constituye una avenida fundamental hacia la libertad en esos aspectos de tu vida. Lo que sucede es que estamos acostumbrados a escandalizarnos del pecado de los demás. Por eso conviene recordar dos grandes ideas que nos dejó Jesús: «No mires las paja en ojo ajeno» y «El que esté limpio que tire la primera piedra». Si todos practicáramos eso, hablaríamos claro y nos ayudaríamos mucho más a vencer el pecado en nuestras vidas.

Al límite
¿Sobre qué asuntos debo hablar claro y urgente con mis mejores amigos?

Encuentro
Querido Dios, gracias porque puedo venir a ti en búsqueda de corrección, pero también gracias porque tengo seres queridos a los que acudir también. Hazme alguien que ayude a sus seres queridos a crecer y mejorar. Dame la valentía y la compasión para llamar la atención de mis seres queridos cuando considero que están haciendo algo que los va a lastimar. En el nombre de Jesús.

El último grito

Jonathan Vásquez
Santo Domingo, Republica Dominicana

2 Corintios 4:7-9

Pero tenemos este tesoro en vasijas de barro para que se vea que tan sublime poder viene de Dios y no de nosotros. Nos vemos atribulados en todo, pero no abatidos; perplejos, pero no desesperados; perseguidos, pero no abandonados; derribados, pero no destruidos.

Además de hacer películas muy malas (ja), cuando los luchadores de artes marciales van al combate, en la mayoría de los casos gritan para tratar de atemorizar al adversario. Cuando la persona contraria se deja intimidar por esos gritos, puede tener por seguro que media batalla ya está perdida. Esto trata de hacer Satanás con nuestras vidas. Intenta gritar de manera que nos atemoricemos y nos quedemos perplejos hasta que él gane la batalla. Los gritos de Satanás pueden venir en forma de una enfermedad maligna, una tentación, una dificultad, la escasez y el desaliento, pero él solo puede llevar a cabo eso si Dios se lo permite. Eso encuentra su apoyo bíblico en la historia de nuestro amigo Job, que fue atacado por Satanás en todas las áreas de su vida. Satanás tuvo que ser autorizado por Dios para tocar las pertenencias, los familiares y aun el cuerpo de este siervo del Señor. El versículo base de este devocional nos dice que Pablo paso por tribulaciones, por apuros, fue perseguido y derribado pero **Dios** no permitió que fuera angustiado, desesperado, desamparado, y mucho menos destruido. Pensemos en la dificultad más grande por la que pueda pasar un ser humano; sin embargo, este no morirá hasta que Dios diga la última palabra. Varias veces Pablo fue sacado de ciudades casi muerto por predicar el evangelio, pero él se gloriaba en ello para que la excelencia del poder fuera de Dios y no de él. Notemos que el versículo menciona que tenemos el tesoro en vasos de barro. No en una vasija de vidrio, o de hierro, o de madera, sino en vasos de barro, porque el barro es suave y débil. Nosotros los seres humanos fuimos creados a partir del barro. Somos débiles, pero los cristianos contamos con el poder de Espíritu Santo, un increíble tesoro, dentro de nosotros, de modo que si el diablo nos grita le podemos dar un último grito mucho más fuerte.

Al límite
En tu vida, ¿quién tiene la última palabra?

Encuentro
Señor, mi Dios, gracias por acompañarme en mis caminos. Hoy ayúdame a ser como tú quieres, y que sea capaz de gritarle al diablo de vuelta.

La ratonera

Proverbios 29:7
El justo se ocupa de la causa del desvalido;
el malvado ni sabe de qué se trata.

Se cuenta que un ratón, espiando por un agujero, vio que el granjero estaba abriendo un paquete. Se le hizo agua la boca pensando qué tipo de comida habría en aquel bulto. Pero quedó aterrorizado cuando descubrió que era una ratonera. Al momento salió corriendo a advertir a todos: «¡Hay una ratonera en la casa; hay una ratonera en la casa!» La gallina cacareando dijo: «Discúlpeme mister Ratón, yo entiendo que es un gran problema para usted, pero a mí una ratonera no me perjudica». El ratón fue hasta el cordero y le dijo: «Hay una ratonera en la casa». «No hay nada que yo pueda hacer, solo orar», le respondió el cordero. El ratón se dirigió entonces a la vaca. «No creo que sea un problema importante», le dijo la vaca. Entonces el ratón volvió a la casa, cabizbajo y sin consuelo. Aquella noche, se oyó el ruido de una ratonera atrapando a su víctima y luego gritos. La mujer del granjero corrió para ver lo que había atrapado y en la oscuridad no se dio cuenta de que la ratonera había atrapado una serpiente venenosa. La serpiente atacó a la mujer y el granjero la llevó inmediatamente al hospital. Al día siguiente ambos regresaron, pero ella tenía fiebre. Así que decidieron que no había nada mejor que prepararle un caldo de gallina. El granjero tomó su cuchillo y fue a buscar a la gallina. Como la enfermedad de la mujer continuaba, los vecinos fueron a visitarla. Para alimentarlos, el granjero mató al cordero. La mujer empeoró y acabó muriendo. Mucha gente fue al funeral entonces el granjero sacrificó la vaca para alimentar al pueblo.

De la misma manera, cuando un hermano está pasando por dificultades, ayudarlo es ayudarnos a nosotros. El apóstol Pablo decía que somos todos miembros de un mismo cuerpo, y si un miembro se duele, todo el cuerpo está enfermo.

Al límite
¿Conozco a alguien al que le sucede lo que le ocurrió al ratón?
¿Por qué es de mi interés ayudar a mis hermanos?

Encuentro
Querido Dios, no permitas que me suceda lo del ratón, y ayúdame también a no ser como los que no lo escucharon. Dame un corazón atento y generoso para los que se encuentran en dificultades.

Tomás y las dudas

Juan 20:24-29

Tomás, al que apodaban el Gemelo, y que era uno de los doce, no estaba con los discípulos cuando llegó Jesús. Así que los otros discípulos le dijeron: —¡Hemos visto al Señor! —Mientras no vea yo la marca de los clavos en sus manos, y meta mi dedo en las marcas y mi mano en su costado, no lo creeré —repuso Tomás. Una semana más tarde estaban los discípulos de nuevo en la casa, y Tomás estaba con ellos. Aunque las puertas estaban cerradas, Jesús entró y, poniéndose en medio de ellos, los saludó. —¡La paz sea con ustedes! Luego le dijo a Tomás: —Pon tu dedo aquí y mira mis manos. Acerca tu mano y métela en mi costado. Y no seas incrédulo, sino hombre de fe. —¡Señor mío y Dios mío! —exclamó Tomás. —Porque me has visto, has creído —le dijo Jesús—; dichosos los que no han visto y sin embargo creen.

Esta es una historia que nos llama mucho la atención por varias razones. Lo primero que nos sorprende es que Jesús tuviera en cuenta las dudas de Tomás. Antes de que nadie le dijera nada, él se dirigió directamente a Tomás para despejar sus dudas y dejó que Tomás lo tocara. Jesús podría haber sido indiferente. Ya había entrado al cuarto como por arte de magia, y al verlo las dudas de Tomás debían haberse disipado. Sin embargo, Jesús recordaba lo que Tomás había dicho y dejó que fuera como él había pedido. A veces solemos pensar que las dudas son siempre negativas. Pero la actitud de Jesús parece declararnos que Dios toma en cuenta nuestras dudas y está dispuesto a respondernos cuando conviene.

Lo segundo que llama la atención es lo que Jesús dice luego: *«Dichosos los que no han visto y sin embargo creen»*. Me imagino a Jesús diciéndolo con una sonrisa. Eso nos entusiasma porque parece encerrar una promesa. ¿Será que Dios nos va a recompensar por haber creído sin ver y tocar como hizo Tomás? Otros dichos de Jesús y del apóstol Pablo parecen confirmar que así será.

Al límite

¿Las dudas son sanas o no? ¿Por qué?
¿Por qué podemos ser dichosos por creer sin haber visto?

Encuentro

Querido Dios, gracias por ser tan bueno que, a pesar de que a veces nosotros tengamos dudas, tú nos sigues amando y a su tiempo nos respondes. Lléname de fe para creerte cuando no entiendo, pero gracias por darme la capacidad de pensar y de hacer preguntas cuando necesito respuestas.

La vida después de la muerte

Lucas 23:43

Te aseguro que hoy estarás conmigo en el paraíso.

Jesús es la única persona viva que ha conocido en serio la eternidad en detalle. Por eso habla mucho acerca de la vida después de la muerte; de hecho, más que nadie en toda la Biblia. En el capítulo 16 de Lucas, él cuenta la historia de un hombre rico y de un mendigo llamado Lázaro, y la conversación que ocurre después de su muerte. Con esta historia, Jesús enseña que la vida después de la muerte puede transcurrir en el cielo o en el infierno. También el hecho de que el hombre rico, desde el infierno, reconozca a Lázaro, contradice la creencia en la reencarnación. La gente no reencarna en otra persona o animal de acuerdo con su karma, sino que continúa existiendo como ella misma. En esta historia, Jesús enfatiza que el cielo y el infierno son reales. El cielo es un lugar de confort. El infierno es un lugar angustiante. La Biblia utiliza imágenes como calles de oro porque la realidad del cielo es mucho mejor de lo que podemos imaginar, y el infierno es mucho peor. Jesús también aclara que no se puede ir de un lugar al otro porque hay un «gran abismo» en medio, que nadie puede cruzar.

Muchos creemos en el cielo y en el infierno, pero nos preguntamos cuánto tiempo nos llevará llegar a nuestro destino final después de la muerte. ¿Tendremos que purgar algunos pecados primero? ¿Dormiremos en nuestra tumba hasta que Jesús regrese el día del juicio final?

Encontramos la respuesta a estas preguntas en la promesa del versículo de hoy que Jesús le hizo al criminal que expresó su fe en él cuando agonizaba en la cruz. Jesús le aseguró que ese mismo día estarían juntos en el cielo. No hay que esperar o dormir ni mucho menos sufrir en el purgatorio. Como dice Pablo, dejar el cuerpo es «estar con Cristo» (Filipenses 1:23).

Al límite

¿Dónde iré si muero? ¿Por qué?

Encuentro

Señor, gracias por la promesa del cielo. Gracias por haber muerto por mí en la cruz del Calvario. Hoy te agradezco por la seguridad de la vida eterna.

Los mitos de la abuela

1 Timoteo 4:7
Rechaza las leyendas profanas y otros mitos
semejantes. Más bien, ejercítate en la piedad.

Los escuchamos desde que nacimos: Si sales con la cabeza mojada te vas a agarrar una pulmonía. No te metas los dedos en la nariz porque se te va a agrandar. Si comes demasiados chocolates te van a crecer lombrices en el estómago, Si miras la TV de muy cerca vas a perder la vista. Si no te sientas derecho te va salir una joroba.

A tus amigos les va a dar envidia cuando te vean esos zapatos de charol.
Si comes la espinaca vas a ser fuerte como Popeye.
Si tiene fiebre es porque está creciendo.
Si te das vuelta el parpado y otro chico te sopla puedes quedar visco.
Ese muñeco amarillo de la TV es un demonio babilónico que volvió para poseer a los niños.
Si te explotas los granos te va a quedar la marca para siempre.

No sé si te los dijeron directamente pero seguro los escuchaste. Son leyendas o mitos de la abuela. Casi todos bien intencionados y quizás hasta tengan algo de verdad. Por ejemplo: *«El que mucho abarca poco aprieta»*. Pero, ¿quién lo dijo? ¿Es una ley matemática? Podría decir, por ejemplo: *«El que mucho abarca, más posibilidades tiene»*. Y es igual de acertado según las circunstancias.

Lo cierto es que hay mucha gente que se guía por estos mitos y sale caro creer en ellos porque a veces nos hacen tomar decisiones equivocadas, y otras, decir barbaridades infundadas. Los jóvenes cristianos del nuevo milenio deberíamos destacarnos por tener fundamentos para lo que creemos y guiarnos solo por la verdad de Dios.

Al límite
¿Qué otros mitos de la abuela he escuchado desde mi niñez?
¿Cuáles son sus fundamentos?

Encuentro
Querido Dios, gracias por tu palabra y gracias porque tú eres la verdad.
No quiero guiar mi vida por la sabiduría popular y profana sino por la
tuya que es santa y está siempre en lo correcto.

Las ovejas no ladran

Juan 10:14

Yo soy el buen pastor; conozco a mis ovejas, y ellas me conocen a mí.

Nunca existió ni existirá una oveja que ladre, simplemente porque las ovejas balan y no ladran. Si ladra, se trata de un perro y el pastor no va a confundirlo. Hay mucha diferencia entre el ruido que hacen las ovejas y el que hacen los perros. El balido de una oveja es suave y el ladrido en general, inoportuno. Las ovejas balan cuando tienen hambre o están asustadas. Los perros, en cambio, ladran para intimidar y marcar su territorio.

Lo mismo sucede con los que tienen al Señor como soberano de su corazón y los que no. Las personas espirituales hablan con gentileza, sus dichos son suaves. Las personas carnales, en cambio, suelen hablar para marcar territorio. Tratan de intimidar con la burla, la crítica o la condenación. En el pasaje de hoy, Jesús dice que él es el buen pastor y que mantiene un diálogo con sus ovejas. Él las conoce y ellas lo conocen a él. Hay una relación cercana y eso las hace suyas.

En Filipenses 3:2, el apóstol Pablo dice: «*Cuídense de esos perros, cuídense de esos que hacen el mal, cuídense de esos que mutilan el cuerpo*». Y está hablando de personas religiosas que quieren imponer sus tradiciones y costumbres sobre los demás.

Yo conozco mucha gente que se la pasa ladrándole a otros y sospecho que no tienen a Jesús como su pastor porque eso no es lo que hacen las ovejas.

Al límite

¿Conoces gente que se la pase ladrando?
Yo mismo, ¿hablo gentilmente o ladro?

Encuentro

Querido Señor, tú eres mi pastor y nada me faltará. Me guías con amor y me tienes paciencia. Enséñame a tener paciencia con otros y a no usar mi boca para herir ni para vanagloriarme. No quiero pasar mi tiempo ladrando, quiero escuchar tu voz y siempre conocerla, y que cuando otros escuchen la mía, perciban también la tuya.

Cuando me cuesta esperar

Vicky Avalos Ayong
Guayaquil, Ecuador

Lamentaciones 3:24

Por tanto, digo: «El Señor es todo lo que tengo. ¡En él esperaré!»

Qué difícil es creer y esperar en Dios cuando tu mami está en coma, cuando tu chico o chica te es infiel, cuando tu líder o tu pastor te han fallado, cuando le has pedido algo fervientemente a Dios y no sucede nada. No sé tú, pero yo me desanimo. Hace poco me sucedió algo así, pero esta vez me detuve a pensar en lo que estaba pidiendo y me di cuenta de que hay que reconocer que en ocasiones le pedimos a Dios cosas muy egoístas. Ahí es bueno recordar que Dios sabe cómo hace las cosas; ¡por algo es Dios! Y es verdad que nos hace pasar por algunas difíciles pruebas, pero… ¡vamos, él sabe lo que hace! ¿No crees?

No te has preguntado: ¿Por qué nos cuesta tanto esperar en su voluntad? ¿Será porque aún queremos vivir a nuestra manera?

A mí me ha costado asimilar el esperar, porque siempre quise hacer todo lo que elegía, ¡y hacerlo ya! Pero Dios me dijo: *«Un momento; si sigues así vas a terminar mal. Déjame ayudarte»*. ¡Y lo entendí! Puedo decir que realmente sus planes han sido mejores que los míos. A veces eso duele un poco pero siempre han sido para bien.

Algún día me gustaría poder decir como Job: «He aquí, aunque él me matare, en él esperaré» (Job 13:15, RVR60)… falta mucho para eso, pero por algo se comienza.

Dios anhela bendecirnos porque para eso nos creó. Lo que tenemos que hacer es confiar, buscarlo y esperar en él tranquilos, sabiendo que su voluntad es siempre lo mejor.

Al límite

¿En qué tipo de situaciones me cuesta más esperar en el Señor?

Encuentro

Querido Dios, tus tiempos son mejores que los míos y tus repuestas son mejores que mis preguntas. Hoy confío que tu voluntad sea hecha en mi vida así como en el cielo.

Instantes

Narumi Akita
Paraguay

Salmo 119:11
En mi corazón atesoro tus dichos.

Nunca tenemos memoria de toda una película, pero logramos representar ciertas escenas a la perfección en nuestra mente. Escenas que nos conmovieron, que tuvieron un efecto sobre nosotros. Cisare Pavese decía: «No recordamos los días, recordamos los instantes». La palabra «recordar» proviene del latín *cordis* que significa «corazón». Lo que roza el corazón es lo que se conserva, ya sea para lastimarlo o para sanarlo. Aunque, ¿podemos ser tan terminantes en decir que los acontecimientos curan o hieren solamente? Pues no. Pienso que hay instantes que sencillamente nos mantienen en pie. No todo se limita a arrojarnos al piso o a levantarnos. Existen sucesos, que a veces duran unos fugaces segundos, que sirven de palmadas en la espalda para continuar, sirven de soplo confortador.

Convendría preguntarnos a menudo quiénes están en esa clase de instantes y a quiénes nunca encontramos ahí. Por ejemplo: las buenas conversaciones no nos dejan con la misma actitud, nos llenan las manos, y lo mejor es que poseemos algo para dar después. Por otra parte, existen personas con «techos» para reflexionar que no contribuyen en nada a nuestro crecimiento.

Aspiremos a integrar el equipo de los tejedores de progreso. Aquellos que forman parte de los instantes positivos. Aquellos que suman (+) en vez de restar (-). Aquellos que aportan ladrillos y no escombros. Aquellos que arriman el hombro y no la murmuración.

Sigamos el ejemplo de Dios. Él constantemente roza nuestros corazones, aun con los detalles. Y los recordamos. No se nos escapan, se hacen inmunes al olvido. Nos aferramos a esos momentos porque guardarlos nos hace mejores personas.

Al límite
Recuerda un instante especial en el que Dios acarició tu corazón.
¿Qué podrías hacer para formar parte de los instantes positivos de otras personas?

Encuentro
Dios mío, habla a mi corazón, ¡Quiero más de ti! Gracias porque estás siempre conmigo, pero en especial por todos esos instantes en los que puedo recordarte cerquita, a mi lado. Amén.

La maestra gritona

Mateo 23:27

*¡Ay de ustedes, maestros de la ley y fariseos, hipócritas!,
que son como sepulcros blanqueados. Por fuera lucen hermosos
pero por dentro están llenos de huesos de muertos y de podredumbre.*

Una maestra de Escuela Dominical bastante pomposa, de esas que gritan a sus alumnos cada vez que ese enojan, estaba enseñando en su clase que los buenos cristianos no mantienen su fe en secreto. Esta era una de esas personas que sienten que siempre están en lo correcto. Con su cabeza erguida y sus hombros bien derechos, hablaba casi meneando la cadera alrededor del salón de clases. Pero en un momento se detuvo y preguntó: «A ver clase, ¿por qué creen que otros me llaman a mí cristiana?» El salón quedó en silencio y luego un chico levanto su mano lentamente. Ella lo miró, dándole la palabra, y él dijo: «Probablemente porque no la han visto en clase».

¡Ja! Ser testigos de Cristo significa vivir con la actitud de vida que él enseñó. No necesitamos ser grandes líderes ni demasiado elocuentes al hablar. Tenemos que imitar a Jesús. Cristo criticó a los fariseos por decir una cosa y hacer otra. Tenían títulos religiosos y actuaban con gran pompa, pero sus actitudes denunciaban que no entendían el corazón de las leyes de Dios. Jesús, en cambio, nos enseñó a ser humildes y mansos. Debemos tratar a otros con dignidad y respeto, y ese será el mejor testimonio que podamos dar de Cristo.

Al límite

¿Cómo puedo hacer quedar bien a Jesús con mis amigos?

Encuentro

Querido Dios, hoy quiero trabajar en mi carácter para ser un poquito más como Jesús. Ayúdame a través de tu Espíritu para dar testimonio de ti siempre.

Diciembre 01

No fue un accidente

Salmo 139:14-15

¡Te alabo porque soy una creación admirable! ¡Tus obras son maravillosas, y esto lo sé muy bien! Mis huesos no te fueron desconocidos, cuando en lo más recóndito era yo formado.

Tu nacimiento no fue un accidente. Tu vida fue pensada, meditada y llorada desde los cielos. (Salmos 22:10, Salmo 139:13, Gálatas 1:15)

La cruz no fue un accidente. La cruz fue pensada, meditada y llorada desde los cielos.
(Isaías 53:4-7, Hechos 2:23, Colosenses 1:19-20)

Tu futuro no será un accidente. Tu futuro ha sido pensado, meditado y llorado desde los cielos.
(Filipenses 1:6, Romanos 8:29, Mateo 6:26-32)

Errores y accidentes humanos pueden haber participado o participarán de cada uno de estos hechos. Pero es Dios quien primero los tejió en su corazón. Tú no eres una casualidad ni un descuido de tus padres. Tú eres un milagro del cielo.

Al límite

¿Por qué no soy un accidente?
¿Qué conductas cotidianas puedo cambiar conociendo esta verdad?

Encuentro

Señor, gracias porque tú no cometes errores. Es un milagro, pero creo lo que tu Palabra dice acerca de tu propósito para mi vida. Gracias por ser tan perfecto y acompañarme en cada etapa de mi camino.

Las águilas y las tormentas

Isaías 40:31

Pero los que confían en el SEÑOR renovarán sus fuerzas; volarán como las águilas: correrán y no se fatigarán, caminarán y no se cansarán.

Dicen los observadores de las aves que las águilas saben que se acerca una tormenta mucho antes de que empiece. Por eso, si están en pleno vuelo van a un sitio más alto para esperar los vientos que vendrán. Cuando la tormenta comienza, colocan sus alas de tal modo que el viento las lleve por encima de la tormenta y mientras que la tormenta está allá abajo, ellas vuelan por encima. Simplemente la utilizan para elevarse más alto. Usan los vientos que trae la tormenta y hasta pueden llegar a su nido con mayor velocidad, si es allí que se dirigen.

Como las águilas, todos nosotros también pasamos por tormentas. La vida tiene sus nubarrones y también vientos que pretenden cambiar nuestra dirección. Pero si reaccionamos a esas tormentas de la manera correcta, podemos usarlas a nuestro favor. Por ejemplo, para trabajar nuestro carácter, ganar en paciencia, aprender a delegar el control y valorar más nuestros logros, por citar algunos de los beneficios.

Las tormentas no tienen que desviarnos. Con la actitud correcta podemos dejar que el poder de Dios nos levante por encima de ellas, que nos eleve para pasar por arriba de esas circunstancias.

Al límite

¿De qué depende que seamos capaces de volar más alto durante las tormentas?

Encuentro

Querido Dios, gracias por el ejemplo de las águilas. Permíteme reaccionar correctamente frente las tormentas de la vida. Dame la capacidad de encontrar lo positivo en lo negativo.

Diciembre 03

Valentía de todos los días

Hechos 19:8

Pablo entró en la sinagoga y habló allí con toda valentía durante tres meses. Discutía acerca del reino de Dios, tratando de convencerlos.

En la mayoría de las películas la valentía es algo reservado para los momentos de máxima tensión. Así solemos pensar, y hasta imaginamos que cuando estemos en situación de usarla se deberá escuchar una música de fondo, tipo película de aventuras. Pero para vivir una vida recta y al máximo, desde el punto de vista vertical de Dios, es necesario ser valientes en la vida cotidiana.

Necesitamos ser valientes para cambiar.
Tenemos que ser valientes para dar testimonio de Cristo cuando otros nos desafían.
Es preciso ser valientes para decir que no a las presiones que nos empujan a tomar malas decisiones.
Debemos ser valientes para buscar la verdad aunque sea difícil o dolorosa.
Es necesario ser valientes para tomar el camino angosto cuando la mayoría se va por el ancho.
Tenemos que ser valientes para confesar nuestras debilidades y necesidades cuando necesitamos ayuda.
Debemos ser valientes para aceptar que nos hemos equivocado.
Es urgente ser valientes para pedir perdón.
Se requiere valentía para asumir los riesgos necesarios del crecimiento.

Me gustan las palabras de John Dryden, un poeta inglés del 1600, con respecto a la valentía: «La fortuna es amiga del osado».

Al límite
¿En qué aspectos de mi vida cotidiana necesito más valentía?

Encuentro
Querido Dios, dame valentía para hacer lo que debo. Permíteme ser audaz como Pablo para proclamar tu Palabra y hacer lo correcto aunque no sea lo más popular. Dame valentía para mi andar diario. En el nombre de Jesús. Amén.

Crecer es una decisión

2 Pedro 1:8
Porque estas cualidades, si abundan en ustedes, les harán crecer en el conocimiento de nuestro Señor Jesucristo, y evitarán que sean inútiles e improductivos.

Cierta vez leí que Abraham Lincoln dijo: «No tengo mucho respeto por un hombre que hoy no sea más sabio de lo que era ayer», y me llamó mucho la atención. ¿Crecer de un día para otro?, me pregunté. ¿Es posible? Con el paso de los años me he dado cuenta de que sí lo es.

Es posible y hasta creo que se trata de una decisión que debemos tomar. A menos que elijamos concientemente crecer, la rutina y el ritmo de la vida de hoy van a hacer que naturalmente nos estanquemos. En la niñez y en la adolescencia nuestro cuerpo crece constantemente. También aprendemos cosas en el colegio y luego en la universidad. Pero entonces llega un momento en el que crecer deja de ser algo natural que ocurre todos los días. Por eso las personas más exitosas en todos los ámbitos de la vida han aprendido que crecer debe ser una decisión conciente. Porque a menos que lo sea, dejará de ocurrir «naturalmente».

Hace un tiempo escuchaba a un joven quejarse de que la educación termina siendo muy cara, y yo pensé para mis adentros que mucho más cara sale la ignorancia.

El éxito en cualquier área de la vida requiere que aceptemos nuestra responsabilidad. La nota común que se escucha en las partituras de vida de la gente triunfadora es la de la decisión responsable. Estas personas no esperan a que les llegue «la inspiración» para ponerse en marcha. Hoy dan pasos firmes para ser mejores que ayer. Alcanzar un nivel más alto, aprender algo nuevo o aprender lo viejo mejor depende de cuánto lo busquemos con decisión.

Al límite
¿Qué puedo hacer hoy para ser mejor mañana?
¿Cómo puedo no olvidarme de mi decisión de crecer?

Encuentro
Señor, quiero ser productivo para tu reino. Quiero permanecer creciendo. Decido ser responsable por mi vida y cada día mejorar en todas las áreas que pueda. Gracias por las oportunidades de hacer lo que me das.

Batir tu propio récord

Santiago 1:18:
Por su propia voluntad nos hizo nacer mediante la palabra de verdad, para que fuéramos como los primeros y mejores frutos de su creación.

En las olimpiadas del año 2004 en Atenas, Yelena Isinbayeva hizo algo para la historia. Esta atleta rusa de salto con pértiga o garrocha batió el record en su primer intento y todo el resto de las concursantes quedaron bien lejos de su salto ganador. Con eso ella podría haberse retirado, como ocurre cuando el primer salto parece ser inmejorable, y sobre todo si ya se ha batido un record. Pero Yelena volvió a saltar en el segundo turno, y volvió a superar su record y a quedar más lejos. Ya era obvio que sería la ganadora y no hacia falta que diera su tercer salto. Sin embargo, saltó la tercera vez y volvió a batir su propio record una vez más. Miles de personas hablaron de esto alrededor del mundo. Yelena Isinbayeva demostró que ella no competía con nadie más que con ella misma. Había decidido crecer y no la iba a detener ningún triunfo pasado. Emmanuel Espinosa, el líder de Rojo, tocó por muchos años con Marcos Witt. Era prácticamente un niño cuando comenzó, y Dios lo usó desde esos primeros años para hacer canciones increíblemente populares en todo el mundo latino. Por ejemplo: *Alza tus ojos y mira* o *Eres tú la única razón de mi adoración*. Emmanuel tuvo la habilidad para aprender instrumentos desde muy chico y me contó que aprendió a tocar la batería con los sartenes de su mamá desde los tres años, y aunque su primer bajo eléctrico lo compró a los veintiuno, pudo aprenderlo desde los diez con una guitarra de palo. Hoy, Emmanuel sigue escribiendo canciones que fácilmente se vuelven populares, produciendo discos de su banda y de otros, mientras continúa enseñando a una nueva generación acerca de la adoración. Él no se conformó con apenas aprender esos instrumentos o viajar con Marcos Witt en sus primeros años. Emmanuel, así como Yelena, también ha querido batir su propio record y seguir creciendo, aprendiendo y mejorando.

Al límite
¿Cómo puedo batir mis propios records?
¿En que áreas tengo que seguir esforzándome para mejorar?

Encuentro
Querido Dios, dame la pasión, la energía y el carácter para intentar siempre batir mis propios records. Quiero ser mejor cada día y perseguir la excelencia por amor a tu nombre, y nunca conformarme con nada más que logros pasados.

Excusas lógicas

Romanos 1:20
Porque desde la creación del mundo las cualidades invisibles de Dios, es decir, su eterno poder y su naturaleza divina, se perciben claramente a través de lo que él creó, de modo que nadie tiene excusa.

Cuando Dios nos llama y pide que hagamos algo, no siempre resulta totalmente lógico a simple vista, y muchas veces lo lógico sería dar excusas, para poder responder con indiferencia. Miremos a Moisés por ejemplo. Él recibió una misión de Dios frente a aquel arbusto. Volver a Egipto, presentarse ante su gobernante y decirle que dejara en libertad a los israelitas para que pudieran ir a la tierra prometida. Eso era una locura desde el punto de vista político de un Faraón.

Moisés evaluó la situación, pensó en el precio personal que debería pagar para ser obediente a la misión propuesta por Dios y se excusó. Podemos decir con simpleza que fue un cobarde. Pero prestemos atención a sus excusas. La primera tiene que ver con su identidad *«¿Quién soy yo?»* Él sabía que no era suficientemente importante como para semejante misión. La segunda, que él era conciente de que no iba a ser fácil que el pueblo lo siguiera, algo que ovbiamente resultó cierto. ¡Dejar todo por uno que dice que vio un arbusto quemándose…! Y la tercera está relacionada con la falta de capacitación. Nadie lo había entrenado para libertador.

Todas excusas lógicas. Pero Dios insistió. Al final, Moisés obedeció y sabemos cómo continuó la historia. Parece que a Dios no lo desanima lo lógicas que sean nuestras excusas y, por lo que encontramos en la Biblia, parece que hasta disfruta que lo sean para demostrar que no es algo que esté en nosotros lo que nos llevará a las mejores victorias. Como aprendió Moisés: si queremos vivir las mejores aventuras tenemos que obedecer a Dios, sin que importe cuán lógicas suenen nuestras excusas.

Al límite
¿Qué excusas suelo poner para no involucrarme más en las cosas de la iglesia?

Encuentro
Querido Dios, gracias por llamarme a tus caminos. Quiero obedecerte en todo, aun cuando se me ocurran varias «excusas lógicas» para no hacerlo. En el nombre de Cristo Jesús. Amén.

Diciembre 07
Afectuosos

Romanos 12:10
*Ámense los unos a los otros con amor fraternal,
respetándose y honrándose mutuamente.*

El Nuevo Testamento nos habla muchas veces de tomar la iniciativa en cuanto a hacer lo que queremos que otros hagan por nosotros. Si pensamos en esto al hablar de la amistad, tenemos que notar que la Biblia propone que nos convirtamos en la clase de amigos que pretendemos que otros sean con nosotros. El versículo de hoy es como un mandamiento para los buenos amigos. Pero a algunos humanoides nos cuesta más que a otros esto del afecto.

En nuestra cultura latina las mujeres suelen tener menos problemas en demostrar afecto que los que tenemos los hombres. De alguna manera se nos metió en la cabeza que si un hombre muestra demasiado su afecto, es sospechoso de parecerse al sexo femenino. Pero ese es un error. Resulta desagradable ver un grupo de supuestos amigos que solo se burlan unos de otros y no saben decirse nada positivo. Yo fui aprendiendo a ser cariñoso con mis amigos y a expresarles siempre que puedo lo importantes que son para mí. A veces ha sido un poco raro, no lo voy negar, pero más de una vez las muestras de afecto han ayudado a esa persona de una manera que yo no imaginaba.

Al límite
¿Cómo puedo demostrarles más afecto a mis amigos?

Encuentro
Querido Dios, gracias por las amistades que tengo. No te voy a decir que no quisiera más o mejores amigos, pero entiendo que eso es también mi responsabilidad. Permíteme ser una persona afectuosa que dé cariño a sus seres queridos para recién después esperar algo a cambio. En el nombre de Jesús. Amén.

La virgen

Lucas 1:30
—No tengas miedo, María; Dios te ha concedido su favor —le dijo el ángel—.

E n muchos países hoy se celebra el día de María, la madre de Jesús. Las sagradas escrituras no nos dicen dónde nació, a qué escuela fue, qué estudió. No nos hablan de su apariencia física ni del color de su piel, su pelo o sus ojos. No señalan si era gorda, flaca, alta o baja. Lo que la Biblia sí dice es que Dios había establecido que una virgen iba a concebir y dar a luz un hijo. «Por eso, el Señor mismo les dará una señal: La joven concebirá y dará a luz un hijo, y lo llamará Emmanuel» (Isaías 7:14). Y este cumplimiento se da en María (Lucas 1:26-38).

María fue la elegida de Dios no porque fuera perfecta sino porque Dios tenía ese propósito que cumplir con ella. Pero evidentemente tenía cualidades que hicieron que Dios la eligiera. En Lucas 1:38, encontramos que la virgen María se reconoce a sí misma como una sierva, demostrando su actitud comprometida con la gente. Era obediente, dispuesta a sufrir y audaz, ya que al ser una mujer comprometida en matrimonio con José, y quedar embarazada sin haberse casado todavía, tendría que enfrentar las consecuencias sociales de su tiempo, que eran bastante fuertes. Lo que leemos acerca de ella nos da a entender que el hacer la voluntad de Dios era su prioridad.

También en Lucas 1:47, en su famoso cántico, ella reconoce la necesidad que tiene de un Salvador, lo que indica que además de ser una sierva obediente, era una mujer humilde, capaz de reconocer su necesidad espiritual ante el Dios que la llamó. Y también sus palabras «Mi espíritu se regocija en Dios mi Salvador», nos hacen notar que ella sabía gozarse en el Señor.

Al límite
¿Qué siento por María? ¿Qué puedo aprender de ella?

Encuentro
Querido Dios, gracias te doy por María. Gracias por el milagro de haber elegido una virgen para concebir a Jesús como hombre en la tierra. Gracias por su ejemplo y la osadía de estar dispuesta a cumplir con lo que tenías para ella.

El gran diamante
y las piedritas

Sebastián Spagnoli
Olivos, Argentina

Daniel 12:13

Pero tú, persevera hasta el fin y descansa, que al final de los tiempos te levantarás para recibir tu recompensa.

Este joven había recibido instrucciones precisas de a dónde debía llegar para recibir su herencia: «*Pasa esa entrada y sigue el camino hasta el final sin detenerte. El camino mismo te mostrará el recorrido, pero no te detengas y esquiva todos los obstáculos siempre mirando hacia adelante. Ah, llévate esta bolsa para poner tu herencia cuando llegues al final*». El joven comenzó su recorrido muy animado, pero con el correr de los días veía cosas pequeñitas brillantes al costado del camino. En un momento decidió detenerse para ver qué era lo que brillaba. Al acercarse vio una pequeña piedra de diamante. Eso lo alegró, pero se lamentó al darse cuenta de todos los diamantes que había dejado en el camino. Por un momento estuvo tentado a regresar para recogerlas, pero recordó haber recibido instrucciones de no parar. Bueno, pensó, la bolsa es lo bastante grande y debe haber más de estos diamantes pequeños adelante. Total, ¡qué le hace una que otra piedrita a esta gran bolsa, no tiene importancia! Efectivamente, el camino estaba lleno de estos pequeños diamantes y el muchacho se encargó de recoger todos los que tuvo a su alcance. Al llegar al final de su viaje, la bolsa en su espalda pesaba tanto que estaba agotado, y harto del dolor de espalda, en el lugar donde debía recoger su herencia fue donde recibió su sorpresa. Un enorme diamante lo esperaba. Miró su bolsa y tenía la capacidad justa para cargar ese gran diamante, pero no sobraba ni un milímetro. Cuánto tiempo había perdido juntando piedritas y cuán pesado y doloroso había resultado su viaje a causa de esto. Así es la vida de algunos cristianos; sabemos que al final del camino esta nuestra herencia, pero perdemos tiempo juntando piedras que solo hacen más pesado nuestro viaje. El camino está lleno de piedras brillantes, pero no se comparan con la recompensa que nos espera al final de un camino de obediencia a Dios.

Al límite
¿Me freno en el camino a juntar piedras brillantes sin valor? ¿Cómo hago para ser libre del pecado y llegar descansado al «gran diamante»?

Encuentro
Querido Dios, dame sabiduría para que pueda desechar las distracciones del camino de mi vida. Quiero perseverar y confiar en tus promesas. Deseo llegar a tu presencia sin piedras para poder disfrutar de tu recompensa.

Los extraterrestres y Rapoport

María Eugenia Campos / Tandil, Argentina

Isaías 43:19

¡Voy a hacer algo nuevo! Ya está sucediendo, ¿no se dan cuenta? Estoy abriendo un camino en el desierto, y ríos en lugares desolados.

Me llamo María Eugenia, pero tengo amigas que me llaman «Rapoport». Una de las características que más me asombra de Dios es que tenga ganas de asombrarme de maneras creativas. Seguro que a ti también te pasan muchas cosas increíbles cuando caminas cerca de Dios. A mí me sorprenden muchísimas cosas de Dios. Es por eso que la gente que me conoce me recomienda que escriba un libro o una novela para hacerme más rica que Madonna. En el ministerio que teníamos en Tandil, cada vez que llegaba tarde me preguntaban por el rapto de los extraterrestres y el viaje a Marte. Decían eso porque estaban acostumbrados a que yo les contara algo especial que me había sucedido recientemente. Decían que algo extraño era lo mínimo que se imaginaban que podía pasarme (demás está decir que son unos exagerados). Pero lo que más les asombra a las personas que me conocen (y a veces a mí también) es que tengo la capacidad de tomarme todo con humor, y creo que ese es el secreto. Cuando cada día lo vivimos con Dios, él hace que hasta las cosas más trágicas no nos afecten tanto. Seguro que habrás escuchado ese versículo que dice: «Todo lo puedo en Cristo que me fortalece» (Filipenses 4:13). Una vez me traje de un hermoso campamento en Chaco, al norte de la republica Argentina, la pregunta: «Dios, ¿qué es lo que tienes preparado hoy para mí?» Hacerla de corazón es lo que ha transformado cada uno de mis días en una aventura. Creo que tú y yo sabemos que no existe nadie que pueda hacer los planes tan perfectos como nuestro Dios. Entonces: ¿por qué resignarse a mirar solo la vida de gente famosa o una novela barata, cuando Dios tiene para ti toda una aventura asombrosa? Anímate a consultar la agenda que Dios tiene hoy para ti y sé la persona más original de la Galaxia.

Al límite

¿Qué cosa nueva querrá hacer Dios conmigo hoy?

Encuentro

Señor, hoy me animo a darte la agenda de mi corazón, todos mis planes, actividades, problemas, limitaciones, y mi visión de las cosas. Quiero que seas la prioridad en mi vida y deseo estar en comunión contigo en cada segundo para que a través de mí puedas sorprender a otras personas con tu amor.

Tres razones para hablar de sexo

Juan 8:32
Y conocerán la verdad, y la verdad los hará libres.

Es importante que los cristianos hablemos de la sexualidad por tres razones: *No decir nada al respecto es alimentar la ignorancia.* El silencio transmite la idea de que se trata de algo oculto, oscuro y malo. El sexo no tiene nada de malo en sí mismo. Dios diseñó la sexualidad, él con toda su santidad la ha creado. La Biblia dice bastantes cosas al respecto y podemos hoy encontrar el soporte de libros cristianos y hasta seculares que afirman que la Biblia tiene razón en sus recomendaciones.

De sexo sí se debe hablar porque hay mucho que aprender de los mejores planes del cielo para la sexualidad.

El mundo habla demasiado al respecto.

Si los padres y líderes cristianos no dicen nada, los jóvenes solo tendrán como base lo que escuchan en los medios masivos de comunicación. Por favor, no te quedes con lo que te dicen MTV, Ricky y las canciones románticas del momento. El mundo habla demasiado al respecto pero siempre dice lo mismo: «Hay que satisfacer las ganas» y «Sexo y amor son la misma cosa». Dos mentiras con consecuencias tristes.

Nosotros tenemos la verdad.

¿Quién mejor que el Creador para decir qué nos conviene? Muchos tienen la idea equivocada de que Dios da mandamientos sin sentido que solo tienen como fin el mantenernos a raya y aburridos. ¡Nada más lejos de la realidad! Dios quiere lo mejor para nosotros y cuando nos dice que algo no nos conviene es porque de verdad es así. Vivir en los planes de Dios es lo más inteligente que podemos hacer por nuestro futuro. Jesús es la verdad suprema y todo lo que él nos recomendó es una receta para tener una vida exitosa. Podemos hablar de sexo. Es necesario hacerlo; pero lo mejor es hablarlo con personas que posean una perspectiva cristiana y experiencia, como papá o mamá, o como los líderes de la iglesia.

Al límite

¿Con quién puedo hablar de sexo? ¿Cuándo me voy a animar a hacerlo?

Encuentro

Señor, gracias por el regalo de la sexualidad. Ayúdame a administrarlo bien de manera que pueda ser feliz y no tomar ninguna decisión que me lastime.

Vampiros

Gisela Ramos
California, USA

Marcos 16:15

*Les dijo: «Vayan por todo el mundo y anuncien
las buenas nuevas a toda criatura».*

Todos sabemos algo acerca de los vampiros. Desde chiquitos nos asustan con cuentos de Drácula y otros chupa sangre famosos. Pero sabemos que no existen. ¿O sí? Algunas de las características que conocemos a partir de las películas son que:

Los vampiros parecen personas normales y hacen muchas de las cosas que el resto de los mortales hacen. Con la leve diferencia de que no están vivos: son muertos en vida y pueden convertirnos en uno de ellos.

Ellos buscan algo con lo que llenar sus vidas, siempre tienen que conseguir un extra para vivir un poco más. ¡Y lo encuentran! Pero nunca resulta suficiente. No entran a ninguna parte a menos que sean invitados. Solo los salva de permanecer en ese estado de muerte alguien que les clave una estaca en el corazón. Si lo pensamos bien, todas estas son también las características de muchas de las personas que nos rodean. Gente a la que conocemos desde hace mucho, con la que compartimos la mitad de nuestras vidas. Gente que en parte nos ha criado (o quizás crecimos junto a ella), pero que no tienen el privilegio de conocer a Dios como lo conocemos nosotros. Los únicos que podemos ayudarlos a encontrarse con el que los salvará de un destino miserable somos nosotros mismos. ¡Cuidado! No estoy diciendo que hay que clavar a nadie. Solo es necesario que atravesemos sus corazones con algo más poderoso que cualquier estaca: «El mensaje de salvación». Al fin y al cabo, no hay que esperar que ellos vayan a Cristo; hoy mismo podemos invitarlos a conocer a Jesús (Romanos 10:14).

Dios nos dio una misión, y es para que la cumplamos. Qué mejor que empezar con aquellas personas que nos importan y a las que amamos. Después de todo, no queremos que sean vampiros.

Al límite
*Revisa las características de los vampiros y piensa en tus amigos.
¿Cómo puedes ayudar a los que están muertos en vida?*

Encuentro
Señor, gracias porque me diste el honor de conocerte y me salvaste de un destino negro. Te pido que me ayudes a llevar tu salvación a todos aquellos que lo necesitan, empezando por dar el ejemplo entre todas las personas que quiero. Gracias. Amén.

Diciembre 13
Mentes inquietas

Éxodo 31:3
Y lo he llenado del Espíritu de Dios, de
sabiduría, inteligencia y capacidad creativa.

A partir de investigaciones realizadas en la Universidad de Minnesota se descubrió que los maestros les sonreían a los niños con alto índice de inteligencia y que eran aplicados, pero miraban con desprecio a los más creativos. Según el estudio, los alumnos inteligentes pero no creativos aceptan con conformidad, no se rebelan, y completan sus deberes con prontitud y de modo casi perfecto. Los niños, creativos en cambio, tienden a ser manipuladores, imaginativos e intuitivos. Son más propensos a poner nerviosos a los maestros. En general los creativos son inquietos, independientes y les falta seriedad. Muchas veces su comportamiento distrae al resto de la clase y dan respuestas inesperadas. El estudio universitario encontró que el setenta por ciento de los niños nivelados muy alto en creatividad **no** eran los preferidos de los profesores y **no** eran los mejores de la clase. Luego compararon sus resultados con los de una investigación de la Universidad de Stanford en el que se había dejado a los profesores y maestras de escuelas primarias seleccionar a los niños más brillantes. La conclusión arrojó que los educadores hubieran excluido de su lista de alumnos brillantes a Edison, Picasso, Einstein y Mark Twain. La creatividad es un regalo de Dios. Es uno de sus atributos comunicables. Es decir, una de las características de Dios que él decidió trasmitirnos como consecuencia de hacernos a su imagen y semejanza. Las personas creativas están siempre buscando nuevas y mejores formas de hacer las cosas. Muchas veces la iglesia ha hecho lo mismo que la escuela. Hemos puesto en alta estima a los que repiten los procesos al pie de la letra en vez de prestarles atención a los innovadores que quizás han encontrado una mejor manera de hacer las cosas para el tiempo moderno. Con el Espíritu de Dios, todos los cristianos podemos ser personas creativas. Debemos usar la imaginación para poder cumplir con la misión para la que Dios nos escogió. Podemos usar la imaginación para renovar nuestra vida, familia, iglesia y este mundo que tanto necesita de la creatividad de los hijos de Dios.

Al límite
¿Qué piensa Dios de la creatividad? ¿Cómo puedo usar mi creatividad para el Señor?

Encuentro
Querido Dios Creador, gracias por darme libertad para ser una persona creativa. Quiero usar todos mis talentos y dones a tu servicio para que la iglesia pueda ser cada vez más eficiente.

Compartir

Elizabet Calderón
Lomas de Zamora, Argentina

Gálatas 6:2
Ayúdense unos a otros a llevar sus cargas.

Durante años creí que eso de andar ventilando lo que a uno le pasa por dentro era un asunto de adolescentes problemáticos que siempre tienen algún drama nuevo por contar. Tengo que reconocer que muy en el fondo, me llamaba un poco la atención el que todos manifestaran sentirse tan aliviados y tranquilos luego de expresarle sus cosas a otro. Pensaba que eso no era para mí. Cómo yo, una joven tan fuerte y segura de sí misma, iba a dar indicios de debilidad. Nuestras preocupaciones, dramas en casa y miedos, no tienen por qué ser la historia del día para los demás; pero lo cierto es que las cargas pueden ser compartidas. Eso nos lo enseña la Biblia. Cuando somos capaces de resignar nuestro orgullo y abrirnos a los demás es que nos damos cuenta de la tremenda bendición que nos estábamos perdiendo. Aunque a veces parezca que ninguno de lo que nos rodean es digno de confianza, todavía queda gente a la que podemos recurrir. No dejemos que nuestra apariencia de gente «dura» nos prive de la oportunidad de disfrutar de amistades profundas en serio. Animémonos a acercarnos a los demás y mostrarnos tal cual somos, ellos se acercarán a nosotros también.

Al límite
¿Soy de las personas que se guardan todo para sí?
¿Por qué es bueno contar con otros?

Encuentro
Señor, gracias porque tú nunca te asustas de mis debilidades. Señor, dame personas confiables con las cuales compartir mis dramas y ayúdame a ser la clase de persona con la que otros pueden contar cuando tienen problemas.

Diciembre 15
Just do it!

Paula Del Vecchio
Adrogué, Argentina

Proverbios 28:26
*Necio es el que confía en sí mismo; el
que actúa con sabiduría se pone a salvo.*

L a Biblia dice que el corazón del hombre es engañoso, y que debemos confiar en Dios para ser sabios (Proverbios 1:7). En cambio, este mundo nos dice a gritos: «Solo hazlo»; o «Mientras te haga sentir bien... ¡dale rienda suelta a tus sentidos!», «Solo se vive una vez». «¿Quién sabe si mañana te mueres y al final viviste toda tu vida como un reprimido?»

Este discurso es muy conocido. Es más, nos bombardean constantemente con él por todos lados desde la tele, la radio y hasta nuestros amigos. Y a Dios, que susurra a nuestro corazón sus sabios consejos, no lo escuchamos porque nos dejamos aturdir. Entonces terminamos conformándonos. Es decir, tomando la forma del «mundo», del «sistema» o como querramos llamarlo, cuya escala de valores es inversamente proporcional a la de Dios.

Pero no todo está perdido. Como hijos de Dios podemos contar con el fruto del Espíritu Santo, en especial con el dominio propio, que nos ayuda a controlarnos en momentos de tentación. No es fácil, pero tampoco imposible. Confiar en Dios es la mejor opción.

A pesar de que la filosofía actual diga: «Sigue tus instintos, sé tú mismo, no te reprimas»; Dios no quiere que seas un reprimido. Él quiere que te ordenes para tener una vida plena.

Hoy no está de moda hablar de «orden», parece tener más onda hablar de descontrol, porque esta palabra nos suena como sinónimo de diversión. Otra mentira astutamente disfrazada.

¿Te pusiste a pensar a dónde conduce el desenfreno o el descontrol? No creo que sea necesario leer un diario para responder a esa pregunta, los resultados saltan a la vista.

Al límite
*¿«Seguir a tu corazón» y «consultar a Dios», son lo mismo?
¿Será sano vivir por nuestros instintos? ¿Por qué?*

Encuentro
*Señor, perdóname por confiar más en mis instintos que en tu voz. Ayúdame
a confiar en ti en los momentos de tentación para seguir tu corazón en vez
del mío. Amén.*

Diciembre 16

Dos para el loquero

Hechos 16:25-26

A eso de la medianoche, Pablo y Silas se pusieron a orar y a cantar himnos a Dios, y los otros presos los escuchaban. De repente se produjo un terremoto tan fuerte que la cárcel se estremeció hasta sus cimientos. Al instante se abrieron todas las puertas y a los presos se les soltaron las cadenas.

Pablo y Silas estaban encerrados por predicar. El carcelero, que debía parecerse a King Kong, los metió cuidadosamente en el calabozo con un cepo en sus manos y en sus pies. Parece que Pablo se le dió por hacer gárgaras, y una vez encerrado dio la nota, no sé si era en «fa o en sol», pero Silas se animó, y empezaron a alabar al Señor. Despúes de un rato, con todo el resto de los presos mirando, fueron levantando el ritmo hasta que llegaron a su canción preferida y, ¡oh, qué fiesta! Parece que Dios, que escuchaba desde los cielos, se la sabía, y como la canción era una de esas que tienen coreografía con saltito, lo dio. Claro que todo se estremeció al instante. El salto de Dios produjo un terremoto en la tierra y Pablo y Silas quedaron liberados.

Más allá de los detalles, que son producto de mi imaginación, lo cierto es que la fiesta de Pablo y Silas fue escuchada por Dios y él los liberó. Era cosa de locos alabar al Señor en esas circunstancias, pero ellos se animaron a festejar en el calabozo y el Señor se alegró con ellos.

No te metas en tu propio camino. Muchas veces somos nosotros los que limitamos y detenemos el gozo del Señor. Pensamos: «Esto no lo voy a poder hacer, a eso no voy a llegar o aquello es demasiado difícil». «Esta situación es muy triste» y quizás no logramos ver que esa celda es una oportunidad de crecimiento en la que podemos gozarnos. Sucede que los que se sienten siempre atrapados en alguna circunstancia es porque están encerrados en una religión. Pablo y Silas sabían festejar su vida cristiana aun cuando estaban en la cárcel. Se enfocaban en lo positivo y no en lo negativo. De esa manera, su estado de ánimo los llevaba a sentirse a gusto aun en medio de las circunstancias más tristes.

Al límite

¿Por qué Pablo y Silas cantaban en la cárcel?
¿Cuánta locura santa hay en tu vida?

Encuentro

Hoy quiero alabarte en toda circunstancia. Quiero experimentar tu gozo y cantar aun en las situaciones más difíciles.

Combustible del corazón

Romanos 5:5

Y esta esperanza no nos defrauda, porque Dios ha derramado su amor en nuestro corazón por el Espíritu Santo que nos ha dado.

En 1907, el explorador Ernest Henry Shackleton organizó una increíble expedición al polo Sur. Shackleton sabía que el viaje iba a ser demoledor, pero no esperaba que las condiciones del tiempo fueran tan malas. Estando con sus compañeros de aventura en el medio del viaje, las tormentas empezaron a destruir todo lo que tenían. Las temperaturas bajo cero volvían letal al viento. La visibilidad era imposible, sus cuerpos ya estaban extenuados y cada paso demandaba un esfuerzo sobre humano. En medio de esa situación, la comida también se estaba terminando. Cuando faltaban noventa y siete millas náuticas para llegar al polo Sur, tuvieron que abandonar las esperanzas de arribar y emprender el regreso, lo cual obviamente empeoró el ánimo de todos.

Mientras hacían su intento desesperado de volver a la base se dieron cuenta de que debían acelerar el ritmo de marcha o iban a sucumbir. Decidieron que tendrían que dejar varias cosas en el camino para hacer su carga más ligera. En medio de esta situación tan extrema, Shackleton prestó mucha atención a lo que sus compañeros decidieron dejar en el camino, y en el proceso aprendió mucho de ellos. Lo primero de lo que se desprendieron fue dinero en moneda. Lo siguiente, aunque verdaderamente escaseaba, fue la comida. Luego prendas de vestir y elementos técnicos que cargaban encima.

Al regresar al campamento, luego de contar lo sucedido, Shackleton le preguntó al resto: ¿Qué creen que fue lo que todos guardaron hasta lo último con mucho cuidado? La respuesta calentó el frío ambiente de la base: «Las fotos y las cartas de los amados fue el combustible que los mantuvo en movimiento por la esperanza de volverlos a ver». El amor siempre nos llena de nuevas esperanzas.

Al límite

¿Cuál es el combustible de tu corazón?

Encuentro

Querido Rey, hoy quiero dejar que me llenes de tu amor. Quiero sentirlo y disfrutarlo. Gracias porque contigo siempre hay nuevas esperanzas.

Santidad

Marcelo Gallardo
Banfield, Argentina

Salmos 93:5
*Dignos de confianza son SEÑOR, tus estatutos;
¡la santidad es para siempre el adorno de tu casa!*

L a santidad es una de las cosas más importantes que Dios pide para que podamos tener una buena relación con él. Lo lamentable es que la santidad sea una de las cosas que más descuidamos. Ser santos no se trata solo de alejarnos del pecado, sino que el hecho más destacable es que implica «apartarnos» para Dios. En este sentido, la santidad es una actitud constante del corazón que decide apartar todo lo que hacemos, decimos, escuchamos, vemos y pensamos para el servicio a Dios. Además, ¿cómo puedo querer ser usado por el Señor si no me aparto para él? Sería como usar el mismo trapo para limpiar el piso del baño y los platos; resultaría desastroso. Otro problema de la falta de santidad es que nos invita a alejarnos de nuestra relación personal con el Señor. Así se interrumpe la comunicación y todos sabemos que si en un proyecto la comunicación falla, el objetivo se empieza a desviar. Por eso Dios quiere que nos santifiquemos para él y para su obra. El camino a la santidad se encuentra básicamente en una relación íntima con Dios. ¿Nunca tuviste un amigo con el que pasaste veinticinco horas por día y después de un tiempo te diste cuenta de que muchas de sus actitudes, chistes, reacciones y hasta gustos ya eran tuyos también? Con el Señor sucede igual. Cuanto más tiempo pases con él, más cosas vas a imitar de su persona, y más parecido a él vas a ser. Esa es la clave, y te aseguro que todo el tiempo invertido valdrá la pena; porque cuánto mayor sea la santidad, mejor podrás ser usado por Dios para su obra.

Al límite
¿Estoy cultivando una relación íntima con el Señor que produzca santidad? ¿Cuán «apartado» para Dios estoy?

Encuentro
Padre celestial, te pido que me sigas santificando; te entrego todo mi ser, mis acciones y pensamientos para que hagas lo que quieras conmigo.

El cielo en la tierra

Apocalipsis 19:9
El ángel me dijo: «Escribe: "¡Dichosos los que han sido convidados a la cena de las bodas del Cordero!"»

Cuando era pequeño y escuchaba decir a los que dirigían las reuniones que el cielo sería como quedarnos cantando en la iglesia por la eternidad, me daban ganas de gritar *¡Noooooo, por favor! ¡No quiero ir al cielo!* Hasta recuerdo habérselo dicho a mi mamá. Con muchas risas ella me explicó que el cielo no era una reunión en un templo. Me dijo que era mejor que la mejor fiesta de cumpleaños que se me pudiera ocurrir, y que estaría lleno de muchas sorpresas que no éramos capaces de imaginar. Me quedé pensando en la fiesta de cumpleaños y llegué a la conclusión de que el cielo iba a ser divertido y emocionante. Hace poco escuchaba una canción de Steven Curtis Chapman que se llama: *El cielo en la tierra,* y recordé esa experiencia que había quedado grabada en mi memoria. Al salir a la superficie, mi ocurrencia cobró un nuevo sentido. Si el cielo es una fiesta, en la tierra debería ser igual y del mismo modo tendría que ser la iglesia. Pero miramos la historia y es como si se hubiera cortado la luz en medio del cumpleaños. Hemos perdido mucho de ese espíritu gozoso que Dios intentó imprimir en su pueblo. Si pensamos bien en quiénes son los que van a estar en la fiesta de los cielos, resulta fácil darnos cuenta de que si queremos un cielo en la tierra, debemos perdonar a los que no se lo merecen, dar consuelo a aquellos a los que les hace falta y preparar comida para los que están hambrientos. Traer el cielo a la tierra es festejar, según la gracia de Dios, con aquellos que Dios ama. Aun Cristo comparó su reino con una fiesta de bodas (Mateo 22:2-4). Pero muchas veces la iglesia se parece más a un velorio que a una fiesta. ¡Cambiemos! Seamos una iglesia que sepa compartir con los que no tienen, capaz de perdonar a los que no se lo merecen y que busque motivos y maneras para festejar el amor de Dios. Algunos confunden ser espiritual con ser aburridos. Ambas cosas no tienen nada que ver. ¡Ser espiritual es estar lleno de fiesta!

Al límite
¿Cómo llevar la fiesta de conocer a Dios allí donde no la conocen?
¿Cómo puedo traer el cielo a mi familia y a mis amigos?

Encuentro
Querido Rey, gracias por la fiesta. Gracias por la promesa del cielo y porque podemos empezar a disfrutar aquí mismo de todas tus bendiciones. Lléname de gozo para que pueda ser un testimonio de que en verdad te conozco.

Pero... ¿Por qué a mí?

CAROLINA ROVIRA
COSTA RICA

Eclesiastés 3:11 (BLA)
*Cuando Dios creó este mundo, todo lo hizo hermoso. Además nos dio la
capacidad de entender que hay un pasado, un presente y un futuro.
Sin embargo no podemos comprender todo lo que Dios ha hecho.*

En muchas ocasiones he querido saber por qué recibí una noticia que me
destrozó, o por qué alguien al que amaba ya no está, o hasta me pregunté: «¿Qué mal has hecho para que te devuelvan golpes que no puedes
soportar?» Es como esos días en los que parece que todo te sale completamente de cabeza. Por eso me gusta la historia de Job. Él era bueno y honrado,
obedecía a Dios y evitaba hacer maldades. Sin embargo, en cierto momento
de su vida Dios permitió que toda clase de sufrimientos vinieran sobre él y
llegó a perder todo lo que tenía. No le quedó más que aceptar lo que había
pasado, pero llegó a un punto en el que el dolor que sentía era tan fuerte que
no hacía más que buscar a Dios y preguntarle por qué estaba pasando por todo
eso. Dios no le respondió hasta que lo consideró adecuado, y en medio de su
dolor fue donde Job pudo conocer verdaderamente a Dios y su sabiduría. Job
pudo ver su gran poder y le pidió perdón por haber dudado de sus decisiones.
Conoció más a Dios y al final, él lo bendijo con mucho más de lo que Job
había tenido antes (Job 42). Al vernos en medio de circunstancias o sensaciones desesperantes, se nos hace muy difícil dar gracias por nuestra vida o
ver que a pesar de todo eso tan desagradable por lo que estamos pasando,
Dios continúa teniendo cuidado de nosotros. Pero es bueno recordarlo y
agradecer el que con pequeñas cosas nos dé fuerzas y se preocupe de que, de
alguna manera, sintamos un abrazo suyo que nos susurre: «Tranquila, aquí
estoy, verás cómo termina la historia».

Al límite
¿Cómo creo que va a terminar mi historia?
¿Por qué puedo confiar en el Señor?

Encuentro
*Papá, hoy quiero darte gracias porque en medio de tu grandeza y santidad no dudaste en dedicar tiempo a planear cada forma de mi cuerpo,
cada instante, y el que pudiera encontrar el camino perfecto para llegar a
tu amor. Gracias por aquello que has puesto en mi camino y me ha dado
alegría. Y gracias también por las cosas que no me han gustado, porque
todas ellas me han traído hasta donde estoy y han sido importantes para
formar aquello que te propones conmigo.*

Los profetas y las profecías

Jeremías 7:25

Desde el día en que sus antepasados salieron de Egipto hasta ahora, no he dejado de enviarles, día tras día, a mis servidores los profetas.

Los profetas de la Biblia eran seres humanos entregados a Dios, pero tan comunes como nosotros. Quizás algunos fueron algo raros, pero no tanto por como eran sino por lo que les tocó vivir. Eran hombres y mujeres que Dios elegía para llevar un mensaje a alguien. Hoy en algunas congregaciones se trata con mucho respeto a algunos profetas modernos, pero no siempre les resultó fácil su tarea en tiempos bíblicos. Cuando las advertencias venían cargadas de malos presagios, los profetas solían meterse en problemas, tenían que escapar y muchas veces se los consideraba personas extrañas. Mucha gente simplemente deseaba escuchar cosas que les endulzaran los oídos, y entonces no querían a los que vinieran con algún reclamo de parte de Dios, sino que llamaban a los que siempre decían cosas positivas. Así fue que surgieron los falsos profetas. La historia ha padecido la triste presencia de falsos profetas que, lejos de estar movidos por Dios, respondían a intereses políticos o simplemente a la conveniencia personal.

Prácticamente todos los estudiosos coinciden en que profecía es un mensaje que proviene de Dios. Si alguien habla palabra de Dios a un pueblo o individuo, estará cumpliendo el papel de profeta. Al mirar las profecías que aparecen en la Biblia, siempre encontraremos estos elementos:

Un desafío claro que requiere fe y obediencia para el hoy.

Alguien que habla de parte de Dios y desafía al ser humano a cambiar una conducta pecaminosa.

Una clara advertencia: los que no entiendan que Dios quiere lo mejor para ellos, y decidan desobedecerlo, sufrirán tristes consecuencias.

Al límite

¿Qué son las profecías? ¿Puedo yo profetizar?

Encuentro

Querido Dios, gracias por usar hombres y mujeres comunes para tu obra. Gracias por aquellos que en la antigüedad se la jugaron por decir lo que venía de tu boca y gracias por los que hoy hacen lo mismo en tu nombre. Dame la sensibilidad que ellos tuvieron para escucharte y también la valentía de decir lo que entiendo que viene de tu corazón para la vida de otros. Amén.

Espigas dobladas

Efesios 2:8-9

Porque por gracia ustedes han sido salvados mediante la fe;
esto no procede de ustedes, sino que es el regalo de Dios,
no por obras, para que nadie se jacte.

Un joven inexperto en cuestiones del campo fue enviado a ver si las espigas estaban listas y a revisar si los sembrados estaban a punto para ser segados. Luego de ir, el joven volvió a su padre y le dijo:
—Papi, creo que esta vez la cosecha será muy pobre.
—¿Por qué? —le preguntó el padre.
—Porque la mayor parte de las espigas están dobladas y se ven mal, como desmayadas; seguramente que no valen nada.
—¡Mi hijo querido! —le dijo su padre riendo— las espigas que viste dobladas, lo están por el peso del grano, en tanto que las que están levantadas, pueden hacerlo porque están medio vacías. La doblabas son mejores que las erguidas.

Así sucede muchas veces con los cristianos. Cuando alguno levanta la frente lleno de orgullo, es porque en su interior tiene poca conciencia de sus carencias. Los cristianos verdaderamente espirituales son humildes porque, como espigas dobladas, cargan el peso de saberse beneficiados por la gracia y eso es siempre mejor que estar erguidos. Una vez mi esposa me escribió en una carta: La clave de permanecer de pie ante los hombres es permanecer de rodillas ante Dios.

Al límite
¿Cuán concientes son los cristianos que conozco de la necesidad que tienen de la gracia de Dios? ¿Cómo puedo llevar más fruto para Dios?

Encuentro
Querido Dios, gracias por tu salvación y perdónanos cuando nos jacta-
mos de ser cristianos. Fue tu gracia la que nos trajo hasta aquí y no
nuestros méritos. Por eso llénanos estos días de compasión por los que
todavía no han entendido acerca de tu amor. En el nombre de Cristo
Jesús. Amén.

Diciembre 23

Gatos navideños

Filipenses 2:6-7

Quien, siendo por naturaleza Dios, no consideró el ser igual a Dios como algo a qué aferrarse. Por el contrario, se rebajó voluntariamente, tomando la naturaleza de siervo y haciéndose semejante a los seres humanos.

Era la noche previa a navidad y adentro de la cálida casa el árbol se veía rodeado de regalos. La madre estaba lista con los niños para salir con rumbo a la iglesia, porque esa noche se celebraría una reunión especial, pero los niños decidieron insistir ante el padre una vez más. «Ven con nosotros», le dijeron. Pero el respondió: «Yo no creo en nada de esa religiosidad barata».

Por años su esposa le había hablado de Jesús y del plan de salvación, dándole testimonio en cada detalle, pero él siempre la había rechazado diciendo que no tenía sentido para él. La parte que se refería a Dios haciéndose hombre le parecía especialmente descabellada.

Cuando la familia finalmente salió de la casa, el hombre se quedó solo, tirado sobre el sofá. Luego se acercó al fuego y miró por la ventana sorprendido de ver un extraño movimiento en la nieve. Observó con cuidado y vio un grupo de gatitos. «Que torpes» pensó. «Se van a congelar». Pero su corazón se apiadó de ellos así que se abrigó y salió a buscarlos. «Vengan aquí gatitos, vengan que tengo comida para ustedes, gatitos, gatitos». Pero los gatos lo miraron con desconfianza. «No se asusten» les insistió, pero al dar un paso los gatos se alejaron atemorizados.

«Bueno, hice todo lo que podía», murmuró. «¿Que más podría haber hecho para salvarlos?» Siempre astuto para pensar rápidamente, se dijo. «Me tendría que haber hecho gato para que me entendieran y así salvarlos»… Fue en ese momento que un frío temblor le sacudió la piel y escuchó su propia voz interior repitiendo la base de la idea que acababa de tener. «Tenía que hacerse uno de nosotros para que pudiéramos entender que quería salvarnos»… Allí nomás este hombre se acercó al fuego y se puso de rodillas para entregarle su vida a Jesús.

Al límite

¿Qué significa para mi vida que Cristo se haya hecho hombre?

Encuentro

Dios poderoso, gracias por el regalo de Cristo. Gracias por su deseo de ser uno de nosotros para hacernos claro tu amor y tu deseo de salvarnos. Te doy muchísimas gracias por el milagro de la Navidad: Que Cristo siendo Dios haya venido a nacer en un pesebre de Belén para salvarnos.

Noche buena

Mateo 2:1-3 (RVR60)

Cuando Jesús nació en Belén de Judea en días del rey Herodes, vinieron del oriente a Jerusalén unos magos, diciendo: ¿Dónde está el rey de los judíos, que ha nacido? Porque su estrella hemos visto en el oriente, y venimos a adorarle. Oyendo esto, el rey Herodes se turbó, y toda Jerusalén con él.

Si hay una fecha que hemos romantizado en occidente es la Nochebuena. Muchos no pueden visualizar el pesebre sin el árbol iluminado, el gordo de pijama rojo, los villancicos, las medias, los regalos y los tres «magos» vestidos con oro y trajes lujosos. ¡Es todo tan lindo...! Lo hemos convertido en un momento de plena satisfacción de nuestros sentidos.

Pero si hay una nota común en cada una de las escenas de la historia bíblica de la Navidad es que se trata de una ocasión en la que Dios amenaza la comodidad de los hombres. La primera escena presenta a un ángel avisándole a una adolescente soltera que está embarazada. Luego hay un novio que considera abandonar a su novia en medio de la vergüenza. Luego un rey se siente jaqueado ante la posibilidad de que surja un nuevo soberano. Sabios de oriente viajan siguiendo una estrella… Una pareja que no encuentra hotel, termina dando a luz con los aromas de los animales, rodeados por un grupo de pastores que se pega el susto de su vida. Así fue la Nochebuena. No era muy romántico todo lo que ocurrió. Navidad es Dios interviniendo. Un llamado a la humildad. Un grito de revolución. El comienzo de un cambio. Un reordenamiento de prioridades. Una invitación a la sorpresa y a la maravilla de tenerlo a Dios como artífice principal de nuestras historias personales. Es mi deseo que en esta Nochebuena sigamos permitiendo que Jesús amenace nuestro acostumbramiento a un mundo sin él.

Al límite

¿En qué amenaza Jesús mi comodidad? ¿Por qué la Navidad es un regalo?

Encuentro

Esta será una noche increíble. Alrededor del mundo se recuerda el regalo de Cristo. El nacimiento de la esperanza y también la amenaza para un mundo en tinieblas. Un recordatorio de que sigue interesado en nacer en el corazón de las personas. Te doy gracias, Señor, por lo que recordamos en esta noche.

La oportunidad
de la Navidad

Lucas 2:7

Así que dio a luz a su hijo primogénito. Lo envolvió en pañales y lo acostó en un pesebre, porque no había lugar para ellos en la posada.

Celebrar una Navidad llena de luces, regalos inesperados y la compañía de seres queridos es el anhelo de muchos. Pero la realidad a veces puede ser completamente diferente. Algunos lloran la ausencia de un ser querido, otros se encuentran lejos de casa y otros tantos no tienen con qué celebrar. Por eso es fundamental recordar el verdadero significado de los hechos que celebramos en estos días.

Navidad comenzó con dos jovencitos cansados que no encontraban un lugar para dormir y un niño naciendo en un pesebre en Belén. Sabemos que el niño era un príncipe y el ser más poderoso que jamás haya nacido en el planeta Tierra. Sin embargo llegó allí. A un lugar destinado al cuidado de animales de campo. ¿Por qué? En Navidad, Jesús nos dio una lección antes de respirar. Él venía a identificarse con los humildes, a estar cerca de los desprotegidos y los que padecían necesidad. Si todos recordáramos eso, la Navidad verdaderamente sería el tiempo más feliz del año.

Los cristianos deberíamos ser los primeros en usar este tiempo como una oportunidad para mostrar la intención de Dios al enviar a su Hijo a nacer como un indefenso bebé en la tierra. Navidad es un tiempo para celebrar, acercándonos a los que aparentemente no tienen un motivo para celebrar. Una oportunidad de encender las luces del amor y decorar con sonrisas donde hay dolor.

Que puedas hoy ser un regalo para alguien como Jesús fue un regalo para ti.

Al límite
¿Cuál es el significado de la Navidad?
¿Cómo puedo contribuir hoy mismo al espíritu de la Navidad?

Encuentro
Querido Dios, quiero mostrarte mi agradecimiento por el regalo de la Navidad y entiendo que la mejor manera es regalándole mi atención a otros. Hoy te pido por aquellos que están en necesidad o pasando dolor. Levanta a tu iglesia para ser consuelo y provisión, y ayúdame a mí a ser protagonista de eso. En Jesús. Amén.

Seguridad de mi salvación

Yo les doy vida eterna, y nunca perecerán, ni nadie podrá
arrebatármelas [a las ovejas] *de la mano.*

E ra una noche de campamento en un centro de retiros en las afueras de
Buenos Aires. Estaba prohibido dormirse y si alguien osaba hacerlo,
era posible que el predicador pegara un grito y el que había caído en
los brazos de Morfeo fuera removido como si fuera un mendigo expulsado
de un lujoso hotel. La situación resultaba verdaderamente graciosa, pero el
predicador no. Todos teníamos terror de que nos atrapara durmiendo y por
lo que venía sucediendo, no dormirse era una misión difícil. Pero esa noche
el predicador comenzó con una pregunta que nos llamó la atención: ¿Cómo
puedo tener seguridad de mi salvación?

Mis amigos y yo habíamos nacido en un hogar cristiano y poco menos
nos sentíamos bisnietos de Dios. Habíamos hecho nuestra oración «aceptando» a Jesús como Salvador hacía muchos años, pero la respuesta a esta
pregunta todavía nos intrigaba. ¿Será que si hoy viene el Señor me voy
para arriba o para abajo? ¿Será que si mañana me pisa un elefante me dan
un arpa o un tenedor? Me olvidé por un momento de mi prima que estaba
a mi lado, como rogándome que hiciera una broma pesada y comencé a
escuchar. Hoy no recuerdo las palabras de aquella predicación pero sí
recuerdo que esa noche decidí nunca más tener dudas con respecto a mi
salvación. Pensé: este es un tema demasiado importante como para andar
con dudas. Tengo que saber siempre la repuesta a esta pregunta.

Al límite
¿Tengo dudas acerca de mi salvación?
Si la respuesta es sí, acércate a un líder maduro lo más pronto que
puedas.

Encuentro
Querido Dios, gracias por tu amor y por el sacrificio de Cristo en la cruz.
Ayúdame a entender la dimensión personal que posee ese sacrificio y la
manera en que puedo siempre tener seguridad de tu parte y de la mía del
milagro del cumplimiento de la vida eterna. Gracias por tus promesas que
siempre se cumplen.

Lo que se viene es todavía mejor

1 Timoteo 6:18-19

Mándales que hagan el bien, que sean ricos en buenas obras, y generosos, dispuestos a compartir lo que tienen. De este modo atesorarán para sí un seguro caudal para el futuro y obtendrán la vida verdadera.

Una de las películas que me ha resultado más simpática en los últimos años es «Corazón de caballero» o «La historia de un caballero», según el país en el que se proyecte, con Heath Ledger. Todo comienza con un niño que mirando un desfile militar le dice a su padre: *«Algún día seré un caballero del rey»* y un viejo que está al lado al escucharlo se ríe: *«¡Ja, ja! ¿Un caballero? ¡El hijo de un techador quiere ser un caballero! Sería más fácil cambiar las estrellas, que el que tú te conviertas en un caballero».*

El niño mira a su padre y le pregunta si lo que dice el viejo es verdad. La lógica dice que el hijo del techador no tiene sangre de nobleza. Pero su padre lo conforta y le dice que sí. Que es posible cambiar su estrella.

La historia continúa con un episodio en el que él y sus amigos se encuentran con un caballero herido, y ese niño, ahora convertido en un joven, toma las armas del caballero y se enrola en una competencia. Como en toda buena película, surge un enemigo. Alguien que parece querer que la premonición del viejo se convierta en realidad. Se opone al sueño del héroe y ataca su identidad. Estrategia muy común utilizada en contra de los sueños. Cuando nuestros enemigos no quieren nuestro progreso la pregunta suele ser: «¿Y quién te crees que eres?» Pero el niño, ahora joven, se siente caballero en su corazón y su valentía prueba que está a la altura de la identidad que cree tener.

Cuando nos reconocemos hijos de Dios, salvados por su gracia y apartados para la misión de representarlo, nos animamos a realizar grandes cosas. Nuestro futuro es diferente del que nuestras posibilidades humanas parecen predecir porque hemos atesorado un seguro caudal. Cuando verdaderamente creemos las promesas de Dios, lo que se viene es todavía mejor que lo que ya hemos vivido.

Al límite
¿Qué puedo esperar de mi futuro?

Encuentro
Querido Dios, gracias por haberme escogido. Gracias porque en tu voluntad puedo esperar cosas cada vez mejores. Gracias porque tu provisión es constante y en mi corazón puedo creer que soy lo que tú dices que soy.

Diciembre 28

Dos soluciones de emergencia

2 Corintios 12:7-9

Para evitar que me volviera presumido por estas sublimes revelaciones, una espina me fue clavada en el cuerpo, es decir, un mensajero de Satanás, para que me atormentara. Tres veces le rogué al Señor que me la quitara; pero él me dijo: «Te basta con mi gracia, pues mi poder se perfecciona en la debilidad». Por lo tanto, gustosamente haré más bien alarde de mis debilidades, para que permanezca sobre mí el poder de Cristo.

Hay muchas historias del imponente poder de Dios. Por ejemplo, aquella en la que una familia fue salvada de la furia de una tormenta o aquella en la que un avión aterrizó sin el tren de aterrizaje. La Biblia llama a esto *milagros*. Dios nos libra de la tormenta y nos libra de la muerte. Cuando Dios obra milagros, es fácil ver lo mucho que se preocupa por nosotros. Pero los milagros son una solución de emergencia. La otra se llama *perseverancia*. Este es el poder para mantenernos firmes y continuar andando a través de tiempos duros. Y también proviene de Dios. El pasaje de hoy nos dice que Pablo pidió una solución de emergencia y recibió la otra. Cuando oró para que Dios lo sanara de su «espina en el cuerpo», Dios le envió perseverancia, y la historia terminó con Pablo aceptando esa solución. Pablo recibió el don de la perseverancia y dio testimonio de que eso lo hizo más fuerte que si solo hubiera recibido un milagro. Dios envía soluciones de perseverancia, aun cuando usualmente oramos por maravillosas cajas de milagros envueltas para regalo, porque desea hacernos más fuertes. En otras palabras, por lo general Dios no arregla nuestros problemas con milagros, pero no porque no se preocupa por nosotros. Él responde a nuestras oraciones, solo que en vez de siempre quitar el problema, a veces nos ayuda a resistir frente a él. Algunas personas piensan equivocadamente que si oran con suficiente fe, Dios siempre realizará un milagro, y cuando no lo hace, se desaniman y hasta no se benefician de la otra solución. ¿Piensas que al apóstol Pablo le faltaba fe? ¡De ninguna manera! Simplemente se dio cuenta que Dios tiene dos soluciones de emergencia y aprendió a apreciar la de la perseverancia.

Al límite

¿Alguna vez te has sentido frustrado porque Dios no resolvió un problema aun cuando oraste por su ayuda?

Encuentro

Querido Dios, gracias por tus milagros y también gracias cuando crees que es mejor no hacerlos. Quiero confiar en tu provisión aunque a veces desde mi limitación humana no entienda cuando quieres que persevere en momentos de dificultad. Dame la posibilidad de discernir tus planes para tener paz.

Largo plazo

Ezequiel 12:28

Por lo tanto, adviérteles que así dice el SEÑOR omnipotente:
«Mis palabras se cumplirán sin retraso: yo cumpliré
con lo que digo. Lo afirma el SEÑOR omnipotente».

S e nos ha dicho que «las reglas de Dios tienen sentido» y que obedecer los mandamientos de Dios nos hará «más felices». Pero a veces esas son píldoras difíciles de tragar. La mayoría de nosotros, por lo menos en algunas ocasiones, no *sentimos* que las leyes y reglas de Dios se cumplan en nosotros. Sabemos que hay algunas ocasiones en las que pensamos que mentir nos mantendrá alejados de problemas con nuestros padres; y otras en las que somos concientes de que mirar el trabajo del mejor alumno durante una evaluación nos ayudará a aprobar; y a veces hablamos por detrás de alguien porque nos resulta realmente divertido. Estas son ocasiones en las que resulta más fácil hacer lo malo que lo bueno. Lo que yo he descubierto es que para poder ver los verdaderos resultados de cumplir o no los planes de Dios, hay que pensar a largo plazo. Hace varios años decidí probar eso comparando mi vida con la de mis compañeros de escuela. Ellos tenían más dinero que yo, y parecían contar con más posibilidades de ser felices. Sin embargo yo me dije: *Quiero ver en diez años qué diferencia hace seguir y obedecer a Cristo*. Y desafié a uno de ellos a que en diez años comparáramos a dónde nos habían llevado nuestros caminos. Al cabo de ese período las diferencias resultaron notorias. Yo me había casado con la mujer de mis sueños, él se había casado y a los dos años estaba divorciado. A ambos nos había ido muy bien en nuestros trabajos. Pero para él, el suyo constituía una carga y vivía extenuado, cuando para mí representa una aventura que me entusiasma. Poco a poco había notado que tenía muchos compañeros de la vida pero pocos amigos verdaderos. Yo podía estar seguro de poseer ambas cosas. Cuando le decimos que no al engaño, a la mentira, al chismorreo, a la sexualidad desordenada y honramos a Dios, a largo plazo hace un impacto notable en nuestras vidas, y definitivamente nos hace mucho más felices. Quienes solo piensan en el hoy, muchas veces echan a perder su mañana.

Al límite

¿Qué es lo más difícil en cuanto a confiar y obedecer los mandamientos de Dios? ¿Vivo mi vida con una mentalidad de corto o de largo plazo?

Encuentro

Querido Dios, gracias porque tus caminos son firmes. Tus pasos son los mejores y tus mandamientos, medicina para el alma. Gracias porque tus palabras se cumplirán sin retraso. En Cristo Jesús. Amén.

Abrazarse y despedirse

Eclesiastés 3:5
Un tiempo para esparcir piedras, y un tiempo para recogerlas;
un tiempo para abrazarse, y un tiempo para despedirse.

Llega el final del año y es un tiempo de evaluación. ¿Qué salió bien y qué no? ¿Cuáles son los recuerdos positivos y cuáles sería mejor olvidar? ¿Qué hice correctamente y qué tendría que cambiar? ¿Qué debo volver a hacer y que no volveré a hacer jamás?

Evaluar resulta vital. Nos hace conscientes de los cambios necesarios para mejorar. Nos brinda muchas lecciones con respecto a nuestro pasado y a nuestro futuro. No evaluar es de inconscientes. De gente que no distingue el valor del tiempo y vive a la buena del diablo. La cima del «triunfometro» está llena de gente que al mirar un año que termina decide abrazar lo bueno y despedirse de lo malo.

No te apegues a un error.
Acércate a personas positivas.
No anestesies tus sueños con excusas.
Pregúntate qué siente Dios.
No veas a nadie como enemigo,
Sino como gente que te ayuda sin quererlo.
Reconoce y estimula las victorias de otros.
Abrázate a tus victorias y despídete de tus fracasos.

Al límite
¿A qué experiencias de este año voy a abrazarme y de cuáles me voy a despedir?

Encuentro
Querido Dios, gracias por lo que me permitiste vivir en este año. Dame inteligencia espiritual para evaluar qué debo abrazar y qué debo dejar atrás. Dame la capacidad emocional de despedirme de aquellas decisiones y personas que solo detienen mi crecimiento en ti. Te amo y de corazón te alabo por todo lo que se viene en mi vida. Por Cristo Jesús. Amén.

Volver a empezar

Filipenses 3:12
Sigo adelante esperando alcanzar aquello para lo cual Cristo Jesús me alcanzó a mí.

Esta noche comienza el año más espectacular de nuestra vida! Al menos 365 oportunidades de caminar al límite de lo posible con el Dios de lo imposible. Miles de posibilidades de hacer nuevos amigos, de embarcanos en nuevas aventuras, conseguir muchas victorias, presenciar algunos milagros y continuar alcanzando aquello para lo que Cristo nos alcanzó.

Terminar un año a veces nos da un poco de cansancio también y, como hablábamos ayer, ganas de dejar algunas cosas atrás. Por eso es bueno terminar y comenzar con el Señor.

Él nos da refresco. Como dice un dicho que podemos encontrar en Internet:

Aunque sientas el cansancio,
Aunque el triunfo te abandone,
Aunque un error te lastime,
Aunque una traición te hiera,
Aunque una ilusión se apague,
Vuelve a empezar.

De hecho, mañana comenzaremos un nuevo año que esconderá la oportunidad emocionante de pasarlo bien cerquita del Señor. Escuchándolo hablar a nuestro oído, y dándonos el aplauso del cielo al hacer su voluntad. Cristo nos alcanzó para revolucionarnos con su amor y bendecirnos más allá de nuestros más inalcanzables sueños. ¡Que tengas un año fabuloso en Cristo!

Al límite
¿Cómo voy a comenzar el nuevo año? ¿Qué metas y proyectos voy a alcanzar en estos doce meses que tengo por delante?

Encuentro
Queridísimo Dios, gracias por todo lo que se viene con el nuevo año. Creo que tu bendición se hará notable y podré ver muchas promesas cumplidas. Eres un Dios maravilloso y a tu lado todo se convierte en un milagro. Por Cristo Jesús es que te doy gracias. Amén.

Si trabajas
con jóvenes
nuestro deseo
es ayudarte

Visítanos en
www.especialidadesjuveniles.com

info@especialidadesjuveniles.com

NOTAS

NOTAS

NOTAS

NOTAS

NOTAS

NOTAS

NOTAS

NOTAS

¡AYÚDENME!
SOY LÍDER DE ADOLESCENTES
DE 12 A 15 AÑOS

0-8297-4598-X

Para ser líder de adolescentes se necesita ser un adulto especial, así como los adolescentes son un tipo especial de personas. A pesar de lo complicado que se piensa que pueden ser, los adolescentes son capaces de tener una genuina comprensión espiritual y un crecimiento adecuado, solo que ellos absorben las enseñanzas de la Biblia y demuestran su espiritualidad de una manera diferente. Este libro le permitirá comprender a sus adolescentes para luego enseñarles con métodos que sean adecuados para ellos.

¡AYÚDENME! SOY MAESTRO DE LA ESCUELA DOMINICAL

0-8297-4750-8

Si usted es un profesor de los primeros grados o de secundaria, sin importar a qué clase de iglesia asista, las ideas sabias y practicas de Ray Johnston son exactamente lo que necesita para dar a sus enseñanzas esa chispa adicional. El chistoso y práctico contenido de este libro ofrece más de cincuenta pensamientos creativos, datos e ideas para enseñar en las escuelas a cualquier nivel y en cualquier iglesia. ¡Usted tendrá un acercamiento diferente a la Escuela Dominical (e incluso la disfrutará)!

ESTRATEGIAS PARA PEQUEÑOS GRUPOS JUVENILES

0-8297-4563-7

Este libro le enseñará cómo educar a los estudiantes de su grupo pequeño para un mayor crecimiento espiritual. En sus páginas aprenderá a darle una dirección acertada a cada idea y actividad que usted ejecute. Además le aportará cientos de nuevas ideas para ayudar a los estudiantes a encontrar a Jesucristo y vivir su fe en cada nivel de crecimiento espiritual. Toque la vida de sus estudiantes. Usted tiene el corazón. Usted tiene la visión. Aquí están los aportes para hacer que eso ocurra.

Lecciones bíblicas creativas de la vida de Jesús

En Lecciones bíblicas creativas de la vida de Jesús encontrarás 12 lecciones sólidas y listas para usar acerca del breve ministerio de Jesús aquí en la tierra. Estas lecciones harán que aprender sea más divertido y llevarán a tus alumnos al punto central: Cuán relevante y oportuna es la vida de Jesús en realidad.

0-8297-3671-9

Ministerio Juvenil Efectivo

El propósito de este libro es proponer estrategias, ideas y principios para desarrollar un liderazgo juvenil inteligente, compartiendo lo esencial del ministerio juvenil efectivo. Los líderes juveniles tienen un increíble potencial en sus manos. Una riqueza que debe ser administrada con sabiduría, perspicacia e inteligencia. Esta obra los ayuda a aprovechar ese potencial de una manera eficaz.

0-8297-3788-X

Nos agradaría recibir noticias suyas.

Por favor, envíe sus comentarios sobre este libro

a la dirección que aparece a continuación.

Muchas gracias.

Vida@zondervan.com

www.editorialvida.com